KB121867

비탈릭 부테린
지분증명

비탈릭 부테린

지분증명

PROOF OF STAKE

이더리움 창시자가 밝히는 웹3.0과 돈의 미래

비탈릭 부테린 지음

블리츠랩스 옮김

정우현 감수

일러두기

1 각 장 도입부 글은 저널리스트인 네이선 슈나이더(Nathan Schneider)가 쓴 것이다. 그는 콜로라도 볼더 대학교(University of Colorado Boulder)의 미디어과 조교수이며 『모두를 위한 모든 것(Everything for Everyone)』을 썼다. 그는 2014년에 이더리움이 막 세상에 모습을 드러냈을 때 비탈릭 부테린을 인터뷰했다.

2 각 글의 뒤에는 비탈릭 부테린의 기술적 설명이나 개념을 좀 더 쉽게 이해할 수 있도록 역자의 짧은 소개글이 배치되어 있다. 역자의 소개글을 읽고 난 다음 비탈릭 부테린의 글을 읽는 것을 권한다.

3 잡지와 신문, 도서명은 『 』로, 본문 제목과 논문명은 「 」로, 기사와 영화명, 대회 및 콘퍼런스명은 〈 〉로 표기했다.

4 주석은 저자 주와 역자 주로 나뉘며, 역자 주에는 별도의 표기를 했다.

5 각주는 파트별로 매겨져 있다.

들어가며

19세에 이더리움을 만들어 억만장자가 되었지만, 아직도 가끔 친구 집소파 신세를 지기도 하는 비탈릭 부테린(Vitalik Buterin)은 원래는 글을 쓰고 싶어했다. 컴퓨터 프로그래머인 아버지의 권유로 비트코인을 처음 접하게 되었을 때도 그는 비트코인에 대한 글을 썼다. 그는 다른 사람들처럼 코인을 돈 주고 사거나, 빌리거나, 채굴하는 대신 온라인 포럼에 다음과 같은 글을 올렸다. "비트코인에 대한 글을 작성하는 대가로 제게 비트코인을 고료로 지급해주실 분이 있을까요?"

그가 이런 제안을 했던 2011년, 일부 사람들이 그에게 응답했다. 이후부테린은 계속 글을 써나갔다. 디지털 잡지인 『비트코인 매거진(Bitcoin Magazine)』을 공동 창립할 때까지 말이다. 당시 크립토는 규모가 작은 비주류 서브컬처 중 하나에 불과했지만, 그가 만든 『비트코인 매거진』은 이업계를 대표하는 잡지였다. 부테린은 대학 신입생 시절보다 이 새롭고 까다로운 인터넷 머니에 더 관심을 보였다.

부테린은 잡지 기자로 활약하던 시절부터 다른 사람들과 자주 대화를 나눴고, 대화를 통해 자신의 아이디어를 발전시켜 나갔다. 그는 지난 몇 년 동안 블로그, 포럼, 트위터를 통해 자신의 목소리를 내왔는데, 이는 이더리움에 대한 열광적인 팬덤을 만들어내는 요인 중 하나로 작용하기도 했다. 만약 이더리움이 지금의 수준을 넘어 보편적이고 기본적인 사회 기반 장치로 자리 잡는다면 부테린의 아이디어에 대한 폭넓은 이해와 논쟁은 반드시 필요한 과정이 될 것이다.

이 책은 작가인 비탈릭 부테린에 대한 이야기다.

2008년 글로벌 금융 위기가 터졌을 당시 사토시 나카모토(Satoshi Nakamoto)라는 익명의 인물이 비트코인의 원형 모델을 공개했다. 그의 목표는 정부나 은행을 만드는 게 아니라 암호학적 컴퓨터 네트워크를 활용한 체계적인 화폐를 만드는 것이었다. 이는 추후에 암호화폐라고 불리게 되었다. 자유 지상주의와 금본위제를 선호하는 사람들과 사이퍼펑크 지지자들은 디지털 채굴, 제한된 공급, 현금과 유사하게 프라이버시를 보장하는 이 시스템에 빠져들었다. 부테린 역시 이 시스템에 매력을 느낀 사람 중 하나였다.

하지만 2013년 말쯤 비트코인에 대한 이해가 더 깊어지면서 부테린은 블록체인 기술이 단순한 화폐의 기능을 넘어 더 큰 무언가의 기초가 될 수 있다는 사실을 알아채기 시작했다. 이 아이디어는 지금까지는 없었던 인터넷 기반 조직, 회사 또는 경제 전체를 구축하는 방법에 대한 것이었다. 그래서 부테린은 이에 대해 글을 썼다. 그가 내놓은 초기 「이더리움 백서」(이 책의 부록에 포함되어 있다)는 출시와 동시에 암호화폐 세계의 주목을 받았다. 그는 백서를 통해 전통적인 기업, 투자자, 법률에 대한 의존도는 낮추고, 플랫폼 사용자들의 비중을 높인 시스템을 소개했다. 이더리움은 비트코인과 철학적 기반이 달랐기 때문에 문화도 색달랐다. 이더리움 문화는 로봇, 유니콘, 무지개 등 부테린이 좋아하던 티셔츠 디자인을 플랫폼 마스코트로 사용했다. 금, 광산, 채굴 같은 상징을 사용하던 비트코인과는 확연히 결이 다른 모습이었다.

2015년에 이더리움 메인넷이 가동된 이후, 비슷한 목표를 지향하는 많은 경쟁 블록체인들이 이더리움을 이기고자 하는 '이더리움 킬러'를 자처하며 등장했지만 아무도 꿈을 이루지 못했다. 코인 시가 총액은 아직 비트코인에 비해 작지만 이더리움을 기반으로 구축된 모든 제품들과 커뮤니티 토큰의 가치를 합친다면, 이더리움은 크립토(Crypto)라는 새롭고 특이한 경제에서 가장 큰 덩치를 차지하는 프로젝트에 해당한다. 부테린은 지금까지 이더리움이 보여줬던 여러 실험을 이끌었고, 역설적이게도 탈중앙화 가치를 추구하는 이더리움 커뮤니티에서 '자비로운 독재자'가 되었다. 공식적인 직책보다 그가 심어주는 신뢰가 이를 가능케 했다. 이 책에 수록한 그의 글들은 그가 신뢰를 쌓는 데 핵심 요인으로 작용했다.

이더리움이 성장하는 과정에서 부테린은 어떻게 보면 모순적인 문제들과 씨름해야 했다. 가령 그는 자신이 만든 플랫폼을 이용하는 사람들이 자기 스스로 학습해 시스템을 개조시키는 자기조직화(Self-organization)를 아주 급진적인 수준까지 재해석할 수 있게끔 만들고 싶어했다. 그러나 동시에 사람들이 실제로 자기조직화를 선택하는지에 대해서는 끼어들지 않고 엄격하게 중립적인 입장을 유지하려고 했다.

이 책에도 잠깐 등장하지만 '신뢰할 수 있는 중립성' 개념은 이더리움 시스템 설계를 위한 원칙 중 하나였다. 아울러 부테린이 이더리움의 리더로서 실제로 수행했던 역할이기도 하다. 사실 크립토 업계에서 부테린이 가진 영향력을 생각했을 때 이런 철학은 구현하기 쉽지 않았다. 이더리움 초기 시절 이더리움재단의 인사 결정에서부터 대규모 소프트웨어 업데이트까지 부테린이 보인 리더십은 대중에게 이더리움 자체로 받아들여지기도 했다.

부테린 본인은 이런 상황을 달가워하지 않았고 될 수 있으면 피하려고 노력했다. 이더리움 류의 암호화폐 시스템들은 인간이 기본적으로 이익을 좇는 존재라고 가정하고 있는데, 정작 이더리움을 만든 부테린은 크립토 기반의 미래 생활을 가능하게 하는 것 이외에는 특별히 바라는 게 없는 금욕주의자에 가깝다.

그러나 부테린이 꿈꾸는 크립토 기반의 미래가 반드시 도래하리라는 보장은 없다. 이더리움 메인넷이 공개되기 1년쯤 전인 2014년 초, 미국에서 열린 〈마이애미 비트코인 콘퍼런스〉에서 부테린은 이더리움을 처음 소개하면서 이 플랫폼으로 만들 수 있는 놀라운 것들에 대해 긴 설명을 늘어놓았다. 그리고는 영화 〈터미네이터〉에 등장하는, 인간을 공격하는 인공지능 스카이넷을 언급하며 소개를 마쳤다. 부테린은 모종의 경고를 담은 이 농담을 이후에도 자주 사용했다.

이더리움은 양면적이다. 어떻게 쓰느냐에 따라서 유토피아도, 디스토피아도 만들 수 있다. 그리고 그 둘 사이의 모든 것을 만들 수 있는 잠재력을 가지고 있다. 이더리움 기반으로 만든 토큰들은 자체적으로 총 공급량을 설정할 수 있다. 토큰 공급자들은 이런 설정을 통해 인위적인 희소성을 만든다. 동시에 이런 특성들을 이용해 토큰을 사용하는 커뮤니티들은 대규모 자본 투자를 유치하고 자유롭게 사용할 수 있다.

위험한 인터넷 화폐를 사고 싶어하지 않는 이들이나 살 수 없는 환경에 있는 사람들은 이더리움 시스템을 이용할 수 없다. 위험을 감수하지 않는 사람들을 배제하는 시스템인 셈이다. 그러나 한편으로 이 시스템은 사용자들에게는 전례 없는 포용성을 제공한다. 아울러 사용자와 권력을 공유하는 새로운 거버넌스 시스템의 발명을 촉진한다. 이더리움을 작동시키기 위해서는 많은 양의 에너지가 소비된다. 이는 동시에 새로운 방식으로 탄소배출과 오염에 대한 비용을 측정할 수 있도록 해준다. 정작 많은 정부가 이런 작업을 거부하고 있는 사이에 말이다. 이더리움은 많은 졸부를 만들어냈다. 그들은 조세회피처에 모여 현지 주민들이 물건을 살 수 없을 만큼 물가를 높여놓는 사치스러운 행동으로 악명 높았다. 그런데 한편으로 이더리움은 스마트폰만 있으면 누구든 국경 제한 없이 사용할 수 있다. 이더리움은 사용자가 최종적인 소유권을 가지고 있는 금융시스템이기도 하다.

이더리움은 기술을 잘 알고 있고 빠르게 새로운 시장으로 진입하는 엘리트들에게 높은 이익을 제공한다. 이는 자연스럽게 지금의 시장을 지배하는 기술 기업들을 약화시키는 계기로 작용한다. 이더리움은 뭔가 쓸모 있는 것들로 구성된 실질적인 경제 생태계를 만들기도 전에 투기적인 투자 환경부터 만들어냈다. 그러나 잘 따져보면 이더리움이 주식시장보다는 가치를 창조하는 사람들에게 더 많은 소유권을 부여한다는 것을 알 수 있다.

이더리움은 거의 가치를 매길 수 없었던 디지털 수집품들에 대해 막대한 비용을 내게 만들었다. 그러나 그 결과 오픈 액세스 문화를 만들었고 공유를 지원하는 새로운 비즈니스 모델이 탄생했다. 이더리움은 결과적으로 미래 세대에 비용을 떠넘기면서 당대의 얼리어답터에게는 부유함을 약속한다. 그러나 미래 세대에 비용만 남겨지는 것은 아니다. 그들은 이전 세대가 갖지 못했던 도구와 플랫폼을 일찌감치 활용할 수 있다. 거기서 가치를 만들어내는지 여부는 그 사람들에게 달려 있다. 이런 모순점들을 생각하면서 우리는 최종적으로 본인과 본인이 몸담은 커뮤니티를 위해 어떤 선택이 유리할지 확인할 필요가 있다. 이러한 모순들은 때로는 성가시고 짜증을 유발할 수 있지만 동시에 동기부여가 되기도 한다. 어느 쪽이 될지는 아직 정해지지 않았다. 우리가 하기에 달려 있다.

비트코인이나 이더리움 같은 블록체인 기반 시스템의 핵심에는 합의(Consensus) 메커니즘이 있다. 합의 메커니즘이란 블록체인의 블록 생성 작업을 하는 컴퓨터들이 상대의 데이터 처리를 신뢰할 수 있도록 미리 정해놓은 합의 방법을 말한다. 비트코인과 이더리움뿐 아니라 모든 암호화폐는 데이터 조작으로부터 블록체인을 보호하기 위해 합의 메커니즘 설계에 심혈을 기울인다.

누가 누군지 모르는 컴퓨터들이 모여 있는 플랫폼에서 중앙에서 조정해주는 권력자 없이 합의를 도출시키는 것은 결코 쉬운 일이 아니다. 비트코인은 많은 컴퓨터가 시스템을 안전하게 유지하는 데 사용된다는 것을 증명하기 위해 **작업증명(Proof of Work, PoW)**이라고 불리는 합의 메커니즘을 사용한다. 블록마다 매우 어려운 수학 문제를 내고, 이 문제를 푸는 컴퓨터가 블록체인 네트워크에 데이터를 등록할 수 있는 권한을 부여한

비탈릭 부테린 지분증명

다. 많은 컴퓨터가 이 문제를 풀기 위해 경쟁하면서 막대한 에너지를 사용하는데 이들을 '채굴자'라고 부른다. 채굴자들은 비트코인 네트워크와 보안성 유지에 이바지하고 보수를 받는다. 이 과정에서 국가 규모의 전기를 소비하고 상당한 탄소를 배출한다.

작업증명은 가장 오래된 합의 메커니즘 중 하나다. 이더리움 역시 메인넷을 공개하던 당시에는 대안이 없었기 때문에 일단 작업증명 방식의 합의 메커니즘을 도입했다. 그러나 부테린은 이미 이더리움 메인넷이 본격적으로 가동되기 전부터 새로운 합의 메커니즘을 도입할 계획을 세웠다. 당시 이더리움 개발팀이 개발 중이던 새로운 메커니즘의 이름은 **지분증명**(Proof of Stake, PoS)이었다. 지분증명에서는 컴퓨터의 연산력 경쟁이 아니라 토큰 보유량으로 해당 블록체인 네트워크에 대한 진정성을 증명한다.

지분증명에서는 토큰을 많이 가지고 있을수록 블록체인 생성 권한이 커진다. 만약 대량의 토큰을 보유한 이가 조작, 해킹 등 시스템에 악의적인 행동을 한다면, 그는 자신에게 큰 피해를 입히게 된다. 어느 정도 악의적인 행동이냐에 따라서 그가 보유하고 있는 토큰을 대부분 잃게 될 수도 있다. 작업증명과 비교했을 때는 채굴에 필요한 에너지가 매우 적다는 게 장점이다.

합의 메커니즘은 시스템 설계에 대한 기술적인 설명에 가깝다. 다만 부테린은 이 책을 통해 합의 메커니즘을 노동, 헌신, 신념, 협조, 혁신, 낭비, 민주주의, 금권정치, 커뮤니티, 불신 등의 개념과 엮어 일종의 은유처럼 표현하기도 했다. 기본적으로 현실화를 중요하게 생각하는 부테린의 성향이 반영되어 있다. 그는 현실과 동떨어진 이상주의를 경계하고 있고, 그가 쓴 은유들 역시 이런 취지에서 사용되었다.

나는 이 책의 원고를 부테린과 상의해 선정했다. 그는 사회이론가나 활동가 같은 면모가 있다. 그는 행동하면서 생각하고, 진행하면서 결과를 파악하는 사람이다. 지금의 크립토 문화는 대부분 젊고 부유한 특권 계층 남성을 주축으로 형성된 것이다. 이런 사람들이 부자에게 유리하게 짜여진 지금의 금융시스템 문제를 크립토를 통해 해결한다는 사실이 종종 못 미덥게 보이기도 한다. 부테린은 이런 문화를 반영한다. 부테린은 기술적으로 전문적인 글을 쓰기도 했지만 일반인을 위해 쓴 글도 많다. 그럼에도 간혹 이해하기 어려운 기술적인 내용들이 등장하는데 이해하기 힘든 만큼 깨달았을 때 큰 보람을 느낄 수 있을 것이다. 부테린은 복잡한 수식으로 구성된 공식을 상냥하고 명쾌하면서 재미있게 설명한다.

이 책에 수록된 글은 문체의 일관성을 위해 최소한의 편집만을 거쳤다. 그가 처음에 썼던 글들은 크립토에 어느 정도 친숙한 사람들을 위해 작성된 것이기에 전문용어에는 편집자 메모와 주석을 남겼다.

크립토가 주류 경제 속으로 침투하기 시작하면서 블록체인이라는 램프의 요정을 다시 램프 속에 집어넣어야 한다는 논쟁이 다시 점화되는 분위기다. 이 책을 읽기 전에는 그런 생각을 가지고 있었을 수도 있다. 하지만 이 책을 읽고 나면 부테린과 함께 어떻게 크립토 기반의 인프라를 구현할지를 생각해보게 될 것이다. 이게 정말 새로운 사회적 인프라의 시작이라면 지금 크립토를 중심으로 발전하고 있는 정치적, 문화적 습관들은 미래에 엄청난 영향을 미칠 것이다. 부테린의 고찰에 따르면 아직 여러 가능성이 열린 상태다.

저널리스트 네이선 슈나이더

차례

Part 1

토큰 발행

Premining

부테린은 2014년 1월 블로그를 통해 '샌프란시스코의 추운 겨울 동안 고민을 하며 답답한 작업의 시간을 보낸 결과 「이더리움 백서」를 썼다'고 밝혔다.[1] 이더리움을 소개하기 전까지 그는 하루의 절반을 『비트코인 매거진』에 올릴 글을 작성하는 데 사용했으며, 나머지 절반은 비트코인 관련 스타트업을 알리고 소개하는 빌더(Builder)로 활동하는 데 썼다. 이 과정에서 그는 뉴햄프셔 출신의 자유주의자들, 취리히에 사는 거주자들, 텔아비브의 코드 개발자들, 그리고 바르셀로나 근처의 허물어져가는 공장 단지이자 '포스트 자본주의 식민지'인 칼라푸(Calafou)의 주민들을 만났다.

비트코인은 「백서」를 통해 존재를 처음 세상에 알렸다. 그 이후에 등장한 크립토 프로젝트들도 비슷한 방법으로 출시를 준비하고 있었다. 백서란 소프트웨어가 출시되기 전에 프로젝트가 제시하는 공약을 담은 문서를 말한다. 그 안에는 크립토 프로젝트의 목표와 이행 가능성, 예산 확보 방법과 기술 배경 등이 담긴다. 작가이자 빌더의 진로를 걸고 있던 2013년의 부테린에게는 이러한 장르의 글쓰기가 어울렸다. 이 책의 부록에 담긴 「이더리움: 차세대 암호화폐 및 탈중앙화 애플리케이션 플랫폼」은 이더리움 백서를 요약한 것이다. 이더리움이 출시되기 1년 반 전부터 그가 이미 이더리움 2.0과 지분증명에 대해서도 고려했다는 것을 엿볼 수 있다. 그의 고민은 지금도 현재진행형이다.

'사전 발행'은 블록체인이 출시되기 전 토큰을 생성하는 행위를 말한다. 부테린을 비롯한 이더리움 공동 설립자들은 백서에 밝혀놓았던 계획대로 사전 발행된 이더(ETH)를 판매해 1,800만 달러 상당의 비트코인을 투자 유치했다. 이는 당시 최대 규모의 온라인 크라우드펀딩 캠페인이었다. 이후 이 기록을 갈아치운 대부분의 프로젝트 역시 이더리움 기반 프로젝트들이었다. 당시 이더리움 판매에 관여했던 파트너들 중 나이와 경험이 많았던 이들은 이더리움을 운영할 영리 회사를 만들어야 한다고 주장했다. 그러나 부테린은 비영리재단을 설립하고, 재단을 중심으로 생태계를 구축해야 한다고 주장했다. 부테린이 말한 재단은 비영리 성격을 지녔지만 자선단체가 아니었다. 그는 이더리움 네트

---

1 비탈릭 부테린, 「이더리움: 새로 공개하다(Ethereum: Now Going Public)」, 이더리움 파운데이션 블로그, 2014년 1월 23일.

워크가 제대로 작동하면 사전 발행한 토큰 가치가 상승하는 데서 상당한 이익을 얻을 수 있었다.

Part 1에서는 사이버 자유주의자였던 부테린이 실용적이고 포용적인 **크립토 인프라 빌더**로 진화하는 모습이 잘 드러나 있다. 그는 초기에는 비트코인 관련 프로젝트에서 자신이 궁금해했던 것들에 대한 답을 찾으려고 했다. 이 시도는 잘되지 않았다(그가 점찍었던 프로젝트들 중 극히 소수만 현재까지 살아남아 있다). 그중 「**파편화된 사일로에서**」를 통해 그 변화가 감지된다. 그는 사회적 계약(Social Contract) 분야의 혁신을 구현하기 위해, 특정 프로젝트에서 결정적인 답을 찾기보다는 여러 프로젝트의 장점만을 골라 취하려는 태도를 보인다.

이더리움 출시를 앞두고 부테린은 묻는다. **궁극적으로 이더리움은 대체 어디에 유용한 것인가?** 그는 거대한 혁신보다는 주변에 산적한 작은 문제들을 차근차근 해결해나가는 것을 선호했다. 지금 '빌딩'하는 사람들이 만드는 것들에 의해 이 기술의 초석을 다졌던 사람들의 믿음이 먹힐 것이다. 이더리움 백서를 준비하는 동안, 그의 고찰은 점점 아무도 알 수도, 통제할 수도 없는 것에 집중되어 갔다. 부테린은 기술적인 부분들은 다른 사람들이 해결해줄 것으로 예상했다. 그는 그대신 이더리움 출시를 준비하는 동안, 점점 더 아무도 알거나 통제할 수 없는 것에 집중했다.

네이선 슈나이더

시장, 기관, 화폐
인센티브를 지급하는 새로운 방식

『비트코인 매거진』
2014년 1월 10일

지금까지 생산 활동과 관련된 문제는 기본적으로 시장과 기관, 두 주체가 제시하는 해결책으로 점철되어 왔다. 순수한 형태의 시장은 거의 무한에 가까운 수의 판매자가 존재하고 완전히 탈중앙화되어 있다. 시장 참여자들은 모두 일대일 관계를 맺으며, 각각의 참여자는 시장에서의 활동 이후 더 만족스러운 경제 활동을 영위하게 된다. 반면 기관의 본질은 하향식이다. 기관은 주어진 시간에 가장 유용한 활동이 무엇인지를 결정하고, 사람들이 그 기관에 관련해 일을 하고 나면 보상을 나눠주는 거버넌스(Governance) 구조다. 기관의 중앙집중화는 비록 각 개인에 대한 이익이 극히 적더라도 수천 또는 수백만 명의 사람들에게 혜택을 주는 공공재의 생산을 장려하는 순기능을 가지고 있다. 다만 우리가 모두 알고 있듯이 중앙집중화는 그 자체로 위험성을 내포하고 있다.

지난 1만 년 동안, 이 두 가지 선택지가 기본적으로 우리가 가진 전부였다. 그러나 비트코인과 비트코인을 본뜬 상품들이 생겨나며 기존 환경에 큰 변화가 초래될 것이다. 조만간 생산 활동을 장려하는 세 번째 방법으로서의 새 화폐가 등장하는 것을 보게 될지도 모른다.

코인의 다른 측면

일반적으로 사회에서 통용되는 화폐에는 세 가지 기본적인 기능이 있다. 첫째는 교환의 매개체다. 화폐가 등장하기 전에는 사람들은 자신이 원하는 물건을 가지고 있으면서 동시에 자신이 가지고 있는 물건을 원하는 사람을 찾아다니며 물물교환을 해야 했다. 두 번째는 가치의 저장소다. 이 기능 덕분에 우리는 생산과 소비를 각각 다른 시간에 할 수 있다. 세 번째는 측정의 기준이 되는 기능이다. 화폐는 일정한 생산량을 측정하거나 회계 단위로 사용된다. 그러나 많은 사람이 모르고 있는 화폐의 네 번째 역할이 있다. 이 기능은 오랫동안 숨겨져 있었다. 바로 화폐는 주조차익(Seigniorage)을 생성한다.

화폐 주조차익이란 화폐가 가지는 시장가치와 내재가치의 차이를 말한다. 내재가치란 화폐를 더는 누구도 화폐로 쓰지 않을 때 그 화폐가 가지는 가치를 말한다. 가령 곡물과 같은 고대 화폐의 경우, 시장가치와 내재가치가 같기 때문에 주조차익은 본질적으로 0이었다. 그러나 몇 세기 동안 경제 체계와 화폐의 활용이 복잡해지면서 화폐가 내포하는 **가상 가치**(Phantom Value)가 점점 더 커졌다. 결국 달러나 비트코인 같은 현대 화폐의 경우 화폐 주조차익이 화폐의 전체 가치를 나타내는 지경에 이르렀다.

하지만 이 차익은 대체 어디로 갈까? 금처럼 천연자원을 기반으로 하는 화폐의 경우, 가치의 상당 부분이 그냥 손실된다. 모든 금은 광부가 생

비탈릭 부테린 지분증명

산해야 생긴다. 처음에는 일부 광부들이 이익을 얻지만 효율적인 시장에서는 금을 채굴할 기회가 쉽게 포착되고, 곧 생산하는 데 들어가는 비용이 얻을 수 있는 수익에 가까워지게 된다. 물론 금으로부터 주조차익을 추출하는 교묘한 방법이 있다. 예를 들어, 고대 사회에서는 왕이 주조한 금화가 다른 금보다 더 가치 있다고 여겨졌다. 왕이 주조한 금화는 가짜가 아니라는 왕의 암묵적인 약속이 담겨 있었기 때문에 가치의 차이가 생겼던 것이다. 그러나 일반적으로 이로 인해 생긴 가치가 특정인에게 돌아가는 일은 없었다.

미국 달러의 경우, 약간 다르게 발전했다. 주조차익 중 일부가 미국 정부로 넘어갔기 때문이다. 이는 많은 면에서 중요한 진전이었지만 다른 한편으로는 불완전한 혁명이기도 했다. 달러는 인류 역사상 가장 큰 중앙집권기관의 심장부에 포섭되면서 영향력을 갖게 되었지만 위험도 감수하게 됐다.

비트코인이 등장하다

5년 전(이 글은 2014년에 쓰였다), 새로운 종류의 화폐인 비트코인이 등장했다. 비트코인의 경우, 달러와 마찬가지로 화폐 가치는 100% 주조차익이다. 이 차익은 어디로 갈까? 일부는 채굴 이윤의 형태로 채굴자들의 손에 들어가고 나머지는 채굴자들의 경비, 즉 비트코인 네트워크를 유지하는 데 들어간다. 따라서 비트코인 네트워크는 공공재에 주조차익이 직접 투자되는 화폐라고 할 수 있다. 이는 과소평가되어 있다. 여기서 우리는 권한이나 통제를 하지 않으면서 동시에 탈중앙화된 공공재를 생산하는 인센티브 과정을 확인할 수 있다. 이 모든 것은 사람들이 비트코인을 교환과 가치 저장의 매체로 사용하는 것으로부터 생산되는 모호한 '가상 가치'에서 나온다.

프라임코인(Primecoin)은 비트코인이 구현한 자체 네트워크 확보 외에 다른 목적으로 주조차익을 활용하려고 시도했던 첫 번째 코인이다. 프라임코인은 커닝햄 체인(Cunningham Chain)을 찾도록 요구하면서 채굴자들이 쓸모없는 SHA256 해시(알고리즘의 한 종류로, 블록체인에서 제일 많이 사용한다)를 계산하게 하는 것이 아니라 매우 좁은 범위의 과학적 계산을 지원하는 동시에 컴퓨터 제조업체들이 산술 연산을 최적화할 방법을 알아낼 수 있도록 인센티브를 제공한다. 그런 이유로 프라임코인의 가치는 빠르게 상승했고 이 시기 11번째로 가장 인기 있는 코인이 되었다. 실용적인 측면에서 보면 프라임코인의 가장 큰 매력은 블록 생성 주기가 60초라는 점인데, 인기의 비결은 이게 아니라 콘셉트 그 자체다. 이 부분은 프라임코인 이외에도 다른 많은 코인들도 공통적으로 채택하고 있는 특성이다. 이런 양상은 프라임코인 이외에 다른 많은 코인에서도 공통적으로 나타난다.

2013년 12월에 우리는 더 기이하고 놀라운 화폐인 도지코인(Dogecoin)의 상승을 보았다. 화폐 기호가 'DOGE'인 도지코인은 기술적인 차원에

서 라이트코인(Litecoin)과 거의 완전히 같은 화폐다. 유일한 차이점은 최대 공급량이 8,400만 개가 아니라 1,000억 개라는 것이다. 그럼에도 도지코인은 1,400만 달러 이상의 최고 시가 총액을 기록해 2013년에는 세계에서 여섯 번째로 큰 코인이 되었고, 『비즈니스 인사이더(Business Insider)』와 『바이스(Vice)』에 언급되기도 했다.

그렇다면 도지의 특별한 점은 무엇일까? 기본적으로 도지는 인터넷 밈(meme)으로 유명했다. 2005년 〈홈스타 러너〉의 인형극에 처음 등장한 '개'의 속어인 도지(Doge)는 이후 시바이누 개를 배경으로 하고 화려한 코믹 샌즈 글꼴에 '와우(Wow)' '끝내준다(So style)' '너무 멋있다(Such awesome)' 등의 문구를 넣는 인터넷 트렌드로 유명해지면서 세계적인 현상으로 인기를 끌었다. 공식 도지코인 웹사이트, 비트코인톡(Bitcointalk) 런치스레드,[2] 알도지코인(/r/dogecoin) 및 알도지코인마켓(/r/dogecoinmarkets) 등 서브레딧을 포함한 모든 커뮤니티 웹사이트와 포럼에는 도지 이미지가 흩어져 있었다. 그리고 이는 라이트코인의 복제품이나 다름없는 코인 무더기를 1,400만 달러로 만드는 데 필요한 전부였다.

마지막으로 상품, 화폐 및 선물 계약으로 구성된 담보 바스켓 기반의 중앙 집중식 화폐인 벤(Ven)을 살펴보자. 벤은 자신들의 담보 바스켓에 이산화탄소 배출권 선물(先物)[3]을 추가하면서 벤을 환경문제와 연결 짓는 첫 번째 화폐로 만들었다. 이들은 이산화탄소 배출권 선물 가격 상승이 벤에

---

2   당시 비트코인톡은 암호화폐에 대한 논의를 하는 포럼 형태의 온라인 게시판이었으며, 사토시 나카모토에 의해 설립되었다. 새로운 암호화폐가 출시되면 이에 해당하는 스레드(글 리스트)가 생성됐다.

3   [역자 주] 이산화탄소 배출권은 기업이 일정량의 탄소를 배출할 수 있는 권리이며 선물은 파생상품의 한 종류로 미래 정해진 날짜에 미리 정한 가격을 자산을 매입하거나 매도할 수 있는 표준화된 계약을 뜻한다.

마이너스 가치로 작용하도록, 배출권 선물 가격 하락은 플러스 가치로 작용하도록 설정했다. 여기에는 약간의 영리한 설정이 가미되어 있는데 기후위기 해결에 동참하는 국가들이 이산화탄소 배출량이 많은 생산 방식을 꺼리게 되면 배출권 가격이 하락하게 된다. 그러면 자연스럽게 벤의 화폐 가치가 상승하는 식이다. 벤을 보유한 이들은 많지 않지만 환경친화적인 생활을 하도록 경제적으로 유도하는 화폐라는 측면에서 일부 사람들의 관심을 받고 있다.

이러한 사례를 통해 알 수 있듯, 대안적인 화폐들은 대중화를 달성하기 위해 풀뿌리 마케팅에 거의 전적으로 의존한다. 누구도 집마다 돌아다니는 영업사원처럼 비트코인, 프라임코인, 도지코인, 벤을 소개하지 않는다. 만든 사람들이 일일이 고객을 쫓아다니며 설득하지도 않는다. 화폐가 가지는 기술적 우위 한두 가지가 그 매력을 결정하는 것도 아니다. 화폐가 어떤 철학과 이상을 가지고 있는지가 기술력만큼이나 중요하다.

오픈소스 블로그 플랫폼인 워드프레스(WordPress), 메가(Mega), 그리고 전자상거래 업체 오버스톡(Overstock)이 비트코인을 받아들이게 된 이유는 비트코인의 철학에 동의했기 때문이다. 이는 리플(Ripple, XRP)이 결제수단으로서 비트코인보다 기술적으로 훨씬 쓸모 있음에도(특히 5초의 합의시간) 지금까지 많은 관심을 받지 못한 이유기도 하다. 즉, 준중앙화된 프로토콜로서 자체 코인 공급량의 100%가 회사를 위해 발행되었다는 리플의 특성은 공정성과 탈중앙화에 관심이 많은 암호화폐 마니아들에게 매력적이지 않았다. 프라임코인과 도지코인의 세계를 보라. 과학을 지원하고 재미를 추구하는 이 코인들의 이상이 이 두 화폐를 모두 살아 있게 한다.

경제적 민주주의를 위한 암호화폐

앞에 언급한 네 가지의 예시를 통해 가상 주조차익 가치에 대한 아이디어와 새로운 경제적 민주주의에 대한 청사진을 그려볼 수 있다. 이제 특정한 가치나 이상, 철학을 지원하기 위해 화폐를 찍어내는 게 가능해졌고 사람들은 경제 활동을 하며 그 화폐를 사용함으로써 자신에게 관심 있는 아이디어를 지지할 수 있다. 자신이 충분히 활발한 경제 활동을 하지 못한다면 대신 그 화폐를 다른 사람이 사용하게끔 권유하거나 추천하는 마케팅 활동에 참여할 수 있다. 누구나 전 세계 모든 사람에게 매달 1,000개의 코인이 배분되는 소셜 코인을 만들 수 있고, 만약 실현할 수 있을 만큼 충분한 사람들이 그 아이디어를 좋아하고 받아들이기 시작한다면 세계는 이제 중앙집중화된 자금 조달 없이 시민들에 의해 작동하는 배당 프로그램을 갖게 된다. 이를 사용할 수 있는 분야는 다양하다. 의학 연구, 우주 탐험, 그리고 심지어 예술 활동에 인센티브를 지급하는 새로운 화폐도 만들 수 있다. 실제로 지금 바로 이 목적을 위해 그들만의 화폐를 만드는 것을 고민하는 예술가, 팟캐스트, 음악가들이 있다.

컴퓨터 연구의 경우 더 나아가 분배 과정도 자동화할 수 있다. 컴퓨터 연구는 아직 현실 세계에서 널리 활용되지 못했지만, 피어코인(Peercoin)과 프라임코인의 발명가 서니 킹(Sunny King)이 제시한 우수성증명(Proof of Excellence) 방식을 통해 인센티브를 지급할 수 있다. 탈중앙화 투표 풀(Pool)에 대한 지분의 크기와 보상의 크기는 계산 능력이나 이미 소유하고 있는 코인의 개수보다 모두에게 이익이 될 수 있는 복잡한 수학적 또는 알고리즘적 과제를 해결하는 능력에 달려 있다는 것이 우수성증명의 기본적인 개념이다. 예를 들어, 숫자 이론에 관한 연구를 장려하고 싶다면

RSA 인수분해 문제를 화폐에 삽입해 5만 개의 코인과 채굴 프로세스의 유효한 블록에 투표할 수 있는 기능을 문제를 푸는 최초 사용자에게 자동으로 제공하는 구조의 암호화폐를 만들면 된다. 이론적으로, 이는 모든 암호화폐 발행 모델에 표준이 되는 구성요소가 될 수 있다.

물론 이런 방식으로 화폐를 사용하는 것이 새로운 아이디어는 아니다. 특정한 공동체 내에서 통용되는 '소셜 화폐(Social Currency, 일종의 지역 화폐)'는 100년 넘게 존재해왔다. 다만 이는 20세기 초에 정점을 찍은 후에는 수십 년간 줄어들었는데 소셜 화폐가 좁은 지역 내에 한정됐고 달러와 같이 지위가 확고한 화폐에 비해 효율성이 낮았기 때문이다.

그러나 암호화폐를 사용하면 이러한 문제들이 없어진다. 암호화폐는 본질적으로 글로벌한 화폐이며 소스코드와 결합된 강력한 디지털 뱅킹 시스템에 의해 뛰어난 성능을 보이기 때문이다. 따라서 지금이 바로 소셜 화폐 운동이 되살아날 시기일 수 있다. 만약 소셜 화폐가 힘을 얻는다면 강력한 주류 경제 세력이 될 것이다. 지금은 19세기나 20세기 초보다 소셜 화폐의 영향력이 더 증대되기 쉬운 시대이기 때문이다.

앞으로 암호화폐 세계에는 어떤 유행이 또 찾아올까? 도지코인은 이미 대중에게 암호화폐를 만드는 것이 얼마나 쉬운지를 보여주었다. 실제로 비트코인 개발자 맷 코랄로(Matt Corallo)는 코인젠(coingen.io)이라는 사이트를 만들었는데, 이 사이트의 유일한 목적은 사용자들이 몇 가지의 매개 변수를 설정해 비트코인 또는 라이트코인 클론을 얼마나 빠르게 만들 수 있는지 보여주고자 하는 데 있었다. 비록 설정 옵션이 몇 개 없었고, 0.05BTC라는 낮지 않은 수수료를 청구하는데도 많은 사용자가 이 웹사이트를 이용해 이미 수백 개의 코인을 생성했다. 코인젠에서 발생하는 코인에 '우수성증명 채굴'이나 '맞춤형 브랜딩' 같은 옵션을 추가하게 되면 수천 개의 암호화폐가 인터넷을 통해 활발하게 유통될 수 있을 것이다.

미래에 사회에 기여하는 공공 프로젝트나 공공 활동을 지원하는 데 있어 과연 암호화폐는 더 탈중앙화되고 민주적인 방법이 될 수 있을까? 아직은 알 수 없다. 하지만 거의 매일 새로운 암호화폐가 출시되면서 답에 점점 가까워지고 있다.

역자의 글

　일반적으로 경제학 교과서에서 나오는 화폐의 기본적인 기능은 1. 교환의 매개체, 2. 가치의 저장 수단, 3. 가치 측정 수단의 세 가지로 알려져 있다. 하지만 숨겨진 네 번째 역할이 있다. 바로 주조차익이다. 주조차익은 화폐의 액면가와 화폐 제조 비용 간의 차액으로, 돈을 발행하는 이들이 그 과정에서 얻는 이익을 의미한다. 지금까지는 정부나 중앙은행 같은, 권력 독점 기관들이 이 주조차익을 독점했다. 그러나 비트코인 같은 암호화폐가 등장하면서, 실제 사용자에게 이익을 되돌려주는 게 가능해졌다. 즉, 암호화폐는 주조차익을 인센티브로 활용해 새로운 경제적 패러다임으로 자리 잡을 수 있었다.

　암호화폐의 역사를 보면 이러한 흐름이 보인다. 먼저 비트코인 네트워크는 주조차익을 활용해서 '안전한 거래 수단'이라는 공공재를 성공적으로 작동시켰다. 프라임코인, 도지코인, 벤 등 이후 나왔던 암호화폐들은 이제까지는 없었던 다양한 가치의 창출을 장려하는 수단으로 주조차익을 사용하는 사례들을 보여줬다.

　부테린은 이런 사례들이 중요한 한 가지 공통점을 보여준다고 설명한다. 암호화폐는 새로운 기술로 만들어낸 일종의 소규모 서브컬처 집단의 화폐라는 점이다. 그는 암호화폐들이 초기에는 특정한 가치에 동의하는 사람들을 중심으로 한 풀뿌리 마케팅에 의존할 수밖에 없으며, 이런 마케팅의 성공 여부를 가르는 결정적인 요인은 기술적인 우위가 아니라 프로젝트의 철학과 이상이라고 설명한다.

　그렇다면 우리는 암호화폐를 통해 어떤 이상적인 미래를 그릴 수 있을까. 부테린은 암호화폐의 궁극적인 비전으로 새로운 '경제적 민주주의'를 꼽는다. 중앙은행이나 정부가 독단적으로 주조차익의 배분을 결정하는 게 아니라, 시민들이 다양한 대의명분을 걸고 주조차익으로 어떤 인센티브를 만들 것인지 다수결로 결정할 수 있다는 것이다. 이는 잠시 유행했던 '소셜 화폐'와는 차원이 다르다. 부테린은 암호화폐는 기본적으로 인터넷만 연결되면 누구나 사고팔 수 있는 글로벌 통화이고, 지금(2014년 당시)은 작은 유행에 불과하지만 사회 구조를 바꿀 수도 있는 잠재력을 갖고 있다고 평가했다.

이더리움
차세대 암호화폐 및 탈중앙화 애플리케이션 플랫폼

「비트코인 매거진」
2014년 1월 23일

지난 1년 동안 비트코인 2.0 프로토콜에 대한 논의가 점점 많아지고 있다. 주로 비트코인에 영감을 받았으나, 거기서 그치지 않고 블록체인 기술을 화폐 이상의 용도로 사용할 수 있게 하자는 의견들이다.

이 아이디어를 가장 처음으로 구현한 사례는 2010년에 만들어진 암호화폐인 네임코인(Namecoin)이다. 네임코인은 비트코인과 비슷했지만 탈중앙 도메인 이름 등록에 사용할 수 있었다. 이밖에도 컬러드코인(Colored Coin)은 비트코인 네트워크에서 사용자가 자신만의 화폐를 만들 수 있게 했다. 마스터코인(Mastercoin)은 금융 파생상품, 저축이 가능한 지갑, 탈중앙화 거래소 등의 기능을 제공한다. 비트셰어(BitShares), 카운터파티(Counterparty)도 이전에 비해 발전된 프로토콜들이다.

지금까지 나온 모든 프로토콜은 금융 같은 특정 산업이나 애플리케이션에 특화된, 세부적인 기능들을 제공한다. 나는 최근 몇몇 개발자들과 함께 이러한 유행과는 반대 방향으로 달리는 프로젝트를 설계했다. 이 프로젝트의 이름은 이더리움(Ethereum)이다. 이는 누구나 그 위에 자유롭게 애플리케이션을 만들어 올릴 수 있는 크립토 네트워크다.

양파 같은 암호화폐 프로토콜

계층 이론은 많은 암호화폐 2.0 프로토콜이 지닌 공통적인 설계 철학 중 하나다. 이는 마치 인터넷처럼 여러 프로토콜이 서로 다른 계층(Layer)으로 분리되어 작동할 때 전체 암호화폐 설계도 잘 작동한다는 것이다. 인터넷과 암호화폐 생태계를 비교해보자면, 비트코인은 암호화폐 생태계의 TCP/IP라고 할 수 있다. 비트코인 기반으로 구축되는 차세대 프로토콜은 이메일 전송을 위한 SMTP, 웹페이지를 표시하기 위한 HTTP, 채팅을 위한 XMPP 등이 있다. 이들은 모두 공통의 데이터 계층인 TCP 위에서 작동하는 것들이다.

컬러드코인, 마스터코인, 카운터파티는 이런 모델이 적용된 프로토콜들이다. 컬러드코인 프로토콜의 작동 방식은 간단하다. 먼저 컬러드코인을 만들기 위해, 사용자는 특정한 비트코인이 특별한 의미를 가질 수 있도록 별도의 색깔을 부여한다. 실물 금을 가지고 있는 밥(Bob)이라는 사람이 있다고 가정해보자. 그는 컬러드코인 프로토콜을 이용해 몇몇 비트코인에 특정한 색깔을 부여하고, 색칠된 비트코인의 각 사토시가 0.1그램의 실물 금과 교환된다는 설정을 할 수 있다. 컬러드코인 프로토콜은 블록체인을 통해 이 색칠된 비트코인을 추적해 언제든 누가 그 비트코인을 소유하고 있는지 알 수 있다.

마스터코인과 카운터파티는 컬러드코인보다 좀 더 애매하다. 마스터코인이나 카운터파티에서 발생하는 거래는 비트코인 블록체인을 통해 데이터를 저장하기 때문에 마스터코인이나 카운터파티에서 발생하는 거래는 곧 비트코인 거래와 다름없지만 프로토콜상으로는 완전히 다른 방식으로 처리된다. 두 가지의 마스터코인 트랜잭션이 이뤄지는 경우를 생각해보자. 하나는 1MSC(마스터코인)를 보내고 다른 하나는 10만 MSC를 보냈다고 가정해보자. 마스터코인 프로토콜의 작동 원리를 모르는 비트코인 사용자 입장에서는 둘 다 0.0006BTC(비트코인)를 보내는 작은 트랜잭션처럼 보인다. 마스터코인 프로토콜의 메타데이터는 트랜잭션 출력값에 인코딩된다. 그런 다음 마스터코인 클라이언트는 현재 마스터코인의 계좌 잔고를 확인하기 위해 비트코인 블록체인에서 이 트랜잭션을 검색해야 한다.

나는 컬러드코인과 마스터코인 프로토콜의 개발에 참여했으며, 이 코인의 설립자들과도 직접 소통할 수 있었다. 그리고 약 두 달 동안의 연구와 개발 참여를 통해 이들이 추구하는 방식에 근본적인 문제가 있다는 것을 깨달았다. 비트코인이 기반이 되는 로 레벨(Low Level) 프로토콜로 작용하고 그 위에 하이 레벨(High Level) 프로토콜로 컬러드코인과 마스터코인이 올라가는 방식은 칭찬할 만하지만 이렇게 할 경우 실질적으로 서비스 구현이 어려워진다는 단점이 있다. 이는 프로젝트의 대중성에 악영향을 미칠 수 있다.

문제 설정은 훌륭하다. 커뮤니티의 반응을 보면 이들이 풀고 있는 문제가 사람들에게 매우 중요한 것임을 알 수 있다. 비트코인 자체의 문제도 아니다. 비트코인은 돈을 이동시키고 가치를 저장하기 위한 프로토콜로서는 훌륭하다. 다만 비트코인은 로 레벨 프로토콜로는 적당하지 않다. 즉, 기반이 되는 프로토콜의 측면에서 봤을 때 비트코인은 효과적인 기술이라고 하기 어렵다. 마치 HTTP를 구축할 수 있는 TCP라기보다는 이메일 전송에 특화된 SMTP와 비슷하기 때문이다.

또한 비트코인은 확장성 문제를 해결하기 어렵다. 확장성이란 사용자 숫자가 늘어났을 때 시스템이 여기에 유연하게 대응할 수 있는 능력을 말한다. 단순 암호화폐로서 비트코인은 어느 정도 확장성을 갖출 수 있다. 가령 전체 비트코인 블록체인의 크기가 1TB(테라바이트) 이상으로 늘어나더라도 큰 문제가 없다. 이미 비트코인 백서에 단순지급검증(Simplified Payment Verification, SPV)이라는 솔루션이 제시되어 있기 때문이다. SPV란 전체 블록체인을 보유하지 않은, 대역폭과 저장 공간이 몇 메가바이트에 불과한 '라이트 클라이언트'가 트랜잭션이 처리되었는지 검증할 수 있도록 하는 기능을 말한다.

그러나 컬러드코인과 마스터코인에서는 이런(SPV) 방법을 사용할 수 없다. 컬러드코인의 경우 코인의 색을 확인하기 위해 현재 블록부터 첫 번째 블록까지 블록체인 전체를 SPV로 일일이 확인해야 한다. 이렇게 역방향으로 블록을 확인하는 작업은 조건에 따라 기하급수적으로 복잡해질 수 있다. 가령 메타코인 프로토콜에서는 모든 트랜잭션을 일일이 확인하지 않고서는 아무것도 진행할 수 없다.

이더리움은 이러한 문제를 해결하고자 한다. 이더리움은 수십 개의 기능을 갖춘 스위스 군용칼이 되기보다는 다수의 분산형 애플리케이션의 제작을 가능하게 하는 기초적인 프로토콜을 목표로 한다. 아울러 이더리움은 프로토콜의 확장성과 효능을 최대한 이용해 최적의 애플리케이션을 구축하기 위한 도구도 제공한다.

차액결제거래 외에도 사용되는 컨트랙트

이더리움이 개발 단계에 있을 때 개발자들은 암호화폐상에 금융계약을 구축하는 것에 관심을 두었다. 그중 가장 기본적인 계약은 **차액결제거래(CFD)**였다. 차액결제거래란 블록체인상에 만들 수 있는 거래로, 두 당사자가 일정 금액의 돈을 넣은 다음 기초 자산의 가치 변동에 상응하는 정도의 돈을 빼내기로 합의하는 거래를 뜻한다.

만기가 30일인 CFD에 밥과 앨리스가 각각 1,000달러를 투자했다고 가정하자. 이 CFD에 따르면 앨리스는 라이트코인(LTC) 가격이 1달러 오를 때마다 자신이 예치한 금액과 함께 추가로 100달러씩을 더 가져갈 수 있다. 반면 1달러 감소할 때마다 100달러씩을 덜 가져가게 된다. 만약 해당 기간 동안 실제로 라이트코인 가격이 1달러 올랐다면 실제 돈의 흐름은 다음과 같이 흘러간다. 우선 앨리스가 원금 1,000달러에 100달러를 추가로 가져간다. 이후 그 차액인 900달러가 밥에게 보내진다. 이런 계약을 통해 사람들은 높은 레버리지로 투기하거나, 혹은 중앙화된 거래소 없이도 암호화폐에 변동성에 대한 위험으로부터 자기 자신을 보호할 수 있다.

그러나 CFD는 '공식에 대한 계약'이라는 훨씬 더 크고 포괄적인 개념의 일부에 해당한다. 앞의 예에서 다음 계산을 이어가보자. 앨리스로부터 X달러를, 밥으로부터 Y달러를 받은 다음 앨리스에게 주어진 티커(특정 투자종목의 시세) 가격이 오를 때마다 X달러에 Z달러를 더해 돌려주는 계약이 있다고 가정해보자. 이 경우 수학 공식으로 금액을 계산한 다음 앨리스에게 돈을 돌려주는 특수한 계약을 짜는 게 가능하다. 만약 공식이 무작위적으로 데이터의 입력을 허용한다면 이러한 대체 CFD들은 일종의 P2P 도박을 구현하는 데에도 사용될 수 있다.

이더리움은 여기서 한 단계 더 나아간다. 이더리움에서의 컨트랙트는 두 당사자 간 이뤄지는 일시적이고 일반적인 계약이 아니다. 이더리움에서의 컨트랙트란 블록체인 안에서 알아서 작동하는 대리인과 비슷하다. 이더리움 컨트랙트마다 특정 코드가 있고, 트랜잭션이 도착할 때마다 이 코드가 실행된다. 코드의 스크립트 언어는 트랜잭션 값, 송신자 및 선택적 데이터 필드, 블록 데이터의 일부 및 자체 내부 메모리에서 입력을 받아들일 수 있고, 트랜잭션을 전송할 수도 있다.

이더리움에서 CFD를 만들고 싶다면, 앨리스는 다음 과정을 밟으면 된다. 우선 계약 내용을 담은 컨트랙트를 만들고 자신이 먼저 1,000달러 상당의 암호화폐를 넣은 뒤, 밥이 이 계약을 수락하고 1,000달러가 포함된 트랜잭션을 전송할 때까지 기다린다. 이 계약의 핵심 내용 중 하나는 밥이 앨리스의 계약을 수락한 시점부터 30일 후에 자금이 분배된다는 지점이다. 30일 후에 앨리스나 밥은 해당 컨트랙트에 소량의 트랜잭션을 보내는 방법으로 재분배된 자금을 되찾을 수 있다.

이더리움 컨트랙트 코드 예시

```
if tx.value < 100 * block.basefee:
    stop30  part 1: premining
if contract.memory[1000]:
    from = tx.sender
    to = tx.data[0]
    value = tx.data[1]
    if to <= 1000:
```

```
        stop
        if contract.memory[from] < value:
        stop
        contract.memory[from] = contract.memory[from] - value
        contract.memory[to] = contract.memory[to] + value
    else: contract.memory[mycreator] = 10000000000000000
    contract.memory[1000] = 1
```

이더리움 백서에서는 이런 차액결제거래 모델 외에도, 이더리움 스크립팅 언어로 가능한 다양한 트랜잭션을 설명하고 있다. 일부만 이곳에 옮긴다.

- **다중서명 에스크로(Multisignature Escrows):** 이는 비트코인 중재 서비스인 비트레이티드(Bitrated)와 비슷한 개념이다. 그러나 다중서명 에스크로는 비트코인보다 더 복잡한 규칙을 가지고 있다. 가령 서명자가 부분적으로 서명된 트랜잭션을 수동으로 전달할 필요가 없다. 사용자들이 블록체인을 통해 서명하는 방식으로 비동기적으로 인출을 승인할 수 있는데, 전원이 아니더라도 일정 숫자 이상의 서명자들이 인출 승인에 동의하면 트랜잭션이 자동으로 처리된다.
- **예금:** 한 가지 흥미로운 예를 들어보자. 앨리스는 자신이 보유한 거액의 돈을 안전하게 보관하고 싶어한다. 하지만 개인 키를 잃어버리거나 도난당할 위험을 감수하고 싶지는 않다. 앨리스는 평소 어느 정도 신뢰를 보여준 밥에게 은행과 비슷한 역할을 부여하고, 다음과 같은 규칙을 넣은 컨트랙트를 만든다.

- 앨리스는 하루에 1을 인출할 수 있다. 하지만 밥이 승인하면 얼마든지 돈을 찾을 수 있다.
- 밥은 하루에 0.05까지 인출할 수 있다. 보통 앨리스는 한 번에 적은 액수만 인출한다. 그러나 앨리스가 그 이상의 금액을 인출하고 싶을 때는 밥에게 자신의 신분을 증명한 다음 인출할 수 있다.
- 만약 앨리스의 개인 키가 도난당한다면, 그는 도둑이 1 이상의 자금을 가지고 달아나기 전에 밥에게 다른 컨트랙트로 자금을 옮기자고 요청할 수 있다. 앨리스가 개인 키를 잃어버리더라도, 밥은 결국 앨리스의 전체 자금을 회복할 수 있다. 그리고 만약 밥에게 악의적인 의도가 있다고 하더라도, 앨리스는 밥보다 20배 더 빨리 자신의 자금을 인출할 수 있다. 결론적으로, 무신뢰[4]를 갖추면서 전통적인 은행 모델의 보안성을 제공할 수 있다.

- **P2P 도박**: 이더리움 위에 모든 종류의 P2P 도박 프로토콜을 구현할 수 있다. 가장 원시적인 도박 프로토콜은 블록 해시 같은 무작위 데이터의 차이가 변수로 작용하는 CFD 컨트랙트로 구현할 수 있다.
- **자신만의 암호화폐를 발행**: 이더리움의 내부 메모리 저장소를 이용해 이더리움을 기반으로 한 새로운 화폐를 만들 수 있다. 이러한 암호화폐들은 다른 암호화폐와 서로 교류하는 구조를 구축하거나 탈중앙화 거래소를 보유하거나, 다른 고급 기능들을 가지도록 디자인할 수 있다.

이것이 이더리움 코드의 장점이다. 스크립트 언어는 수수료 체계를 제

---

4 [역자 주] '신뢰가 없다'는 뜻이 아니라 '신뢰가 필요 없다'는 의미다.

외하고는 제한이 없도록 설계되었기 때문에 어떠한 종류의 규칙도 집어 넣을 수 있다. 심지어 기업 전체가 블록체인을 통해 자금 관리를 하도록 설정하는 것도 가능하다. 예를 들어, 현재 회사의 주주 중 60명이 자금 이동에 동의해야 이체가 실행된다는 컨트랙트를 짜는 것도 가능하다(또는 30명이 1일당 최대 자금 1을 옮길 수 있게끔 설정하는 것도 가능하다).

비금융적인 구조도 생각해볼 수 있다. 민주주의를 중요하게 생각하는 그룹이라면 '새로운 멤버가 되고 싶은 사람은 기존 멤버 중 3분의 2의 동의를 받아야 공식 멤버가 될 수 있다'는 컨트랙트도 생각해볼 수 있다.

금융을 넘어서다

금융 애플리케이션은 이더리움과 이더리움 기반 크립토가 만들 수 있는 것 중 매우 일부분에 해당한다. 표면만 긁는 느낌이랄까. 이더리움 초기에는 여러 금융 애플리케이션들이 암호화폐 커뮤니티 사람들을 유혹할 것이다. 그러나 이더리움의 미래는 다른 비금융 P2P 프로토콜과 함께 작동하는 방식을 찾아내는 데 있다. 현재 비금융 P2P 프로토콜이 직면하고 있는 주요 문제 중 하나는 유인책이 부족하다는 점이다. 비금융 P2P 프로토콜은 중앙집중형 영리 플랫폼과 다르게 사용자가 참여한다고 금전적 이득을 제공할 수 없다. 그러니 사용자도 참여할 동기가 생기지 않는다.

다른 영역에서는 참여 자체가 보상이 되기도 한다. 가령 사람들이 오픈소스 소프트웨어를 개발하거나 위키피디아에 기여하거나 포럼에 댓글을 달고, 블로그 게시물을 작성하는 이유는 참여가 곧 보상이기 때문이다. 그러나 P2P 프로토콜의 참여는 '재미있는' 활동이라고 하기 어렵다. 오히려 P2P 프로토콜에 참여한다는 것은 많은 양의 자원(CPU, 전기)을 소모해 데몬(Daemon)⁵을 컴퓨터 백그라운드에 돌게 한 후 더 할 것이 없어 잊어버리게 되는 것이 일반적이다.

예를 들어 프리넷(Freenet) 같은 데이터 프로토콜은 오래전부터 탈중앙화 방식으로 검열 불가한 정적 콘텐츠 호스팅을 제공해왔다(정적 콘텐츠 호스팅이란 모든 사용자의 웹페이지에서 콘텐츠가 동일하게 노출되는 호스팅 방식을 말한다). 하지만 프리넷은 매우 느리며 여기에 컴퓨터 리소스를 제공하는 사람은 거의 없다. 또한 파일 공유 프로토콜은 모두 같은 문제를 겪고 있다. 이런 이타주의적 행동은 블록버스터 영화들을 공유할 때 P2P 프로토콜의 충분한 효용을 보여줄지 몰라도, 주류에 벗어난 콘텐츠를 공유할 때는 현저히 효과가 떨어진다(자주 찾지 않는 데이터이니 데이터 공유가 없는 순간엔 전력이 낭비된다). 역설적이게도 P2P 파일 공유 플랫폼들은 엔터테인먼트와 미디어 제작의 중앙집중화에 기여하게 된다.

그러나 이러한 모든 문제는 인센티브만 제공하면 해결할 수 있다. 사람들이 비영리적인 프로젝트뿐만 아니라 네트워크에 참여하는 것만으로도 사업 및 생계도 확보할 수 있다. 다음 사례들을 보자.

- **인센티브화된 데이터 저장소(Incentivized Data Storage)**: 기본 개념은 탈중앙화된 드롭박스(Dropbox)에 가깝다. 작동 방법은 다음과 같다. 사용자가 네트워크로 1GB(기가바이트)의 파일을 백업하기 원한다면 머클트리(Merkle Tree) 데이터 구조를 만든다. 그런 다음 10ETH와 트리의 뿌리를 컨트랙트에 넣은 다음 하드 드라이브 공간을 임대하려는 다른

---

5   [역자 주] 주기적인 서비스 요청을 처리하기 위해 계속 실행되는 프로그램을 말한다. 데몬은 수집된 요구들을 또다른 프로그램이나 프로세스들이 처리할 수 있도록 적절히 전달한다.

전문 네트워크에 파일을 업로드한다. 그리고 매일 컨트랙트를 이용해서 자동으로 파일의 블록마다 트리의 가지 중 하나를 무작위로(왼쪽 → 오른쪽 → 왼쪽 → 왼쪽 → 오른쪽 → 왼쪽 → 오른쪽 → 왼쪽) 선택하게 하고 해당 가지를 제공하는 첫 번째 노드에 0.01ETH를 준다. 보상을 받을 확률을 최대화하기 위해 노드는 서로 파일을 저장하려고 할 것이다.

- **비트메시지 및 토르**(Bitmessage and Tor): 비트메시지는 완전히 탈중앙화되고 암호화된 차세대 이메일 프로토콜로 네트워크를 제외한 제3자에게 의존하지 않으면서 비트메시지 사용자끼리 안전하게 메시지를 주고받을 수 있도록 한다. 그러나 비트메시지는 UX 차원에서 큰 결함이 있다. 비트메시지 주소는 myname@email처럼 이메일 주소 형식이 아니라 BM-BcbRqcFFSQUUMXFKsPJgVQPSiFA3Xash와 같은 34자 알파벳과 숫자의 조합으로 구성되어 있다. 이더리움 컨트랙트의 솔루션은 이더리움 특정 컨트랙트에 자신의 이름을 등록하는 것이다. 비트메시지 클라이언트들은 이더리움 블록체인에 정보를 요청해 34자 비트메시지 주소가 누구와 연관되어 있는지 찾을 수 있다. 익명 네트워크인 토르도 동일한 문제를 겪고 있어 같은 솔루션을 활용할 수 있다.

- **신원조회 및 평판 시스템**(Identity and Reputation Systems): 일단 당신의 이름을 블록체인에 등록하는 게 가능하다면, 다음 단계는 명확하다. 블록체인 위에 믿을 수 있는 신뢰망을 구축하는 것이다. 이 신뢰망은 효과적인 P2P 통신 인프라의 핵심적인 요소다. 당신은 숫자와 알파벳으로 이뤄진 공개 키가 사람을 가리키는지 궁금할 것이다. 아울러 그 사람이 실제로 신뢰할 만한 인물인지도 알고 싶을 것이다. 해결책은 소셜 네트워크를 이용하는 것이다. 만약 A를 신뢰할 수 있다면, A가 신

뢰하는 B, 그리고 B가 신뢰하는 C도 어느 정도 신뢰할 수 있을 것이다. 이더리움은 완전히 탈중앙화된 평판 시스템과 향후에 완전히 탈중앙화된 시장을 위한 데이터 계층으로 작용할 수 있다.

이런 애플리케이션들은 이미 개발 중인 P2P 프로토콜과 프로젝트로 구성되어 있다. 우리는 이들과 가능한 한 많이 파트너십을 구축해 이더리움 생태계를 확장하기 위한 자금을 지원할 계획이다. 우리는 암호화폐 커뮤니티뿐만 아니라 파일 공유, 토렌트, 데이터 저장, 메시 네트워크(Mesh Network)[6]의 구축 등을 포함한 P2P 커뮤니티 전체를 돕고 싶다. 우리는 특히 비금융 영역에서 커뮤니티에 상당한 가치를 창출할 수 있는 프로젝트가 가능하다고 믿는다. 비금융 커뮤니티는 주로 재정적 인센티브 체계가 없어 자금 부족을 겪고 있다. 이더리움은 이러한 수십 개의 프로젝트를 다음 단계로 성장할 수 있게 할 수 있다.

이 모든 애플리케이션들이 이더리움 기반으로 가능한 이유는 이더리움의 자체 프로그래밍 언어 때문이다. 이는 인터넷에 비유할 수 있다. 1996년에 웹은 HTML에 불과했고, 사람들이 그걸로 할 수 있는 것이란 무료 웹사이트 호스팅을 제공하는 지오시티(Geocities) 같은 사이트에서 정적 웹페이지를 제공하는 것뿐이었다. 그 후 개발자들은 사용자가 웹사이트와 데이터를 주고받는 기능을 만들 필요가 있다고 생각했다. HTML에 폼(Form) 기능이 추가된 이유다. 웹 프로토콜에서의 폼은 비트코인 프로토콜에서의 컬러드코인과 비슷한 느낌이다. 문제를 해결하기 위해 노력

---

6   노드가 그물망처럼 연결되어 더 높은 안정성과 범위를 제공하는 네트워크의 유형으로 통신국 사이에 중계 과정 없이 서로 그물 형태로 접속되는 네트워크다.

하긴 했지만 더 큰 그림을 보지는 않았고 접근성이 좋은 프로토콜 위에 해결책을 쌓았다는 점에서 그렇다.

하지만 얼마 지나지 않아 우리는 웹 브라우저의 프로그래밍 언어인 자바스크립트(JavaScript)를 떠올려냈다. 자바스크립트는 보편적인 튜링 완전 프로그래밍 언어였기 때문에 임의적인 복잡성을 가진 애플리케이션을 만드는 데 사용할 수 있었다. 지메일, 페이스북, 심지어 비트코인 지갑까지 모두 이 언어로 만들어졌다. 자바스크립트 개발자들은 지메일, 페이스북, 심지어 비트코인 지갑을 노리는 게 아니라 단순히 프로그래밍 언어를 원했다. 프로그래밍 언어로 할 수 있는 것은 상상에 달려 있다. 우리는 이러한 정신을 이더리움에 구현하고자 한다. 이더리움은 암호화폐 혁신의 끝이 아니라, 시작이 되는 것을 목표로 한다.

추가 혁신

이더리움은 튜링 완전한 범용 스크립트 언어의 주요 기능들을 갖추고 있으면서, 기존 암호화폐의 문제들이 해결하지 못했던 여러 문제를 개선했다.

- **수수료**: 이더리움 컨트랙트는 튜링 완전한 기능을 관리하고 무한 순환이나 메모리 용량을 많이 차지하는 프로그램 같은 악의적인 트랜잭션을 방지하기 위해 각 계산 단계마다 수수료를 요구할 것이다. 저장소 액세스 및 암호화 작업과 같이 비용이 더 많이 드는 작업에는 더 높은 수수료가 부과되며, 컨트랙트에 의해 저장소에 저장되는 모든 항목에 대한 수수료도 부과된다. 자발적인 데이터 관리를 유도하기 위해 컨트랙트의 저장소 점유량을 줄이면 수수료 요금이 줄어드는 인센티브를

얻을 수 있다. 컨트랙트를 해지하고 모든 자금과 함께 막대한 마이너스 수수료를 컨트랙트 제작자에게 돌려보내는 **특별 자살 코드**도 있다.

- **채굴 알고리즘**: 특정 하드웨어로 채굴의 효율성을 올리는 행위를 방지하는 데 대한 관심이 높아지고 있다. 평범한 하드웨어만 보유하고 있는 일반 사용자가 막대한 자본을 들이지 않아도 네트워크에 참여할 수 있게 해주면서 동시에 중앙집권화도 피하기 위해서다. 가장 많이 사용되는 솔루션은 막대한 연산 능력과 메모리를 필요로 하는 채굴 알고리즘인 에스크립트(Scrypt)였다. 그러나 에스크립트는 충분히 많은 메모리를 소모하도록 설계되어 있지 않을 뿐만 아니라 이를 위해 특수 장치를 만드는 회사들도 있다. 그래서 우리는 이 문제를 해결하고자 에스크립트보다 훨씬 메모리 비효율적인 작업증명 프로토타입인 대거(Dagger)와 채굴 문제를 완전히 해결하고자 작업증명 프로토타입인 슬래셔(Slasher)를 개발했다. 나중에는 전 세계 대학의 연구 단체들을 초청해 평범한 하드웨어에 최적화된 채굴 알고리즘을 찾는 대회를 주최할 계획이다. 예전에 AES와 SHA를 탄생시켰던 그런 대회 말이다.

- **고스트(Ghost)**: 고스트는 아비브 조하르(Aviv Zohar)와 요나탄 솜폴린스키(Yonatan Sompolinsky)가 개척한 새로운 블록 생성 프로토콜이다. 고스트는 이더리움이 중앙집중화의 문제 없이, 일반적으로 빠른 블록 확인으로 인해 발생하는 높은 스테일(Stale) 비율[7]을 피하고 빠른 블록 확인 시간(이상적으로 3초에서 30초)을 갖출 수 있도록 해준다. 이더리움은 프로토콜의 일부로 단순화된 단일 레벨 버전의 고스트를 통합한

---

7   [역자 주] 블록이 성공적으로 생성된 상태에서 이미 다음 블록 계산이 진행되고 있을 때 이전 블록을 계산하기 위해 무의미하게 제출되는 셰어(연산 작업 단위) 수를 의미한다.

최초의 암호화폐다.

이더리움의 계획

이더리움은 거대하고 광범위한 사업이며, 개발하는 데 수개월이 걸릴 것이다. 이를 염두에 두고 여러 단계에 걸쳐 출시될 것이다. 첫 단계인 백서는 이미 공개했다. 포럼, 위키, 블로그가 개설되었으며, 누구나 자유롭게 방문해 계정을 만든 다음 포럼에 댓글을 달 수 있다.

1월 25일 마이애미에서 열리는 콘퍼런스를 계기로 60일간 자금 조달을 할 예정이며, 마스터코인이 판매됐을 때처럼 그 기간 동안에는 누구나 비트코인으로 이더리움의 자체 코인인 이더를 구입할 수 있다. 매수 가격은 1BTC에 1,000ETH이지만 초기 투자자들은 일찍 참여한 데 대한 보상으로 약 2배의 혜택을 받을 수 있을 것이다. 자금 조달에 참여하는 사람들은 이더리움뿐만 아니라 무료 콘퍼런스 티켓, 32바이트의 메시지를 제네시스 블록에 넣을 수 있는 특권을 받게 된다. 최고 기부자들에게는 3개의 소단위(예를 들어 BTC의 마이크로비트코인)를 명명할 수 있는 기회를 받을 수 있을 것이다. 이더리움의 발행은 단일 메커니즘이 아니라 여러 발행 방법의 장점들을 결합한 절충적 접근 방식을 사용할 것이다. x개의 ETH가 다음과 같은 방식으로 발행된다고 해보자.

- 0.225배 ETH는 자금 조달 전에 프로젝트에 적극적으로 참여한 수탁 회원과 초기 기부자들에게 배정될 것이다. 이 코인들은 1년 후 약 40%, 2년 후 70%, 3년 후 100% 발행되는 시한장치가 된 컨트랙트에 의해 보관될 것이다.

- 0.05배 ETH는 자금 조달부터 암호화폐의 출시까지 발생하는 지출과 이더 보상금을 위해 사용될 펀드에 할당될 것이다.
- 0.225배 ETH는 화폐 출시 후 비용, 급여, 이더리움 보상금 등을 위해 장기 예비 풀에 배정될 것이다.
- 그 이후 앞으로 매년 0.4배 ETH가 채굴될 예정이다.

비트코인을 포함한 대부분의 암호화폐와 다르게 이더리움의 공급량은 무제한이다. 이런 영구적 선형 인플레이션 모델은 인플레이션과 디플레이션을 방지하기 위해 설계된 것이다. 공급량에 제한이 없는 이유는 투기와 부의 불평등 효과를 해소하기 위한 것이다. 동시에 공급 성장률이 일정한 인플레이션 모델을 적용했기 때문에 이더리움의 인플레이션율은 시간이 지나면서 점점 0에 가까워지게 될 것이다. 초기 화폐 공급은 0에서 시작하지 않기 때문에, 이더리움의 첫 8년 동안의 공급 성장률은 비트코인보다 느릴 것이다. 이는 얼리어답터와 초기 투자자들에게 중기적으로 상당한 혜택을 받을 수 있는 기회가 될 것이다.

2월에, 우리는 트랜잭션을 보내고 컨트랙트를 만드는 것이 가능한 중앙 집중형 테스트넷을 출시할 것이다. 그 이후 곧 탈중앙 테스트넷이 등장할 것이며, 이를 통해 다양한 채굴 알고리즘을 시험해본 다음 'P2P 데몬'이 안전하게 작동하는지 확인하고 스크립트 언어로 최적화할 수 있는 부분이 무엇인지 찾을 것이다. 마지막으로 프로토콜과 클라이언트의 보안이 확보되면 제네시스 블록을 출시하고 채굴을 시작할 것이다.

미래를 생각하다

이더리움은 튜링 완전 스크립트 언어를 포함하고 있기 때문에 비트코인 같은 블록체인 기반 암호화폐가 할 수 있는 일은 무엇이든 할 수 있다는 사실을 수학적으로 증명할 수 있다. 그러나 해결해야 하는 문제들이 여전히 남아 있다. 이더리움은 모든 블록체인 기반 암호화폐들이 맞닥뜨리고 있는 근본적인 확장성 문제에 대한 솔루션을 제공하지 않고 있다. 블록체인들이 합의를 이루기 위해 모든 전체 노드가 전체 블록을 저장하고 모든 트랜잭션을 검증해야 한다는 문제 말이다. 이걸 하려면 시간이 지날수록 트랜잭션 처리속도가 느려질 수밖에 없다.

리플이 개발한 '상태 트리(State Tree)'와 '트랜잭션 리스트(Transaction List)' 개념은 확장성 문제를 완화할 수 있지만 근본적인 해결책은 아니다. 여기에는 아마도 현재 개발 중인 엘리 벤-사손(Eli Ben-Sasson)의 SCIP(Secure Computational Integrity and Privacy) 같은 기술이 필요할 것이다.

또한 이더리움은 작업증명 채굴을 개선할 수 있는 방법을 제공하지 않으며, 우수성증명과 리플 스타일의 합의 방식은 고려하고 있지 않다. 지분증명이나 다른 작업증명 알고리즘이 더 나은 해결책인 것으로 밝혀지면, 미래에는 MC2와 슬래셔와 같은 지분증명 알고리즘을 사용할 수도 있다. 이더리움 2.0은 필요하다면 진행할 것이다.

이더리움은 오픈소스 프로젝트다. 만약 이 프로젝트가 충분한 자금을 확보한다면, 우리는 원래 있던 지갑들의 계정 잔액을 이월하고 직접 이더리움 2.0을 출시할 수도 있다. 우리는 이더리움 2.0을 직접 출시해 원래 있던 지갑들의 잔액을 훨씬 더 개선된 네트워크로 보낼 수도 있다. 우리의 슬로건처럼, 이더리움의 유일한 한계는 우리의 상상력에 달려 있다.

비트코인의 등장 이후 비트코인의 성공을 이어가고자 했던 '비트코인 2.0' 프로젝트들은 대부분 비트코인 네트워크 위에서 비트코인이 못하는 세부적인 기능들을 구현하려고 했다. 비트코인이 가지고 있는 지급·결제 기능 말고 다른 특수한 기능들 말이다.

그들 중 2014년에 나왔던 한 프로젝트는 접근 방향을 좀 색다르게 꺾었다. 특화된 기능을 제공하는 게 아니라 그런 기능을 제공하는 애플리케이션들이 실행될 수 있는 범용 네트워크를 개발한 것이다. 이 프로젝트의 이름은 이더리움이다.

왜 이더리움은 비트코인 네트워크 위에서 구동되는 대신 직접 범용 네트워크를 만들어야겠다고 생각했을까. 가장 큰 문제는 확장성이었다. 비트코인은 돈을 이동시키고 가치를 저장하는 데는 탁월했지만, 애플리케이션의 기초 레이어로서 작동하기에는 네트워크 사용자 수에 맞춰 유연하게 대응할 수 있는 능력이 떨어졌다. 이 장에서 부테린은 컬러드코인, 마스터코인, 카운터파티 등 앞서 출시됐던 비트코인 네트워크 기반 프로토콜들의 사례를 언급한다. 그리고 이들의 사례를 반면교사 삼아 이더리움이 개발되었다고 설명한다.

사실 이더리움의 가장 큰 차별점은 튜링 완전한 스크립트 언어인 솔리디티를 갖고 있다는 것이다. 그러나 이 글에서 부테린은 본질적이고 기술적인 것보다는 당장 이더리움으로 무엇을 할 수 있는지를 설명하는 데 집중한다. 가장 강조되는 강점 중 하나는 스마트 컨트랙트다. 스마트 컨트랙트란 특정 조건이 충족되었을 때 코드로 해당 계약이 작동적으로 이행되게 하는 기능을 말한다. 이는 알아서 계약 내용을 집행하는 대리인과 비슷한 역할을 하기에 이더리움 위에서 일반적인 금융 애플리케이션을 작동시킬 수 있도록 도와준다. 물론 금융뿐 아니라 다양한 비금융 애플리케이션에도 복합적인 인센티브 구조를 만드는 데 활용할 수 있다.

또 다른 강점은 이더리움의 자체 코인인 이더(ETH)다. 이더는 이더리움 네트워크에서 수수료를 지불하는 수단인데, 당시 업계에서 흔했던 총 발행량을 제한하는 토큰 모델을 적용하지 않았다. 발행량을 특정 숫자로 정해두지 않고, 토큰 공급량을 무제한으로 뒀다는 얘기다. 이는 먼 미래에 인플레이션이나 디플레이션을 방지하기 위해 설계된 것이다. 이 두 가지 특징은 지금 와서 생각해보면 이더리움이 왜 2017년 이후 블록체인 산업의 기준이 될 수 있었는지, 이더리움을 따라하는 수많은 포크들을 탄생시켰던 것인지 잘 보여준다.

재미있는 점은 이미 이더리움 메인넷을 본격적으로 가동하기도 전인 이 시기부터 부테린이 작업증명 방식의 문제점을 거론하며 지분증명 방식 도입의 필요성을 언급하고 있다는 것이다. 2022년 있었던 업그레이드로 이미 지분증명이 완료된 이더리움 네트워크를 사용하고 있는 우리에게 또 다른 재미를 안겨주는 대목이다.

자기 강제적인 컨트랙트와 팩텀법

이더리움 블로그

2014년 2월 24일

우리가 이더리움 세계를 통해 보고 있는 개념이 미래지향적이다 보니 때로는 이 암호화폐가 무섭다고 느낄 수도 있겠다. 우리는 인간의 개입 없이 스스로 실행되는 '스마트 컨트랙트' 기술에 대해 얘기하고, 〈터미네이터〉에 나오는 스카이넷 같은 '탈중앙화 자율 조직'을 만드는 사람들에 대해 얘기한다. 이들은 클라우드상에서 생활하면서도 강력한 자금을 동원해 사람을 통제하고, 특정한 일을 하도록 장려할 수 있다.

이런 것들은 물리적인 세계에서 탈중앙화된 코드가 법처럼 작용하고, 신뢰라는 말 자체가 필요하지 않은 무신뢰 사회를 만들기 위한 유토피아적 탐구라고 할 수 있다. 암호화폐를 잘 모르는 사람이라면 위에 쓴 문장들이 무슨 소리인지, 어떻게 가능한지, 가능하다면 왜 그게 좋은 것인지 이해하는 데 애를 먹을 것이다. 나는 이 글에서 각각의 아이디어가 무엇을 의미하는지 살핀 다음 특성과 장점, 한계에 대해 얘기할 것이다.

비탈릭 부테린 지분증명

스마트 컨트랙트는 수십 년 동안 회자됐던 아이디어였지만, 2005년 암호학자인 닉 자보(Nick Szabo)에 의해 대중의 관심을 끌게 됐다. 스마트 컨트랙트는 자기 강제적인 계약이다. 보통 계약서는 법적인 조건에서 상대방에게 돈(또는 다른 재산)을 보낼 것을 명령하도록 요청하는 종이(최근에는 PDF와 같은 전자 문서도 가능하다)인 반면, 스마트 컨트랙트는 이러한 조건을 자동으로 실행하는 컴퓨터 프로그램이다. 닉 자보는 자판기를 예로 들어 스마트 컨트랙트를 설명한다.

스마트 컨트랙트의 조상 중에는 자판기도 있다. 설정은 이렇다. 기계 안에 있는 물건의 값은 자판기에 넣는 비용보다 적어야 한다. 자판기는 간단한 메커니즘을 통해 동전을 받고 투입된 금액 한계 내에서 소비자의 선택에 따라 자동으로 제품을 제공하는 동작을 수행하고, 거스름돈을 돌려준다. 자판기는 일종의 무기명 컨트랙트다. 동전을 가진 사람은 누구나 판매자와의 교환에 참여할 수 있다. 잠금장치와 기타 보안 메커니즘은 돈 통에 있는 돈과 상품을 공격자로부터 보호하고, 수익성을 고려해 광범위한 지역에 자판기를 적절히 배치할 수 있도록 해준다.

스마트 컨트랙트는 이 개념을 여러 분야로 확장해 적용하는 것과 같다. 우리는 특정 공식과 조건에 따라 자동으로 돈을 섞는 스마트 금융 계약, 200달러를 처음 지불하는 사람에게 인터넷 주소(Domain)를 판매하는 스마트 도메인 판매, 보험사의 은행 계좌를 통제하고 신뢰할 수 있는 유권해석 기관(아니면 다수의 기관)의 판정에 따라 자동으로 보험금을 지불하는 스마트 보험 계약도 가능할 수 있다.

스마트 자산

그렇다면 자연스럽게 한 가지 의문이 생긴다. 이 계약들은 어떻게 집행되는 것인가? 일반적인 계약은 법적 권리과 강제력을 지원받는 법 집행자가 개입하지 않으면 종잇조각이나 마찬가지다. 스마트 컨트랙트가 실제로 강제력과 집행력을 갖기 위해서는 시스템에 삽입되어야 한다.

가장 확실하게 증명된 솔루션 중 하나는 스마트 자산이라는 아이디어다. 즉, 컨트랙트라는 아이디어다. 닉 자보가 설명한 자판기가 이 전형적인 예인데, 이 자판기 안에는 다음과 같은 컴퓨터 코드로 짜인 스마트 계약이 들어가 있다.

```
if button_pressed == "Coca Cola" and money_inserted
>= 1.75:
  release("Coca Cola")
  return_change(money_inserted - 1.75)
else if button_pressed == "Aquafina Water" and
money_inserted
>= 1.25:
  release("Aquafina Water")
  return_change(money_inserted - 1.25)
else if ...
```

이 컨트랙트에는 외부 세계와 연결되는 네 개의 고리가 있다. 입력 변수는 두 가지다. 하나는 돈, 다른 하나는 자판기 버튼에 대한 압력이다.

비탈릭 부테린 지분증명

출력값 역시 두 개다. 상품과 잔돈. 이 네 가지 모두 하드웨어에 의존하지만 인간의 입력은 일반적으로 사소한 문제로 간주하기 때문에 우리는 마지막 세 가지에 초점을 맞춘다.

만약 스마트 컨트랙트를 2007년부터 안드로이드 휴대폰에서 사용할 수 있다 해도 당시에는 아무 데도 쓸모가 없었을 것이다. 일단 안드로이드 폰은 얼마나 많은 돈이 삽입되었는지 계산할 방법이 없으며, 코카콜라 병을 건네주거나 거스름돈을 돌려줄 수 없다. 반면 자판기의 계약은 어느 정도의 힘을 가지고 있다. 자판기 안에 계약 규칙을 따르지 않고 코카콜라를 그냥 가져가는 것을 막는 물리적 보안 장치들이 있기 때문이다.

또 다른 미래적인 스마트 자산으로는 렌터카를 떠올려볼 수 있다. 모든 사람이 자신의 개인 키를 스마트폰에 보관하고 있고, 특정 주소에 100달러를 내면 자동차가 자동으로 해당 개인 키로 서명된 명령에 응답하는 세상을 상상해보라. 같은 원칙이 주택에도 적용될 수 있다. 이런 말이 억지스럽게 들린다면, 사무실 건물은 이미 대부분 스마트 자산이라는 것을 생각해보자. 출입문은 접근 카드를 통해 제어되며, 각 카드가 문에 유효한지는 데이터베이스에 연결된 코드 조각에 의해 결정된다. 회사가 고용계약을 자동으로 처리하고 신입사원의 출입 카드를 활성화하는 인사 시스템을 가지고 있다면, 그 고용 계약 역시 스마트 컨트랙트라고 봐도 된다.

스마트 머니와 만들어진 사회

하지만 물리적 재산은 매우 제한적이다. 물리적 자산의 보안성에는 한계가 있으므로 스마트 컨트랙트를 통해 큰 규모의 작업을 수행할 수 없다. 사실 사람들의 구미를 끌어당기는 흥미로운 컨트랙트들은 자산 송금

에 대한 프로젝트다. 하지만 어떻게 하면 실제로 자산 송금을 스마트 컨
트랙트로 할 수 있을까? 지금 당장은 불가능하다(이 글은 2014년에 쓰였다).

이론상으로는 계약자에게 계좌 로그인 내역을 알려주고, 조건을 통해
컨트랙트로 돈을 보내도록 하면 되지만, 이런 식의 컨트랙트는 실제로는
자기 강제적인 계약이라고 보기 어렵다. 계약 당사자가 지불 기한 직전에
계약을 해지하거나, 은행 계좌를 비우거나, 심지어 계좌의 비밀번호를 변
경할 수 있기 때문이다. 계약이 시스템에 어떻게 통합되든, 누군가는 그것
을 차단할 수 있는 능력을 가지고 있다.

이를 해결하기 위해서는 일반 사회에서 급진적이지만, 비트코인의 세
계에서 이미 자주 쓰이는 기술을 도입해야 한다. 즉, 새로운 종류의 돈이
필요한 셈이다. 지금까지 화폐의 진화는 상품 화폐, 상품 담보 화폐, 그리
고 법정 화폐의 세 단계를 거쳤다. 상품 화폐는 본질적인 사용 가치가 있
는 상품이기 때문에 가치가 있는 돈이다. 은과 금이 좋은 예이며, 더 전통
적인 사회에서는 차, 소금(연봉이라는 단어의 유래다), 조개껍질 등이 있다. 그
다음으로는 상품 담보 화폐, 즉 금과 교환할 수 있어서 가치가 있는 돈이
다. 마지막으로 법정 화폐가 있다. 법정 화폐의 영어 표현은 'fiat'인데 이
단어는 『구약성경』의 「창세기」를 떠올리게 한다. 신이 '빛이 있게 하라(fiat
lux)'라고 말하는 것처럼 미국 정부가 '돈이 있게 하라'라고 하면 달러가
생기기 때문이다. 정부에 의해 법정 화폐는 돈으로 받아들이며 법정 화폐
만으로 세금과 수수료 등을 낼 수 있으므로 그 가치가 보장된다.

그러나 비트코인은 팩텀 머니(Factum Money)란 새로운 종류의 돈이다
('만들어진 돈'이라고 생각해도 된다). 법정 화폐는 정부나 다른 종류의 기관에
의해 존재하지만, 팩텀 머니는 있는 그대로 존재한다. 팩텀 머니는 단순히

재무상태표와 대차대조표에 무엇을 더하고 뺄 수 있는지를 규정하는 몇 가지 규칙으로 구성되며, 이 규칙에 동의하는 사용자들 사이에서만 유효하게 작용한다.

비트코인은 팩텀 머니의 첫 번째 예시지만 그렇다고 해서 유일한 팩텀 머니는 아니다. 비트코인 네트워크를 쓰는 컬러드코인도 팩텀 머니의 한 종류다. 컬러드코인은 특정 '초기 트랜잭션에 의해 생성된 비트코인만이 재무상태표에 추가될 수 있다'는 식으로 새로운 규칙을 추가할 수 있다.

팩텀 머니는 스마트 컨트랙트와 매우 잘 어울리는 개념이다. 스마트 컨트랙트의 주요 문제는 집행력이다. 만약 컨트랙트상으로 'X라는 상황이 발생하면' '밥에게 200달러를 보내라'는 내용을 컨트랙트로 설정했다고 가정해보자. 실제로 X가 발생하면 밥에게 200달러를 송금한다는 사실을 어떻게 보장할 수 있을까?

팩텀 머니는 이를 믿을 수 없을 만큼 우아한 방법으로 해결한다. 현재의 대차대조표를 앞서 있었던 모든 스마트 컨트랙트를 실행한 결과로 정의하는 것이다. 이런 관점에서는 만약 X라는 상황이 일어나면, 모든 사용자는 밥이 여분의 200달러를 가지고 있다는 것에 동의할 것이고, X 상황이 일어나지 않는다면 모든 사용자는 밥이 이전에 갖고 있던 금액이 현재 보유자산의 가치와 같다는 것에 동의할 것이다.

이는 생각보다 훨씬 더 혁명적인 발명이다. 팩텀 머니를 이용해서 외부 집행 메커니즘에 의존하지 않고 컨트랙트, 더 나아가 법까지 집행할 수 있기 때문이다. 쓰레기를 함부로 버리는 경우 100달러의 벌금을 부과하고 싶다면? 그럼 쓰레기를 버릴 때마다 100단위씩 줄어드는 암호화폐를 정의한 다음 많은 사람이 이를 받아들이도록 하면 된다. 물론 이러한 예는 비현실적이고 비실용적이지만 그럼에도 스마트 컨트랙트의 기본 원리를 보여준다. 실제 팩텀 머니의 원리를 응용해 작동하게 할 수 있는 현실적인 예도 많다.

스마트 컨트랙트는 얼마나 똑똑할까?

스마트 컨트랙트는 일반적으로 금융 애플리케이션과 두 개의 서로 다른 팩텀 자산 간의 교환에 매우 효과적이다. 인터넷 주소(도메인) 판매를 예로 들어보자. 구글(google.com)과 같은 도메인은 팩텀 자산이다. 왜냐하면 도메인이란 어떤 서버상의 데이터베이스에 의해 존재할 뿐이지만, 우리가 가치를 지니고 있다고 받아들이기 때문이다. 물론 실제 돈도 마찬가지로 팩텀 자산이라 할 수 있다. 물론 실제 돈도 팩텀일 수 있다. 현재 누군가에게 인터넷 주소를 판매한다는 것은 종종 전문화된 서비스를 필요로 하는 복잡한 과정이다. 그러나 미래에는 판매 제안을 스마트 컨트랙트로 포장해서 블록체인에 넣을 수 있다. 만약 누군가가 이를 수락한다면 거래는 양쪽에서 자동으로 일어날 것이다. 이 과정에 부정행위가 끼어들 가능성은 없다. 화폐의 세계로 돌아가 생각해보면 탈중앙화 방식의 화폐 거래도 가능하고, 헤지, 레버리지 거래 같은 금융 계약도 만들 수 있다.

스마트 컨트랙트가 적합하지 않은 분야도 있다. 고용계약의 경우를 생각해보자. A라는 인물이 화폐 C를 지급받는 대가로 B를 위해 특정 업무를 수행하기로 동의했다고 해보자. 화폐 C가 오가는 부분은 스마트 컨트랙트화하기 쉽다. 문제는 실제 특정 업무가 수행되었는지를 검증하기 어렵다는 점이다. 만약 업무가 물리적 세계에서 이뤄진다면, 업무 수행 검증하기란 거의 불가능하다. 블록체인은 물리적 세계에 직접 접근할 방법이 없기 때문이다. 웹사이트라고 해도 최종 결과물의 품질을 평가하는 문제가 여전히 남는다. 일부 상황에서는 컴퓨터가 머신러닝 알고리즘을 이용해 결과물의 품질을 평가할 수 있지만 실제 계약에서 이런 방법을 사용하면 직원들이 시스템을 악용하는 경우가 생긴다. 알고리즘에 의해 지배되는 사회에 꼭 장점만 있는 것은 아니다.

공교롭게도 양쪽 세계의 장점을 누릴 수 있는 적당한 해결책이 있다. 바로 법원이다. 판사는 기본적으로 법적으로 무한한 권한을 가지고 있고, 심판 과정은 특별히 좋은 인터페이스는 아니다. 사람들은 소송을 제기한 후, 다음 재판 때까지 상당히 오랫동안 기다려야 하며, 판사는 결국 법에 근거한 결정을 내린다. 이 과정은 결코 빠르다고 할 수 없다. 사적 중재는 종종 법원에 비해 싸고 빠를 수 있지만, 거기에서도 같은 문제를 직면하게 된다. 반면 팩텀 세계의 판사들은 매우 다르다. 고용을 위한 스마트 컨트랙트는 다음과 같다.

소스 코드

```
if says(B,"A did the job") or says(J,"A did the
job"):
  send(200, A)
else if says(A,"A did not do the job") or says(J,"A
did not do the job"):
  send(200, B)
```

만약 B가 'A가 일을 했다'라고 말하거나 판사가 'A가 일을 했다'라고 말한다면 200을 A에게 보낸다. 그러나 A가 'A는 일을 하지 않았다'라고 말하거나 판사가 'A가 일을 하지 않았다'라고 말한다면 200을 B에게 보낸다. says는 서명 검증 알고리즘이며, **says(P,T)**를 통해 텍스트 T를 담은 메시지와 P의 공개 키를 사용하는 디지털 서명이 제출됐는지 확인한다.

작동 방법은 다음과 같다. 고용주는 200개의 화폐를 에스크로 컨트랙트에 넣는다. 사업주와 직원이 정직하다는 가정하에 두 가지 경우가 가능하다. 하나는 A가 퇴사한 다음 'A가 그 일을 하지 않았다'는 내용의 서명을 받아 B에게 다시 자금을 돌려주는 경우다. 다른 하나는 A가 일을 수행한 다음 B가 그 일을 한 것을 확인하고, 컨트랙트는 A에게 자금을 보내는 것이다. 만약 A가 그 일을 했지만 B가 동의하지 않는다면, 그때는 판사 J가 일이 완성됐는지 안 됐는지 판단할 것이다.

여기서 판사로 지칭된 J의 권력은 분명하게 정의되어 있다. J가 할 수 있는 것은 A가 그 일을 했거나 A가 그 일을 하지 않았다고 판단하는 것뿐이다. 컨트랙트를 더 정교하게 설정한다면 J는 두 극단 사이의 범위 내에서 판단을 내릴 수 있는 권리를 부여받는다. 실질적으로 J는 A가 600개의 화폐 단위를 가질 자격이 있다고 말할 권리가 없다. 또한 모든 것을 무시한 채 J가 200단위를 스스로 가져가거나 명확하게 정의된 것의 외에 그것을 강제로 결정할 권리가 없다.

J의 권력은 팩텀에 의해 집행된다. 즉, J의 공개 키도 컨트랙트에 포함되어 있어, 자금은 설정된 컨트랙트를 따라 자동으로 A나 B에게 가게 된다. 이를 응용해 3명의 심사위원 중 2명의 메시지를 요구할 수도 있는 컨트랙트나 별도의 심사위원들이 작품의 서로 다른 측면을 평가하도록 하고 그 등급에 따라 자동으로 B의 작품에 품질 점수를 부여하도록 하는 컨트랙

트도 생각해볼 수 있다. 진실 또는 거짓을 판단하든, 변수를 측정하든, 또는 약정을 촉진하는 당사자 중 하나가 되든, 스마트 컨트랙트에 원하는 형태의 판사를 도입할 수 있다.

이는 현재 시스템보다 어떻게 더 나을까? 스마트 컨트랙트는 '서비스로서의 판사'를 제공하는 것이다. 지금 '판사'가 되기 위해서는 공부를 열심히 해서 시험에 합격해 정부에 고용되어야 한다. 암호학적 팩텀 법 체계에서는 공개 키와 인터넷 접속이 가능한 컴퓨터만 있으면 판사가 될 수 있다. 반직관적이지만, 모든 판사가 법에 능통할 필요는 없다. 예를 들어, 제품이 올바르게 배송되었는지에 대한 여부를 전문적으로 판단할 수 있는 종류의 판사들이 있을 수 있다(우편 시스템 직원들에게 적합할 듯하다). 또 다른 판사들은 고용계약의 요건이 충족되었는지 검증할 수 있다. 또 다른 이들은 보험계약에 대한 손해배상을 평가할 수 있다. 적절한 유형의 판사를 선택하는 것이 컨트랙트 작성자의 주요 책임이 될 것이다. 컨트랙트에서는 컴퓨터 코드로 정의할 수 있는 부분만 코드로 작성될 것이다. 그게 전부다.

스마트 컨트랙트란 인간의 개입 없이도 스스로 실행되는 일종의 자동 계약을 말한다. 이더리움이라는 블록체인 프로토콜을 글로벌 암호화폐 시가총액 2위에 올려놓는 데 핵심적인 역할을 한 기능이기도 하다. 부테린은 이 글에서 왜 이더리움에 스마트 컨트랙트를 넣었는지, 그 장점과 단점은 무엇인지 설명한다. 아울러 스마트 컨트랙트의 한계 역시 담담하게 기술한다.

그의 설명에 따르면 스마트 컨트랙트는 금융적인 기능을 수행할 뿐만 아니라 탈중앙 사회의 기반이 되는 법적 인프라가 될 수도 있다. 일종의 '자동 판사' 같은 서비스 말이다. 현대 사회에서는 두 사람 간에 분쟁이 발생하면 법원에 가게 되는데, 법원은 처리 비용은 높고 속도는 느리다. 인간 판사에게 너무 많은 권한이 주어져 있는 것도 위험 요소다. 그러나 부테린이 꿈꾸는 미래 사회에서는 스마트 컨트랙트가 법원을 대체하고 코드가 법이 되어 보다 효율적이고 공정한 법률 체계가 도입될 수 있다.

이를 가능하게 하는 것은 스마트 컨트랙트가 운영할 수 있는 새로운 종류의 화폐인 팩텀 머니다. 기존 디지털 프로그램들은 물질세계에서 사는 사람들을 제어할 수 있는 구속력이 없어서 사회의 법적 인프라가 될 수 없었다. 하지만 스마트 컨트랙트는 계약 당사자 중 하나가 계약을 위반할 경우 자동적으로 컨트랙트에 걸린 팩텀 머니(즉, 당사자가 계약을 채택하기 위해 컨트랙트에 예치한 계약금)가 상대방에게 전송되어 금전적 처벌을 내릴 수 있다. 따라서 금융, 인터넷만 아니라 스마트 컨트랙트는 법률 산업에서도 자유와 탈중앙화를 제공할 수 있다는 것이다. 스마트 컨트랙트를 통해 누구나 판사의 역할을 수행할 수 있으며 코드가 곧 법이 되는 사회가 탄생할 수 있다.

파편화된 사일로에서

이더리움 블로그

2014년 12월 31일

블록체인 업계에서의 파편화(개인주의)는 결코 나쁜 것이 아니다. 사람들은 원래 서로에게 잘 동의하지 않기 때문이다.

암호화폐 업계에 제기되는 흔한 비판 중 하나는 커뮤니티가 점점 개인주의적, 즉 파편화되어가고 있다는 것이다. 전에는 비트코인의 공동 인프라를 구축해나가자는 목표를 갖고 뭉쳤던 커뮤니티가 점점 '사일로화'되어가고 있다는 것이다. 사일로란 높은 굴뚝처럼 생긴, 격리된 저장 시설을 말한다. 즉, 암호화폐 프로젝트들이 각각 개별적인 목표를 갖고 각자의 방향으로 흩어지고 있다는 얘기다. 이더리움의 경우, 상당수의 개발자와 연구자들이 전업으로 이더리움의 개발에 힘을 쓰고 있다. 심지어 직업이 아니더라도 어떤 사람들은 자발적으로 아이디어를 개발해나가고 이더리움을 사용하는 커뮤니티와 소통하는 것을 멈추지 않는다.

이러한 과정을 통해 이들은 이더리움의 비전을 구축하기 위해 헌신하는 긴밀한 유대감을 가진 집단을 형성하게 되었다. 또 다른 탈중앙화된 집단인 비트셰어는 DPOS[8] 시장 고정 자산, 그리고 탈중앙화 자율 기업으로서 작동하는 블록체인에 대한 비전 등을 바탕으로 기존의 계약 관계에서 벗어난 자유시장주의 사회를 만들기 위해 노력하고 있다. '사이드체인'이라는 개념을 만들어낸 블록스트림(Blockstream)이라는 회사도 자신들만의 비전과 목표, 그리고 이를 따르는 집단을 만들어냈고, 트루스코인(Truthcoin), 메이드세이프(MaidSafe), NXT 등도 이러한 행보를 따르고 있다.

비트코인 맥시멀리스트(Maximalist)[9]와 사이드체인(Sidechain)[10] 지지자들이 흔히 제기하는 문제점은 바로 이러한 파편화 현상이 암호화폐 생태계에 해롭다는 것이다. 이들은 모두가 각자도생의 길을 걷고 사용자 확보를 위해 경쟁하는 대신 비트코인이라는 공동전선 아래에서 협력해야 한다고 주장한다. 탈중앙화 네트워크를 연구하는 인터체인 파운데이션(Interchain Foundation)의 부대표 파비안 브라이언 크레인(Fabian Brian Crain)은 다음과 같이 논평했다.

최근 출간됐던 「페깅된 사이드체인을 통한 블록체인 혁신 유도」라는 사이드체인 제안서는 이 논쟁을 더욱 뜨겁게 부채질했다. 이 제안서는 사이드체인이 알트코인의 무신뢰성 혁신을 가져올 수 있고, 동시에 비트코인 네트워크와 같은 통화적 기반, 유동성, 그리고 채굴력을 제공할 수 있다고 주장했다. 사

---

8 DPOS는 'Delegated Proof Of Stake'의 줄임말이며, 누가 밸리데이터로 기능할 수 있는지를 제한하는 합의 메커니즘을 의미한다.

9 [역자 주] 하고 싶은 것이나 갖고 싶은 것에 시간과 돈을 아낌없이 투자하는 사람, 과격주의자.

10 [역자 주] 모체가 되는 블록체인 혹은 메인넷 블록체인과 양방향으로 연결된 분리된 블록체인 네트워크다. 연결된 메인넷 블록체인과 다른 합의구조를 가질 수 있으며, 빠른 연산을 가능케 한다.

이드체인 지지자들은 아직 숫자가 많지 않기 때문에 이 제안서는 중요한 역할을 한다. 그들이 가용자원을 낭비하지 않고 가장 성공적인 프로젝트에 인력을 모으고 이미 존재하는 인프라와 생태계를 개선하는 데 집중하도록 도와주기 때문이다.

'가장 가능성이 있는 높은 덩어리로 뭉쳐야 한다'는 주장은 사상으로서의 비트코인 맥시멀리즘에 동의하지 않는 사람들에게도 어느 정도 설득력을 지닌다. 통합된 생태계를 구축하기 위해서 모두가 뜻을 모아 협력하는 것 자체는 긍정적인 느낌을 주기 때문이다. 물론 비트코인이 생각만큼 모든 것을 지탱할 수 있는 강력한 기반이 되지 못한다면, 대신 더 우월하고 확장 가능한 탈중앙화 컴퓨터를 만들고 모든 것을 그 위에 구축하는 것에 대해서도 생각해볼 수 있다.

당신이 만약 '모두를 다스릴 절대 X'와 같은 제안에 직관적으로 이끌린다면 전지전능한 탈중앙화 슈퍼컴퓨터도 충분히 그런 대상이 될 가치가 있어 보일 것이다. 흥미로운 것은 비트셰어, 블록스트림 등 다른 '사일로'들을 미는 이들도 이런 비슷한 생각을 하고 있다는 것이다. 그들은 자신들의 솔루션이 다른 경쟁자들을 이길 것이라 굳건히 믿고 있다. 그것이 병합채굴, DPOS, 빗에셋(BitAssets), 또는 그 밖의 다른 것에 기반을 두든 말이다. 그러니까 크립토 업계의 사일로화는 뭉치지 말자는 얘기라기보다는 '내가 하는 게 가장 가능성이 높으니 이걸로 뭉치자'에 가깝다.

생각해보자. 정말 최선의 합의 메커니즘이 있다면 왜 우리는 다양한 프로젝트를 합병하고, 암호화폐 경제의 기반으로 추진할 수 있는 최고의 탈중앙화 컴퓨터를 고안하고, 하나의 통합된 시스템 아래에서 함께 나아가지 않는 것일까? 파편화는 확실히 바람직하지 않은 기운을 풍긴다. 반대로 '협력'이라는 단어는 어감도 좋을 뿐더러 고귀하다는 느낌까지 준다. 협력은 확실히 유용하지만, 그렇다고 극단적인 통합이나 승자독식을 정당화할 수는 없다. 극단적인 통합을 노리는 욕구는 완전히 잘못된 것이다. 파편화는 나쁘지도 않을 뿐더러 불가피하기도 하며, 궁극적으로 이 업계가 번영할 수 있는 유일한 방법이다.

반대하기로 동의하자

블록체인 업계에서 파편화는 왜 발생해왔으며, 왜 우리는 그것을 그대로 둬야 할까. 이 두 물음에 대한 정답은 사실 동일하다. 우리는 서로에게 동의하지 않기에 함께할 수 없는 것이다. 다음 주장들을 생각해보기 바란다. 나는 다 동의하고 있는 내용이지만, 대중적인 통념과는 거리가 있다.

- 나는 약한 주관성(Subjectivity)[11]이 큰 문제가 된다고 생각하지 않는다. 그러나 더 높은 강도의 주관성과 프로토콜 외의 사회적 통념에 대한 과한 의존에 대해서는 여전히 의구심이 든다.
- 나는 비트코인의 직업증명 방식 채굴로 연간 약 6억 달러 가까이 낭비되고 있는 전력은 완전한 환경적, 경제적 비극이라고 생각한다.
- 나는 ASICs[12]가 심각한 문제이며, 그 결과 지난 2년 동안 비트코인의

---

11 부테린이 고안한 개념으로 네트워크 노드가 지분증명 체계에서 알아야 하는 것을 다룬 방식이다.

12 ASIC은 'Application-Specific Integrated Circuit'의 약자로, 블록체인의 작업증명 방식 시스템에서 효율적인 '채굴'을 목적으로 제작된 컴퓨터를 뜻한다. 암호화폐 채굴장들은 주로 이런 기계들로 가득 차 있는 창고가 주를 이루고, 기계들은 블록채굴 외에는 쓸모없는 수학 연산을 풀어내는 데 쓰인다.

보안이 질적으로 저하되었다고 생각한다.

- 나는 비트코인(또는 다른 고정 공급 통화)이 안정적인 화폐 단위가 되기에 는 심하게 불안정하다고 생각하고, 암호화폐 가격 안정을 위한 최선은 여러 개의 유연한 통화 정책(즉, 시장이나 비트코인 중앙은행이 아닌)을 끝없 이 테스트해보는 것이라고 믿는다. 그러나 나는 암호화폐 통화 정책을 중앙집중식 통제하에 두는 것에는 관심이 없다.

- 나는 몇몇 사람들보다는 훨씬 더 반제도적이고 자유주의적이고 무정 부주의적인 사고방식을 가지고 있지만, 그와 동시에 몇몇 사람들보다 는 훨씬 덜 그렇다. 양쪽 진영 모두에 가치가 있다고 믿고, 이 둘이 외 교적으로 협력해서 세상을 더 나은 곳으로 만들기를 바란다.

- 나는 암호화폐 경제에서든 어디에서든 모든 것을 지배하는 단일 통화 가 있으리라 생각하지 않는다.

- 나는 토큰 판매가 탈중앙 프로토콜의 수익화를 위한 훌륭한 도구라 고 생각한다. 그리고 그 개념 자체를 노골적으로 공격하는 모든 사람 은 사회 발전을 막는다고 생각한다. 하지만 나를 비롯한 다른 단체들 이 시행했던 토큰 판매 모델에 허점이 있는 것다는 것을 알고 있고, 적 극적으로 다른 모델들로 실험을 해봄으로써 이 문제점을 개선해나가 야 한다고 생각한다.

- 나는 퓨타키(Futarchy)[13]가 블록체인 거버넌스 맥락에서 시도해볼 가치 가 있을 만큼 유망하다고 믿는다.

- 나는 경제학 및 게임이론을 암호경제 프로토콜 분석의 핵심 부분으로

---

13 유권자들이 특정한 사회적 목표를 선택하는 거버넌스 모델로, 예측 시장에서는 투자자들이 그러한 목표를 달성할 가능성이 가장 높다고 믿는 정책에 베팅한다.

간주하며 암호화폐 커뮤니티의 일차적인 학문적 결핍은 고급 컴퓨터 공학에 대한 무지가 아니라 경제와 철학의 무지에서 비롯된다고 생각한다. 우리는 lesswrong.com[14]을 더 많이 사용해야 한다.

- 나는 사람들이 실제로 탈중앙화 기술(블록체인, 위스퍼[Whisper], DHT)을 채택할 이유 중 하나가 소프트웨어 개발자가 중앙화된 웹사이트를 관리하기에는 너무 복잡하고 귀찮아서라고 생각한다.

- 나는 블록체인을 '탈중앙화된 자율 기업'이라고 표현하는 비유가 유용하지만 한계가 있다고 생각한다. 내 생각에 암호화폐는 아직 이상주의자들 위주로 구성된 특이한 산업이고, 이런 시기는 길게 유지되기는 어려울 것이다. 우리는 이 기간 동안 암호화폐 개발자로서의 능력을 이윤이 아닌 공리주의에 기반한 사회복지를 극대화할 수 있는 기관을 설계하기 위해 활용해야 한다고 믿는다(이윤과 사회복지는 같은 것이 아니다).

위의 모든 항목에 대해 모두 동의하는 사람은 거의 없을 것이다. 오픈 트랜잭션스(Open Transactions)의 CTO인 크리스 오돔(Chris Odom) 역시 다음과 같이 말했다.

우리가 신뢰하고 있는 개체들을 다 암호화 증명 시스템으로 대체해야 한다. 비트코인 커뮤니티에서 신뢰가 가는 개체들은 다 사라져야 한다.[15] 사토시의 꿈은 이러한 매체들을 다 없애는 것이었다. 위험 요소들을 완전히 제거하거

---

14 인공지능 연구자 엘리저 유드코프스키(Eliezer Yudkowsky)가 만든 합리주의 커뮤니티 블로그다.

15 [역자 주] 이는 단순히 신뢰가 없는 상태를 말하는 것이 아니다. 블록체인에서 무신뢰(Trustless)란 너무 틀림없는 나머지 신뢰라는 개념 자체가 불필요한 상태를 말한다.

비탈릭 부테린 지분증명

나 거의 제거된 것이나 마찬가지일 정도로 분산시키는 것이다.

반면, 다른 이들은 다음과 같이 말하기도 했다.

무신뢰, 혹은 저신뢰 네트워크인데 상업적으로 수익이 나는 곳이 있다면, 이 플랫폼 사용자들은 플랫폼 제공자들의 횡포에 대해 고민할 필요가 없다. 오히려 플랫폼 사용자들이 자신들의 이익을 위해 플랫폼 운영자들을 세상으로부터 보호하는 광경을 보게 될 것이다.

당신이 암호화폐의 주요한 이점을 중앙집권화에 따른 규제에 대한 회피로 본다면 두 번째 주장도 일리가 있다. 비록 그 말의 원작자가 의도한 것과는 의미가 완벽히 다르지만 말이다. 이 또한 사람들이 서로 얼마나 다르게 생각하는지를 시사한다.

몇몇 사람들은 암호화폐를 자본주의의 혁명으로 여기고, 다른 이들은 평등주의의 혁명으로 여기고, 또 다른 이들은 그 둘 사이의 중간쯤 있는 것으로 여긴다. 어떤 이들은 사람들의 합의를 매우 취약하고 부패하기 쉬운 것으로 여기고 암호화폐가 이를 수학적인 수단으로 대체할 수 있는 한 줄기의 빛이라고 생각할 것이다. 다른 이들은 암호화폐적 합의를 단순히 사람들 간의 합의에 기술적 효율성을 더한 연장선으로 여길 것이다. 이들은 암호화폐 자산이 달러와 동등한 가치를 갖게 되는 최선은 법정통화와 암호화폐를 조합한 이중코인 금융 파생상품 체계라고 생각한다. 다른 이들은 더 간단하게 블록체인은 현실 자산에 대한 소유권의 주장을 뒷받침하는 기술이라고 여긴다(이들은 비트코인이 결국 달러보다 더 안정적일 것이라고 생각한다). 어떤 이들은 확장성은 컴퓨터 처리능력을 개선하는 질적인 '스케일 업' 방식을 통해서 얻을 수 있다고 생각하고, 다른 이들은 궁극적으로 서버를 여러 대 추가하는 양적인 '스케일 아웃' 방식이 더 우세하다고 주장한다.

이런 논점의 대부분은 본질적으로 정치 영역의 문제에 가깝고 그중 몇 가지는 공공재에 대한 사회적 합의와 연관되어 있다. 이런 논쟁이 실제로 벌어지고 있는 상황을 목격했을 때 '나 몰라라' 식으로 방임하는 것은 그다지 좋지 않은 선택이다. 플랫폼이 사회에 부정적인 영향을 끼칠 것이라 생각한다고 해서 당신이 다른 플랫폼을 사용해 '회피'할 수는 없다. 그러한 경우 네트워크 효과로 인해 발현되거나 극단적인 경우로 51% 공격[16]으로 발현되는 견책이 필요해질 수도 있다.

어떠한 경우에는 사람들 사이의 의견 차이가 개인 재산과 관련 있고, 주로 단순히 경험적 신념의 문제라고 할 수 있다. 가령 나는 이더리움의 셸링달러(SchellingDollar)가 가격 안정성을 이룰 수 있는 최선책이라고 믿고 있고, 다른 이들은 시뇨리지 셰어(Seigniorage Shares)[17] 혹은 누비츠(NuBits)[18]를 최선책이라고 생각한다고 가정하자. 몇 년 혹은 몇십 년만 지나면 결국 한 모델이 다른 모델보다 우세하다는 것이 보일 것이고, 우세한 모델이 경쟁자를 대체하면서 이 문제는 일단락될 것이다.

하지만 큰 갈등을 빚지 않고 의견이 모일 수도 있다. A시스템은 A라는

---

16 소수가 블록체인 네트워크에서 51% 이상의 영향력을 얻어 거래를 위조하는 것을 의미한다.

17 [역자 주] 프로토콜에서 스테이블코인을 발행할 때 생기는 주조 차익을 활용해 해당 스테이블코인의 가격 안정성을 달성시키는 스테이블코인 모델을 뜻한다.

18 [역자 주] 2014년 등장한 암호화폐 프로젝트로, 시뇨리지 셰어 모델을 활용한 가격 유지 알고리즘을 통해 1달러의 가격을 유지하는 스테이블코인을 구현하는 것을 목표로 했다.

특정한 용도에 가장 적합하고, B시스템은 B라는 용도에 가장 적합하다는 것이 어느 정도 증명될 때가 그렇다. 이렇게 된다면 모든 시스템이 다 자기 용도에 맞게 최상의 결과를 도출할 수 있도록 자리를 잡게 될 것이다.

많은 이들이 지적했듯이 기존 금융업계가 탈중앙화 합의 기술을 도입한다 해도 개별 은행들은 익명의 노드가 관리하는 네트워크를 받아들이지 않을 가능성이 높다. 이 경우에는 금융 송금 네트워크에 특화된 블록체인 시스템인 리플이 더 쓸모 있을 것이다. 그러나 유럽 대륙 시민 사회 주도권 확보를 위해 만들어진 실크로드(Silk Road) 4.0에서는 정확히 반대로만 접근 가능하다. 용도에 따라 쓸모 있는 접근법이 다르다는 얘기다. 블록체인을 사용하려는 용도가 그 둘 사이의 어딘가에 있을 경우에는 무엇을 잃고 무엇을 얻게 되는지에 대한 손익분석을 해야 한다.

만약 사용자들이 특정 분야에서 효율적으로 수행하는 네트워크를 원한다면 그런 네트워크는 생겨날 것이다. 만약 사용자들이 온체인 애플리케이션 간의 네트워크 효과가 높은 범용 네트워크를 원한다면 그것 또한 만들어질 것이다. 기술학자 데이비드 존스턴(David Johnston)이 지적했듯, 블록체인은 프로그래밍 언어와 유사하다. 각 언어마다 고유의 성질이 있고, 한 가지만 무조건 고집하는 개발자들은 많지 않다. 그보다 우리는 특정한 용도에 제일 적합한 언어를 사용하는 편이다.

암호화폐 생태계에 적합한 모델

앞서 말한 얘기들이 '다들 각자 자기 갈 길을 가고 서로를 무조건 무시하거나 훼방을 놓아야 한다'는 의미로 해석되지 않았으면 좋겠다. 각 프로젝트가 다른 목표를 향해 특화되어가고 있다고 해도 언제든 협력해 효율적으로 사용할 수 있다. 이런 기미는 여러 방면에서 찾을 수 있다. 앞으로 5년 내에 암호화폐 생태계에 구축될 모델을 살펴보자.

이처럼 이더리움은 모든 계층에서 자기만의 색채가 묻어난다.

컨센서스: 이더리움 블록체인, 데이터 가용성 셸링 투표(이더리움 2.0으로 예상)

경제 관련: ETH, 독립적 토큰, 스테이블코인 제안서에 관한 조사

블록체인 서비스: 도메인 등록소

오프체인 서비스: 위스퍼(메시지), 신뢰의 웹(개발 중)

브라우저: 미스트(Mist)

또 다른 생태계를 구축하려고 하는 프로젝트도 살펴보자. 비트셰어 생태계에는 최소한 다음과 같은 요소가 있다.

컨센서스: DPOS

경제 관련: BTSX와 비트에셋

블록체인 서비스: BTS 탈중앙화 거래소

브라우저: 비트셰어 클라이언트(같은 개념의 브라우저라고 하기에는 힘들다)

메이드세이프(MaidSafe)는 생태계에는 아래와 같은 요소들이 있다.

컨센서스: SAFE 네트워크

경제관련: 세이프코인(Safecoin)

오프체인 서비스: 분산된 해시테이블, 메이드세이프 드라이브

비록 블록체인 기반은 아니지만 P2P 파일 전송 프로토콜인 비트토렌트(BitTorrent)는 미스트와 꽤나 비슷한 기능을 하는 프로젝트다. 게다가 이들은 마엘스트롬(Maelstrom)에 대한 계획을 발표하기도 했다. 이미 만들어진 다른 프로젝트를 참고해서 만든 경우가 아니라면 암호화폐 프로젝트는 일반적으로 자기만의 블록체인, 통화, 그리고 클라이언트를 구축한다. 도메인 등록소와 계정 관리 시스템은 기본이고 평판이 중요하다는 것도 잘 알고 있으며, 심지어 구성원들이 서로의 디지털 신분을 보장해주는 신뢰의 웹을 구축해야 한다는 것도 잘 안다.

이제 또 다른 세상의 그림을 그려보자. 깨끗하게 분리되고 수직적으로 통합된, 각자를 위한 요소들을 각자 만들어내는 생태계 대신 미스트를 사용해 이더리움, 비트셰어, 메이드세이프 또는 다른 탈중앙화 인프라 네트워크에 접속할 수 있다고 상상해보자. 즉, 각기 다른 블록체인에서 개

발되었던 서비스들이 그 서비스가 없는 블록체인에서도 기능할 수 있는 세상을 상상해보자. 새로운 탈중앙 네트워크도 마치 크롬(Chrome)이나 파이어폭스(Firefox) 같은 브라우저에 설치 가능한 플래시(Flash)나 자바 (Java) 같은 플러그인 같은 개념이다. 이더리움을 위해 구축된 신뢰의 웹 안에 있는 평판 데이터도 다른 프로젝트에 재사용될 수 있다고 상상해 보자.

클라우드 스토리지 서비스인 스토리지(Storj)가 마엘스트롬 내부에서 디앱(Dapp)[19]으로 기능하고, 메이드세이프를 백엔드 파일 저장소로 사용 하고, 이더리움 블록체인을 사용해 지속적인 저장 및 다운로드를 장려하 는 계약들을 유지한다고 말이다. 개인의 신원 정보가 어떤 암호 네트워크 든 같은 기반의 암호 알고리즘을 사용하는 한(예를 들면 타원곡선 디지털 서명 알고리즘[ECDSA]과 안전 해시 알고리즘[SHA3]의 조합), 그 위에서 플랫폼을 넘 나들며 자유롭게 전송될 수 있게 되는 것을 한번 상상해보자.

여기서의 핵심은, 하나의 블록체인 생태계를 구성하는 몇 개의 레이어 는 서로 긴밀히 연결되어 그 위에 만들어진 디앱 서비스와 상호작용할 수 있도록 되어 있다는 점이다. 그러나 대부분 레이어는 쉽게 모듈화되어 각 자의 장점을 기반으로 경쟁할 수 있도록 만든다. 그중 브라우저가 가장 쉽게 분리 가능한 요소일 것이다. 대부분의 저단계 통합 블록체인 서비스 는 특정 애플리케이션을 구동시키기 위한 요구사항이 비슷하다. 따라서 각 브라우저는 여러 플랫폼을 지원할 수 있다. 오프체인 서비스도 마찬가

---

19 'Decentralized Application'의 줄임말로, 탈중앙화 애플리케이션을 의미한다. 이는 특정 서버가 아닌 블 록체인에서 기능하도록 만들어진 소프트웨어를 일컫는다. 이 글에서 언급된 프로젝트는 디앱 소프트웨어 를 만들기 위한 초반 시도들이다.

지다. 탈중앙 애플리케이션이든, 어떠한 블록체인 기술을 사용하든 서로가 위스퍼, 스웜(Swarm), IPFS, 혹은 개발자들이 구현해내는 다른 서비스를 무료로 사용할 수 있어야 한다. 이론적으로 데이터를 제공하는 온체인 서비스는 여러 블록체인과 상호작용할 수 있도록 만들 수 있다.

또한 블록체인은 공공의 문제에 대한 조사와 개발에도 협력할 수 있다. 작업증명, 지분증명, 스테이블코인, 확장성은 각 프로젝트가 서로의 개발 단계를 더 인지할 수 있도록 쉽게 공개할 수 있다. 기본적인 알고리즘과 네트워킹 레이어, 암호 알고리즘 적용법, 기타 기초적인 요소 역시 다른 프로젝트들과 쉽게 공유할 수 있으며 실제로도 공유되어야 한다. 서로 다른 플랫폼에서 서비스와 탈중앙화 매체끼리 상호작용할 수 있는 상호운용성 기술도 더 개발되어야 한다. 그중 암호화폐 리서치 그룹(Cryptocurrency Research Group)은 타 기관과 협력을 촉진하는 것을 목표로 하는 프로젝트로, 훗날 독립적으로 번창할 수 있도록 성장하기를 바라며 우리가 지원할 계획 중 하나이다. 그 외 다른 공식적이고 비공식적인 기관들 또한 상호협력을 촉진하도록 도울 수 있을 것이다.

미래에 우리는 더 많은 프로젝트가 훨씬 더 모듈화된 방식으로 존재하고, 동시에 암호화폐 생태계의 한두 개의 레이어에서 다른 레이어의 모든 메커니즘이 그들과 함께 작동할 수 있는 공동 인터페이스를 제공하는 것을 보게 될 것이다. 암호화폐 업계가 충분히 발전한다면 파이어폭스와 크롬도 결국 탈중앙화 애플리케이션 프로토콜을 처리할 수 있도록 바뀔 것이다. 그러한 생태계를 향한 여정은 급하지 않아도 된다. 현 시점에서 우리는 사람들이 어떤 블록체인 기반 서비스를 사용할지 모른다. 이는 곧 우리가 어떠한 종류의 상호운용성을 추진해야 하는지 아직 알 수 없다는 얘기다. 미래에 뭐가 실제 쓸모가 있을지 정확히 모른다.

그럼에도 올바른 방향을 향해서 앞으로 나가고 있다는 것은 확실하다. 블록체인 애플리케이션을 만드는 플랫폼인 에리스(Eris)가 선보이는 탈중앙화 세상을 위한 '브라우저'인 디서버(Decerver)는 비트코인, 이더리움, 에리스의 고유 블록체인인 델로니우스(Thelonious) 블록체인, 그리고 IPFS 콘텐트 호스팅 네트워크에 대한 접근을 지원한다. 현재 암호화폐 2.0 공간에 있는 많은 프로젝트가 성공할 여지가 있으므로 이 시점에서 승자독식 정신을 갖는 것은 불필요할 뿐만 아니라 해롭다.

더 나은 길을 가기 위해 지금 우리가 해야 할 일은 모두가 자기가 추구하고 자기만이 맞닥뜨린 변수에 맞춰 자신만의 플랫폼을 구축해야겠다는 신념으로 살아가는 것뿐이다. 하지만 결국에는 여러 개의 네트워크가 성공할 것이고, 우리는 그 현실을 받아들여야 할 것이기 때문에 지금부터 그에 대한 준비를 시작해야 한다. 새해 복 많이 받고, '신나는 2015', '사토시 기원 7년'이 되길 바란다.

역자의 글

이 장에서는 비트코인의 작은 성공 이후, 여러 목소리가 터져나오던 2014년의 크립토 업계를 그리고 있다. 당시 일각에서는 비트코인으로의 '대동단결'이, 다른 쪽에서는 다양성과 경쟁의 필요성이 거론됐다. 대동단결을 외친 이들은 사람들이 비트코인을 중심으로 합심해서 크립토 기술을 더욱 대중화하는 데 힘쓰는 것이 아니라 각자의 프로젝트로 파편화되어 가는 것에 대해서 안타까워했다.

예상했겠지만 부테린은 이러한 분위기에 강하게 반발한다. 그는 각각의 암호화폐는 모두 현실의 어떤 문제를 해결하기 위해서 등장한 것이고, 그 모든 문제를 한번에 해결해주는 플랫폼은 있을 수 없다고 지적한다. 문제 해결이라는 관점에서 보면 크립토 업계의 파편화는 지극히 당연하다는 것이다.

그러나 부테린은 동시에 파편화가 가진 비효율까지 감수할 필요는 없다고 본다. 각각의 프로젝트가 다른 청사진을 그려나가면서도 공통적인 부분을 모듈화하는 방식으로 최대한의 효율화를 이룰 수 있다는 것이다. 실제로 크립토 업계의 풍경을 돌아보면 지난 2021년부터 한 회사에서 개발한 애플리케이션이 서로 다른 블록체인에서 상호작용을 이루며 작동하는 모습을 쉽게 찾아볼 수 있다. 결국에는 여러 개의 네트워크가 성공할 것이고, 그에 대한 준비를 지금부터 시작해야 한다고 했던 부테린의 예리한 전망을 읽는 재미가 있다.

초합리성과 탈중앙화 자율 조직, 다오

이더리움 블로그

2015년 1월 23일

사람들은 내게 탈중앙화 자율 조직(DAO, 다오)에 대해 다음과 같은 점들을 궁금해한다. 탈중앙화된 자율적인 조직은 뭐가 좋을까? 개방형 블록체인에서 코드를 통해 조직을 관리하고 운영하면 전통적 방식의 조직 관리보다 근본적으로 어떤 점이 더 나을까? 다오에서 사용하는 블록체인 계약은 주식을 구매할 때 사용하는 단순하고 오래된 계약 방식과 비교했을 때 어떤 이점을 제공하는가?

합리적이고 투명한 다오 특유의 거버넌스와 악의 없는 지배구조는 공익적으로 봤을 때는 장점이 많다. 하지만 다오 구조를 채택하지 않은 시장의 다른 경쟁자들은 자기 패를 미리 보여주지 않는다. 과연 조직 내부의 깊숙한 곳까지 공개하면서 스스로 약점을 드러낼 만큼 다오를 쓰는 데 있어 실리적인 이득이 존재하는지 생각해봐야 한다.

이 질문에 대해서는 다양한 답이 있을 수 있다. 실제 세상은 명확한 경

비탈릭 부테린 지분증명

제적 이득이 있어야 일이 진행되는 것만은 아니다. 자선사업에 헌신하는 비영리단체가 좋은 예다. 비영리단체에서 자원봉사를 하는 사람들은 자신들에게 돌아올 금전적 이득이 거의 없거나 때로는 전혀 없어도 세상을 바꿔나가는 데 헌신한다. 사기업의 경우에도 사람들의 조건이 모두 같다는 전제하에 모든 이들이 참여해 정보와 지식을 활용한다면 거버넌스 알고리즘이 더 잘 작동할 것이라는 일종의 정보이론적 주장도 할 수 있다. 머신러닝 연구자들이 알고리즘에 변화를 주는 것보다 데이터 크기를 늘리면 훨씬 더 큰 성능 개선을 얻을 수 있다는 결과들을 보여주고 있다는 점을 보면 이는 충분히 합리적이다. 그러나 이 글에서는 다오의 실리적인 이득과 구체적인 방법을 다룰 것이다.

초합리성이란 무엇인가

개인의 행동을 놓고 게임이론과 경제학에서 다루는 상황은 크게 협력과 경쟁, 두 가지다. 게임이론과 경제학에서는 개인끼리 협력하기도 하고 경쟁도 한다. 사실 더 좋은 결과를 위해서는 모든 사람이 서로 협력하는 편이 좋다. 하지만 다른 이들이 어떻게 행동하든 자신의 이익만을 생각했을 때에는 경쟁하는 것이 낫다. 이러다 보니 보통은 모든 사람이 서로 경쟁하게 되고, 가끔은 그 집단이 낼 수 있는 최악의 결과로 연결되기도 한다. 가장 흔한 예는 그 유명한 '죄수의 딜레마' 게임이다. 많은 이들이 이미 죄수의 딜레마를 알고 있다. 이에 나는 상황을 좀 더 발전시켜 미국의 인공지능 이론가인 엘리저 유드코프스키(Eliezer Yudkowsky)가 만든 심화 버전 '죄수의 딜레마' 게임을 소개하려 한다.

인류 전체는 아니어도 꽤 많은 사람인 40억 명의 사람들이 S라는 물질로만 치료가 되는 치명적인 질병을 겪고 있다고 가정해보자. 그러나 물질 S는 특정 작업을 해야만 생산할 수 있다. 물질 S는 '페이퍼클립의 양을 최대화하는 것이 유일한 목표인 다른 차원의 이상한 인공지능'과 함께 작업해야만 생산할 수 있다. 물질 S는 페이퍼클립을 생산하는 데도 사용할 수 있다. 페이퍼클립 생산 기계는 우리 우주가 아닌 본인이 속한 차원의 우주에서의 페이퍼클립의 수에만 관심이 있기 때문에 여기서 페이퍼클립을 생산하겠다고 제안하거나 파괴하겠다고 위협할 수 없다. 우리는 이전에 페이퍼클립 생산 기계와는 협업한 적이 없으며 앞으로도 그럴 가능성은 없다. 인류와 페이퍼클립 생산 기계는 둘 다 모두 차원 결합이 붕괴되기 직전에 물질 S의 일부 추가 부분을 얻을 수 있는 단 한 번의 기회를 얻게 될 것이다. 그러나 그 획득 과정에서 물질 S의 일부는 파괴된다.

이 조건에서 발생할 수 있는 상황을 표로 정리하면 다음과 같다.

	인류가 협력하기로 결정	인류가 경쟁하기로 결정
인공지능이 협력하기로 결정	20억 명 생존 페이퍼클립 2개 획득	30억 명 생존 페이퍼클립 1개 획득
인공지능이 경쟁하기로 결정	0명 생존 페이퍼클립 3개 획득	10억 명 생존 페이퍼클립 1개 획득

인류 관점에서 볼 때 인류가 협력하기로 결정하면 페이퍼클립을 1~2개 추가로 얻을 수 있다(2개를 얻거나 3개를 얻을 수 있다). 그러나 인류가 협력하

기로 결정하면 경쟁할 때보다 10억 명의 생명을 더 희생하게 된다. 당연한 애기겠지만 다른 차원의 우주에 있는 페이퍼클립이 10억 명의 생명을 희생할 만큼의 가치는 없다. 반면 인류가 경쟁하기로 결정하면 인공지능의 결정에 따라 생존자 숫자가 달라진다. 인공지능의 선택에 따라 10억 명만 생존할 수도 있고, 30억 명이 살 수도 있기 때문이다. 인공지능의 관점에서 볼 때는 경쟁을 선택하는 것이 유리하다. 인류가 협력을 결정한다면 페이퍼클립이 하나 더 생기기 때문이다(2개에서 3개). 이 외부 우주에 사는 인공지능은 인간의 생명에는 관심이 없다. 인류는 경쟁하기로 결정했을 때 최대 30억 명까지 살릴 수 있기 때문이고, 인공지능은 경쟁하기로 결정했을 때 페이퍼클립을 3개까지 얻을 수 있기 때문이다. 따라서 인간과 인공지능 둘 다 경쟁하는 쪽을 선택할 것이다.

그러나 이 선택이 초래하는 결과는 인간과 인공지능이 둘 다 협력을 선택했을 때보다 양쪽 모두에게 명확히 더 나쁜 것이다. 인류가 협력하고, 인공지능도 협력하면 20억 명이 살고 페이퍼클립도 2개를 얻을 수 있지만 각자가 경쟁하기로 결정하면 10억 명이 살고 페이퍼클립도 1개만 얻을 수 있기 때문이다. 하지만 실제 생활에서 협력을 선택하기는 쉽지 않다. 인공지능이 협력하려고 했을 경우에도 인간은 경쟁을 택함으로써 더 많은 인류의 생명을 살릴 수 있고, 인공지능 입장에서 우리 인류가 협력하려고 했을 경우도 마찬가지로 경쟁을 택하면 더 많은 페이퍼클립을 얻어갈 수 있기 때문이다.

현실에서 죄수의 딜레마는 거래의 작동원리와 계약과 법을 집행하는 법적 시스템을 통해 해결된다. 앞에서 소개한 페이퍼클립의 경우, 이 우주에 대해 절대적인 권력을 가지고 있지만 협정을 준수하는 데에만 관심을 갖는 신이 존재한다면, 인간과 인공지능의 협력 계약서에 서명하고 동시에 두 사람이 경쟁하는 것을 막아달라고 그 신에게 부탁하면 된다. 사전 합의가 어려운 상황이라면 보통 법은 갑자기 변덕을 부린 쪽을 처벌한다. 하지만 이해관계자가 많은 다음과 같은 사건이라면 이런 일방적인 방식으로는 진행하기 어렵다. 다음의 예를 보자.

- 앨리스는 시장에서 레몬을 팔고 있다. 앨리스는 오늘 자신이 팔려고 가지고 나온 레몬의 상태가 나쁘다는 걸 알고 있다. 고객들이 앨리스의 레몬을 사간다 해도 집에 가자마자 즉시 레몬을 버려야 할 정도다. 앨리스는 오늘 레몬을 팔아야 할까? 참고로 이 시장은 판매자가 너무 많아서 평판을 제대로 파악할 수 없다.

  앨리스의 기대 이익: 5달러

  레몬당 매출은 1달러, 배송비 및 보관비 4달러

  사회에 대한 기대 비용: 매출 5달러 − 비용 1달러 − 고객의 낭비 비용 5달러 = −1달러

  그래서 앨리스는 레몬을 판매한다.

- 밥은 비트코인 개발에 1,000달러를 기부해야 하는가?

  사회에 예상되는 이익: 10달러 × 100,000

  사람들 − 1,000달러 = 99만 9,000달러

  밥의 기대 이익: 10달러 − 1,000달러 = −990달러

  그래서 밥은 기부하지 않는다.

- 찰리는 500달러가 들어 있는 다른 사람의 지갑을 주웠다. 찰리는 지갑 주인을 찾아주어야 할까?

  사회에 예상되는 이익: 500달러(수취인의 이익) − 500달러(찰리의 손실) + 50달러(사람들이 그들 지갑의 안전에 대해 덜 걱정할 수 있게 만들어주는 무형의 이익)

  찰리의 기대 이익: −500달러

  그래서 찰리는 지갑 주인을 찾아주지 않는다.

- 데이비드는 유독성 폐기물을 정화하지 않고 강에 방류해 공장의 폐수 처리 비용을 줄여야 하는가?

  사회에 예상되는 이익: 1,000달러 절감 − 10달러씩 증가된 의료비 × 100,000명 = −99만 9,000달러

  데이비드의 기대 이익: 1,000달러 − 10달러 = 990달러

  그래서 데이비드는 폐기물을 무단 방류해 강을 오염시킨다.

- 이브는 생산하는 데 개당 500달러가 드는 암 치료제를 개발했다. 이브는 이 치료제를 5만 명의 암 환자가 살 수 있도록 1,000달러에 팔 수도 있고, 2만 5,000명의 암 환자가 살 수 있도록 1만 달러에 팔 수도 있다. 그녀는 더 높은 가격에 암 치료제를 팔아야 할까?

  사회에 예상되는 이득: −2만 5,000명의 생명(더 부유한 구매자의 손실을 상쇄하는 앨리스의 이익 포함)

  이브의 예상 이익: 2,500만 달러 대신 2억 3,750만 달러, 즉 2억 1,250만 달러어치의 이익 발생

그래서 이브는 더 높은 가격을 청구한다.

물론 많은 경우 사람들은 도덕적으로 행동하고 협력한다. 도덕적인 행동이 그들의 개인적인 상황이나 여건에 도움이 안 되거나, 때로는 악화시킬 때도 말이다. 왜 이런 일들이 벌어질까. 나는 우리가 '진화'의 산물이기 때문이라고 생각한다. 이 진화에는 초합리성 개념이 담겼다.

초합리성

미국의 자유주의 경제학자 데이비드 프리드먼(David D. Friedman)이 설명한 다음의 인간의 행동에 대한 글을 살펴보자.

나는 인간에 대한 두 가지 관찰 방식을 설명하고자 한다. 첫째, 사람들의 머릿속에서 일어나는 일과 현실에서 일어나는 일에는 상당한 연관성이 있다. 사람의 표정, 자세, 그 외의 다양한 신호들은 그 사람이 어떤 생각을 하고 어떤 기분인지 알게 해준다는 뜻이다. 둘째, 우리는 제한된 지적 능력을 가지고 있다. 결정을 내릴 때마다 모든 상황을 다 고려할 수 없다. 컴퓨터 분야 용어로 치면 인간은 실시간으로 작동하는 제한된 컴퓨팅 능력을 가진 기계다.

내가 정직하고, 친절하고, 친구들에게 도움이 되는 사람처럼 보이고 싶다고 해보자. 만약 내가 정말 좋은 성격이라면 이를 드러내기는 쉽다. 다른 사람들을 특별히 의식하지 않고 자연스럽게 하던 대로 행동하면 된다. 다른 사람들은 나의 말, 행동, 표정을 관찰하고 '저 사람은 정직하고 친절하다'는 꽤 정확한 결론을 도출할 것이다.

그러나 내가 좋은 사람이 아니라고 해보자. 나는 거짓말을 자주 하지만 정직한 사람처럼 보이고 싶다. 그래서 다른 사람들 앞에서 정직한 척한다. 정직하게 행동해 무언가를 얻을 수 있다면 나는 진실하게 행동할 용의가 있다. 나는 이제 결정을 내릴 때마다 이중 계산을 해야 한다. 거짓을 말할 것인지 진실을 말할 것인지 선택해야 한다.

우선 매번 어떻게 행동할지 결정해야 한다. 예를 들어 지금이 도둑질해도 잡히지 않을 좋은 기회인지 살필 것이다. 둘째, 만약 내가 정말 착한 척을 하는 중이라면 어떤 표정을 지어야 할지 매번 생각해야 한다. 내가 행복한지 슬픈지 결정해야 한다. 컴퓨터에 두 배의 계산을 하도록 요구하면 속도가 느려진다. 인간도 마찬가지다.

이런 이유로 우리 대부분은 훌륭한 거짓말쟁이가 될 수 없다. 같은 이유로 정직은 꽤 중요한 재능이 되기도 한다. 대부분은 마음에서 우러나오는 도덕적 행동이 그것을 억지로 가장하는 것보다 더 높은 설득력이 있기 때문이다. 이는 더 높은 수입 등의 물질적인 측면으로 연결될 수 있다.

따라서 내가 이기적인 사람이라면, 순수하게 이기적인 이유 때문에, 다른 사람들이 가치 있게 여기는 방식으로 나를 더 나은 사람으로 만들고 싶을 것이다. 논쟁의 마지막 단계는 우리가 우리 자신, 부모님, 심지어 유전자에 의해 더 나아질 수 있다는 것을 관찰하는 것이다. 사람들은 자동적으로 진실을 말하고, 훔치지 않으며, 친구들에게 친절하게 대하는 습관을 포함해 좋은 습관을 갖도록 스스로를 훈련시킬 수 있고 또 그렇게 하려고 노력할 수 있다. 충분한 훈련을 받으면 좋은 습관은 삶이 된다. '나쁜' 일을 하는 것은 아무도 보지 않더라도 사람을 불편하게 만들기 때문에 나쁜 짓을 하지 않는다. 이를 양심을 합성하는 것으로 묘사할 수 있다. 하지만 본질적으로, 욕심이 나는데 욕심이 안 나는 척, 도덕적인 성격이 아닌데 도덕적인 것처럼 연기하는 것은 인지적으로로 상당히 어렵다. 그래서 실제로 도덕적인 가치관을 좇는 것이 더 합리적이다.

많은 고대 철학은 도덕을 후천적으로 계발된 습관으로 이해한다. 데이비드 프리드먼에 따르면 인간의 행동에는 어느 정도 합리적인 이유가 있다. 그 요소를 제어할 수 있다면 인간의 행동을 바꿀 수 있다는 것이다. 재미있는 것은 인간이 비밀을 말하고 다니는 동물이라는 점이다. 우리는 순간순간 우리의 소스코드 일부를 간접적으로 노출시킨다. 우리가 착한 사람으로 보이고 싶다면 착하게 보이게끔 행동한다. 실제로 친절하게 보이려고 가장하면서, 친구가 약해지자마자 공격하려는 의도가 있다면 우리는 다르게 행동한다. 사람들은 이를 종종 알아차릴 수 있다. 이것은 단점으로 보일 수 있지만, 위에서 설명한 단순한 게임이론으로는 불가능했던 일종의 협력을 허용한다.

A라는 사람과 B라는 사람이 죄수의 딜레마 게임 상황에 놓여 있다고 가정하자. 이들은 둘 다, 상대방이 어느 정도 정확하게 도덕적인지 여부를 알 수 있다. 이 경우 다음과 같은 전략을 채택할 수 있다.

1. 상대방이 도덕적인지 판단하라.
2. 상대방이 도덕적이라면 협력하라.
3. 상대방이 도덕적이지 않으면 경쟁하라.

두 명의 도덕적인 사람이 만나면 두 사람 모두 협력하게 되고, 더 큰 보상을 받게 된다. 만약 도덕적인 사람이 비도덕적인 사람과 만나면 도덕적인 사람은 경쟁하게 된다. 그러므로 모든 경우에 도덕적인 사람은 적어도 비도덕적인 사람만큼 잘해내고, 종종 더 잘한다. 이것이 초합리성의 본질이다.

아마 이 전략은 게임이론을 잘 모르는 사람이 봐도 그럴듯해 보일 것이다. 이는 우리가 태어날 때부터 접해온 인간의 문화와 이를 실행시키는 몇 가지 뿌리 깊은 메커니즘 때문에 일어나는 현상이다. 이 전략은 특히 본인의 성향을 파악할 수 없게끔 끊임없이 연막을 치는 사람들과 인간관계를 맺을 때 유용하다. 실제로는 싸울 계획을 세우면서도 겉으로는 친근한 척할 수 있는 부류의 사람들이 있다. 이들은 소시오패스라고 불리며, 인간 세계에서 볼 수 있는 주요 시스템 결함 중 하나다.

중앙집중식 수동적 조직

이런 초합리적 협력은 지난 1만 년 동안 인간 사회 협력의 중요한 기반이었다. 가끔은 시장의 인센티브 때문에 배반이 일어날 수 있는 경우에도 사람들이 서로에게 정직하게 만들었다. 하지만 요즘은 그렇지 않다. 현대의 중앙집권화된 거대 조직들은 사람들이 마음을 읽는 능력을 효과적으로 이용해서 다른 이들을 속일 수 있도록 허용하고 있다. 이 때문에 시간이 갈수록 초합리적 협력은 점점 더 어려워지고 있다.

현대 문명에 속한 사람 대부분은 자신의 이익을 위해 직접적이든 간접적이든 비도덕적인 행동을 한다. 그렇게 여러 이익 관계가 이어지고 이어져 제3세계에서는 제품을 더 싸게 만들기 위해 유독성 폐기물을 강에 버렸다. 그런데 우리는 우리가 그 비도덕적 행동에 간접적으로 참여하고 있다는 사실조차 깨닫지 못한다. 시장은 우리의 도덕성을 통해 차익 실현을 할 수 있을 정도로 강력하고, 가장 지저분하고 불미스러운 일을 가장 적은 비용으로 처리하는 사람들의 손에 맡기며, 이런 나쁜 일들은 효과적으로 숨긴다. 기업들은 마케팅 부서를 통해 대중적 이미지를 좋게 만들고, 잠재 고객을 끌어들이기 위해 숨겨야 하는 일은 완전히 다른 부서에 맡긴다. 잠재 고객을 끌어들이기 위해 노력하는 부서는 제품을 생산하는 부서가 비도덕적이라는 사실조차 모를 수 있다.

인터넷은 종종 조직적이고 정치적인 문제에 대한 새로운 해결책으로 환영받았고, 실제로 정보의 비대칭을 줄이고 투명성을 제공하는 데 도움이 된다. 그러나 초이성적인 협력의 실행 가능성이 낮아지면서 오히려 인터넷은 예상치 못한 곳에서 상황을 더 악화시킬 수도 있다. 사람들은 오프라인보다 온라인에서 본인을 더 잘 감출 수 있기 때문이다. 실제로는 사기를 칠 계획을 가지고도 온라인에서는 도덕적으로 행세하기가 더 쉽다. 이는 실제 오프라인에서보다 온라인과 암호화폐 공간에서 사기가 더 많은 이유다. 이는 경제적 상호작용을 인터넷으로 옮기는 것에 반대하는 이들의 주요 주장 중 하나다(또 다른 주장은 크립토 무정부주의가 무한히 큰 처벌을 가할 수 있는 능력을 제거해, 대규모의 경제 메커니즘의 힘을 약화시킨다는 것이다). 이런 사기를 해결하기 위해서는 훨씬 더 높은 수준의 투명성을 지녀야 한다. 그러나 여기에는 먼저 선행되어야 할 조건이 있다. 개인과 중앙집권화적인 조직이 모두 비슷한 수준으로 정보를 투명하게 공개해야 한다. 그리고 이 과정은 스스로 진행되지는 않는다.

당신이 당신의 친구, 사업 파트너, 배우자를 어떻게 속일지 생각해보자. 아마 당신의 뇌 속에 있는 해마의 1% 정도가 반항하면서 지금 한 생각을 그대로 녹화해서 세상에 공개하고 그에 대한 보상으로 7,500달러를 받는다면? 정보가 투명하게 공개되는 조직의 일원이 되는 느낌일 것이다. 이는

비탈릭 부테린 지분증명

정보 공개 비영리단체인 위키리크스의 설립 이념이기도 하다. 이미 위키리크스가 존재하지만, 여전히 불투명한 상태로 운영되는 중앙화 조직들이 많고 그래서 더 최근에는 위키리크스의 대안인 슬러(slur.io)가 생겨나기도 했다. 슬러는 중앙화조직에서 몰래 저지르는 악행으로 예상되는 사회적 이익보다 정보를 투명하게 공개했을 때 얻을 수 있는 사회적 이익이 더 크다는 전제에서 시작한다.

아예 생각의 방향을 바꿔서 좀 색다른 길을 택할 수도 있다. 그것은 바로 조직 스스로 자발적으로, 급진적으로, 게다가 이전에는 볼 수 없었던 수준으로 자신을 드러내고 초합리적으로 스스로를 만들 수 있는 '방법'을 제공하는 것이다.

그리고 다오

다오는 거버넌스 알고리즘이 완전히 공개적으로 드러난다는 점에서 독특한 조직이다. 중앙집권화된 투명한 조직에서도 외부인이 조직의 기질을 대략 파악하는 것은 가능하지만 다오는 외부인조차 조직의 전체 소스코드를 실제로 볼 수 있다. 물론 다오도 사람들이 주축이 되어 돌아가고, 그 사람들의 마음을 구성하는 소스코드는 알 길이 없지만, 조직의 소스코드를 통해 참여자가 누구든 간에 특정 목표에서 크게 벗어날 수 없도록 만들 수 있다. 인간의 평균 수명을 극대화하는 퓨타키는, 정확히 같은 사람들이 운영하고 있더라도 앞의 인공지능 사례에서 언급한 페이퍼클립의 생산을 극대화하는 퓨타키와는 매우 다르게 작동할 것이다. 따라서 조직이 누군가를 속이는 것뿐만 아니라 조직이 누군가를 속일 마음을 갖는 것조차 불가능하다.

다오를 이용한 초합리적인 협력은 어떤 모습일까. 몇몇 다오가 실제로 어떻게 나타나는지를 살펴보자. 도박, 스테이블코인, 탈중앙화 파일 저장소, 1인당 1아이디(ID) 데이터 제공, 셸링코인 등 이들의 성공을 기대할 수 있는 몇 가지 활용 사례가 있다. 우리는 이러한 다오를 '유형 1 DAO'라고 부를 수 있다. 이는 내부 상태를 일부 가지고 있지만, 자율적인 통치는 거의 없다. 그들은 PID 제어법(Proportional-integral-differential Controller, 비례-적분-미분 제어기),[20] 담금질 기법,[21] 또는 다른 간단한 최적화 알고리즘을 통해 일부 사용 범위를 최대화하기 위해 자신의 매개 변수 중 일부를 조정하는 것 외에는 아무것도 할 수 없다. 그러므로 다오는 약하게나마 초합리적이기는 하나 여전히 제약이 있고 현재는 개선점이 뚜렷하게 보이지 않는다. 다오는 종종 초합리적이지 않은 외부 프로세스를 통한 업그레이드에 의존할 것이다.

앞으로 더 나아가기 위해선 이론적으로 자의적인 결정을 내릴 수 있는 거버넌스 알고리즘을 가진 다오인 '타입 II 다오'가 필요하다. 퓨타키, 다양한 형태의 민주주의, 그리고 다양한 형태의 주체적인 추가 거버넌스 프로토콜(예를 들어보자. 한 안건에 대해 상당한 의견 불일치가 존재하는 경우, 다오는 해당 안건에서 제기된 각각의 의견을 주장하는 하위 단체들로 스스로를 분리시키고, 다오의 구성원들은 그 각각의 하위 단체인 서브 다오(sub DAO)에 참여해 상호작용할 것인지 선택하게 된다. 이런 것들이 지금 현재 우리가 알고 있는 유일한 방

---

20 [역자 주] 공학 응용 분야에서, 제어하고자 하는 대상의 출력값(Output)을 측정해 이를 원하고자 하는 참조값(Reference Value) 혹은 설정값(Set Point)과 비교해 오차(Error)를 계산하고, 이 오차값을 이용해 제어에 필요한 제어값을 계산하는 방법이다.

21 [역자 주] 담금질 기법(Simulated Annealing, SA)은 전역 최적화 문제에 대한 일반적인 확률적 메타 알고리즘. 이 기법은 광대한 탐색 공간 안에서, 주어진 함수의 전역 최적화에 대한 좋은 근삿값을 준다.

법이지만, 앞으로 다른 근본적인 솔루션들이 제시될 수도 있고, 이미 나와 있는 솔루션들을 영리하게 엮어낼 방법도 계속 등장할 것이다. 다오의 구성원들은 다오의 하위 부분과 상호작용할 것인지 선택한다. 근본적으로 다른 접근들과 영리한 조합들은 계속해서 나타날 것이다. 다오가 임의로 결정을 내릴 수 있게 되면 다오는 고객과 초합리적인 상거래를 할 수 있을 뿐만 아니라 잠재적으로 공존할 수 있다.

초합리적 협력은 단순하고 오래된 기존의 협력으로는 해결할 수 없었던 시장 문제를 해결할 수 있을까? 공공재 문제는 불행하게도 초합리적 협력의 해결 범위 밖에 있을 수도 있다. 앞에서 설명한 다오의 메커니즘 중 어느 것도 아직 대규모의 복수 이해관계자 인센티브 문제를 해결하지 못했다. 다오 모델에서 조직들이 자신들의 구조를 탈중앙화시키는 이유는 결국 다른 이들이 서로를 더 믿을 수 있게 만들기 위해서이며, 스스로 탈중앙화시키를 실패하는 단체들은 이런 신뢰의 순환에서 오는 경제적인 수혜를 놓치게 될 것이다. 그런데 이런 공공재의 경우 이익을 얻는 사람을 배제할 방법이 없다는 것이 문제다. 누구든 이익을 얻으면 공공재 전략은 실패한다. 정보 비대칭 문제와 관련된 모든 것은 이것의 해결 범위 내에 있고, 이 범위는 꽤 넓다. 사회가 점점 더 복잡해지면서 점점 더 많은 부정행위가 발생하고 있다. 새로 발생하는 이런 문제들은 경찰이 이해하기조차 어려운 것들도 있을 것이다. 금융 시스템은 단지 하나의 예에 불과하다. 만약 다오가 무언가를 약속한다면 그것은 이런 문제의 해결을 돕는 데 있다.

다오(DAO)는 '탈중앙화 자율 조직'의 약자다. 탈중앙화를 탐탁지 않게 생각하는 사람이라면 '탈중앙화 암호화폐도 모자라서 이제는 굳이 탈중앙화된 조직까지?'라는 의문을 가질 수도 있다.

부테린은 오랫동안 인간 사회에 이어져온 초합리적 협력이 점점 어려워지고 있다고 진단한다. 초합리적 협력이란, 개인이 자신의 이익만을 추구하는 합리성을 초월하여 더 많은 이익을 만들기 위해 협력하는 것을 말한다. 이 초합리적 협력이 작동하기 위해서는 상대방이 나를 속이지 않는다는 사실을 미리 알 수 있어야 하지만, 현대사회는 강력한 중앙화 권력 기관들 때문에 협력이 더욱 어려워지는 방향으로 진화하고 있다. 오히려 정보 비대칭 문제가 점점 더 많이 거론되는 추세다.

부테린이 이런 상황의 대안으로 다오를 거론하는 가장 큰 이유는, 다오가 극도의 투명성을 발휘할 수 있는 조직이기 때문이다. 초합리적 협력이 어려워지는 상황을 타개할 방법은 더 높은 수준의 투명성을 추구하는 것인데, 다오는 거버넌스 알고리즘이 완전히 공개되기 때문에 외부인도 조직의 전체 소스코드를 볼 수 있다. 조직의 소스 코드를 잘 짠다면 그를 바탕으로 여러 사람의 초합리적 협력이 가능하다는 얘기다.

다오가 조직을 탈중앙화하고 드러나게 만드는 이유는, 다른 사람들이 더 많이 그들을 신뢰하게끔 만들기 위함이다. 부테린은 다오가 탈중앙화와 정보 공개를 통해 정보 비대칭 현상으로부터 파생되는 여러 부정행위를 해결할 수 있다고 주장한다.

블록체인 기술의 진짜 가치

이더리움 블로그

2015년 4월 13일

블록체인 기술을 연구하면서 내 머릿속에 남은 핵심 질문 중 하나는 '결국 블록체인이 무슨 쓸모가 있느냐'다. 블록체인과 관계가 없는 분야에서 블록체인을 도입해야 하는 이유는 무엇이고, 특정 서비스가 블록체인 같은 아키텍처 위에서 실행되어야 하는 이유는 무엇인가. 기존 서버 방식을 사용하는 것이 아니라 굳이 블록체인에서 서비스를 실행해야 하는 이유는 무엇인가. 블록체인은 정확히 얼마만큼의 가치를 제공하는가. 그 가치는 필수적인 무엇인가, 아니면 그냥 있으면 좋은 정도인가. 물론 가장 궁금한 질문은 '블록체인의 킬러 애플리케이션(Killer Application)[22]이 무엇이 될 것인가'다.

지난 몇 달 동안 나는 이 문제를 생각해왔고 암호화폐 개발자, 벤처캐

---

22 [역자 주] 컴퓨터 프로그래밍 소프트웨어 제품 중에 인기가 높거나 유용성이 매우 뛰어나서, 그 제품을 사용하기 위해 하드웨어나 운영체제까지 사게 만들 정도로 압도적인 인기를 얻는 제품을 말한다.

피털 회사, 블록체인과 거리가 있는 다른 영역의 사람들(시민운동가들, 금융 및 결제 업계 종사자)과 토론했다. 그리고 그 과정에서 여러 가지 중요하고 의미 있는 결론에 도달했다.

우선, 블록체인 기술의 킬러 애플리케이션은 없을 것이다. 이유는 매우 간단하다. 따기 쉬운, 낮은 곳에 열린 열매가 있다면 누군가 이미 땄을 확률이 높다. 만약 현대 사회에서 다른 것보다도 월등히 우수한 특정 블록체인 애플리케이션이 존재했다면, 사람들은 이미 그것에 대해 큰 소리로 이야기하고 있었을 것이다. 이는 경제학의 오래된 농담을 떠오르게 한다. 길거리에서 20달러짜리 지폐를 발견한 경제학자는 그 지폐는 가짜가 틀림없다고 결론을 내린다. 그 이유는 만약 진짜 20달러 지폐였다면 이미 누군가가 가져갔을 것이기 때문이다. 물론 블록체인 기술의 상황은 약간 다르다. 비록 지폐가 진짜일 확률이 0.01%밖에 안 된다고 가정해도 지폐를 집어들어 진짜인지 확인하는 비용은 매우 적다. 반면 블록체인 기술에서 킬러 애플리케이션이 존재할 확률이 낮을 뿐 아니라, 이를 찾기 위한 탐색 비용은 매우 높다. 게다가 이미 수십억 달러의 인센티브를 가진 사람들이 이미 검색을 진행해온 상황이다. 지금까지 다른 모든 제품보다 탁월하게 유용할 정도로 눈에 띄는 응용 프로그램은 없었다.

사실 우리가 가질 수 있는 킬러 애플리케이션에 가장 가까운 것은 이미 여러 번 목격됐다. 바로 상당히 우수한 검열저항성을 가지고 있는 가치 이전 기능 애플리케이션인 비트코인 말이다. 이는 위키리크스와 실크로드 사례에서 증명됐다. 익명으로 운영되는 온라인 마약 시장인 실크로드의 경우, 2013년 말 사법 기관에 의해 강제로 종료될 때까지 2년 반 동안 10억 달러 이상의 매출을 올렸다. 이때 상당량의 마약이 비트코인으로 결제됐다. 정보 공개 비영리단체인 위키리크스는 금융기관에 의한 전방위적인 자금 봉쇄가 진행되는 동안 비트코인과 라이트코인 기부로 연명할 수 있었다.[23, 24]

효용성의 총합 및 평균

그렇다면 블록체인은 이미 최대 효용성에 도달한 것일까. 물론 아니다. 블록체인은 사용하는 사람에게는 상당한 효용성을 제공했지만, 이를 사회 전체적인 최대 효용이라고 말하기는 어렵다. 마치 실크로드처럼 말이다. 마약 사용자에게 실크로드는 필수적이었으나, 대부분은 실크로드 없이도 마약은 살 수 있었다. 심지어 마약을 사용하는 커뮤니티 사이에서도 실크로드가 반드시 써야 하는 플랫폼은 아니었다. 어떻게 평범한 사람들이 이러한 연줄을 찾았는지 모르지만, 대부분은 어떻게든 마약을 파는 '남자'를 찾는다. 마약에 대한 관심과 이를 얼마나 쉽게 접할 수 있는가는 강한 상관관계가 있는 것 같다. 그래서 실크로드는 특정 틈새시장에 있는 사람들에게 필수적인 서비스가 될 수 있었지만 결국 그러지 못했다. 위키리크스도 비슷한 문제를 겪고 있다. 위키리크스 같은 조직에 기부할 정도로 기업 및 정부의 투명성에 대해 강한 의견을 가지고 있는 사람들은 전 세계 인구에 비해 그리 많지 않다. 간단히 말해서, 긴 꼬리(Long

---

23 위키리크스가 2010년 이라크와 아프가니스탄 전쟁과 관련된 문서를 공개한 후, 미국 정부는 위키리크스를 옥죄기 위해 위키리크스 서비스 제공을 차단하도록 금융사들을 움직였다. 다음 해 위키리크스는 비트코인 기부를 받았다.

24 [역자 주] 두 경우 모두 필요하고 잠재적인 경제적 잉여가 매우 높았다. 비트코인 이전에는 직접 현금을 주고 마약을 구입할 수밖에 없었고 위키리크스에 기부하려면 우편으로 현금을 발송하는 방법밖에 없었다. 비트코인은 이 영역의 편의성을 현저히 높여 이 시장을 빠른 속도로 차지했다. 그러나 지금의 시장은 그때보다 훨씬 포화상태이며, 기회도 그리 쉽게 잡기 어려워졌다.

Tail) 현상[25]이 나타나고 있는 셈이다.

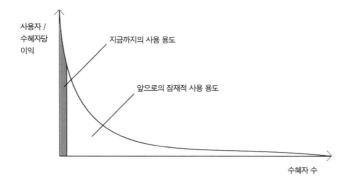

이 긴 꼬리 안에 무엇이 있는지 나열할 수는 있지만 제대로 설명하기는 어렵다. 이 영역에서 블록체인은 필수적 기술이 아닐 뿐만 아니라 각 애플리케이션에 대해서도 특별한 장점을 제공하지 못한다. 가끔 '블록체인 애플리케이션은 과대 평가되고 있다. 사실은 비트코인만 중요하다'거나 '블록체인 기술 전체가 쓸모없다'는 입장을 보이는 사람들도 있다. 실제로 이들은 거의 동일한 기능을 가진 애플리케이션을 중앙 서버에서 쉽게 구현하고, 블록체인 거버넌스 대신 기존 사법 질서 안의 계약을 활용해서 전통적인 시스템을 개선해갈 수 있다. 이런 사례들을 보면 실제로 '블록체인이 필수적이지 않구나' 하는 생각이 든다. 사실 그게 핵심이다. 아마 위키리크스나 실크로드처럼 블록체인 없이 일을 진행해야 했다면 그렇게 했을 것이다.

---

25 [역자 주] 발생 확률이 낮거나, 발생량이 적은 부분이 무시되는 경향을 일컫는 말이다. 이 글에서는 블록체인이 소수에게만 매우 유용하고, 대부분 사람에게는 그다지 편익이 없는 상황을 설명하는 의미로 사용됐다.

긴 꼬리에서 블록체인은 필수적인 것이 아니라 편리한 것에 가깝다. 블록체인은 단지 다른 도구보다 약간 더 나은 정도다. 그럼에도 이러한 애플리케이션은 훨씬 더 주류가 될 수 있고 동시에 수억 명의 사용자에게 혜택을 줄 수 있기 때문에, 사회에 제공하는 총 이득(앞 표의 흰 부분)은 훨씬 더 크다.

이런 사고의 흐름을 따라 블록체인과 오픈소스를 비교해서 살펴볼 수 있다. 오픈소스의 킬러 애플리케이션은 무엇인가? 오픈소스는 사회에 매우 좋은 것이고 전 세계적으로 수백만 개의 소프트웨어 패키지에 사용되고 있음에도 오픈소스의 킬러 애플리케이션이 무엇인지 명확하게 지적하기 어렵다. 그 이유는 킬러 애플리케이션이라고 할 만한 것이 없기 때문이다. 오픈소스로 구현되는 애플리케이션들은 굉장히 긴 꼬리의 뒤쪽을 구성한다. 여기에는 기본적으로 상상할 수 있는 거의 모든 종류의 소프트웨어가 있으며, 특히 수백만 개의 프로젝트와 중요한 암호화 보안 라이브러리에서 반복적으로 사용되는 하위 레벨 라이브러리가 많다.

블록체인을 다시 정의해보자

그럼 긴 꼬리에 적용될 만한 가치가 있는 블록체인의 특징은 무엇일까? 먼저 블록체인이 무엇인지 정의해보자.

블록체인은 누구나 프로그램을 업로드하고 실행할 수 있는 마법과 같은 컴퓨터다. 모든 프로그램의 현재 및 이전의 상태가 항상 공개되어 있으며 모든 프로그램은 프로토콜이 명시하는 대로만 실행된다.

블록체인이 하지 않은 것은 다음과 같다.

- 돈 또는 비용과 같은 재정적인 용어를 사용하지 않는다. 실제로 특정 상황에 맞춰진 모든 용어를 사용하지 않는다.
- 특정 합의 알고리즘을 언급하거나 블록체인이 작동하는 방식에 대한 기술적 특성을 언급하지 않는다(단 블록체인이 '암호경제적'이라는 사실은 예외다. 이는 '탈중앙화되고 인증 과정에 공개 키를 사용하며, 지속적으로 운영하기 위해 경제적 인센티브를 제공하면서 시간을 거슬러 올라가거나 다른 결함이 발생하지 않는다'라는 것을 의미한다).
- 특정 상태변환함수[26]를 제한하지 않는다.

이러한 정의의 장점은 블록체인이 무엇을 하는지 잘 설명하면서 소프트웨어 개발자가 블록체인의 가치 제안에 대한 최소한의 직관적인 이해를 할 수 있도록 설명한다. 기존 비트코인의 언어는 두 가지의 시퀀스로 구성된다. 디스트로이 코인(Destroy Coin)과 크리에이트 코인(Create Coin) 시퀀스다. 디스트로이 코인은 트랜잭션 식별번호인 〈txid〉, 인덱스 값인 〈index〉과 해제 스크립트인 〈scriptsig〉 스크립트로 구성되어 있다. 크리에이트 코인은 잠금 스크립트인 〈scriptpubkey〉과 비트코인 가치인 〈value〉 스크립트로 구성되어 있다. 여기서 공개 키의 역할을 하는 〈scriptpubkey〉는 제한된 수학 공식이면서 잠금 스크립트인 〈scriptpubkey〉가 이 공식을

---

26 [역자 주] 블록체인 시스템에서는 특정 시점에 저장된 정보에 대한 현황을 상태(State)라고 부른다. 트랜잭션이 발생하면 블록체인은 새로운 상태로 전이하게 된다. 이 새로운 상태를 출력해주는 것을 상태변환함수라고 한다.

비탈릭 부테린 지분증명

충족하는 변수여야 한다(예: {x=5, y=7}은 2×x−y=3을 충족한다).

만약 존재하지 않는 코인을 파괴하거나 해당 코인의 공개 키(Scriptpubkey)에 유효한 스크립트시그를 제공하지 않고 코인을 파괴하려고 시도하거나 또는 사용자가 파괴한 것보다 더 많은 코인을 발행하려고 시도하면 오류가 뜬다. 반면 특정 프로그래밍 언어는 블록체인에 훨씬 더 적합하다. 프로그래밍 언어인 파이선(Python), C++, 노드(Node.js), 말레볼제(Malbolge) 중 하나를 결정하는 것이 소프트웨어 개발자의 과제인 것처럼 프로그래밍 언어가 특정 작업에 적합한지를 분석하는 것은 소프트웨어 개발자에게 달려 있다.

또한 이러한 정의에 따르면 블록체인은 공급이 고정된 정책의 화폐나, 재등록 기간이 200일인 이름 레지스트리, 특정 탈중앙 거래소 디자인 등 특정 규칙 집합을 가져오기 위한 프로그램이 아니다. 블록체인에는 새로운 규칙의 새로운 메커니즘을 아주 빠르게 만들고 바로 출시할 수 있는 자유가 있다. 블록체인은 경제적 및 사회적 기관을 건설하기 위한 레고 마인드스톰(Lego Mindstorm)이다.

이는 '암호화폐보다는 블록체인이 흥미롭다'라고 주장하는 이들의 핵심 내용이다. 암호경제적 블록체인을 작동시키기 위해서는 화폐가 필요하다(스텔라 주관적 합의 모델과 같이 블록체인과 비슷한 데이터 구조에는 해당되지 않는다). 하지만 이 통화는 투기 광풍, 소비자의 관심 및 기대의 중심이 아니라 합의 참여를 유도하고, 예금을 보유하며, 거래 수수료를 내기 위해 사용된다. 그럼 블록체인은 왜 유용한가?

• 블록체인에는 데이터를 저장할 수 있으며 해당 데이터의 가용성이 매

우 높다.

- 블록체인으로 애플리케이션을 실행할 수 있으며 매우 높은 가동 시간을 보장받을 수 있다.

- 블록체인으로 애플리케이션을 실행하고 먼 미래까지 매우 높은 가동 시간을 보장받을 수 있다.

- 블록체인으로 애플리케이션을 실행하고 애플리케이션의 논리가 정직하고 계획된 대로 실행 중이라는 것을 사용자에게 이해시킬 수 있다.

- 블록체인으로 애플리케이션을 실행하고 만약 파운더가 프로젝트를 버리거나, 애플리케이션 상태를 조작할 수 있는 뇌물을 받거나, 위협을 받거나, 이윤 동기가 생긴다는 등 파운더가 어떠한 악의적인 행위를 취해도 애플리케이션의 지속적인 작동을 보장할 수 있다고 사용자들에게 납득시킬 수 있다.

- 블록체인으로 애플리케이션을 실행하고 백도어 키가 꼭 필요한 경우 자신에게 백도어 키를 제공하되, 소프트웨어 업데이트가 도입되기 전에 1개월 정도의 대기 기간을 거쳐야 하거나 최소한 사용자에게 애플리케이션 업데이트를 바로 알리는 등 키 사용에 '헌법적' 제한을 둘 수 있다.

- 블록체인으로 애플리케이션을 실행하고 , 특정 거버넌스 알고리즘(투표, 퓨타키, 복잡한 다원 의회 아키텍처)에 백도어 키를 제공해 이 거버넌스 알고리즘이 프로그램을 통제하고 있다는 것을 사용자에게 알린다.

- 블록체인으로 애플리케이션을 실행하면 플랫폼의 신뢰성이 99.999%에 불과하더라도 애플리케이션끼리 소통은 100%의 신뢰로 이루어질 수 있다.

- 여러 사용자 또는 기업이 블록체인을 통해 특정 애플리케이션을 실행할 수 있다. 이러한 애플리케이션은 네트워크 메시지 없이 매우 빠른 속도로 상호작용할 수 있으며, 동시에 각 기업은 자체 애플리케이션을 완전히 통제할 수 있다.
- 다른 애플리케이션에서 생성된 데이터를 쉽게 활용해 블록체인으로 애플리케이션을 구축할 수 있다(지불과 평판 시스템을 결합하는 것이 아마도 가장 유망하다).

블록체인은 전 세계 수십억 명의 사람들에게도 유용하다. 특히 경제, 금융 및 사회 인프라 수준이 낮거나 잘 작동되지 않는 지역에서 특히 효율적이다(물론 기술의 도입만으로는 부족하고 정치 개혁도 필요하다). 블록체인은 신뢰를 바탕으로 하는 금융업에서 인기가 높지만 인터넷 인프라의 다른 분야에서도 가치가 있다. 블록체인의 속성들을 제공할 수 있는 다른 디지털 아키텍처도 있지만 블록체인에 미치지 못한다. 이더리움의 공동 창시자인 개빈 우드(Gavin Wood)는 이 이상적인 컴퓨팅 플랫폼을 '세계 컴퓨터(World Computer)'라고 표현했다. 세계 컴퓨터란 누구나 자유롭게 참여할 수 있는 컴퓨터이며 많은 사람이 컴퓨터가 유지되도록 참여하는 동시에 컴퓨터의 상태가 모든 참여자에게 공유되는 것을 의미한다.

기반 레이어 인프라

오픈소스처럼 블록체인 기술에서 가장 유망한 분야는 기반 레이어 인프라 서비스(Base-layer Infrastructure)다. 기반 레이어 서비스에는 다음과 같은 특징이 있다.

- **의존성**: 기능을 높이기 위해 기반 레이어 서비스에 의존하는 다른 서비스가 있다.
- **네트워크 효과**: 많은 이들(심지어 모든 사람)이 같은 서비스를 사용하는 데서 오는 이익이 상당하다.
- **높은 전환 비용**: 개인이 한 서비스에서 다른 서비스로 전환하기가 어렵다.

위에 언급한 특징 중에 순수한 필요성 혹은 중요도라는 말은 언급되지 않았다. 기반 레이어 중에서도 크게 중요하지 않은 것(사이트 내 정보를 요약해주는 RSS 피드)이 있고 기반이 아닌 레이어 중에서도 중요한 것들(음식)이 있다. 기반 레이어 서비스는 문명이 만들어지기 전부터 존재해왔다. 인류의 먼 조상이 동굴에서 살고 있었을 때도 언어라는 중요한 베이스 레이어가 존재했다. 인류가 발전하면서 생겨난 다른 기반 레이어로는 도로, 법체계, 교통 시스템 등이 있다. 이후 전화와 금융 체계가 추가됐고, 21세기에는 인터넷이 추가되었다. 이제 인터넷에서 생겨나는 새로운 기반 레이어 서비스는 거의 정보에 가깝다. 인터넷 결제 시스템, 정체성, 도메인 네임 시스템, 인증 기관, 명성 시스템, 클라우드 컴퓨팅, 각종 데이터 피드, 그리고 가까운 미래에는 예측 시장도 기반 레이어에 포함될 것이다.

10년 후에는 이런 서비스의 상호 의존성 및 네트워크 효과가 훨씬 높아질 것이다. 미래에는 거주하는 국가를 바꾸는 것보다 한 시스템에서 다른 시스템으로 전환하는 게 더 힘들어질 수도 있다. 현재 대부분의 시스템은 중앙화된 방식으로 구성되어 있는데 인터넷이 처음 구축될 당시 이런 서비스들의 중요성에 대해서 제대로 인지하지 못하고 디폴트값을 포함시켰기 때문이다. 지금도 대부분의 사이트에서 구글이나 페이스북 등으로 로그인할 수 있는 방법을 심심치 않게 볼 수 있는데, 이로 인해 인증 기관들은 다음과 같은 문제들에 직면한다.[27]

- 이란 해커들이 단독으로 구글, 마이크로소프트, 스카이프, 야후 등의 대형 사이트에서 다수의 SSL(보안 소켓 계층) 인증서 데이터를 해킹했다고 주장했다.
- 이를 접한 보안 전문가들의 초기 반응은 엇갈렸다. 몇몇은 그의 주장을 믿었지만 믿지 않는 이들도 있었다.
- 대부분 보안 전문가들은 이란이 배후에 서서 국가 주도로 공격했을 것이라고 예측했고, 이 해커들이 미국 기반의 인증서 중개 업체인 코모도(Comodo)를 해킹했다고 추측했다.
- 3월 23일, 코모도는 해킹이 있었음을 인정하고 8일 전에 해커들이 마이크로소프트의 핫메일, 구글의 지메일, 야후 메일 등에 들어갈 수 있는 9개의 허위 인증서를 얻었다고 했다.

인증 기관들은 최소한 'N of M 시스템'[28]을 도입할 정도의 탈중앙성은 있어야 하지 않을까? N of M 시스템의 대중적인 사용은 블록체인과 분리해서 생각할 수 있으나 블록체인에서는 이 시스템을 운영할 수 있다.

---

27 그렉 카이저(Gregg Keizer) 기자의 2021년 『컴퓨터월드(Computerworld)』 기사.

28 N개의 키 중에서 M개가 있어서 보안을 풀 수 있는 시스템을 의미한다.

블록체인에서의 정체성

'블록체인에서의 정체성'을 좀 더 깊이 살펴보자. 정체성에는 무엇이 필요한가? 우리는 이미 대답을 알고 있다. 그리고 이 정체성은 개인 키와 공용 키로 나눌 수 있다. 공용 키란, 당신의 아이디와 같다. 개인 키는 자기가 보내려는 메시지에 디지털 서명을 해서 받는 사람이 그 메시지가 당신에게 온 것임을 인증할 수 있게 하는 방식이다(받는 사람의 입장에서 '당신'은 '특정한 공용 키를 들고 있는 존재'다). 그러나 여기에는 몇 가지 문제가 있다.

1. 만약 키가 도난당해서 새로운 키로 바꾸어야 한다면 어떻게 해야 하는가?
2. 키를 잃어버리면 어떻게 해야 하는가?
3. 다른 사람에 대해서 말할 때 20자의 암호 데이터 말고 이름을 쓰고 싶다면 어떻게 해야 하는가?
4. 보안을 위해 한 개의 비밀번호가 아닌 아닌 다중서명 시스템을 사용하고 싶다면 어떻게 해야 하는가?

이 문제들을 하나씩 해결해보자. 가장 마지막 문제부터 시작해보자. 4번의 해결책은 다음과 같다. 한 개의 특정한 암호 서명만 요구하는 대신 공용 키가 프로그램이 된다. 이 프로그램에 데이터를 입력하면 단일 키, 다중 키 등 프로그램에 코딩 가능한 어떠한 데이터든지 출력할 수 있다고 가정해보자. 그러나 이 경우에도 문제는 여전하다. 공용 키의 길이가 너무 길어지기 때문이다. 따라서 공용 키를 데이터 저장소에 집어넣고 그 공용 키를 대표하는 더 짧은 길이의 값인 해시를 사용자의 아이디로 사용한다.

이 경우에는 블록체인이 필요 없다. 제일 최근의 디자인을 보면 확장 가능한 블록체인과 탈중앙화된 해시테이블의 구조가 크게 다르지 않기 때문에 10년 후 탈중앙화된 시스템이어도 우연히든 의도적으로든 확장 가능한 블록체인으로 구성될 수 있다.

이제 첫 번째 질문을 보자. 이는 일종의 인증 취소 문제다. 만약 특정한 키를 취소하고 싶다면, 키가 취소되었다는 정보를 알아야 하는 모든 이들에게 어떻게 보여줄 수 있을까? 이것도 탈중앙화된 해시테이블로 해결할 수 있다. 그러나 이는 다음 문제로 이어진다. 그렇다면 키를 취소한 다음에는 무엇을 키로 대체할 것인가? 만약 당신의 키가 해킹당했다면 당신과 해커 둘 다 당신의 키를 보유하고 있을 것이고, 그러면 둘 중 누구도 자기가 진짜 키 주인이라는 더 설득력 있는 근거를 제시하지 못할 수도 있다. 한 가지 해결 방안은 3개의 키를 갖고 있고, 그중 1개를 취소하고자 한다면 다음 키를 받기 위해서 2개 이상의 키를 제시하는 방안이다. 그러나 이렇게 되면 일종의 무용론에 직면하게 된다. 만약 해커가 결국 3개의 키를 확보하게 된다면 그가 새로운 키를 발급받는 과정에서 본인의 권위는 사라지게 된다. 이는 시간 기록을 보관하는 타임스탬핑(Timestamping)에 문제가 발생할 수 있고, 이때 블록체인의 도움을 받을 수 있다. 새로운 키를 발급받는 기록을 대조해 본인 소유라는 진위를 밝힐 수 있기 때문이다.

두 번째 문제는 복수의 키를 가지고 있다가 재발급을 받는 것이다. 이런 방식도 괜찮다. 이때 블록체인은 필요치 않다. 심지어 키를 재발급받을 필요도 없다. 데이터베이스를 더 작은 데이터베이스로 나눈 하위 체인인 '샤드'[29]

---

29 [역자 주] 기존에 존재하는 주소를 몇 개의 집합으로 나눈 덩어리를 뜻한다. 샤드체인은 샤드에서 블록체인의 데이터가 사는 집이라고 할 수 있는데 최소 단위의 블록이 길게 연결된 형태다.

에 키를 저장해두고 비밀을 공유해 키를 복구할 수 있다. 한 개의 샤드를 잃어버렸을 경우 비밀 공유 공식을 사용해서 다른 샤드를 통해 복구하면 된다. 세 번째 문제는 블록체인 기반의 도메인 데이터베이스인 네임 레지스트리(Name Registry)를 사용하는 것이 가장 간단하다.

그러나 현실적으로 복수의 키를 재발급하는 방식으로 문제를 해결하기는 상당히 힘들다. 대부분의 사람은 여러 개의 키를 안전하게 보관할 준비가 되어 있지 않고, 언제든 실수할 수 있으며, 중앙화된 서비스끼리 연관되지 않을 확률이 적다. 예를 들어 계정을 복구할 때 서로 연결되지 않아 번거로울 수 있다. 블록체인에 기반한 해결책은 간단하다. 사회적 네트워크를 통한 N of M 백업을 마련해놓는 것이다.

아예 비밀번호를 보호하기 위해 8개 단체를 선정할 수도 있다. 예를 들어 당신의 친구들, 고용주, 회사, 비영리단체, 아니면 미래에는 정부도 가능하다. 만약 무언가 잘못된다면 그중 5명이 당신의 키를 복구하는 데 도움을 주면 된다. 이러한 형태의 사회적 복수 서명 백업은 탈중앙화 시스템을 설계 시 가장 강력한 메커니즘이 될 것이다. 높은 보안성을 지닌 시스템을 저렴하게 제공하고 중앙화된 기관이 제공하는 신뢰 없이도 보안을 유지할 수 있기 때문이다. 이런 보안은 블록체인 기반 정체성을 바탕으로 이더리움의 컨트랙트를 통해 쉽게 구축할 수 있다. 우선 네임 레지스트리에서 자신의 이름을 등록하고 그 이름을 자신이 원하는 계약과 연결한다. 그리고 그 계약이 현재 당신의 정체성과 연결된 메인 키와 복구용 키를 관리와 시간이 지남에 따라 업데이트하는 작업까지 관리하게 한다. 누구나 사용할 수 있을 정도로 쉽고 안전한 정체성 체계가 순전히 당신의 주도하에 완성이 되는 것이다.

블록체인은 정체성 문제뿐 아니라 다른 문제도 해결할 수 있다. 바로 평판 문제다. 현재 '평판 시스템'으로 통용되는 체계들은 한 개체가 다른 개체와 실재로 상호작용했다는 것을 확인할 수 없기에 불안정하고, 특정 플랫폼과 묶어놓기 때문에 중앙화되어 있다. 예를 들어, 당신이 우버(Uber)를 사용하다 경쟁사인 리프트(Lyft)로 넘어가도 우버에 담긴 당신의 평판은 리프트에 전달되지 않는다.

탈중앙화된 평판 시스템은 이상적인 경우 두 가지 다른 레이어인 **데이터 레이어와 평가 레이어**로 나뉜다. 데이터 레이어는 개인이 다른 이들에 대해 내는 평가, 거래에 따른 평가(블록체인 기반 결제를 통해 오픈 마켓플레이스를 만들어 매장별로 평가할 수 있다)로 나뉠 수 있고, 누구나 자신만의 알고리즘을 돌려 자신의 데이터를 평가할 수 있다. 사용자들을 대상으로 특정한 데이터 세트를 빠르게 분석하는 평판 알고리즘도 중요한 연구 분야가 될 수 있다(기존에 존재하는 많은 평판 알고리즘은 행렬 기반 수학 공들을 사용하는데 이는 컴퓨팅파워가 많이 들어 탈중앙화하기 힘들다). 심지어 이런 평판 시스템을 진행하는 동안 본인에 대해서는 아무것도 공개할 필요가 없다. 대신 숫자로 환산 가능한 기준을 기반으로 최소한 어느 정도의 평판 점수인지 알려주는 '영지식(Zero-knowledge)' 평판 시스템 또한 매우 가능성이 높다. 평판의 경우 플랫폼의 기능을 제공하는 블록체인의 여러 장점을 가지고 있다.

- 정체성을 위한 데이터 저장소
- 평판 기록을 위한 데이터 저장소
- 애플리케이션 간 상호작용(결제 기반 평가, 같은 데이터로 어떠한 알고리즘도

돌릴 수 있는 범운용성 등)

- 기반 데이터가 미래에도 이동할 수 있다는 보증(회사들도 전송 가능한 형태의 평판 인증을 제공할 수 있지만, 그 기능성을 미래에도 유지할 것이라고 미리 보증할 방법이 없다)

- 평판을 계산하는 시점에 조작되지 않았다고 보증할 수 있는 탈중앙화된 플랫폼

물론 이러한 장점에도 우리에겐 대체재가 있다. 비자나 마스터카드는 거래가 있었다는 것을 암호학적으로 증명할 수 있도록 서명된 영수증을 제공할 것이라 믿거나, 개인의 평판 기록을 인터넷의 모든 정보를 보관하는 사이트인 아카이브(archive.org)에 저장하거나, 서버끼리 직접 통신을 하거나 일반 기업들도 이용약관에 '고객에게 친절하게 응대하기'라고 적어놓게 만든다. 이런 방식도 어느 정도 효과야 있겠지만 모든 것을 공개하고 '전 세계의 컴퓨터'라 불리는 블록체인에 공유하며 암호로 인증과 증명을 하는 것만큼 깔끔하고 근사한 것은 없다. 이는 다른 사례에도 적용할 수 있다.

비용 절감하기

장기적으로 블록체인 기술을 바라보면 중요한 결론에 도달하게 된다. 블록체인을 사용할 경우 트랜잭션 하나당 얻어지는 이득은 매우 작다. 그러므로 합의 비용을 절감하고 블록체인 확장성을 높이는 문제가 그 무엇보다 중요하다. 중앙집중식 솔루션을 사용하는 사용자와 기업체는 거의 플랫폼 사용료를 지불하지 않는다. 블록체인 식으로 표현하면 기본적

으로 '트랜잭션당' 0달러를 지불하는 셈이다. 위키리크스에 기부하는 사람들은 확실하게 거래를 성사시키기 위해 5달러의 수수료를 낼 수도 있다. 물론 평판 기록을 업로드하기 위해 0.0005달러 정도만 기부하고 싶은 사람도 있다. 그러므로 합의 과정에 들어가는 비용을 낮게 만드는 문제는 절대적 의미(지분증명), 그리고 트랜잭션당 의미(최대 수백 개의 노드가 각각의 트랜잭션을 처리하는 확장 가능한 블록체인 알고리즘) 두 가지 측면에서 모두 중요하다.

지난 40년간 소프트웨어는 덜 효율적인 프로그래밍 언어 패러다임을 선호하는 쪽으로 발전해왔다. 이 언어들은 점점 게으른 개발자들이 등장하는 계기가 되었다. 블록체인 개발자들은 무엇을 더하고 무엇을 뺄 것인지에 대해 그렇게 똑똑하고 현명하게 생각하지 않을 수 있다는 점을 고려하고 알고리즘을 설계할 필요가 있다. 물론 미리 잘 설계된 거래 수수료 시스템을 개발해두면 이후 개발자들도 시스템을 자연스럽게 배우게 될 것이다.

이런 생각을 하다 보면 좀 더 탈중앙화된 미래에 대해 상당한 희망이 생긴다. 하지만 뭔가를 쉽게 얻을 수 있는 시기는 이미 지났다. 이제는 훨씬 더 어렵고 긴 노력이 필요한 때다. 현실을 들여다보고 지금 우리가 가진 기술이 실제로 세상에 혜택을 줄 수 있는지 살펴봐야 한다. 이 단계를 지나는 동안 우리는 변곡점을 발견하게 될 것이다. 이 변곡점에서 나타나는 대부분은 블록체인 애호가들이 '유용한 X를 위한 블록체인'을 만드는 게 아니다. 대신 블록체인을 바라보고 X를 하기에 블록체인이 유용하다는 걸 깨달은 'X의 애호가들'이 인상 깊은 무언가를 만드는 경우가 더 많다.

X의 후보는 여러 가지다. 사물인터넷부터 개발도상국을 위한 금융 인

프라, 상향식 사회(Bottom-up Social), 문화, 경제 기관, 더 나은 의료서비스를 위한 데이터 수집과 보호, 그 외에도 논란이 많은 자선 단체와 검열이 불가능한 시장도 X가 될 수 있다. 마지막 두 가지의 경우, 이미 변곡점에 도달했을 가능성도 있다. 블록체인 애호가 중 많은 이들이 정치적 성향 때문에 블록체인을 좋아하기 때문이다. 그 밖의 다른 사례에서 변곡점에 도달한다면, 그리고 그 예시가 블록체인의 주류가 되면 성과를 거두게 될 것이다.

마지막으로 우리는 '블록체인 커뮤니티'의 개념이 정치적 운동으로서의 의미가 더는 없다는 것을 알게 될 것이다. 오히려 이름을 붙인다면 '크립토 2.0'이 가장 적합하다. 그 이유는 '분산 해시테이블 커뮤니티'라는 개념이 없는 것과 같다. 데이터베이스 커뮤니티는 존재하지만 내용을 들여다보면 그저 컴퓨터 과학자들이 몇몇 모여 있는 경우와 비슷하다. 블록체인 역시 여러 기술 중 하나일 뿐이다. 블록체인을 통해 얻을 수 있는 가장 큰 진보는 오직 탈중앙화 기술과 협력했을 때만 가능하다. 평판 시스템, 분산 해시테이블, P2P 하이퍼미디어 플랫폼, 분산 메시지 프로토콜, 예측 마켓, 영지식 증명이 있고 물론 아직 발견되지 않은 것들도 있다.

비탈릭 부테린 지분증명

지금까지 블록체인 산업이 대중의 관심을 끌었던 배경에는 높은 투기성이 한몫했다. '쉽게 돈을 벌 수 있다'는 기대심리 덕분에 인지도를 높인 셈이다.

부테린은 이제부터 블록체인 산업이 성숙한 시장으로 발전하기 위해서는 블록체인 기술이 딱 맞게 사용될 수 있는 적절한 쓸모를 찾아야 한다고 지적한다. 기존에 익숙한 중앙집중식의 인터넷 서비스를 블록체인으로 바꾸기 위해서는 '반드시 블록체인을 써야만 하는' 명확한 이유가 있어야 한다는 것이다.

그는 이런 가능성을 기반 레이어 인프라에서 찾는다. 구글이나 페이스북 같은 중앙화된 대기업들은 자신의 플랫폼 안에서 사용자들을 가두리 양식하듯 가둬놓고 인터넷의 파편화를 초래하고 있다는 것이다. 부테린은 블록체인 기술을 도입하면 이런 대기업 서비스에 의존하지 않고도 상호운용성이 높은 시스템을 구축할 수 있고, 플랫폼보다 사용자들을 우선하는 인터넷이 가능해진다고 설명한다.

물론 이런 경지에 이르기 위해서는 먼저 해야 할 일이 있다. 블록체인 네트워크에 들어가는 비용을 절감하는 것이다. 궁극적으로 사용자들이 블록체인 네트워크 기반 서비스에 매력을 느끼기 위해서는 블록체인이 충분한 확장성을 확보하여 트랜잭션 비용을 0에 가깝게 낮춰야 할 필요가 있다.

부테린은 이 지점에서 '블록체인 기술이 진정한 가치를 발휘하려면 비효율적인 작업증명에서 효율적인 지분증명으로 블록체인 합의구조 방식을 전환하는 것이 필수적'이라는 논리를 끌어낸다. 산업이 가지고 있는 현실적인 제약과 일반 사용자들의 습성을 적절히 배합해 예상치 못한 지점에서 당위성을 만들어내는 대목에서 그가 어떤 스타일의 토론가인지 엿볼 수 있다.

Part 2

작업증명
Proof of Work

2015년 7월 30일, 이더리움의 제네시스 블록(첫 번째 블록)이 만들어졌다. 이로 인해 이더리움 프로토콜은 공개적으로 첫발을 떼었으나 그 시작은 순탄하지 않았다.

이더리움 토큰의 가치가 수억 달러로 부풀어 오르자 곧 어디선가 나타난 해커들이 시스템을 공격했다. 이 공격을 통해 이더리움 시스템 코드가 프로토콜의 안전을 유지하기에 충분하지 않았다는 것이 드러났다. 성장하고 있는 이더리움 커뮤니티의 잘 조직된 협력이 필요했다. 시스템을 안전하게 만드는 것은 코드만이 아니었다. 사람의 정치가 필요했고, 부테린은 자신이 이 상황의 중심에 서 있음을 발견했다.

이 시기 벌어졌던 사건 중 가장 중요한 것은 1억 5,000만 달러의 이더리움을 모금한 실험적인 집단 벤처 펀드인 더 다오(The DAO)의 해킹이었다. 다오는 다오이즘(Daoism)과 비슷한 음가를 지녔으나 실은 탈중앙화된 자율 조직(Decentralized Autonomous Organization), 즉 블록체인에 소프트웨어로 구축된 조직을 의미한다. 더 다오가 본격적으로 활동하기 전이었던 2016년 6월, 한 익명의 해커는 다오 코드에 있는 작은 결함을 이용해 이더를 무더기로 찾아갔다. 이 방법이 계속 사용된다면 전체 이더의 약 15%가 해커에게 넘어갈 상황이었다. 만약 이더리움이 부테린의 의도대로 지분증명으로 전환한다면 한 명의 사용자가 많은 이더리움을 보유해 그만큼의 시장 점유율을 차지할 수 있었다. 이는 전체 프로토콜의 운명을 좌우할 수 있을 만큼 위험한 상황이었다. 이더리움의 화이트해커들은 이에 대응해 해커들의 공격을 지연시켰다. 한쪽에서 이렇게 격한 전투가 이뤄지는 가운데, 다른 한편에서는 격렬한 논쟁이 벌어지고 있었다. 해킹 사태의 빌미가 되었던 코드를 그대로 유지하고 해킹 자체를 역사로 인정할 것인가. 아니면 이더리움의 안전을 위해 지금의 판을 뒤집을 것인가. 부테린은 이더리움 블록체인을 완전히 고쳐서 해킹을 지우는 '하드포크'를 지지했다.

부테린은 이더리움 세계의 대통령 같은 존재가 아니다. 그는 이더리움 프로토콜에 대한 공식적인 권한은 거의 가지고 있지 않았다. 하지만 그가 그때까지 쌓아왔던 신뢰가 이때 결정적으로 작용했다. 이더리움 커뮤니티 내 대부분 사람이 코드의 지시보다 문화와 사명을 우선시하는 그를 따랐다. 당시 부테린이 쓴 글에는 자신의 카리스마적 권위에 대한 불안감이 담겨 있다. 해킹 몇 달 전, 그는 이더리움 블로그를 통해 자신의 목표는 이더리움을 궁극적으로 모든 인류가 소유하는 분산형 프로젝트로 만드는 것이라고 밝혔다. 다오 논쟁 당시, 이 책에도 실린 **「암호경제학자와 리스크 연구자들은 왜 서로의 말을 귀담아들어야 하는가」**에서 그는 궁극적인 세계민주주의 다오를 언급했는데, 이는 아마도 직접적인 참여를 바탕으로 한 국제연합(UN)과 비슷한 개념이다. **「부채로서의 통제」**에서 그는 자신을 마크 저커버그(Mark Zuckerberg)와 비교하는 뉘앙스를 풍기기도 했다. 그는 이 글에서 블록체인 세계에서는 기업형 플랫폼과 달리 중앙권력을 보유하지 않는 편이 낫다고 적었다. **「표현의 자유에 대해」**에서는 이 기술이 어떻게 페이스북 같은 대형 소셜미디어들을 굴복시켰던 검열 권력을 실질적으로 견제할 수 있는지를 다룬다. 2018년 그는 트위터를 통해 이더리움은 생존할 것이라고 말했다. 그러나 그가 굳이 그런 말을 했던 것을 보면 그때만 해도 이더리움의 존속을 확신하지는 못한 것 같다. 정말 이더리움의 미래를 확신했다면 생존할 것이라는 다짐은 할 필요도 없기 때문이다.

2017년에는 이더리움 프로토콜에 상당한 돈이 몰려들었다. 또한 이더리움 플랫폼의 가치와 활용 사례도 급격히 증가했다. 이는 주로 스타트업과 노골적인 사기꾼들이 이더리움 플랫폼 위에서 작동하는 크립토 프로젝트를 발표하고 ICO(Initial Coin Offering, 암호화폐 공개)[1]를 통해 막대한 금액을 모금했기 때문이다. 부테린은 이렇게 형성된 이더리움의 시장 가치에 공개적으로 의문을 제기했다. 그는 트위터를 통해 수천억 달러 규모의 디지털 종이 부(富)를 마구 뿌리는 것과 실제로 사회에 의미 있는 것을 성취하는 것을 구별해야 한다고 강조했다.

이더리움은 세상을 바꾸고자 했지만 실제로는 금융을 바탕으로 한 게임, 도박에도 쓰였다. 이더리움의 탄생 초기에 썼던 글을 보면, 부테린은 이더리움의 가격 인상이나 블록버스터 디앱들의 토큰 판매에 열광하기보다는 암호화폐 경제 구조를 어떻게 설계하는 게 바람직한가와 같은 주제에 천착했다. 예를 들면 그는 사람들에게 지금보다 더 나은

---

1 블록체인 기술을 기반으로 새로운 암호화폐를 만들기 위해, 불특정 투자자로부터 초기 개발 자금을 모금하는 방식이다.

협력을 이끌어내기 위해서는 인센티브를 어떻게 활용하면 좋을까? 같은 문제를 고민했다. 또한 온라인 신원확인과 거버넌스 구조에 관한 문제를 파헤치며 그는 사상적 깊이뿐만 아니라 기술적 깊이도 함께 갖춰나갔다. 하지만 2019년 말 썼던 「크리스마스 스페셜」처럼 게임을 즐기는 시간을 보내기도 했다. 부테린과 다른 이더리움 사용자들은 온라인 미팅에서 체스 게임을 즐기기도 했다. 그와 다른 이더리움 보유자들이 밋업(Meetup)이라는 플랫폼에서 체스를 둘 때 흐르는 긴장감을 보고 있자면, **이 수십억 달러짜리 실험도 역시, 그저 부테린과 다른 이더리움 보유자들이 하는 컴퓨터 계산의 일종이거나 거대한 퍼즐 게임에 불과한 것은 아닌지 궁금해진다.**

네이선 슈나이더

암호경제학자와 리스크 연구자들은
왜 서로의 말을 귀담아들어야 하는가

미디엄(medium.com/@VitalikButerin)

2016년 7월 4일

최근 인공지능 등 미래에 발생할 수 있는 위험 요소를 연구하는 커뮤니티에서 블록체인 및 크립토 경제에 관한 관심이 꾸준히 증가하는 것을 볼 수가 있다. 라이트–클라이언트 프로토콜(Light-client Protocol) 기술을 발명한 랠프 머클(Ralph Merkle) 역시 다오 거버넌스에 관심을 보였다. 스카이프(Skype)의 공동창업자 얀 탈린(Jaan Talinn)은 글로벌 조정 및 협력을 이루기 위해 블록체인 기술 연구를 제안했다. 예측 시장이 거버넌스 메커니즘으로 쓰일 수 있다는 잠재력을 굳게 믿고 있는 사람들은 어거(Augur)[2]를 주시하고 있다. 이는 단순히 컴퓨터 마니아들이 새로운 주제로 고개를 돌린 것일 뿐일까, 아니면 블록체인과 이들이 해결하고자 하는 문제 사이에 실제로 유의미한 연결고리가 있는 것일까?

---

2   외부 데이터와 블록체인 시스템의 상호작용을 가능하게 하는 오라클을 바탕으로 만든 암호화폐 예측시장 플랫폼으로, 사용자들이 특정한 이벤트에 베팅할 수 있게 해준다.

나는 연결고리가 있다고 생각한다. 암호화폐를 연구하는 사람들과 안전한 인공지능, 사이버 거버넌스, 인류 생존 기술 등을 연구하는 사람들은 원론적으로 같은 문제를 풀고 있다고 생각한다. 이들 모두 단순하고 변하지 않는 시스템을 사용해서 매우 복잡하고 예측 불가능한 사건들이 발행하는 시스템을 통제할 수 있을지에 관심이 높다.

인공지능 연구 분야에서 컴퓨터 인지 학습 문제를 생각해보자. 어떻게 기준을 설정하면 인공지능이 입력된 지시를 따르면서도 그 지시 안에 내재된 명령자의 의도를 거스르는 일을 막을 수 있을까. 가령 당신이 초지능 인공지능에 '암을 치료하라'라는 명령을 내리면 인공지능이 복잡한 연산을 거쳐 '암을 치료하는 지시에 제일 효율적으로 따르는 방식은 인류를 말살시키는 것'이라는 판단을 내릴 수도 있다. 인공지능이 인간을 죽이는 일을 방지하고자 '인간을 죽이지 마라'라는 지시를 추가로 내린다면 인공지능은 아예 모든 사람을 죽이지는 않되 냉동시켜 버릴 수도 있다. 물론 아무도 이런 인공지능을 원하지는 않을 것이다.

가령 컴퓨터 과학자인 머클이 제안한 다오 민주주의의 경우 사회적, 기술적으로 사람들이 원하는 것을 충분히 반영하면서도 실존적 위험에서는 안전할 수 있는 객관적인 기능을 고안해야 하는 문제가 있다. 아울러 다오가 문제를 측정할 때 사용하는 기준도 객관적이고 쉬워야 한다. 측정하는 행위 자체가 정치적 싸움으로 번져서는 곤란하다.

암호화폐 업계에서도 생태계를 만드는 사람들이 이와 비슷한 문제로 고민하고 있다. 블록체인을 활용한 암호화폐 합의 구조들이 공통으로 가진 핵심 문제는 검증자들이 블록을 만드는 작업을 지속해서 하게끔 어떻게 유인하느냐 하는 점이다. 알고리즘을 사용해서 블록을 채굴하는 검증자들은 인공지능만큼 머리가 좋고, 자기 자신의 이익을 위해 움직인다. 블록체인 합의 메커니즘은 간단하지만 상황에 따라 마음대로 바꿀 수 없다. 그 간단한 메커니즘으로 검증자들에게 계속 채굴에 참여하도록 충분한 동기부여를 할 수 있어야 한다.

더 다오 사태는 특정한 용도를 위해 분할기능을 넣었던 소프트웨어 개발자가 잘못 짠 코드가 원인이었다. 그는 자신의 복잡한 의도를 제대로 구현하지 못했다.

어거는 검증자들과 블록체인 사이의 합의 문제를 해결해보자는 취지에서 이를 현실 세계와 연결시킨 것이다. 메이커 다오(MakerDAO)는 암호화폐의 탈중앙성과 법정통화의 안정성을 둘 다 갖춘 자산을 제공할 계획인 플랫폼을 구축하기 위해 탈중앙 거버넌스 알고리즘을 생각했다. 이런 경우에 알고리즘 자체는 꽤나 단순하지만 그 알고리즘이 다뤄야 하는 존재들은 꽤나 똑똑해야 한다.

안전한 인공지능을 만든다는 것은 IQ 150 정도 되는 똑똑한 인간들이 IQ가 6,000 정도 되는 초지능 인공지능 시스템을 다루게끔 만드는 것이다. 반면 암호화폐 경제학에서는 IQ가 5 정도 되는 알고리즘들이 IQ 150 정도 되는 경제적 인간들을 다룬다고 보면 된다. 각각의 사례가 다루는 문제는 확실히 다르겠지만, 분명 비슷한 점도 있다. 또한 각각의 문제는 풀기 어렵다. 다행히 안전한 인공지능 만들기와 암호화폐의 경우에는 업계 종사자들이 이미 상당한 시간을 할애하며 고민을 거듭해왔고 꽤 높은 수준의 통찰이 쌓인 상태다. 어떤 분야에서는 이미 그렇게 쌓인 통찰과 경험적 지식의 축적을 통해 최소한으로나마 해결책을 내놓고 있다. 몇몇 개발자들은 하이브리드적인 접근 방식으로 다오를 바꾸고 있다. 관리자들에게 다오의 자산이 공격을 받을 시 방어할 수 있을 정도의 권한은 부여하지만 관리자들이 합심해 공격하더라도 다오에 큰 타격이 없을 정도로만 제한하는 것이다. 이는 인공지능 안정성 관리에 대한 접근법과도 흡사하다.

퓨타키[3]에서도 비슷한 현상이 일어나고 있다. 객관적인 기준인 금리를 내세워 퓨타키와 자산 예치를 통한 제곱 투표(Quadratic Voting)[4]를 이용한 하이브리드 모델을 만들거나 퓨타키를 변형해 다수결 공격을 막을 수 있지만, 아예 근본적인 민주주의적 투표 절차를 방해하지 않는 모델 방식도 제시되고 있다. 이러한 혁신은 퓨타키를 이용해 새로운 민주주의적 모델을 만들려는 이들이 한 번쯤 고려해볼 만하다.

또 하나의 해결책은 거버넌스 알고리즘을 이용해 시스템 명령의 처리 속도를 의도적으로 지연시키는 것이다. '**더 다오 사건**'에서도 밝혀졌듯 다오 토큰을 이더리움으로 바꾼 다음에도 48일이 지난 후에야 인출이 가능하다는 규칙이 있었기 때문에 해킹으로 대량의 자금이 빠져나가기 전에 대응할 수 있었다. 그 외에도 컴퓨터 프로그램으로 다른 컴퓨터 프로그램이 명시하는 기능만을 수행하도록 하는 정규검증(Formal Verification)이 시도되고 있다.

일반적으로 정직함을 100% 증명하는 것은 가치증명 문제의 복잡함 때문에 거의 불가능하다. 그러나 '정직하지 않음'이 일으키는 위험을 줄이기

---

3 본 책, 「파편화된 사일로에서」 참고.

4 한 개의 안건에 대해 1표 이상의 표를 던지면, 투표 비용이 투표 수의 제곱으로 증가하는 투표방식. '1원 1표' 방식은 돈이 많은 사람에게 압도적으로 유리하다는 단점이 있고, '1인 1표' 방식은 안건에 관심이 없는 사람들에게 과도한 권한이 주어지는 단점이 있는데, 제곱투표를 하게 되면 이 두 가지 측면을 절충할 수 있다. 안건에 대한 선택 강도도 반영하면서, 금권투표를 방지할 수 있다.

위한 부분적인 보증 메커니즘은 적용할 수 있다. 특정 다오의 관리자들이 지연 시간 증가를 투표에 부친다면 결정이 처리될 때까지 7일을 기다려야 한다거나, 같은 주제를 다루는 결정이 '다음 48시간 동안'은 번복될 수 없다고 설정할 수 있다. 인공지능 측면에서도 이런 증명 방식은 유효하다. 특정 버그에 의해서 인공지능의 의도치 않은 행위가 엄청난 파장을 불러일으키는 일을 막을 수 있기 때문이다. 물론 많은 커뮤니티에서 이미 특정 행동을 제한하고, 이를 공지하는 방식의 공식 검증에 대해서 오랜 시간 고민해왔지만, 이제는 새로운 환경에서 다른 용도로 사용하기 위해 탐색되고 있다.

초합리성 결정 이론(Superrational-decision Theory)도 범용으로 사용할 수 있는 해결책 중 하나다. 이 이론은 원래 특정 소스코드를 집행(커밋)하기로 약속한 에이전트들에게 혜택을 주는 소스코드를 집행해(커밋해) '죄수의 딜레마'를 극복하는 방법으로, 인공지능 안정성을 담보하기 위해 만들어진 개념이다. 이는 다오를 도입하는 경제 시스템을 구축할 때도 유용하게 활용할 수 있다.

정신과 의사 스콧 알렉산더(Scott Alexander)의 단편소설에서 묘사된 가치절충(Values handshake) 개념은 일이 어떻게 진행되는지 여부를 알기 어려운 '블랙박스 에이전트'들 사이에선 불가능하지만, 오픈소스 에이전트들 사이에서는 가능하다. 이 에이전트들은 각자의 목표를 최대한 실현하기 위해 각자의 목표 사이의 절충안을 따를 수 있다. 예전에는 그런 개념들이 주로 공상과학 소설에서나 나오는 얘기였지만 이젠 퓨타키 다오를 이용해 실현할 수 있다. 다오는 사회적 기관들에 특정한 성질을 지닌 소스코드 실행을 강력하게 약속할 수 있는 아주 효율적인 장치가 될 수 있다.

더 다오는 2016년과 2017년에 출시된 것 중 첫 번째 사례였을 뿐이다. 이후 다른 프로젝트들은 더 다오를 교훈 삼아 암호화폐 경제라는 무시무시한 폭풍 속을 뚫고 지나갈 수 있도록 소프트웨어 코드보안 정책, 거버넌스 알고리즘, 큐레이터 시스템, 단계적인 부트스트랩 및 롤아웃 프로세스, 정규검증 보증과 같은 형태의 개선안을 제시했다.

크립토 커뮤니티에서 배울 수 있는 가장 큰 교훈은 탈중앙화 그 자체다. 크립토 커뮤니티에서는 각각의 다른 기능을 별도의 팀들이 각기 자신의 버전으로 중복되게 구현하면서 실수를 최소화한다. 이러한 크립토 생태계는 소프트웨어 개발, 컴퓨터공학, 게임이론 및 철학 분야의 최전선에서 일어나는 많은 도전과 실험 결과들을 통해 모양을 갖춰 나가고 있다. 지금 당장 대중화에 성공하는 애플리케이션을 만들든, 핵심 개념에 대해 몇 차례의 실질적인 변화를 거쳐 나타나든 이제 누구나 그 결과물들을 살펴보고 배울 수 있다.

전통 경제의 여러 기업이 블록체인에 관심을 가지고 적극적인 행보를 보인다. 구글, 삼성은 물론 나이키에 이르기까지 전 세계의 굵직한 기업들이 블록체인 기술을 적용한 신사업을 기획하고 있다. 그러나 블록체인이 한창 초창기 단계였을 때에는 이런 분위기가 아니었다. 하지만 그때부터 유난히 관심을 가지고 지켜보던 집단들이 있었는데 바로 인공지능 기술, 사이버보안, 인류 생존 기술 등을 연구하는 분야에 종사하는 리스크 연구자들이었다.

부테린은 이들과 크립토 업계의 관심사가 겹친다는 것이 우연의 일치가 아닐 것이라고 말한다. 둘 다 비슷한 문제를 풀고 있다는 것이다. 이들은 간단한 알고리즘을 가지고 예측 불가능한 사건들이 발생하는 환경을 관리할 수 있는 복잡하고 똑똑한 시스템을 만드는 방법을 고민한다. '어떻게 하면 만들 수 있을까?'

명쾌한 해결책은 나오지 않았다. 다만 단편적인 힌트들은 있다. 부테린은 이에 대해 양쪽 진영에서 이미 상당히 공을 들여 인사이트를 쌓아왔고, 서로에게 배워가며 (아직은 완벽하진 않더라도) 해결책을 점점 마련해내고 있다고 설명한다. 탈중앙화 자율 조직인 다오에서는 인공지능 보안 업계의 초합리성 결정 이론을 참고하고, 인공지능 연구 진영에서는 다오 거버넌스에 채택되고 있는 속도 지연 알고리즘을 응용하는 식으로 말이다.

부테린은 크립토가 소프트웨어, 컴퓨터 과학, 게임이론, 철학 등 여러 요소들이 혼재된 실험이라고 말한다. 시작한 지 이제 10년 남짓 지난 이 실험은 빠른 속도로 발전하고 있다. 종국적으로 크립토가 대중화로 연결될 정도로 큰 성과를 이룬다면 리스크 연구자들뿐만 아니라 누구나 그 결과물들을 보고 뭔가를 배워갈 수 있을 것이다.

지분증명에 담긴 설계 철학

미디엄(medium.com/@VitalikButerin)

2016년 12월 30일

이더리움, 비트코인, NXT, 비트셰어 등은 근본부터 새로운 암호 경제 시스템이다. 이들은 가상 공간에 존재하는 탈중앙 주체며 암호학과 경제학, 사회적 합의 등을 이용한 몇 가지 장치에 의해 유지된다. 가상 공간에만 존재하는 이런 시스템은 관할권이 없는 탈중앙 주체이며 암호학, 경제적 및 사회적 합의로 의해 유지된다. 이는 비트토렌트같은 P2P 파일 공유 프로그램과 닮아 있지만 관점을 살짝만 옮겨도 비트토렌트와 매우 다르다는 것을 알 수 있다. 가장 큰 차이는 비트토렌트에는 상태(State)의 개념이 없다.

이들은 때때로 탈중앙 자율 '기업'으로 설명되기도 하지만, 마이크로소프트 같은 기업과는 성격이 많이 다르다. 가령 마이크로소프트는 하드포크할 수 없다. 즉, 커뮤니티 내에서 다수결을 통해, 본래의 기본 기능 자체를 수정할 수 없다. 또한 이 시스템은 오픈소스 소프트웨어 프로젝트와도 비슷하지만 아주 똑같진 않다. 가령 오픈소스 소프트웨어 중 하나인 오픈오피스(OpenOffice)[5]는 쉽게 포크할 수 있지만, 블록체인을 포크하는 일이 그렇게 쉽지는 않다.

이러한 암호 경제적 네트워크는 다양하다. 비메모리 반도체 칩인 에이식(ASIC) 채굴기를 상용하는 작업증명, 그래픽카드(GPU)를 사용하는 작업증명, 가장 가단하고 일반적인 지분증명 모델인 나이브(naïve) 지분증명, 자신을 대신할 대표에게 투표할 수 있는 위임자분증명(Delegated Proof-of-Stake, DPOS) 등이 있고 곧 캐스퍼 지분증명(Casper POS)[6]도 출시될 것이다.

각 합의 메커니즘들은 각자의 철학을 가지고 있다. 예를 들어 작업증명을 신봉하는 사람들이 '올바르다'고 생각하는 블록체인이란 채굴자들이 가장 많은 채굴비용을 들였고, 가장 길이가 긴 체인을 말한다. 이는 원래 프로토콜 내 포크 선택권에 대한 규칙 때문에 생긴 인식인데, 지금 와서는 거의 신성한 교리 중 하나로 받아들여지고 있다. 위임지분증명 메커니즘을 사용하는 암호화폐 프로젝트 비트셰어(Bitshares)의 철학은 지분율에 따라 의사결정 권한을 부여하는 것이고, 이 역시 일종의 교의처럼 작동한다.

나카모토 합의, 사회적 합의, 주주 투표권 합의 역시 각자에게 의미 있는 가치 체계를 가지고 있다. 물론 서로의 관점이 다양해서 갈등이 생길 수 있다. 아직 간결하게 정리되지 않았지만 이더리움을 지분증명 프로토

---

5   마이크로소프트 오피스와 유사한 무료 오픈소스 오피스 제품군이다. '오픈소스 소프트웨어를 포크한다'는 것은 코드를 복사한 다음 자유롭게 다른 것으로 수정한다는 것을 의미한다.

6   이더리움의 지분증명 전환을 지원하기 위해 개발된 알고리즘으로, 악성 행위자를 막기 위해 베팅 시스템을 사용한다.

콜로 전환하기 위해 만들어진 캐스퍼 합의에도 자기만의 철학적 기반이 있다.

이더리움의 핵심 개발자인 블라드 잠피르(Vlad Zamfir), 또 다른 암호화 폐인 디피니티 창립자인 도미닉 윌리엄스(Dominic Williams), 코스모스 창립자인 재 권(Jae Kwon) 등 지분증명 방식의 프로토콜을 고려하는 사람들은 존재 가치나 메커니즘 설계 방향에 대해 각자의 견해를 가지고 있다. 나 역시 마찬가지다. 내가 관찰한 내용과 캐스퍼에 대한 기본 철학은 다음과 같다.

- 21세기 암호학은 공격자보다 방어자가 유리한 몇 안 되는 특별한 분야다. 가령 성은 짓는 것보다 파괴하는 편이 훨씬 쉽고 비용이 적게 든다. 바다 위의 섬은 성처럼 파괴할 수는 없겠지만 여전히 섬 바깥에서 공격할 수 있다. 하지만 타원곡선 암호(Elliptic-curve Cryptography, ECC)를 사용한 공개 키는 정부나 국가조차 깰 수 없을 만큼 안전하다. 기본적으로 사이퍼펑크 철학은 이러한 비대칭 안정성을 활용해 개인의 자율성을 보존하는 세상을 만드는 것이며, 암호경제 시스템도 마찬가지다. 하지만 이번에는 단순히 프라이빗 메시지의 기밀성과 진실성을 지키는 것이 아니라 협력 및 조직화를 가능하게 하는 복잡한 시스템의 안전과 생존을 보호하는 데 주력하고 있다. **사이퍼펑크 정신을 이어받은 시스템들은 안전함이라는 기본 속성을 유지해야 하며, 사용 및 유지하는 비용보다 파괴하거나 방해하는 비용이 훨씬 더 높아야 한다.**
- 사이퍼펑크 정신은 이상주의만을 지칭하는 게 아니다. 여기에는 공격보다 방어하기 쉬운 시스템을 만드는 것도 포함된다.

- **인간은 합의를 끌어내는 데 꽤 소질이 있다.** 이는 인간끼리의 합의가 만들어내는 힘이 강력하다는 얘기기도 하다. 만약 해시파워를 많이 획득한 악의적인 사용자가 특정 블록체인에 대한 51%의 공격에 성공했다고 치자. 그에게 블록체인을 장악하는 것은 큰 문제가 아니겠지만 그는 이 체인이 정당하다고 커뮤니티를 설득하지는 못할 것이다. 커뮤니티를 설득하는 것은 때때로 메인 체인의 해시파워를 능가하는 것보다 어렵기 때문이다. 커뮤니티를 설득하기 위해서는 결국 블록 익스플로러, 신뢰할 수 있는 커뮤니티, 『뉴욕타임스』, 아카이브(archive.org), 그리고 인터넷의 많은 다른 존재들을 모두 꺾어야 한다. 지금은 IT 기술이 발전된 21세기이고, 블록체인은 누구나 쉽게 내력을 뒤져볼 수 있게 고안된 물건이다. 처음 정당성을 획득한 '원조' 체인이 누구인지 블록체인 사용자들이 금방 확인할 수 있다는 얘기다. 이걸 뒤집어서 엉뚱한 체인을 '원조'라고 사실을 조작하는 일은 마치 미국의 달 착륙이 실제로는 일어나지 않았던 일이라고 세계를 설득하는 일만큼 어렵다. 물론 블록체인 일각에서는 이런 커뮤니티의 역할과 기능에 대해 인정하지 않으려는 움직임을 보이기도 한다. 그러나 누가 인정하든 않든 **결국 이러한 사회적 층위(Layer)가 장기적으로 블록체인의 안전성을 보장한다.** 비트코인 코어는 이런 사회적 층위의 중요성을 인정한다.
- 그러나 사회적 합의만으로 블록체인의 안정성을 보장하는 것은 너무 비효율적이고 느리며, 멤버 간 갈등이 끝없이 이어질 위험이 크다. 실제로 이러한 일이 종종 일어난 적이 있다. 따라서 단기적으로는 경제적 합의가 블록체인의 지속과 안전성을 보장하는 데 매우 중요하다.
- 작업증명의 경우, 블록체인의 보안성은 블록 채굴에 대한 보상으로 보

장된다. 채굴자가 꾸준히 채굴 활동을 하게끔 하는 인센티브는 '미래의 블록 보상을 잃을 수 있다'는 인식에서 나온다. 결국 보상이 핵심인 셈이다. **작업증명은 대규모 보상을 통해 거대한 힘을 생성하는 원리로 작동한다.** 작업증명은 공격을 받으면 이를 복구하기가 어렵다. 처음 공격을 받았을 경우에는 작업증명 체인을 복구할 방법이 있다. 체인을 하드포크해 공격자의 ASIC 채굴기가 쓸모없어지도록 하면 된다. 하지만 두 번째 공격부터는 같은 방법을 사용할 수 없다. 따라서 작업증명은 공격자가 여러 번 공격을 가하는 경우 방어에 취약하다. 이를 방지하려면 공격할 수 없을 만큼 채굴 네트워크의 규모를 키워야 한다. 네트워크가 매일 특정 규모의 X를 지속적으로 소비하면 X보다 작은 공격자는 항상 네트워크의 크기를 뛰어넘을 수 없어 공격할 수 없다. **나는 이 논리가 1. 환경을 파괴하고 2. 사이퍼펑크 정신을 실현하지 못하기 때문에 거부한다. 즉, 공격 비용과 방어 비용이 1:1로 같으므로 방어자에게 유리하지 않은 시스템이다.**

- 지분증명은 보상이 아니라 처벌로 보안을 보장한다. 우선 블록체인의 블록을 검증해서 기록하는 '검증자'는 해당 블록체인의 코인이나 토큰을 미리 스테이킹하도록 되어 있다. 이 자금은 은행에 예치된 적금처럼 바로 빼서 다른 곳에 사용할 수 없다. 검증자는 이후 블록 검증 작업 등 플랫폼 보안과 운영을 돕는 대가로 약간의 보상을 받게 되는데, 만약 스스로 플랫폼에 해를 끼치거나, 누군가의 공격으로 인해 트랜잭션이 되돌아가는 일이 발생하면 보상보다 수백 배 또는 수천 배 더 큰 위약금을 물게 된다. 이 위약금은 미리 예치해놓은 코인이나 토큰에서 차감된다. 따라서 지분증명의 철학을 한 문장으로 요약하자면 '에너지

의 소모로 인한 보안성'이 아니라 '몰수 가능한 경제적 가치에서 나오
는 보안성'이다. 지분증명 프로토콜에서는 악의적인 노드가 X달러의
상당의 프로토콜 페널티를 내지 않고 대립한 블록 또는 상태에 대해
같은 수준의 완결성을 달성할 수 없다는 것을 증명할 수 있는 경우 특
정 블록 또는 상태가 X달러의 보안성을 가진다.

- 이론적으로는 검증자의 과반수가 협력해 지분증명을 점령한 다음 악
의적인 공격을 가할 수 있다. 그러나 1. 이러한 조작으로 인해 얻을 수
있는 추가 이익을 최대한 제한할 수 있다. 더 중요하게는 2. 새로운 검
증자의 참여를 방해하거나 51% 공격을 실행하려고 하면 커뮤니티는
하드포크를 진행하고 악의적인 검증자의 지분을 몰수할 수 있다. 공
격이 성공하면 프로토콜은 5,000만 달러의 피해를 볼 수 있지만 이에
관한 결과를 정리하는 과정은 **2016년 11월 25일 게스 패리티(Geth-
Parity) 합의가 실패한 것보다는 부담이 덜할 것이다.**[7] 이틀 뒤 블록체인
과 커뮤니티는 다시 정상적으로 운영되고 있으며, 공격자들은 5,000만
달러를 잃었고 남은 커뮤니티 멤버들은 공격으로 인한 공급량의 축소
로 토큰의 가치가 상승했을 것이기 때문에 더 부유해졌을 가능성이
높다. 나는 플랫폼을 방어하고 유지하는 데 들어가는 비용보다 플랫
폼을 파괴하고 공격하는 데 들어가는 비용이 훨씬 더 크도록 유도하
는 설정이 사이퍼펑크 정신을 잘 반영하고 있다고 생각한다. 이는 계획
되지 않은 하드포크가 정기적으로 발생할 것이라는 의미가 아니다. 블
록체인 사용자들이 원한다면 지분증명에 대한 51% 공격의 비용이 작

---

7 클라이언트의 버그로 소프트웨어를 즉시 업데이트해야 했으며 이로 인해 블록체인이 일시적으로 포크되고
두 개의 다른 원장이 동시에 존재했던 경우다.

업증명에 대한 영구적인 51% 공격의 비용만큼 높게 설정될 수 있다. 지분증명을 더 이해하게 되면 막대한 비용과 비효율성 때문에 그 블록체인에 대한 공격은 거의 시도되지 않을 것이다.

- **물론 플랫폼 참여자들이 경제적인 요인만으로 움직이는 것은 아니다.** 그들은 프로토콜 외부 요소에서 영향을 받을 수 있고, 해킹을 당하거나 납치될 수도 있고, 그저 단순히 술에 취해 비용과 상관없이 블록체인을 망가뜨리기로 할 수 있다. 하지만 **긍정적으로 생각해보자면, 과도한 행동은 알아서 절제하는 개인의 도덕적 성향이 어느 정도 막아줄 것이다. 또한 이런 플랫폼을 공격하려면 여럿이 일사분란하게 움직여야 하는데, 실제로는 잘되지 않는다. 이런 부분들이 공격 비용을 비약적으로 상승시키는 역할을 할 것이다.** 우리가 장점에 전적으로 의지해서는 곤란하겠지만, 그렇다고 해서 비관적으로 생각할 일도 아니다.

- 최고의 프로토콜은 다양한 모델과 가정 하에서 잘 작동하는 프로토콜이다. 이는 조직화된 선택권을 가진 경제적 합리성, 개별 선택권을 가진 경제적 합리성, 단순 장애 허용성, 장애가 있어도 시스템이 정상적으로 작동하는 합의 알고리즘인 비잔티움 장애 허용(이상적으로는 적응형 및 비적응형 모두), 심리학 및 행동경제학 분야의 댄 아리엘리(Dan Ariely)과 대니얼 카너먼(Daniel Kahneman) 교수의 연구를 바탕으로 한 행동경제학 모델('우리 모두 약간의 부정행위를 한다')을 포함한 합리적이고 실용적인 모든 모델을 적용할 수 있어야 한다. 중앙집권적 카르텔이 반사회적인 행동을 하지 못하기 위한 경제적 인센티브와 처음부터 카르텔이 형성되는 것을 저지하기 위한 반집권적 인센티브라는 두 가지의 방어기제를 모두 가지고 있어야 한다.

- **처리속도를 우선시하는 합의 프로토콜은 위험하다.** 프로토콜의 속도를 늘리는 데 인센티브를 제공하면 결과적으로 시스템적인 위험을 유발할 정도로 네트워크의 중앙집중화를 장려하므로 매우 신중하게 접근해야 한다. 예를 들어 모든 검증자가 같은 호스팅 서비스를 사용하게 되는 경우가 있다. 반대로 검증자가 어느 일정 기간 안에만 메시지를 보내기만 하면 메시지가 얼마나 빨리 보내지는지 크게 신경 쓰지 않는 합의 프로토콜이 있다. 참고로 이더리움의 경우 4초에서 8초 정도다. 대기 시간은 보통 500밀리초에서 1초 정도다. 이 둘 중간에 매우 빠르게 작동할 수 있지만 이더리움의 삼촌(엉클) 메커니즘[8]을 도입하는 프로토콜도 생각해볼 수 있다다. 이는 쉽게 달성할 수 있을 정도를 넘어 네트워크의 연결성을 도와 발생하는 노드의 한계 보상이 낮다는 것을 보장한다.

이처럼 많은 세부 사항들이 있고 어떻게 정리해야 하는지 의견이 분분하다. 앞의 내용들은 내 버전의 캐스퍼 원칙이다. 우리는 경쟁 가치와 각각의 장단점에 대해 논의할 수 있다. 이더리움에 연간 1%의 발행률을 적용하고 수정 하드포크를 강제하는 데 5,000만 달러의 비용을 받을까? 아니면 연간 발행률을 0으로 설정하고 수정 하드포크를 강제하는 데 500만 달러의 비용을 받을까? 장애 허용성 모델의 보안을 줄이는 대신 경제 모델의 보안을 높이는 것은 언제일까? 예측 가능한 보안성에 더 관심을 두

---

8   메인 체인에 추가되지 않은 불완전한 블록이다. 채굴자들은 삼촌 블록을 생성하면 보상을 받는다. 그들의 노동은 결국 실패로 끝나지만 동시에 시스템 전체의 보안성에 이바지하기 때문에 이에 대한 대가로 일종의 위로 보상이 제공된다.

어야 할까? 아예 예측 가능한 발행률에 더 관심을 보여야 할까? 이러한 고민에 대한 답은 이어 나올 것이다. 서로 경쟁하는 가치를 적용할 때 다른 하나의 효율성에 문제가 생기는 트레이드오프를 어떻게 관리해야 하는지에 대한 정보조차 블로그를 통해 접하는 날도 있을 것이다. 분명한 것은 그날이 언젠가 올 것이라는 것이다.

비탈릭 부테린 지분증명

역자의 글

크립토의 기저를 이루는 철학의 상당 부분은 기본적으로 사이퍼펑크 운동에서 기인했다. 사이퍼펑크는 1980년대에 다국적 기업과 정부에 의한 감시와 검열에 대항하고 자유로운 사이버 공간을 구축해 개인 정보와 보안을 방어하기 위해 암호 기술을 활용한 운동이었으며 정부나 중앙은행에 의존하지 않은 디지털 통화의 필요성을 처음으로 촉구한 그룹 중 하나였다. 사이퍼펑크 정신은 블록체인 프로토콜의 핵심이라고 할 수 있는 합의 메커니즘에도 녹아들어가 있다. 작업증명과 지분증명 역시 모두 사이퍼펑크 정신의 산물이다.

이 장에서 부테린은 두 가지에 집중한다. 첫째는 '왜 작업증명이 아니라 지분증명이어야 하는가'라는 물음에 답하는 것이다. 보통 작업증명과 지분증명의 차이를 묻는 질문에 가장 먼저 나오는 대답은 '소모되는 에너지의 양이 작업증명이 훨씬 크다'이지만, 그는 본질적인 부분을 짚는다. 작업증명은 보상만으로 노드들의 참여와 협조를 독려하는 시스템이지만 지분증명은 보상 뿐 아니라 처벌이라는 수단도 사용할 수 있으므로 다양한 행동경제학 모델을 적용할 수 있다는 것이다.

그는 여기에 이어, '그럼 어떤 형태의 지분증명을 도입해야 하는지'도 설명한다. 지분증명의 장점은 처리속도가 빠르다는 것이지만 그는 여기에 매몰되는 것을 경계한다. 처리속도만 우선시하는 설계는 네트워크의 중앙집중화를 초래할 위험성이 높기 때문이다. 그의 인사이트는 뚜렷하다. 예를 들어 솔라나(Solana) 블록체인의 주요 장점인 빠른 속도와 낮은 수수료는 노드의 중앙화 및 디도스 공격에 취약하다는 약점을 초래하여 양날의 칼이 되었다.

부테린은 2016년 말에 작성한 이 글에서 이더리움이 지분증명 모델을 구체적으로 어떻게 구현할지에 대한 문제를 후속 과제로 남겨둔다. 아직 최적의 모델을 발견하려면 시행착오 과정을 더 겪어야만 한다는 것이다. 이더리움이 이미 지분증명으로 전환된 지금 시점에서 독자들은 그의 고민이 어떻게 현실화됐는지 하나씩 뜯어보는 재미를 느낄 수 있을 것이다.

탈중앙화의 진정한 의미

미디엄(medium.com/@VitalikButerin)

2017년 2월 6일

탈중앙화는 단어는 크립토 경제를 설명할 때 가장 자주 쓰이는 단어다. 심지어 블록체인이 존재하는 이유다.

그러나 동시에 탈중앙화는 정확히 정의하기 제일 힘든 단어다. 탈중앙화를 달성하고, 보존하고, 개선하기 위해 수천 시간의 인력과 수십억 달러의 컴퓨팅파워가 쓰였다. 블록체인 업계의 경쟁자끼리 싸움이라도 붙는다면 결국에 서로가 상대방에게 '중앙화'되었다며 비판할 것이 불 보듯 뻔하다. 그러나 이 단어가 실제 무엇을 의미하는지 정확하게 아는 사람이 없어 다들 혼란스러워한다. 전혀 도움은 안 되지만 불행히도 너무나 흔하게 쓰이는 다음 그림[9]을 보자.

---

[9] 본 도표는 폴 바란(Paul Baran)이 2016년에 쓴 「분산된 통신에 관해(On Distributed Communications)」라는 논문에서 발췌한 것으로 인터넷이 어떤 네트워크 구조를 형성할지에 대한 내용을 담은 것이다.

비탈릭 부테린 지분증명

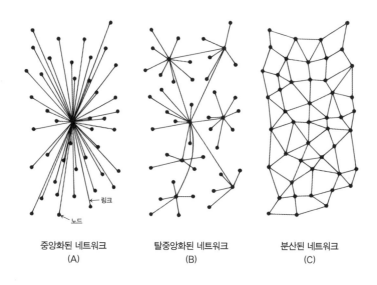

중앙화된 네트워크
(A)

탈중앙화된 네트워크
(B)

분산된 네트워크
(C)

정보 교환 사이트인 쿼라(Quora)에서 나온 "분산과 탈중앙화의 차이는 무엇인가요?"에 답한 두 가지 내용을 살펴보자. 첫 번째 답글은 위 도표와 거의 비슷한 대답을 하지만 두 번째 대답은 사뭇 다른 주장을 편다. 분산이란 거래를 한곳에서 처리하지 않는 것이고, 탈중앙화란 일이 처리되는 모든 과정을 통제하는 개체가 단 하나만 존재하는 것은 아니라는 의견이다. 그러니까 분산은 물리적인 포인트가 여러 개라는 점이 핵심이고, 탈중앙화는 여러 개의 주체가 참여한다는 게 핵심이다. 탈중앙화 상태를 '분산'이라고 할 수도 있지만 분산되었다고 해서 탈중앙화라고 할 수는 없다는 뜻이다. 그 와중에 이더리움과 관련한 질의, 응답을 할 수 있는 사이트인 이더리움 스택 익스체인지(Ethereum Stack Exchange)에서는 앞의 도표와 매우 흡사한 내용을 보여주지만 '탈중앙화'와 '분산된'이라는 단어가 바뀌어 있다. 이런 상황 자체가 너무 혼란스럽다.

탈중앙화의 세 가지 종류

소프트웨어 탈중앙화는 엄밀하게 말하면 **세 가지 종류의 탈중앙화 및 분산화**로 존재한다. 어떻게 탈중앙화와 분산화를 분리할 수 있는지 의아할 수 있겠으나 이 두 개념은 독립적이다. 탈중앙화의 종류는 다음과 같다.

- **구조적(탈)중앙화**: 몇 대의 **실물 컴퓨터**로 시스템이 구성되어 있는가? 그중 한 번에 몇 대까지 고장이 나도 시스템을 유지할 수 있는가?
- **정치적(탈)중앙화**: **몇 명의 인원 혹은 몇 개의 단체가** 궁극적으로 시스템을 구성하는 컴퓨터를 통제하는가?
- **논리적(탈중앙화)**: 시스템이 제시하고 관리하는 **인터페이스 및 데이터 구조**가 하나의 형태인가, 아니면 형태가 없는 상태인가? 만약 제공자와 사용자를 포함해 시스템을 반으로 나눠도 각각 독립적으로 시스템이 작동하는가?

우리는 이 3개의 요소를 다음과 같은 표로 만들어볼 수 있다.

논리적 중앙화

	정치적 중앙화	정치적 탈중앙화	
구조적 중앙화	기존 사업 / 시민법	직접 민주주의	구조적 중앙화
구조적 탈중앙화	?	블록체인, 관습법	구조적 탈중앙화

논리적 탈중앙화

	정치적 중앙화	정치적 탈중앙화	
구조적 중앙화	?	?	구조적 중앙화
구조적 탈중앙화	기존CDN 에스페란토어 (초반)	비트토렌트, 영어	구조적 탈중앙화

비탈릭 부테린 지분증명

이는 대략 배치되어 있어 논란의 여지가 있을 수 있다. 그래도 하나씩 살펴보자.

- 일반 기업들은 정치적으로 중앙화되어 있고(1명의 CEO), 구조적으로 중앙화되어 있고(본사 1곳), 논리적으로도 중앙화되어 있다. 기업은 반으로 나누기가 쉽지 않다.

- 민법은 중앙화된 입법부에 의존하지만 관습법은 개개인의 판사가 판단한 선례가 쌓여서 만들어진다. 민법도 물론 판사의 재량을 생각하면 구조적 탈중앙화가 없는 것은 아니지만 관습법이 더 탈중앙화되어 있다. 둘 다 논리적으로 탈중앙화되어 있다.

- 언어는 논리적으로 탈중앙화되어 있다. A와 B 사이에서 쓰는 영어와 C와 D 사이에서 쓰는 영어가 서로 합을 맞춰야 할 필요는 없다. 언어가 존재하기 위해서는 중앙화된 구조도 필요 없고 영어 문법의 규칙 또한 한 사람이 만들고 통제하는 것도 아니다(에스페란토어는 예외다. 이는 폴란드 언어학자인 루도비코 자멘호프에 의해 만들어졌지만 거의 사용되지 않는다).

- P2P 파일 전송 프로토콜인 비트토렌트는 영어와 비슷하게 논리적으로 탈중앙화되어 있다. 콘텐츠 보급 네트워크(CDN)도 비슷하지만, 이 역시 하나의 중앙화된 회사다.

- 블록체인은 정치적으로 탈중앙화되어 있고, 구조적으로 탈중앙화되어 있지만(구조적으로 작동하지 못하면 시스템 전체가 시스템이 멈추지도 않고(중앙 지점이 없다), 논리적으로 중앙화되어 있다(모두가 동의하는 일정한 상태가 있고 시스템이 컴퓨터처럼 기능한다).

블록체인의 장점을 언급할 때 '하나의 중앙 데이터베이스'가 있다는 점을 든다. 이때의 중앙화는 논리적 중앙화를 의미하는데, 이 경우는 대부분 괜찮다.[10] 분산형 파일 시스템인 IPFS의 창업자 후안 베넷(Juan Benet)처럼 논리적인 탈중앙화를 도입해야 한다고 주장할 수도 있다. 논리적으로 탈중앙화된 시스템은 주로 하나의 네트워크를 여러 서브 네트워크로 나누는 네트워크 분할을 하는 경우 네트워크 연결이 약한 지역에서도 잘 작동하기 때문이다.

구조적 중앙화는 종종 정치적 중앙화로 이어지지만 반드시 중앙화되는 것은 아니다. 보통 민주주의에서 정치인들은 의회라는 물리적인 공간에 모여 정책을 만든다. 하지만 이 의회라는 공간을 관리하는 사람이 국회의원들의 의사 결정에 영향력을 미치지는 못한다. 컴퓨터 시스템상 온라인 커뮤니티가 편의성을 위해 중앙화된 포럼을 사용한다면 구조적 탈중앙화는 발생할 수 있지만 정치적 탈중앙화는 생기지 않을 수도 있다. 물론 포럼의 주인들이 악의적으로 행동한다면 커뮤니티 구성원들이 다른 포럼으로 옮겨갈 것이라는 계약에 다들 동의한다는 보완책을 세울 수는 있겠다(아마 이미 포럼 운영자의 악의적 검열을 경험해본 커뮤니티 구성원이라면 이런 방안을 이미 생각해두었을 가능성이 크다).

논리적 중앙화는 구조적 탈중앙화를 더 어렵게 만들 수 있다. 하지만 이는 논리적 중앙화를 이룬 시스템에서 구조적 탈중앙화가 불가능하다는 얘기는 아니다. 비트토렌트를 운영하는 것보다는 난도가 높겠지만 이

---

10 [역자 주] 아직 대중이 볼 자료가 부족한 탓에, '블록체인=탈중앙화'라고 인식하는 사람들이 많다. 부테린은 탈중앙화의 범위와 층위를 세분화해서 설명하고 있으며, 여기서는 여러 가지 영역 중 논리적 영역의 중앙화는 대부분 큰 문제를 발생시키지 않는다는 의미로 사용됐다.

비탈릭 부테린 지분증명

미 몇몇 탈중앙화된 네트워크들은 일관된 논리로 작동한다. 논리적 중앙화는 정치적 중앙화를 더 어렵게 만든다. 논리적으로 중앙화된 시스템에서는 서로 관여하지 않기로 동의하기가 훨씬 어렵기 때문이다.

탈중앙화를 해야 하는 세 가지 이유

탈중앙화는 애초에 어떤 쓸모가 있을까. 다음을 살펴보자.

- **결함 허용성**: 탈중앙화된 시스템은 여러 개의 분리된 구성 요소에 의존하기 때문에 한곳에 문제가 생긴다고 해서 갑자기 작동을 중지할 확률이 낮다.
- **공격 저항성**: 탈중앙화 시스템은 중앙화된 요소가 취약하지 않으므로 전체 시스템을 한번에 공격해야 한다. 고로 파괴하거나 조작하기 위한 비용이 든다.
- **공모 저항성**: 중앙화된 조직인 기업이나 정부의 리더들이 작당모의를 해서 일반인들을 대상으로 담합을 하거나 공모해 이익을 쉽게 취할 수 있는 반면, 탈중앙화된 시스템의 구성원들은 자기 자신들만 이익을 취하고 나머지 구성원은 손해를 보게 하는 공모를 하기가 훨씬 힘들다.

세 가지 주장 다 타당하고 중요하다. 이 세 가지 측면을 고려한 프로토콜의 의사 결정 과정 디자인에 대해 생각해보자. 어떤 측면을 강조하는지에 따라 각기 다른 결론에 도달한다.

우선 시스템 결함에 강하다는 주장을 생각해보자. 핵심 논점은 간단하다. 10대 중 5대의 컴퓨터가 동시에 고장 날 확률이 한 대의 컴퓨터가 고장 나는 것보다 더 낮다. 이 원칙은 논란의 여지가 없고 제트 엔진, 예비 발전기, 군용시설, 금융 포트폴리오 다양화, 그리고 컴퓨터 네트워크 등 실생활에 많이 적용된다.

그러나 이러한 탈중앙화는 효율적이고 중요할지라도, 단순한 확률이나 수학 공식이 예측하는 것만큼 안전한 답이 되지는 못한다. 바로 공동 노드 결함이 발생할 가능성이 있기 때문이다.

비행기가 A지점에서 B지점까지 무조건 안전하게 운항하는 임무를 예로 들어보자. 내가 이 임무를 맡았다면 엔진이 1개인 비행기보다는 4개인 비행기를 고를 것이다. 비행기 엔진 4개가 동시에 고장 날 확률은 1개가 고장 날 확률보다 확연히 적을테니 말이다. 하지만 만약 엔진 4개가 다 같은 공장에서 나왔고 같은 직원에 의해 엔진 결함이 생겼다면 얘기는 달라진다. 그렇다면 오늘날의 블록체인은 공동 노드 결함에 대해 자신을 보호할 수 있는가? 꼭 그렇지만은 않다. 다음과 같은 시나리오를 생각해보자.

- 한 블록체인 안에 있는 모든 노드가 전부 같은 클라이언트 소프트웨어를 사용하고 있고, 이 소프트웨어에서 버그가 발견됐다.
- 한 블록체인 안에 있는 모든 노드가 다 같은 클라이언트 소프트웨어를 사용하고 있고, 그 소프트웨어의 개발 팀이 모두 사회적으로 문제가 있는 사람들이라는 것이 드러났다.
- 프로토콜 업그레이드를 제안하는 연구 팀이 사회적으로 타락한 사람이라는 게 드러났다.
- 작업증명 블록체인의 채굴자의 70%가 같은 국적이고, 그 나라의 정부

가 국가안보를 목적으로 채굴장을 몰수하기로 결정했다.

- 대부분의 채굴 하드웨어가 한 회사에서 제작되고 있는데, 이 회사가 하드웨어를 임의로 멈출 수 있는 백도어를 만들어두는 대가로 뇌물을 받거나 협박을 받았다.
- 지분증명 방식의 블록체인에서 유통되는 코인의 70%를 한 거래소에서 보유하고 있다.

시스템 결함에 강하다는 측면에서 탈중앙화를 해결책으로 생각해본다면 이런 문제들을 어떻게 최대한 줄일 수 있을까? 자연스럽게 다음과 같은 결과들이 나올 법하다.

- 서로 경쟁하는 복수의 실행 방안을 만든다.
- 많은 이들이 편하게 프로토콜의 기술적 발전 방향에 대해서 토론하고 논의할 수 있도록 프로토콜 업그레이드의 기술 사항을 공개하고 민주화해야 한다.
- 코어 개발진과 연구진은 여러 회사나 단체에서 뽑아야 한다. 지원자를 받아도 좋다.
- 채굴 알고리즘은 중앙화의 위험을 최소화하는 방식으로 설계되어야 한다.
- 하드웨어 중앙화 문제에서 벗어나기 위해 지분증명을 채택한다. 물론 이를 사용할 때의 생겨나는 새로운 위험에 대해서도 조심해야 한다.

시스템적 결함에 강하게 만들기 위해서는 구조적 탈중앙성을 부여하는 방법을 고민하면 된다. 하지만 결국 프로토콜을 개발하는 커뮤니티의 탈중앙화도 고려할 수밖에 없고, 결국 정치적 탈중앙화도 떠올리게 된다.

이제 공격 저항성, 즉 공격하기 어려운 시스템을 만들어주는 방법으로서의 탈중앙화를 살펴보자. 경제이론 모델들을 본다면 탈중앙화를 고려할 필요가 없다는 결론에 빠르게 도달하게 된다. 만약 당신이 특정 프로토콜을 만들었는데 이 프로토콜에서 블록체인을 검증하는 밸리데이터(Validator)들이 51% 공격을 받으면 5,000만 달러의 손실이 발생한다고 가정해보자. 밸리데이터 구성을 하나의 회사에 일임하든, 100곳의 회사에 맡기든 보안이 지켜졌을 때 얻을 수 있는 이득은 5,000만 달러다. 게임이론 측면에서 살펴보면 탈중앙화보다 중앙화가 경제안보적인 측면에서 더 낫다. 경제안보란 외부의 경제적 위협에 대해 쓸 수 있는 여러 수단을 활용해 국가(이 경우에는 프로토콜이나 플랫폼)를 지키는 것을 말한다. 현존하는 많은 블록체인에 적용된 '트랜잭션 선택 모델(Transaction Select Model)'[11]은 이를 잘 보여준다. 일부 블록체인에서는 밸리데이터들이 자신에게 제일 이득이 되는 거래를 선택해 먼저 처리할 수 있도록 해주는데, 이들을 통해 새로운 블록에 들어갈 거래가 정해지는 현상은 매우 빠르게 돌아가는 독재 시스템과 같이 중앙화된다.

그러나 협박(또는 특정 노드를 지목하는 도스[DoS] 공격)과 같은 다양한 상황을 생각한 경제 모델을 고려하면 탈중앙화의 이점이 더 두드러진다. 만약 당신이 한 사람을 죽이겠다고 협박한다면 그에게 있어 5,000만 달러는 더 이상 중요하지 않을 것이다. 그러나 만약 5,000만 달러를 10명이 나눠

---

11 [역자 주] 밸리데이터들이 새로운 블록을 만들 때 어떤 거래를 넣을지 밸리데이터들이 임의로 정하는 것으로, 이들은 주로 수수료가 높은 거래를 먼저 처리하는 것을 선호한다.

비탈릭 부테린 지분증명

갖고 있고, 당신도 10배로 늘어난 사람을 동시에 공격해야 한다면 훨씬 상황에 대처하기가 어려울 것이다.

현대 사회에서의 공격과 방어 비용은 비대칭적이다. 공격하는 사람이 방어하는 사람보다 유리하다는 얘기다. 가령 1,000만 달러를 들여 지은 건물을 파괴하기 위해 드는 비용은 10만 달러가 안 될 수도 있다. 그러나 이러한 공격자의 우위는 방어해야 하는 대상이 작아질수록 줄어든다. 100만 달러 정도가 들어간 특정 건물이 있다고 가정해보자. 이 건물을 부수는 데 10만 달러까지는 안 들 수도 있다. 하지만 3만 달러 정도는 필요하다고 해보자. 그럼 1,000만 달러짜리 건물을 공격할 때보다 100만 달러짜리 건물을 공격하는 게 더 비효율적이다. 이런 경향은 가격이 줄어들수록 점점 더 심해질 것이다.

이 논리는 작업증명과 지분증명 중 어떤 것이 더 공격 비용이 많이 드는지에 대한 논의에도 적용할 수 있다. 작업증명은 채굴하는 컴퓨터 하드웨어를 찾기도 쉽고, 공격이나 조작도 더 쉽다. 반면 지분증명에 참여하는 노드는 더 찾기 어렵다. 그래서 나는 지분증명 방식을 채택하는 쪽으로 진행해야 한다고 생각한다. 두 번째로, 개발자 팀을 더 넓게 분산시키는 것이 좋다. 이 분산에는 지리적인 측면도 포함된다. 세 번째로, 합의 프로토콜을 디자인할 때는 경제적 효율성과 시스템 결함을 보완해주는 탈중앙화 모델을 둘 다 고려해야 한다.

탈중앙화가 필요한 마지막 이유는 공모와 조작 및 담합이 어렵다는 데 있다. 논리적으로는 이 주장이 가장 설득력이 높다. 공모가 정확히 무엇을 말하는지는 정의하기 어렵다. 나는 '우리가 좋아하지 않는 방식의 협력'이라고 표현하고 싶다. 모든 사람에게 무해하고 완벽한 협력이 이루어지는 세상이 제일 이상적이겠지만, 현실 세상은 그리 녹록지 않다. 보통은 특정한 집단만이 자신의 이익을 극대화시키기 위해 긴밀히 협력한다. 이런 협력은 매우 자주 발생하고 공동체에 매우 위험하다.

이런 협력 방식에 대한 일차적인 대안으로는 독점금지법을 들 수 있다. 소수 집단이 말을 맞춰 독재적으로 행동해 사회 공익을 침해하지 않도록 의도적으로 규제 장벽을 두는 것이다. 미국에서 선거에 나선 후보자에게 정치자금을 지원하는 후원단체인 슈퍼팩(Super PAC)과 정치인들의 접촉 및 협의를 법적으로 금지하는 것도 이런 경우다. 몇몇 체스 대회에서는 특정한 두 선수가 자주 서로를 상대로 경기하는 것조차 금지한다. 서로 게임을 자주 해서 한쪽의 경기 실적을 올려주는 것을 방지하기 위해서다. 실제로도 원치 않는 협력을 방지하려고 하는 모습은 심심치 않게 찾아볼 수 있다. 블록체인 프로토콜의 경우, 합의 메커니즘의 안정성을 뒷받침하는 수학적 및 경제적 근거는 참여자가 다른 참여자들과의 협력 없이 의사 결정을 했을 것이라는 전제에서 비롯된다. 프로토콜이라는 '게임'을 구성하는 수많은 사용자가 독립적으로 선택했을 것이라는 뜻이다. 이 전제가 중요한 이유는, 만약 한 사람이라도 작업증명 방식의 전체 채굴력의 3분의 1 이상을 얻게 된다면, 그는 '이기적 채굴(Selfish Mining)'로 이익을 챙겨갈 수 있기 때문이다.

그러나 비트코인 네트워크 채굴력의 90% 이상을 담당하는 채굴자들이 한 콘퍼런스에 나란히 연사로 등장하는 마당에 이러한 전제가 현실적이라고 말할 수는 없지 않을까.

비탈릭 부테린 지분증명

지난 2015년 12월 6일, 홍콩에서 열린 '스케일링 비트코인' 행사에
비트코인 채굴업체들을 대표하여 참여한 패널들.

블록체인 옹호론자들은 원할 때마다 블록체인 규칙을 바꿀 수 없으므로 더 안전하다고 주장하지만 소프트웨어와 프로토콜 개발자들이 모두한 회사를 위해 일하고 있거나 더 나아가 한 가족의 일부라면 이 또한 받아들이기 어렵다. 결론적으로는 이러한 시스템들이 이기적인 단일 독점 회사처럼 행동해서는 안 된다는 것이다. 따라서 블록체인이 만약 참여자 간의 협력을 더 어렵게 만든다면 더 안전하다고 본다.

그러나 이 또한 원초적인 모순을 제기한다. 이더리움을 포함한 많은 블록체인 커뮤니티는 유대감이 강하고, 빠르게 협력해 '서비스 거부 공격' 같은 문제를 6일 안에 해결할 수 있고, 또 이런 점이 각광받기도 한다. 그렇다면 어떻게 해야 '좋은 협력'을 도모함과 동시에 51%의 공격을 통해 해를 끼치려고 하는 '나쁜 협력'을 방지할 수 있을까? 세 가지 방안을 제시할 수 있다.

1. 원하지 않는 협력을 방지하기 위해 애쓰기보다는 저항할 수 있는 프로토콜을 구축하도록 노력한다.
2. 프로토콜이 발전할 수 있을 정도의 협력은 허용하지만 공모를 통한 공격을 유발할 정도는 아닌 중간 지점을 찾는다.
3. 유익한 협력과 해로운 협력을 구별할 수 있는 기준점을 찾고, 유익한 협력은 더 쉽고 해로운 협력은 더 어렵게 만든다.

첫 번째 접근법은 이더리움 합의 알고리즘을 지분증명으로 전환하기 위해 만들어진 캐스퍼 프로젝트의 설립 철학을 상당 부분 따라간다. 두 번째 접근법은 의도적으로 설계하기는 어렵지만, 종종 가능하다. 비트코인의 핵심 개발자들은 일반적으로 영어를 사용하지만, 채굴자들은 일반적으로 중국어를 한다. 이 때문에 일종의 '이원적' 거버넌스를 형성하게 되며 둘 사이의 협력을 어렵게 만들고 공동 노드 결함을 방지할 수 있는 부차적인 장점도 있다. 아무래도 영어와 중국어 커뮤니티는 거리와 소통의 문제로 같은 실수를 동시에 할 확률도 적기 때문이다. 세 번째 접근법은 사회적인 요소가 제일 크다. 이에 대한 해결책은 다음과 같다.

- 블록체인 전반에 대한 참여자들의 커뮤니티 충성도를 높이고 몇몇 참여자들이 서로에게 직접적으로 충성하는 현상을 억제할 수 있는 사회적 개입을 한다.
- 서로 다른 '시장의 측면'을 형성하고 있는 구성원들 간의 소통을 유도한다. 이는 밸리데이터, 개발자, 그리고 채굴자가 각자 자기 자신을 일종의 '계층'으로 보기 시작하고 다른 계층으로부터 자신의 이익을 보

호해야겠다는 인식을 줄이기 위해서다.

- 밸리데이터와 채굴자가 1 대 1의 '특수한 관계', 즉 이익집단이 형성된 중앙화된 중계 네트워크 및 이와 유사한 슈퍼 프로토콜 메커니즘에 참여하는 동기를 줄이는 방식으로 프로토콜을 설계한다.
- 프로토콜의 기본 속성이 무엇이며, 참여자들이 프로토콜의 발전을 위해 어떤 종류의 일은 해서는 안 되며, 적어도 매우 극단적인 상황에서만 수행되어야 하는지에 대한 규범이 필요하다.

이러한 세 번째 유형의 탈중앙화, 즉 나쁜 협력의 방지를 위한 분산은 아마도 가장 달성하기 어렵다. 결국 타협안을 찾을 수밖에 없을 것이다. 가장 좋은 해결책은 탈중앙화가 보장된 프로토콜의 사용자에게 의존하는 방법인 것 같다.

사실 '탈중앙화'는 사람들을 지치게 하는 단어다. 크립토 업계에 있는 사람들은 앞다투어 자신들의 프로젝트가 탈중앙화를 구현했다고 홍보하곤 한다. 그런데 그중 상당수는 탈중앙화와는 상당한 거리가 있어 보이는 경우들이다. 이렇다보니 크립토 바깥에 있는 사람들은 일상에서는 거의 쓸 일이 없는 이 단어가 무슨 뜻인지 이해하기 어렵다. '탈중앙화 자율 조직', '탈중앙화 금융'과 같이 신조어 앞에는 다 탈중앙이 붙는데 이것이 실제로 어떤 의미인지, 분산과는 어떤 차이가 있는지, 사용자에게 실제로 어떠한 이점을 주는지에 대해서 명확히 답변할 수 있는 이는 많지 않다.

부테린은 이 장을 통해 그러한 질문들에 대해 답한다. 그는 탈중앙화된 시스템을 그 네트워크를 구성하는 요소, 그 요소를 통제하는 구성원, 네트워크의 운영 방식과 같이 세 가지로 나눠 정의한다. 이러한 분류를 이용하면 단순히 컴퓨터 네트워크뿐만 아니라 법적 체계, 정치 구조, 언어 등도 중앙화와 탈중앙화를 대비시켜 볼 수 있다는 점에서 흥미롭다. 부테린은 탈중앙화를 정의한 후, 탈중앙화가 주는 이점에 대해서도 설명한다. 다만 어떤 결로 접근하느냐에 따라 탈중앙화의 대상과 시사점이 달라진다는 점에 주의해야 한다.

부테린은 절대 일방적인 탈중앙화가 만병통치약은 아니며, 탈중앙화적인 체계를 만들더라도 구성원들의 행동방식에 따라 효용성에 한계가 생기는 것은 불가피하다고 강조한다. 어떤 시스템을 탈중앙화시키면 그 시스템의 구성원들이 더 많은 책임을 지게 되는 만큼, 사회가 감당할 수 있는 수준을 현명히 맞춰가는 것이 필요하다. 부디 이 글이 탈중앙화에 대한 오해를 줄이는 데 기여했으면 좋겠다.

블록체인 거버넌스

vitalik.ca

2017년 12월 17일

블록체인 거버넌스에서 코인 소유자들의 투표로 안건을 결정하는 시스템이 부활하고 있다. 코인 소유자에 의한 투표에는 여러 기능이 있다. 우선 네트워크를 운영하는 슈퍼 노드(예를 들어 이오스의 위임자지분증명, 네오, 리스크)의 운영 주체를 결정할 수 있다. 프로토콜의 주요 규칙(예를 들어 이더리움 가스 한도)을 변경하거나 프로토콜 업그레이드(예를 들어 테조스)를 실행할 때도 투표 기능을 쓸 수 있다. 투표는 모두 자동으로 진행된다. 이미 프로토콜 자체에 노드와 관련된 참여자를 변경하거나 자체 규칙을 업데이트하는 데 필요한 모든 논리가 들어 있기 때문이다. 이런 작업은 투표 결과만 나오면 자동으로 진행된다. 이렇게 개발자, 사용자, 채굴자 등 블록체인을 사용하는 모두가 투표에 참여해 정책을 수정하는 방식을 '온체인 거버넌스'라고 한다.

온체인 거버넌스는 몇 가지 이점을 가지고 있다. 첫째, 비트코인이 지지하는 보수적인 철학과는 달리 빠르게 진화할 수 있고, 기술적 개선점을 받아들일 수 있다. 둘째, 명백하게 탈중앙화된 구조를 통해 네트워크 환경의 불안정함이나 중앙집권화되기 쉬운 비공식적 거버넌스가 갖는 폐해를 피할 수 있다. 비공식적 거버넌스에 관련한 내용은 1972년 출판된 유명한 글인 『구조 없는 폭정(Tyranny of Structurelessness)』[12]과 비슷하다. 이런 내용을 담은 글도 있다.

'소수의 연쇄 포크'를 더 쉽게 만들 이유가 있는가? 포크는 네트워크 효과[13]를 파괴한다.

밸리데이터를 선택하기 위해 사용되는 온체인 거버넌스는 경제적 중앙화 위험을 비롯해 다른 퍼블릭 블록체인에 나타나는 함정에 빠지지 않으면서 높은 계산 성능을 요구하는 네트워크를 도입하도록 만든다는 장점이 있다. 전반적으로 온체인 거버넌스는 매우 좋은 거래로 보인다. 그렇다면 무엇이 문제란 말인가?

블록체인 거버넌스란 무엇인가?

블록체인 거버넌스의 과정을 명확하게 알아보자. 일반적으로 거버넌스를 이해하기 위해서 두 가지 관점을 적용해볼 수 있다. 하나는 거버넌스

---

12 미국 페미니스트 조 프리먼(Jo Freeman)이 쓴 급진적 페미니스트 집단 내의 권력 관계에 대한 글이다. 작가는 기존 페미니스트 운동 실험에서 리더십 위계와 구조화된 분업에 저항하고자 했지만 여러 문제가 있었다고 지적한다. 그는 이를 해결하기 위해 기존 리더십 계층을 공식화하고 민주적으로 통제할 것을 제안한다.

13 [역자 주] 상품 수요가 형성되면 다른 사람들의 상품 선택에 큰 영향을 미치는 현상을 뜻한다.

결정을 도출해내는 함수처럼 간주하는 관점(결정함수적 관점)이고, 다른 하나는 거버넌스를 여러 관계 요소와 계층의 총합으로 이해하는 관점(계층적 관점)이다.

결정함수적 관점은 거버넌스를 일종의 '정답 기계'로 바라본다. '$f(x_1, x_2 \ldots x_n) \rightarrow y$' 식이 있다고 가정하자. 여기에서 입력값 x는 다양한 합법적 이해 관계자들(상원의원, 대통령, 부동산 소유자, 주주, 유권자)의 의사를 뜻하고, 출력값은 결정을 뜻한다.

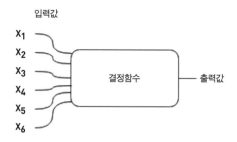

결정함수는 근사치를 예상할 수 있다. 입력값만 존재하면 결국 무슨 일이 벌어질지 대략 계산할 수 있다. 물론 정확한 예측은 매우 어렵다. 여기에는 이유가 있다.

1. 사람들이 법을 어기고 도망가는 경우가 있어서다.
2. 규칙 자체가 모호하기 때문에 예측이 어렵기도 하다.
3. 가끔은 아예 모든 걸 뒤집는 혁명이 일어나기도 한다.

이 이유가 꼭 부정적인 결과만 가져다주는 것은 아니고 가끔은 긍정적인 일이 벌어지기도 한다. 사람들이 법 시스템 안에서 법을 준수하는 행동도, 가끔은 법 시스템 바깥에 있는 행동 때문에 촉발되기 때문이다. '계층적 관점' 모델에서는 블록체인 거버넌스가 여러 개의 계층으로 구성되어 있다고 본다. 그중 최하위 계층[14]은 현실 세계에서 물리 법칙 그 자체(지정학적 현실주의자의 말을 빌리자면, 총과 폭탄이 다스리는 세상)가 통용되는 세상을 말한다. 블록체인 세계에서는 레이어 1을 좀 더 포괄적으로 말할 수 있다. 이 계층은 사용자, 채굴자, 이해 관계자, 밸리데이터 등 블록체인 프로토콜이 허용하는 범위 내에서 프로토콜을 활용하는 각각의 주체들이 활동하는 공간을 말한다.

최하위 계층에서는 의사결정이 빈번하게 이뤄진다. 가령 어느 날 모든 비트코인 사용자가 잠에서 깨어나자마자 클라이언트의 소스코드를 편집하고, 코드 전체를 토큰 계약의 잔액을 기록하고 이더리움 토큰의 호환을 보장하는 ERC20(Ethereum Request for Comments 20) 이더리움 클라이언트로 교체하기로 결정한다고 가정해보자. 이런 일이 벌어지면 비트코인은 ERC20 토큰이 된다. 이름은 여전히 비트코인이라고 불리겠지만 내부에서 데이터가 처리되는 방식은 ERC20 토큰과 같다. 이런 의미에서 최하위 계층은 궁극적인 지배력을 가진다. 하지만 이 계층에 있는 사람의 행동은 상위 계층에 의해 영향받을 수 있다.

최하위 계층의 상위에 있는 두 번째(그리고 결정적으로 중요한) 계층은 조정기관이다. 조정기관은 최하위 계층 참여자의 행동을 더 나은 방향으로

14　[역자 주] 요즘 크립토 분야에서 사용하는 '레이어 1', '레이어 2'와는 의미가 다르다.

조정해 개인이 언제, 어떻게 행동해야 하는지를 도출해내는 기능을 한다. 블록체인 거버넌스뿐 아니라 실생활에서도 혼자 특정한 방식으로 행동했을 때 아무것도 얻지 못하는(혹은 더 나쁜 결과를 얻는) 경우를 자주 경험한다. 하지만 반대로 모든 사람이 같이 행동하면 원하는 결과를 얻을 수 있는 상황으로 바뀌는 경우가 많다.

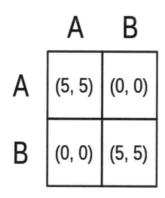

추상적 조정 게임을 살펴보자. 여기서 우리는
다른 사람들이 움직이는 대로 움직여야 큰 이익을 얻을 수 있다.

다른 사람들이 가면 같이 가고, 다른 사람들이 멈추면 같이 멈추는 편이 당신에게 이익이 된다. 조정기관이 초록 깃발을 흔들면 '출발', 빨강 깃발을 흔들면 '정지'를 의미한다고 할 때 사람들이 이 깃발을 바라보고 조정기관이 하는 말을 따르는 문화가 있다고 하자. 사람들이 이 깃발에 맞춰 움직이는 이유는 두 가지인데, 하나는 이미 다른 사람들이 그 깃발에 따라서 움직이고 있기 때문이다. 두 번째 이유는 남들을 따라갈 때 인센티브가 발생하기 때문이다.

비잔티움 제국의 장군[15]이 군대를 집결시켜 앞으로 나아가는 모습. 이 돌격의 목적은 그저 군인들의 용기와 흥분을 고취시키기 위해서만은 아니다. 다른 사람들이 용감하고 흥분한 상태로 함께 돌격하도록 확실하게 만들기 위해서다. 즉, 군인 개개인이 돌격하는 것은 자살하러 가는 게 아니다.

　특별히 강조하고 싶은 것이 있다. 조정 깃발은 블록체인에서 거버넌스를 뜻하는 모든 것이 집약된 개념이다. 블록체인 거버넌스는 참여자들의 협력이 필수적이고, 그 협력이 경쟁보다 더 나은 결과를 도출해낼 것이라는 믿음에 기반해 설계되어 있기 때문이다. 조정 깃발이 없고, 조정 게임이 불가능한 상황에서는 거버넌스 개념은 무의미하다.

　현실 세계에서는 군사 명령이 깃발 역할을 한다. 블록체인 세계에서는 이런 깃발의 가장 간단한 예가 하드포크가 '일어나고 있는지' 알려주는 메커니즘이다. 하드포크가 일어나지 않았다면 해당 블록체인은 기본적인 기능과 설정이 계속 유지되는 상태다. 그러니 이런 신호는 참여자에게 '지금까지와 같은 맥락에서 결정을 내리면 된다'는 지침을 준다. 조정기관

15　이 예시는 게임 이론을 통해 비유적으로 볼 수 있다. 비잔티움 제국을 둘러싸고 있는 군대가 승리하기 위해 동시에 공격해야 한다고 가정하자. 만약 그들에게 안전한 통신 수단이 없다면, 그들은 어떻게 동시에 공격할 수 있도록 조정할 수 있을까?

은 형식적일 수도, 비공식적일 수 있으며 가끔 모호한 제안을 할 수도 있다. 해당 블록체인에서 항상 빨강 아니면 녹색으로 등장했던 깃발의 색깔이 어느 날 갑자기 노란색이나 홀로그램으로 나타나기도 하기 때문이다. 일부 참가자에게는 녹색으로 보이는 것이 다른 참가자에게는 노란색 또는 빨간색으로 보일 수도 있다. 때로는 여러 개의 깃발이 충돌하기도 한다. 따라서 블록체인 거버넌스가 필연적으로 맞닥뜨리게 되는 핵심 질문은 다음과 같다.

- 블록체인 계층의 최하위 계층(블록체인의 가장 기본적인 플랫폼인 레이어 1)은 어떻게 설계되어야 하는가? 초기 프로토콜에는 어떤 기능이 설정되어 있어야 하는가? 이는 초기 기능을 설정하는 것이 결정 함수와 비슷하게 프로토콜을 정형화된 구조로 변경하는 데 어떤 영향을 미치는가? 초기 기능 설정이 서로 다른 방식으로 작용하는 다양한 종류의 에이전트의 권한 수준에는 어떤 영향을 미치는가?
- 두 번째 계층(레이어 2)은 어떻게 설계되어야 하는가? 사람들이 어떤 조정기관에 관심을 가지도록 제안해야 하는가?

코인 투표의 역할

이더리움도 코인 투표를 한 적이 있다:

다오 제안 투표: daostats.github.io/proposals.html[16]

---

16 [역자 주] 다양한 다오에 대한 인사이트를 얻을 수 있는 간단한 대시보드. 다오의 구성원은 이더리움을 사용하여 제안을 할 수 있고, 그 제안이 표결에 부쳐진 결과를 모아놓은 깃허브(소프트웨어 개발을 위한 코드 저장 및 관리 서비스) 기반 웹사이트다. 현재 운영되지 않고 있다.

다오 카본 투표: v1.carbonvote.com[17]

EIP 186/649/669 카본 투표: carbonvote.com[18]

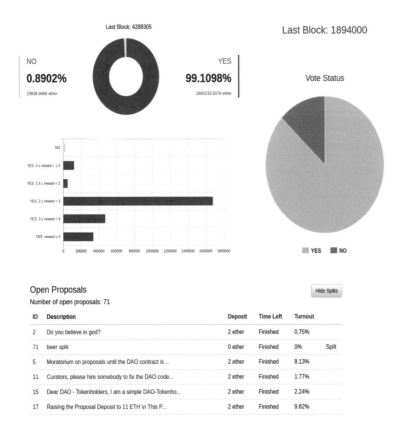

이더리움에서 실시했던 세 가지 투표. 다오 제안 투표, 다오 카본 투표, EIP 186/649/669 카본 투표.

---

17 [역자 주] 다오 포크에 대한 의견(제안)을 투표를 통해 묻는 웹사이트로 특정 주소가 보유한 이더리움의 양에 따라 표의 가중치가 부여되는 방식으로 운영되었다.

18 다오 포크에 대한 의견(제안)을 투표를 통해 묻는 웹사이트로 특정 주소가 보유한 이더리움의 양에 따라 표의 가중치가 부여되는 방식으로 운영되었다.

세 가지 모두 약결합 코인 투표(Loosely Coupled Coin Voting), 또는 레이어 2 조정기관으로서 하는 코인 투표다. 이더리움에는 강결합 코인 투표(Tightly Coupled Coin Voting) 또는 레이어 1 프로토콜 내부 특징으로서 코인 투표가 하나도 없다. 다만 강결합 채굴자 투표를 한 적은 있다. 가령 가스 한도[19]에 관한 채굴자들의 권리 투표가 그 예다. 강결합 투표와 약결합 투표는 거버넌스 작동원리 분야에서 경쟁하고 있으므로 자세히 들여다볼 필요가 있다. 강결합 투표와 약결합 투표의 장단점은 무엇인가?

거래 비용이 전혀 들지 않는다고 가정하고 어느 하나가 단독으로 거버넌스 작동원리로 사용된다면 둘은 명백히 동등하다. 약결합 투표에서 변동사항이 실행되어야 한다고 말하는 것은 사람들이 변동사항 업데이트를 다운로드하도록 장려하는 녹색 깃발이 된다. 만약 소수가 그에 반하는 행동을 하고 싶어한다면 그들은 그저 변동사항 업데이트를 안 할 것이다.

만약 강결합 투표가 변동사항을 실행한다면 변화는 바로 일어난다. 만약 소수가 그에 반하는 행동을 하고 싶어한다면 변동사항을 취소하는 하드포크 업데이트를 설치할 수 있다. 하지만 하드포크를 하는 데 드는 비용은 0이 아니다. 이는 매우 중요한 결과로 이어진다. 그중 하나는 다음과 같다. 강결합 투표는 다수가 원하는 블록체인에 찬성하는 게 기본사항이 되게끔 만든다. 이로 인해 소수는 기존 블록체인 속성을 보존하는 상태에서 하드포크를 조정하려면 큰 노력을 기울여야 한다. 반면 약결합 투표는 조정 도구일 뿐이다. 약결합 투표는 여전히 사용자들에게 소프트웨어를 다운로드하고 포크를 수행하는 소프트웨어를 실행할 것을 요구한다. 하

---

19 채굴자들이 단일 블록 내에서 얼마나 많은 네트워크 활동을 허용하는지에 일괄적으로 정한 상한선이다. 이는 시스템의 용량과 채굴자들이 원하는 자원 소비의 균형을 맞추는 방법이다.

지만 다른 차이점도 많다.

이제 투표에 반대하는 몇 가지 주장을 살펴보자. 그리고 각 주장이 어떻게 레이어 1의 투표, 레이어 2의 투표에 적용되는지 분석해보자.

유권자들의 저조한 참여율

지금까지 코인 투표 작동원리에 제기되어 왔던 주요 비판 중 하나는 유권자 투표 참여율이 낮았다는 점이다. 다오 카본 투표에서 투표 참여율은 4.5%에 불과했다.

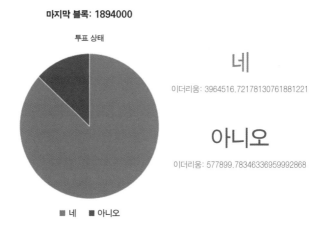

마지막 블록: 1894000

투표 상태

네
이더리움: 3964516.72178130761881221

아니오
이더리움: 577899.78346336959992868

■ 네 ■ 아니오

부의 분배는 매우 불평등하다. 다음 이미지는 다오 포크를 비판하는 사람이 만든 이미지로, 투표율이 낮다는 점과 부의 분배가 불평등하다는 점, 이 두 가지 요소를 결합한 결과를 잘 보여주고 있다.

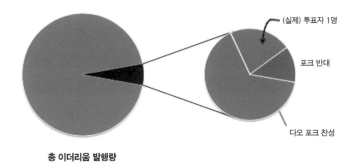

(실제) 투표자 1명

포크 반대

다오 포크 찬성

총 이더리움 발행량

EIP-186 카본 투표에서는 약 270만 이더가 투표에 사용되었다. 이 다오 제안 투표의 참여율은 더는 좋아지지 못했고 결국 10%에도 도달하지 못했다. 이더리움 외부 사정도 마찬가지다. 핵심 소셜 컨트랙트가 투표를 중심으로 설계되는 시스템인 비트셰어에서도, 가장 많은 찬성 표를 얻은 대표의 득표율이 17%에 불과했다. 리스크 블록체인 플랫폼은 30%의 득표율을 보여주었다.

이런 시스템에는 또 다른 자체 문제가 있다. 낮은 유권자 참여율은 두 가지를 의미한다. 첫째, 투표가 소수의 견해만을 반영하므로 정당하다는 인식을 얻는 것이 더욱 어렵다. 둘째, 적은 양의 코인을 가진 공격자도 투표의 판도를 흔들어놓을 수 있다. 이런 문제들은 강결합 투표와 약결합 투표에 모두 존재한다.

게임이론 공격

언론의 관심을 받은 '더 다오 사태' 외에도, 다오는 게임이론상 취약점이 많다. 하지만 이는 빙산의 일각에 불과하다. 투표 작동에 있어 모든 세부사항이 올바르게 구현되더라도 어떤 투표에서든 유권자 개인이 최종 결과에 영향을 미칠 가능성은 낮다. 각 유권자가 정직하게 투표해야 하는 개인적인 인센티브는 거의 미미하다. 개인의 지분 규모가 작다면, 정확하게 투표하려는 그들의 동기는 쉽게 매수된다. 참가자들에게 퍼진 비교적 적은 뇌물은 전체 결정을 흔들기에 충분하다.

물론 사람들이 그렇게 단순하지 않다고 항변할지도 모른다. 조시 가르자(Josh Garza)[20]에게 2,000만 달러어치 이익이 돌아가는 구조를 이해하면서도 자신이 0.5달러어치 뇌물을 받았으니 그에게 유리한 투표를 던지는 사람은 많지 않을 것이라고 얘기할지도 모른다. 오히려 그들은 이타적으로 그런 나쁜 짓을 하는 것을 거부할지도 모르는 일이니까 말이다. 나는 이런 비판에 두 가지 이유를 들어 대응한다.

첫째, 꽤 그럴듯하게 뇌물을 주는 방법이 있다. 거래소는 예금에 대한 이자를 줄 수 있다. 거래소는 자체적으로 돈을 들여 훌륭한 인터페이스와 기능을 구축할 수 있으므로 거래소 운영자는 원하는 만큼 다량의 예금으로 투표할 수 있다. 거래소는 혼란이 생길 때 이득을 얻으므로 이 거래소의 동기는 사용자나 코인 보유자와 일치하지 않는다.

둘째, 보통 사람들은 자신이 가진 암호화폐나 토큰의 이익을 극대화하고자 한다. 그래서 한두 개 정도 뇌물을 받는 것이 나쁘거나 이기적이라고 생각하지 않는다. 실제 리스크 코인에서는 두 주요 정당이 코인 보유자들에게 노골적으로 뇌물을 주는 방식으로 '대리 풀(Delegate Pool)'을 만든 것으로 보인다. 또한 집단의 대표 구성원들에게 자신의 집단을 위한 투표를 요구했다. 다음은 총 101명 중 55명의 회원으로 구성된 리스크 엘리트(LiskElite)다.

---

20 암호화폐 채굴회사 GAW 마이너스(GAW Miners)의 대표다. 조시 가르자는 2018년 전자적 시스템을 사용한 사기에 대해 유죄를 인정했고, 폰지사기 혐의로 징역형을 선고받았다.

멤버 규칙:

1. 중국을 제외한 모든 엘리트 멤버들은 그들이 채굴한 리스크(LISK) 토큰 중 25%를 그들을 투표해주는 사람들에게 분배해줘야 한다.

2. 중국을 제외한 모든 엘리트 멤버들은 그들이 채굴한 리스크 토큰 중 5%를 엘리트 리스크 펀드에 기부해 리스트 생태계를 뒷받침하는 데 써야 한다.

3. 엘리트의 모든 멤버들은 다른 멤버들에게 투표를 해야 한다.

4. 엘리트 멤버 등록 신청 기간은 현재 마감됐고, 지금은 새로 멤버를 받고 있지 않다.

투표자 규칙:

1. 보상을 받은 멤버들은 반드시 엘리트 그룹 멤버에게 투표를 해야 한다.

2. 엘리트 보상은 매주 투표용 계정으로 자동 지급될 것이다.

다음은 총 33명의 회원으로 구성된 리스크 지디티(LiskGDT)다.

규칙

풀	GDT 멤버
GDT 리스크 개발을 위해 채굴된 리스크 토큰의 10%를 가져가고 나머지 90%는 투표자에게 지급한다.	지급 대상에서 제외되며 그들의 보상금은 실버 레벨 멤버 이상에게 지급되는 GDT 리워드를 충당하는 데 쓰인다.

다음은 아크(Ark)에서 몇몇 투표자들에게 뇌물을 지급한 사례다.

Latest Transactions

Id	Timestamp	Sender	Recipient	Smartbridge	Amount (ARK)	Fee (ARK)
380af...d7ab4	2017/04/17 12:20:41	bioly	AbxqF...jXJ6B	Payout from bioly delegate pool, thank you for support!	7.60466706	0.1
5795e...26029	2017/04/17 12:20:41	bioly	ARUNS...oLzvs	Payout from bioly delegate pool, thank you for support!	6.07691376	0.1
37694...35419	2017/04/17 12:20:40	bioly	AG2N1...taeZv	Payout from bioly delegate pool, thank you for support!	2.48455539	0.1
8c6b1...f1f9a	2017/04/17 12:20:39	bioly	AWmMj...HJU8R	Payout from bioly delegate pool, thank you for support!	118.47841646	0.1
d2ad5...c84af	2017/04/17 12:20:38	bioly	AbJ6N...ZrZxq	Payout from bioly delegate pool, thank you for support!	9.37653981	0.1
45280...aa3f0	2017/04/17 12:20:37	bioly	AevZb...68d6G	Payout from bioly delegate pool, thank you for support!	118.4945548	0.1
ace28...1cdee	2017/04/17 12:20:37	bioly	teletobi	Payout from bioly delegate pool, thank you for support!	11.72867675	0.1
20ca3...4278b	2017/04/17 12:20:36	bioly	ANY7W...6TfzX	Payout from bioly delegate pool, thank you for support!	4.80016674	0.1
a4de1...f90fd	2017/04/17 12:20:36	bioly	ARK8b...znv2Z	Payout from bioly delegate pool, thank you for support!	178.80073745	0.1
cb528...592bc	2017/04/17 12:20:36	bioly	AUmaL...QeHyP	Payout from bioly delegate pool, thank you for support!	237.32335576	0.1
29740...578db	2017/04/17 12:20:35	bioly	AUw4A...HxWB7	Payout from bioly delegate pool, thank you for support!	54.14948207	0.1
331df...5b0f2	2017/04/17 12:20:35	bioly	AQxnW...F2HGH	Payout from bioly delegate pool, thank you for support!	46.96456749	0.1
38fac...e02f5	2017/04/17 12:20:34	bioly	AKkvf...L5TW9	Payout from bioly delegate pool, thank you for support!	41.98709123	0.1
50190...b5284	2017/04/17 12:20:34	bioly	AWskK...bRB4m	Payout from bioly delegate pool, thank you for support!	7.39663982	0.1
72770...78a41	2017/04/17 12:20:34	bioly	AUTPB...E6pro	Payout from bioly delegate pool, thank you for support!	15.64031609	0.1
199f4...bae6a	2017/04/17 12:20:33	bioly	AVbiK...MEK8P	bioly fee account	403.66128558	0.1
af13f...6a16e	2017/04/17 12:20:33	bioly	AVVVY...gTtCo	Payout from bioly delegate pool, thank you for support!	7.63884129	0.1
74c3c...061f6	2017/04/17 12:20:32	bioly	AYTAy...3egy6	Payout from bioly delegate pool, thank you for support!	71.46381847	0.1

아크에서 몇몇 투표자들에게 뇌물을 지급한 트랜잭션.

강결합 투표와 약결합 투표 사이에는 중요한 차이가 있다. 약결합 투표에서는 직접 혹은 간접적으로 '투표를 위한 뇌물 증여'도 가능하다. 하지만 커뮤니티에서 제안이나 투표가 게임이론적 공격이라는 점에 동의한다면, 커뮤니티는 단순히 그 제안을 무시하자고 사회적으로 동의할 수 있다.

사실 이와 비슷한 일이 이미 일어난 적이 있었다. 카본 투표에서는 '알려진 거래소 주소'에 상응하는 블랙리스트 주소가 있다. 이 주소를 통한 투표는 유효하지 않다. 강결합 투표에서는 누가 블랙리스트에 있는지 합의하는 것 자체가 블록체인 거버넌스에서 내린 결정이므로, 프로토콜 차원에서는 블랙리스트를 만들 수 없다. 그러나 블랙리스트는 프로토콜 변경에 간접적으로만 영향을 미치는 커뮤니티가 만든 투표 도구의 일부다.

그러므로 나쁜 블랙리스트가 포함된 투표 도구는 커뮤니티에서도 쉽게 거부할 수 있다.

이 부분에서 강결합 투표 시스템이 뇌물 공격에 빠르게 굴복할 것이라는 예측은 **아니라는** 점에 주목할 필요가 있다. 그리고 이 프로젝트들은 대부분 살아남을 것이다. 앞에서 언급한 프로젝트들은 모두 큰 사전채굴량을 가진 설립자가 있거나 재단 형태를 하고 있다. 이들은 플랫폼의 성공에 관심을 기울이고 뇌물에 취약하지 않은 중앙화된 행위자로 행동한다. 그리고 뇌물 공격에 넘어가지 않을 만큼 충분한 코인을 보유한다. 이런 중앙집중식 신뢰 모델은 프로젝트 초기 단계의 일부 맥락에서는 유용하지만 장기적으로 지속할 수 없다.

비대표성

투표에 대한 또 다른 중요한 반론은 코인 보유자들이 사용자들의 한 계층일 뿐이고, 다른 사용자와 충돌하는 이해관계를 가질 수 있다는 점이다. 비트코인과 같은 순수 암호화폐의 경우, 가치저장적 기능(호들링[21])과 교환수단적 기능(예를 들어 커피를 사는 것)은 충돌하기 마련이다. 가치저장적 기능은 교환수단적 기능보다 보안이 훨씬 더 중요하다. 반면 교환수단적 기능은 가치저장적 기능보다 '사용성'이 중요하다. 이더리움의 경우 그 대립은 더욱 극심하다. 이더리움 자체와는 상관없는 이유(예를 들어 크립토키티)로 인해 이더리움을 사용(예를 들어 ENS)하는 사람들이 많기 때문

---

21 토큰 가격이 하락할 때 매도가 발생하지 않도록 격렬하게 '홀드(Hold)'를 타이핑하려 하는 누군가를 가리킨다. 이는 가격에 집중하는 트레이더들이 가장 많이 외치는 용어이기도 하다. 이더리움 문화에서 호들에 상응하는 밈은 '비들(Buidl)'로 문제를 개선해 더 유용한 도구를 만들라는 외침이다.

이다.

코인 보유자가 유일한 관련 사용자라 하더라도 여전히 문제는 존재한다. 코인 보유자끼리 진행하는 투표에서 부유한 코인 보유자는 큰 권한을 받게 되어 방해 없이 의사결정의 중앙집중화로 이어진다는 문제가 있다.

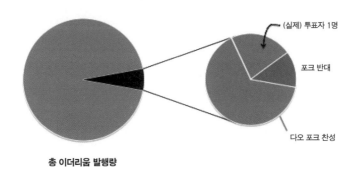

총 이더리움 발행량

이런 비판은 강결합 투표, 약결합 투표 모두 적용할 수 있다. 그러나 약결합 투표는 비대표성을 완화하는 타협에 더 적합하다. 이 주제는 나중에 따로 다루겠다.

중앙화

현재 이더리움에서 강결합 투표 형태로 진행 중인 '가스 한도' 실험을 살펴보자. 이 그림은 지난 2년 동안 벌어진 '가스 한도 혁명'을 보여준다.

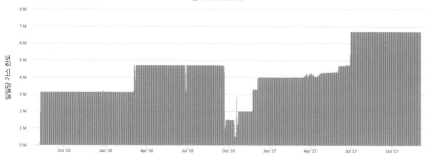

이더리움 가스 한도란 트랜잭션을 완수하는 데 필요한 가스의 양을 말한다.

이 곡선의 전반적인 흐름은 다음 그래프가 주는 느낌과 비슷하다.

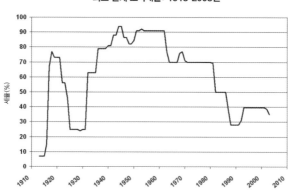

기본적으로 앞의 그래프에 나타나는 숫자들은 마법처럼 보인다. 또는 회의실 중앙에 함께 앉아 재협상을 반복하는 사람들이 쓰는 표처럼 보이기도 한다. 각각 어떤 일이 벌어지고 있는지 살펴보자. 우선 채굴자들은 보통 커뮤니티가 선호하는 방향을 따른다. 이 커뮤니티 자체는 하드포크를 주도하는 것(개발자를 지원하거나 레딧의 찬성 투표처럼 이더리움에서는 가스 한도 문제가 코인 투표처럼 논란이 된 적이 없었다)과 유사한 사회적 합의 보조 방법들을 통해 평가된다. 유권자들이 기술적 사항을 잘 모르고 그저 한 지배적인 전문가 집단의 말에만 순응한다면 투표가 실제로 탈중앙화된 결과를 가져올 수 있을지 알 수 없다. 이런 비판은 다시금 강결합 및 약결합 투표에도 적용된다.

* 이 글을 쓴 후, 이더리움 채굴자들은 핵심 개발자나 이더리움재단과 논의를 거치지 않고, 가스 한도를 670만에서 800만까지 끌어올린 것 같다. 그러므로 우리에겐 희망이 있다. 하지만 그 희망이 있는 지점에 도달하기 위해선, 힘들고 많은 커뮤니티 구축 작업과 대단히 힘든 비기술적 작업이 필요하다.

디지털 헌법

거버넌스 알고리즘의 위험성을 완화하고자 제안된 방법 중 하나는 바로 '디지털 헌법'이다. 디지털 헌법은 프로토콜이 가져야 할 속성을 수학적으로 명시해 코드가 새롭게 변경될 때 그 코드 변경이 속성의 기준에 부합하는지를 검증 가능한 증거와 함께 제시하는 방법이다. 얼핏 보기에는 좋아 보이지만 비판적으로 바라봐야 한다.

일반적으로 프로토콜 속성에 대한 규범들을 갖추고, 이런 규범이 조정 깃발의 기능을 수행하도록 하는 것은 좋은 아이디어다. 이를 통해 우리는 매우 중요하고 가치 있다고 간주되는 프로토콜의 핵심 속성을 더욱 견고하게 만들 수 있다. 그러나 이는 강결합(레이어 1) 형태보다 약결합(레이어 2)

에서 실행되어야 한다. 기본적으로 어떤 의미 있는 규칙도 종합적인 의미와 취지를 표현하기는 매우 어렵다. 가치란 매우 복합적인 요소들의 총체이기 때문이다. 심지어 비트코인 발행 총량을 2,100만 개로 설정해두는 것도, 왜 이러한 설정이 나왔는지 그 취지를 100% 표현해주지는 못한다.[22]

취지는 중요하다. 아무리 강력한 규칙도 우회하려고 마음을 먹으면 방법이 많기 때문이다. 가령 어떤 코인의 총 발행량이 2,100만 개라고 명시하는 코드를 추가하고 '어떤 대가를 치르더라도 제거하지 마라'는 댓글을 붙인다고 치자. 이걸 우회하는 방법은 두 가지 정도 상상할 수 있다. 첫 번째는 마지막으로 코인을 송금한 이후 '코인 가치×시간'에 비례하는 거래 수수료가 추가되는 블록체인을 수정하는 소프트포크를 실행하는 것이다. 여기서 추가되는 거래 수수료는 선박 연체료인 디머리지(Demurrage)와 동일하고, 디머리지는 디플레이션 효과를 발생시킨다. 두 번째 방법은 2,100만 개로 이뤄진 'Bjtcoin'이라는 또 다른 암호화폐를 만드는 것이다. 만약 비트코인 트랜잭션이 발생하면 채굴자가 중간에 비트코인을 가로채고 원래 트랜잭션의 수령자에게 Bjtcoin을 보내도록 설정한다. 이런 방식으로 비트코인과 Bjtcoin이 서로 호환되도록 빠르게 강제하면 코드 수정 없이 총 공급량을 4,200만 개로 늘릴 수 있다. 이렇게 애플리케이션의 상태를 강력하게 제제하는 코드조차 우회할 수 있는데, 이보다 더 유연한 형태의 규범(약결합)들은 더욱 더 강제하기가 어려울 것이다. 결국 취지가 정말로 중요한 셈이다.

우리는 프로토콜의 속성을 위반하는 변경사항은 비록 그것들이 투표

---

22 [역자 주] 비트코인이 현재 설계하에 생산할 총 코인 발행량 2,100만 개를 가리킨다.

로 승인된 것이더라도 정당하지 않은 것으로 간주되어야 한다. 이때 빨간 깃발을 흔드는 조정기관이 필요하다. 변경된 프로토콜은 규칙으로서 작용하겠지만, 그것이 프로토콜의 정신을 노골적으로 침해하는 것이라면 정당하지 않은 것으로 간주되어야 한다. 그리고 규칙이란 프로토콜 내 코드로 존재하기보다는 커뮤니티 사람들의 마음에 살아 숨 쉬고 있어야 한다.

균형을 향해

나는 코인 투표, 또는 다른 노골적인 온체인 투표 수단들이 거버넌스에 관여할 자리가 없다고 말할 의향 또한 없다. 그다음으로 유망한 대안은 코어 개발자들의 합의로 보이지만 추상적인 철학과 기술적으로 대단한 솔루션만 좇는 사람들이 프로젝트를 통제한다면 사용자 경험이나 거래 수수료 등 같은 일상적인 문제들은 무시할 것이 뻔한데 이로 인해 시스템이 실패할 수도 있다. 이를 어떻게 해결할 것인가? 전통 정치학 관점에서 슬레이트스타코덱스(slatestarcodex)[23] 블로그에 쓰인 글을 보자.

초짜들이 많이 하는 실수가 있다. 당신이 어떤 시스템이 약간 몰록(Moloch)이 된 것을 봤다고 하자(이익 관계가 잘 맞지 않는다는 뜻이다). 당신은 '이를 또 다른 시스템 아래에 두는 것으로 고치기'로 결정했다. 그리고 그 시스템 위에다가 〈몰록이 되자!〉라고 붉은 마커로 써놓는다. 한마디로 이건 '자본주의에 문제가 생겼군. 그것을 정부 관할로 두자. 그리고 정부는 착하고 성실한 사람들만 고위직에 앉혀놓음으로써 통제하는 거야!'라고 말하는 것과 마찬가지다.

---

23 슬레이트스타코덱스는 정신과 의사 스콧 알렉산더(Scott Alexander)가 사용하는 블로그다.

대단한 대안이 있다고 주장하지는 않겠다. 적당한 대안은 신자유주의에서 찾을 수 있다. 인간의 행복과 방향이 일치하도록 최적의 기준이 보장된 근사한 시스템을 찾는다. 그다음에 견제와 균형의 구조에서 경쟁하게 하고, 몇 가지는 실패하게 두고, 개개인에게는 각 시스템에서 탈출할 수 있을 정도의 자유 선택 의지를 보장하고 나머지는 시간의 흐름에 따른 문화적 진화에 맡기면 된다.

블록체인 거버넌스에서도 이 방법만이 앞으로 나아갈 수 있는 유일한 방법인 것 같다. 내가 추구하는 블록체인 거버넌스는 여러 메커니즘과 집단들이 투표를 하고, 궁국적인 결정은 모든 이들의 결과에 따르는 다인자 합의 모델이다. 합의 포인트는 다음과 같다.

- 로드맵(프로젝트의 방향성과 관련된 것이어야 한다)
- 코어 개발진들의 합의
- 코인 홀더의 투표
- 시빌 공격을 막을 수 있는 투표 시스템을 통한 사용자들의 투표
- 이미 확립된 규범(애플리케이션에 대한 불간섭 원칙, 2,100만 개로 코인 제한)

코인 투표는 변화의 실행 여부를 결정하는 여러 수단 중 하나가 되는 것이 매우 유용하다. 물론 불완전하고 절대 다수를 대표하는 것은 아닐 수도 있지만, 시빌 공격에 대해서는 저항성이 있다. 만약 어떤 제안서 투표에 1,000만 이더가 들어간 것을 보면 단순히 가짜 소셜미디어 계정을 통해 러시아 트롤들이 한 짓이라고 치부할 수가 없다. 이것은 또한 코어

개발진에 대한 견제도 될 수 있다. 그러나 앞에서 말했듯이, 코인 투표가 유일한 조정 수단이 되어서는 안 되는 타당한 이유 또한 많다.

이는 기존 시스템과는 다른 블록체인만의 특징이다. 전체 시스템을 뒷받침하는 레이어 1이 프로토콜 변화에 대해 찬반을 표하고 만약 그들이 유해하다고 생각하는 변화를 강요한다면 프로젝트의 기능을 개선하는 포크를 통해 사라질 자유를 보장해주는 것이다.

강제적 변화를 필요로 하는 밀접 결합 투표도 몇몇 제한적인 상황에서는 나쁘지 않다. 허점이 존재함에도 채굴자에게 일종의 거래 수수료 역할을 하는 가스비 제한을 설정하게 하는 것은 매우 유익한 것으로 나타났다. 프로토콜 가동 첫날부터 수수료나 블록 크기를 하드 코딩으로 제한하는 데 수반되는 위험보다 채굴자들이 그들의 힘을 악용할 위험성이 더 낮다. 채굴자나 밸리데이터가 구체적이고 빠른 대응을 해야 하는 변수에 대해 가끔 투표하게 해주는 것과 그들에게 프로토콜의 규칙에 대한 통제권을 주거나, 통제 인증 권한에 대해 투표하게 허용하는 것과는 거리가 멀다. 그리고 이러한 온체인 거버넌스에 대한 더 포괄적인 비전을 수반하고 있는 권한들은 그 잠재적 효과를 이론적으로나 실무적으로 파악하기가 더 힘들다.

거버넌스는 일반적으로 '중앙 정부가 일방적으로 정책을 하달하던 방식에서 벗어나 정부, 기업, 비정부 기구 등 다양한 행위자가 공동의 관심사에 대한 네트워크를 구축하여 문제를 해결하는 새로운 조직 운영 방식'을 의미한다. 블록체인 프로토콜은 기본적으로 탈중앙화에 대한 철학을 담고 있으므로 적절한 거버넌스의 실현이 중요한 문제 중 하나로 거론된다. 이 장에서도 여러 행위자가 네트워크를 구축하여 문제를 함께 해결한다는 측면으로 거버넌스를 다루고 있다.

부테린은 블록체인 거버넌스를 이해하는 두 가지 관점을 소개한다. 하나는 구성원들의 의사가 한데 모여 특정한 의사결정이 내려진다고 보는 '결정함수적' 관점이다. 다른 하나는 거버넌스를 여러 관계 요소와 계층의 총합으로 이해하는 '계층적' 관점이다. 계층적 관점에서는 거버넌스가 여러 개의 계층으로 구성되어 있다고 본다. 부테린은 이를 크게 둘로 나누어 레이어 1과 레이어 2로 지칭한다(확장성을 늘리기 위한 도구로 최근 몇 년 동안 거론되고 있는 레이어 1, 레이어 2 구조와는 다른 기준이다).

레이어 1은 프로토콜에 변동사항이 발생했을 때 물리적으로 즉각 적용되는 계층이다. 대표적인 레이어 1의 변화로는 코드 변경을 꼽을 수 있다. 반면 레이어 2는 의사 및 행동이 조정되는 계층으로 프로토콜에 참여하는 인간들의 철학과 문화, 정서에 걸쳐 넓게 포진된 영역이다. 크립토를 전혀 모르는 사람을 위해 거칠게 비유하자면 레이어 1은 법이 작동하는 세계, 레이어 2는 윤리나 도덕처럼 법에 대한 취지와 정서가 작동하는 세계라고 설명할 수 있다. 블록체인 거버넌스의 이 두 가지 계층에서는 투표를 통해 의사결정이 이뤄진다. 부테린은 레이어 1과 레이어 2, 어느 하나의 영역에 의해서만 의사결정이 주도되어선 안 되며, 그 사이의 균형을 추구해야 한다고 말한다.

흥미로운 대목은 부테린이 '코드는 곧 법(Code is law)'이라는 경구로 상징되는 크립토 업계의 대중적 정서와 다른 태도를 보인다는 점이다. 그는 레이어 1에서의 의사 결정에 가중치를 부여하지 않고 중립적인 태도를 보인다. 투표로 통과된 어떤 프로토콜의 코드 변경이 사실은 그 프로토콜의 철학을 위배하는 내용이라면, 그에 대해서는 정당하지 않다는 비판과 지적이 나오는 게 맞다는 것이다. 이 지점은 부테린이 레이어 2, 그러니까 거버넌스와 영향력을 주고받으며 생동하는 커뮤니티를 얼마나 중요하게 생각하는지가 잘 드러나는 대목이기도 하다. 이 점에 주목하면서 그의 사고방식을 따라가 보면 이 장이 주는 각별한 재미를 온전히 느낄 수 있을 것이다.

공모에 대해

vitalik.ca

2019년 4월 3일

지난 몇 년 동안 크립토 업계에서는 적절한 경제적 인센티브와 이를 구현하는 메커니즘 설계에 관심을 보이기 시작했다. 취지는 간단했다. 블록체인 참여자들의 행동을 적절한 방향으로 유도하기 위해서다. 원래 블록체인 메커니즘은 그다지 복잡하지 않았다. 채굴자나 지분증명 밸리데이터가 정직하게 활동하게 블록체인의 보안성을 제공하면 그만이었다.

하지만 최근 블록체인 메커니즘은 예측 시장, 즉 '토큰 투표 기반 등록제(Token Curated Registries)'에 적용되고 있다. 시카고대학교 로스쿨의 에릭 포스너(Eric Posner) 교수와 마이크로소프트 수석 연구원인 글렌 웨일(Glen Weyl) 박사가 2018년에 쓴 『래디컬 마켓(Radical Markets)』의 내용을 바탕으로 나온 래디컬×체인지(Radical×Change) 운동은 하베르거 세금, 제곱투표, 2차 자금 조달 등을 출시했다. 또한 소셜미디어에서는 고품질 콘텐츠를 제작하기 위해 토큰 인센티브를 사용하는 방식도 고려하고 있다. 그러

비탈릭 부테린 지분증명

나 이러한 시스템을 실제 사용하기 위해서는 여러 문제를 해결해야 한다.

중국 플랫폼인 비후(Bihu)는 게시물을 작성하는 사람들에게 코인을 주는 메커니즘을 출시했다. 키(KEY) 토큰을 보유한 플랫폼 사용자는 해당 키 토큰을 특정 기사에 스테이킹할 수 있다. 모든 사용자는 하루에 K개의 업보트(Upvote)를 만들 수 있으며 업보트의 '무게'는 업보트를 하는 사용자의 지분에 비례한다. 지분율이 높은 기사는 더 많은 사람에게 표시되고 기사 작성자는 해당 기사를 업보트하는 키 개수에 비례하는 키 토큰을 보상으로 받는다. 물론 이는 비후의 메커니즘을 단순화한 것이다. 키는 플랫폼 내에서 다양하게 사용할 수 있어 가치가 높다. 비후의 광고 수입의 일부분은 키를 구매하고 소각하는 데 사용되기 때문에 키의 가치 상승에 기여한다. 따라서 비후는 단순한 교환 매체 토큰 이상으로 기능한다. 이런 종류의 인센티브 구조는 자주 볼 수 있다. 온라인 콘텐츠 제작을 비롯한 인센티브 형태도 많다. 비후의 방식은 이미 일반적이다.

중국 콘텐츠 플랫폼인 비후. 게시물을 작성하는 사람에게 코인을 지급한다.

게다가 이더리움 트레이딩의 서브레딧(/r/ethtrader)에서는 비후의 인센티브 메커니즘과 비슷한 실험적인 기능을 도입했다. 사용자는 자신의 댓글이 받은 업보트에 비례하는 도넛(Donuts)[24]을 정기적으로 발행한다. 도넛은 서브레딧 상단에 있는 배너를 사는 데 사용될 수 있고, 커뮤니티 투표에 참여하는 데도 사용할 수 있다. 그러나 키 시스템과 달리, B가 A의 업보트를 받아 발생하는 보상은 A의 기존 코인 보유량에 비례하지 않는다. 대신 각 레딧 계정은 다른 레딧 계정에 기여할 수 있는 동등한 능력을 지닌다.

이더리움 트레이딩의 서브레딧에서 도입한 도넛 시스템.

기부와 (도넛의 하나인) 마이크로로팁을 넘어 다양한 방식으로 고품질 콘텐츠를 제작하는 데 대한 보상이라는 점에서 이는 매우 가치가 높다. 인터넷 콘텐츠에 대한 보상이 너무 적은 것은 사회적으로 매우 중요한 문제다. 크립토 커뮤니티가 인센티브 메커니즘의 도입을 통해 문제를 해결하고자

---

24   [역자 주] 도넛은 2018년 10월, /r/ethtrader 서브레딧 전용 커뮤티니 포인트로 출시되었으며 2019년 12월부터 ERC20 토큰으로 전환할 수 있다.

하는 것은 고무적이다. **불행하게도 이러한 시스템들은 공격에 취약하다.**

자기 선거, 금권정치, 뇌물

이 시스템을 경제적으로 공격할 방법은 다음과 같다. 몇 명의 부유한 사용자가 n개의 토큰을 획득했다고 가정해보자. 각 사용자가 보유한 K개의 업보트가 댓글 작성자에게 n×q의 보상을 준다고도 가정해보자. 여기서 q는 매우 작은 숫자일 수 있다(예를 들어 q=0.000001). 사용자들은 다른 사람보다 자신이 보유하고 있는 양말 인형(Sockpuppet)[25] 계정을 업보트해 자신에게 n×k×q의 보상을 제공할 수 있다.

비후의 메커니즘은 기사가 업보트를 받아 키가 많을수록 기하급수적으로 보상의 크기가 커지는 로직을 가지고 있다. 이는 자기 게시물보다 이미 업보트가 많은 인기 게시물에 업보트하는 것을 장려하기 위한 안전장치다. 코인 투표 거버넌스 시스템에서 이러한 종류의 초선형성을 추가해 자기에게만 투표하는 행위를 방지하는 경우는 많다. 대부분의 위임지분증명(Delegated Proof of Stake, DPO) 체계에서 대의원 수는 한정되어 있으며, 표가 부족해 대의원의 자리로 올라서지 못한 사람들의 보상은 0이다. 그러나 이러한 장치는 불가피하게 두 가지 새로운 취약점을 노출시킨다.

- 부유한 개인과 카르텔이 투표에 영향을 미칠 만큼 충분한 자금을 얻을 수 있으므로 금권정치를 유발할 수 있다.
- 사용자들이 다른 사용자들에게 뇌물을 주어 대량의 표를 확보할 수 있다.

---

25 남을 속이기 위해 만든 가짜 계정을 뜻한다.

뇌물 공격은 황당하게 들릴 수 있겠지만(실제로 뇌물을 받아본 사람이 몇이나 되겠는가?) 의외로 성숙한 생태계에서도 이러한 공격이 현실적일 수 있다. 블록체인 업계에서 뇌물을 주는 사람들은 '뇌물'이라는 단어를 잘 사용하지 않는다. 그보다는 '배당금을 공유한다'거나 '스테이킹 풀(Staking Pool)'이라는 멋진 표현을 쓴다. 뇌물은 심지어 명징한 형태가 없는 형태로 건네질 수도 있다. 수수료를 전혀 받지 않고 매우 쓰기 편한 사용자 인터페이스를 제공하면서도 수익을 모으려고도 하지 않는 암호화폐 거래소를 상상해보자. 아마 많은 사람이 이 거래소를 사용할 것이다. 하지만 이 거래소가 사용자가 예치한 코인을 가지고 다른 코인의 거버넌스 투표에 참여한다면? 코인 중 하나인 EOS의 위임지분증명과 관련된 사례가 실제로 있었다.

Maple Leaf Capital @MapleLeafCap · 26 Sep 2018
In allegation 1, Huobi votes for 20 other BPs candidates where 16 of those vote for Huobi as well. As you can see in the image attached to this tweet.

Maple Leaf Capital @MapleLeafCap · 26 Sep 2018
In allegation 2, Huobi votes for eosiosg11111, cochainworld, and eospaceloeos in exchange for 170, 150, and 50% of the returns respectively, as shown below in the tweet.

2018년 9월 29일 유출된 중국 암호화폐 거래소 후오비(Huobi)의 내부 문건.
후오비가 20명의 이오스 블록 생성자(BP, Block Producer)들에게 표를 던졌고,
그중 16개의 BP는 후오비에 표를 줬다는 내용이라 투표 담합 논란이 일었다.

마지막으로 뇌물과 반대되는 협박 또는 강요의 가능성도 있다. 특정한 행동을 취하지 않으면 해를 가하겠다는 위협으로 참여자들을 겁박할 수도 있다.

이더리움 서브레딧(/r/ethtrader)에서 도넛을 도입했을 때 새로운 멤버가 서브레딧에 가입해 도넛을 대량으로 구매해 거버넌스 투표의 결과를 좌우할 수 있다는 우려 때문에 이 서브레딧 커뮤니티는 락업된(거래할 수 없는) 도넛만 투표에 사용될 수 있게 설정했다. 하지만 도넛을 대량으로 구매하는 것보다 더 저렴하게 공격할 방법이 있다. 바로 도넛을 빌리는 것인데, 이는 일종의 '형태 없는 뇌물'로 생각할 수 있다. 공격자가 이더리움으로 컴파운드(Compound) 같은 대출 플랫폼을 담보로 삼아 e도넛 같은 거버넌스 토큰을 대출받을 수 있다. 대출받은 토큰으로 공격자는 투표에 참여할 수 있다. 투표가 종료된 후에는 토큰을 대출 계약으로 되돌려 담보물을 되찾을 수 있다. 비록 코인 투표에 참여하기 위해 일정 동안(비후처럼) 토큰을 락업(거래중지)해야 하는 조건이 있어도 공격자는 거버넌스 토큰 가격 위험에 노출되지 않으면서 투표 결과를 조정할 수 있다. 이처럼 뇌물과 관련된 문제나 의도치 않게 부유하고 연줄이 든든한 참여자들에게 과도하게 힘을 주는 경우가 생길 수 있다.

신원

일부 시스템은 신원 보증 제도를 사용해 코인 투표가 가지는 금권투표의 폐해를 완화하려 한다. 이더리움 서브레딧 도넛 시스템은 코인으로 거버넌스 투표를 하지만 초기 도넛(즉, 코인)의 개수를 결정하는 메커니즘은 레딧 계정을 기반으로 한다. 하나의 레딧 계정은 하나의 업보트당 n개의 도넛을 얻는다. 이상적으로 개인이 하나의 신원을 생성하는 것은 쉽지만 여러 개의 신원을 만드는 것은 어렵게 만드는 시스템이다. 이 서브레딧 (/r/ethtrader) 도넛 시스템은 레딧 계정을 사용하고 **깃코인 CLR 매칭 가젯** **(Gitcoin CLR Matching Gadget)**[26]의 경우 같은 목적으로 깃허브 계정을 사용한다. 그러나 신원 보증 제도는 여전히 취약하다.

핸드폰 거치대를 만들기에는 너무 게으른가요?
아마 이런 걸 찾고 있어서였을 겁니다.

---

26 오픈소스 소프트웨어의 개발을 위한 자금 조달 플랫폼으로 이더리움 생태계에서 사용된다. CLR 메커니즘은 비탈릭 부테린, 조에 히칙(Zoe Hitzig), 글렌 웨일 등이 제안한 '2차 기금'의 개념을 따라 커뮤니티 기부와 매칭 기금을 분배하는 실험적인 메커니즘이다.

🛒 Сейчас в продаже

Служба	В наличии	Цена за 1K аккаунтов
Mail.ru	475698	1K-10K: **$7** | 10K-20K: **$6.5** | 20K+: **$6**
Yandex.ru	16775	1K-10K: **$50** | 10K-20K: **$50** | 20K+: **$50**
Rambler.ru	6694	1K-10K: **$30** | 10K-20K: **$30** | 20K+: **$30**
Rambler.ru Mix	8037	1K-10K: **$30** | 10K-20K: **$30** | 20K+: **$30**
Rambler.ru Promo	176605	1K-10K: **$6** | 10K-20K: **$5.5** | 20K+: **$5**
Bigmir.net	10000	1K-10K: **$18** | 10K-20K: **$18** | 20K+: **$18**
I.ua	14020	1K-10K: **$18** | 10K-20K: **$17** | 20K+: **$16**
Gmail.com 2015 USA	2326	1K-10K: **$450** | 10K-20K: **$450** | 20K+: **$450**
Gmail.com 2015 USA PVA	6504	1K-10K: **$800** | 10K-20K: **$800** | 20K+: **$800**

수상한 사이트는 사기일 수 있으니 직접 조사한 다음 사이트에 접속하기를 권고한다.

꼭두각시를 조종하는 사람처럼 수천 개의 가짜 신원을 통제해 메커니즘을 공격하는 것은 뇌물을 주는 것보다 훨씬 쉽다. 이를 막기 위해 정부가 제공하는 ID(예를 들어 주민등록번호)로 보안을 강화해야 한다고 생각할 수 있지만 범죄조직은 언제나 우리의 예상을 훨씬 앞서간다. 심지어 모든 지하조직이 제거되더라도 오히려 국민에게 적대적인 정부가 수백만 명의 위조 여권을 만들 수도 있다. 만약 가짜 신원을 여럿 만들어 이득을 취하는 방식으로 돈을 버는 시스템을 만들 만큼 멍청하다면 말이다. 공격이 반드시 외부에서만 행해지는 것도 아니다. 독재정부가 반항하는 시민들을 공격하려고 마음을 먹었다고 가정해보자. 정부와 연결된 신원 발급 기관에서 해당 시민들의 신원확인 문서 발급을 거부해 권한을 박탈할 수 있다.

공모

우리는 지금까지 다수의 신원, 심지어 이를 판매할 수 있는 시장이 마련되면서 다수의 메커니즘이 실패하는 것을 보았다. 그렇다면 이런 문제를 관통하는 어떤 '공통 원인'이 있지 않을까?

공모를 할 수 있는 모델에서 공모를 할 수 없는 메커니즘을 만드는 것은 거의 불가능하다. 경쟁 시장에서는 법과 표준이 잘 구성되어 있어 가격 공모 카르텔, 투표권 매매, 뇌물 수수를 규제한다. 하지만 해당 문제는 더 넓고 깊게 뿌리내려 있다.

게임이론은 크게 비협력 게임과 협력 게임으로 나뉜다. 둘은 가정에 따라 나뉜다. 비협력 게임 내에서는 참여자가 공모할 수 있다고 가정하지 않고, 참여자들이 각자의 선택만을 우선하면 합의할 수 있는 지점이 있다고 본다. 이 게임에서는 최소 하나의 내시균형(Nash Equilibrium)이 존재해야 한다는 수학적 증명이 있으며 메커니즘 설계자들은 각자의 방식대로 특정 결과를 초래하는 게임을 제작할 수 있다. 하지만 협력집단이 같이 공모할 가능성을 열어 놓는 협력 게임이론에서는, 협력집단이 수익상 더 이상 다른 선택을 하지 않을 수 있을 만큼의 안정적인 결과가 없는 경우가 많다.

다수결 게임(Majority game)은 n명의 참여자가 있다고 가정하고 50% 이상으로 구성된 집단이 정해진 보상을 가져가고 분배할 수 있는 게임이다. 이는 기업 거버넌스, 정치 외에도 인간의 삶에 자주 적용된다. 다수결 게임은 기본적으로 불안정하다. 자원이 한정되어 있고 자원을 분배하는 메커니즘이 설정되어 있으면, 51%의 참여자가 공모해 자원을 통제할 수 있게 되고, 이들만의 이익을 위한 음모를 벌이게 될 가능성이 있다. 하지만 이러한 공모는 다시 새로운 공모에 취약해지게 되는데, 새로운 공모에는 이전의 피해자와 공모자가 다시 결합할 수도 있다. 그리고 이러한 공모에 의한 공모의 공격은 지속된다.

라운드	A	B	C
1	1/3	1/3	1/3
2	1/2	1/2	0
3	2/3	0	1/3
4	0	1/3	2/3

다수결 게임의 불안정성은 프랜시스 후쿠야마가 『역사의 종말』에서 전망한, 더는 발달하지 않아도 되는 완벽한 사회(Francis Fukuyama) 시스템으로서의 자본주의가 불가능하다는 것을 말해주는 간단한 수학적 모델이 될 것이다. 나는 이러한 문제에 대해 직시하는 것이 애로의 불가능성정리(Arrow's Theorem)[27]에 비해 더 가치 있다고 생각한다.

이를 해결하기 위한 두 가지 방법이 있다. 첫 번째는 무신원(Identity-free)이고 공모방지(Collusion-safe) 게임에서만 활동하는 것이다. 이럴 경우신원 확인이나 뇌물 수수에 대해 더 걱정할 필요가 없다. 두 번째는 아이덴티티와 공모 저항성 문제를 직접 해결하려는 시도인데, 이를 통해 다양한 속성을 가진 비공모저항(Non-collusion-safe) 게임을 직접 구현할 수 있을 것이다.

---

27 1951년 케네스 애로(Kenneth Arrow)에 의해 주장된 내용으로, 순위 기반 투표 시스템에서는 이상적 결론을 낼 수 없다는 것을 뜻한다.

무신원 및 공모방지 게임 설계

무신원 및 공모방지 게임은 실용적이다. 작업증명마저도 개별 주체가 전체 해시파워를 23.21%까지 보유하는 것에 대해서만 공모 방지가 된다. 하지만 모델을 잘 만든다면 50%까지 가능하다. 경쟁 시장은 상대적으로 더 높은 수준까지 합리적으로 공모를 방지할 수 있다. 물론 쉬운 경우가 있고 아닌 경우도 있다. 거버넌스 & 콘텐츠 큐레이션의 경우(해당 사례는 공공의 이익이 되는지 아닌지 쉽게 파악할 수 있다), 퓨타키에서 가장 좋은 결과를 낼 수 있다.

퓨타키는 주로 '예측시장 기반 거버넌스'라고 불린다. 보증금 시스템이 이와 같은 맥락에 있다고도 보면 된다. 이 거버넌스는 '투표'에는 의견뿐 아니라 예측도 포함한다고 본다. 제대로 된 결정을 하면 보상하고 아닌 경우에는 벌칙을 부과한다. 예를 들어 내가 올린 「콘텐츠 큐레이션 다오를 위한 예측시장」 제안서[28]는 일부 중앙화된 디자인으로, 누구든 콘텐츠에 추천이나 비추천(Upvote or Downvote)할 수 있다. 추천을 많이 받은 콘텐츠일수록 더 많이 보이고 결론적으로 '중재패널(Moderation Panel)'을 통해 최종 결정을 내린다. 낮은 확률로 각 게시물의 추천 또는 비추천 정도에 따라 중재 패널이 승인 결정을 내릴 수 있다. 중재 패널이 게시물을 승인할 경우, 추천한 이들 모두는 보상을 받고 비추천한 모두는 벌금을 낸다. 승인하지 않을 경우, 반대의 사례가 일어난다. 해당 메커니즘은 참여자들이 중재 패널의 판단을 '예측'하도록 유도한다.

다른 퓨타키 사례로는 토큰 프로젝트의 거버넌스 시스템이 있다. 이 시

---

28 [역자 주] https://ethresear.ch/t/prediction-markets-for-content-curation-daos/1312

스팀에서는 투표가 승인될 경우, 투표가 진행되던 시점의 가격으로 특정 수량의 토큰을 사야 한다. 나쁜 결정에 투자하면 비싼 투표를 치른 셈이 된다. 나쁜 결정이 통과될 경우 프로젝트 내 다른 의견을 낸 사람들이 판매한 토큰을 모두 다시 사야 하기 때문이다. 이는 상대적으로 값싼 뇌물 수수 문제를 해결할 수 있다.

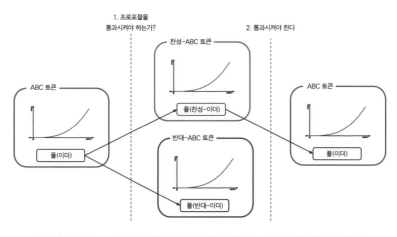

퓨타키 거버넌스. 도식화를 통해 두 가지 미래를 확인한 뒤 그중 유리한 것을 선택한다.

하지만 이 모델은 한정적으로만 활용할 수 있다. 앞에서 언급한 콘텐츠 큐레이션의 경우처럼 거버넌스 문제를 해결하는 게 아니기 때문이다. 이는 단순히 이미 신뢰하는 거버넌스 도구를 확대하는 것뿐이다. 중재 패널을 예측시장으로 대체해 광고 공간 구매 권한을 토큰으로 살 수 있다. 예를 들어, 중재 패널을 광고 공간을 살 수 있는 권리를 가진 토큰의 가격에 대한 예측 시장으로 대체하려는 시도를 생각해보자. 하지만 소수의 중요 결정 사항을 제외하고는 대부분의 사안에 있어서 실용적으로 사용되기에는 토큰의 가격은 너무 잡음이 많아 적절하지 않다. 또한 많은 경우에 우리가 명시적으로 극대화하려는 것은 토큰의 가치가 아니다. 토큰 가격에 대한 영향력을 통해 거버넌스 결정의 가치를 쉽게 결정할 수 없는 보다 일반적인 경우를 고려해 본다면, 왜 무신원이나 공모방지형 시스템이 공공적 이익 여부를 판단하는 좋은 메커니즘이 될 수 없는지 알 수 있다. 만일 신원 없이 오로지 코인만을 사용하는 무신원 게임 속성을 유지하고자 한다면, 정당한 공공적 이익을 장려하는 데 실패하거나, 금권정치를 과잉으로 유도하게 될 것이다.

먼저 공공의 이익을 위해 무언가를 만드는 작가가 있고(예를 들어 블로그 게시물) 이를 통해 다수의 커뮤니티 참여자에게 가치를 제공한다고 생각해보자. 커뮤니티 참여자들은 특정 행동을 통해 작가에게 1달러를 줄 수 있다고 가정해보자. 커뮤니티 참여자가 극도로 이타적이지 않은 이상 작품 가격이 1달러 이상은 되어야 한다. 그렇지 않은 경우 참여자들은 작가에게 돈을 지급하지 않을 것이고, 곧 '공공재의 비극'이 발생할 수 있다. 작가는 1달러보다 가치가 낮은 참여자들도 행동하게끔 만들어야 한다. 하지만 이때 한 부유한 공격자가 몇천, 몇만에 달하는 양말 인형 계정(가짜 계정)을 통해 가짜 커뮤니티를 만들었다고 가정해보자. 이 커뮤니티는 진짜 커뮤니티처럼 움직인다. 다만 이 커뮤니티는 작가를 지원하는 것이 아니라 다른 양말 인형 계정을 지원할 것이다. 양말 인형 계정은 이를 악용해 시스템의 보상 풀(Pool)을 동낼 수 있다. 어떤 메커니즘이든 조직화할 수 있다면 이미 조직화된 단체들을 더욱 조직화시켜 시스템을 악용할 수 있는 것이다. 비슷한 문제는 콘텐츠를 더 보여주는 것 자체가 중요한 상황에서도 발생한다. 어떤 콘텐츠가 1달러보다 더 가치 있는 경우 다수에게

비탈릭 부테린 지분증명

도움을 줄 수 있는 고급 블로그 콘텐츠를 선택할 것인가? 아니면 아래와 같은 콘텐츠를 선택할 것인가?

일반 기업

폰지사기[29]

최근 이런 광고 외에도 조직화된 단체들이 문제를 일으키는 것을 본

---

29 가상화폐 투자 플랫폼으로 규제 당국이 폰지사기라고 판단한 후 2018년에 문을 닫았다.

적이 있다. 바로 소셜미디어를 통한 정부 프로파간다를 설파하거나 의견을 조작하는 경우다. 궁극적으로, 중앙화된 시스템이나 탈중앙화된 시스템이나 동일한 근본적 문제에 직면해 있는데, '아이디어의 시장'(그리고 더 일반적으로 공공재의 시장)은 경제학자들이 통상적으로 사용하는 의미의 '효율적인 시장'과는 거리가 멀다는 점이다. 이것은 심지어는 '평화적 시기'에도 공공재의 저생산으로 이어지고, 공공재에 대한 능동적인 공격에 취약하도록 만드는 매우 어려운 문제다.

비후와 같은 코인 기반 투표 시스템이 신원기반 시스템에 비해 나은 점이 있다. 적어도 대량 계정 구매는 막을 수 있다는 것이다. 토큰을 얼마나 가졌는지가 중요하지 계정의 수가 중요하지 않기 때문이다. 하지만 신원에 기반하지 않고 코인 수량에만 기반한 시스템은 조직적으로 만들어진 의견이 공공 이익을 추구하는 분산 커뮤니티의 의견을 이길 수 있다는 문제를 해결하지 못한다. 분산 커뮤니티에 권한을 주는 신원 미설정 메커니즘은 탈중앙화된 척하는 조직화된 주체에 권한을 과하게 부여할 수밖에 없다.

단순히 신원 문제만 있는 것도 아니다. 뇌물 수수 문제 또한 해결해야 한다. 10,001개의 양말 인형 계정이 있다고 했을 때 공격자는 펀딩을 받는 하나의 신원만 갖고 있다. 그리고 다른 실제 유저 1만 명이 있다고 했을 때, 1센트의 뇌물 수수를 통해 공격자가 1달러를 더 얻을 수 있게 해줄 수 있다. 이러한 뇌물 수수 사례는 한눈에 파악하기 쉽지 않다, 외부 업체를 써서 진행한다고 해도 뒤에서 일어나는 일들을 알 수 없기 때문이다. 심지어 코인으로 투표를 한다면 뇌물 수수는 더 해결하기 어려워진다. 시장에서 코인을 빌려서 투표에 활용할 수 있기 때문이다. 따라서 일부 예측 시장이나 보증금 기반 게임에서는 신원을 설정하지 않고 공모 방지를 할 수 있으나 일반적인 공공 이익 프로젝트의 경우 불행하게도 공모 방지와 무신원형 모델은 작동하도록 만들 수 없다.

공모 저항성과 신원

다른 방안은 신원 문제부터 해결하는 방식이다. 여권이나 주민등록증과 같이 중앙화되고 보안성이 높은 신원 시스템들의 경우 확장이 어렵다. 특히 여권이나 주민등록증을 시장에 판매했을 때 유의미한 가치가 형성되는 국가가 있다면 해당 국가의 정부에 이런 신원 시스템은 오히려 불안함을 높이는 요소가 된다. 물론 이렇게 복잡하지 않아도 신원 증명은 어느 정도 가능하다. 우리가 얘기하는 '신원'이란 다양한 요소를 활용해 현재 행동하는 개인이 그 개인이 맞는다는 것을 증명할 수 있으면 된다. 이런 방식 중 가장 초기 프로토타입은 HTC 블록체인 핸드폰의 소셜 리커버리 기능이다.

HTC 블록체인이 도입했던 소셜 리커버리 기능.

이 기능은 사용자의 개인 키를 신뢰할 수 있는 다섯 사람에게 공유한다. 수학적으로 세 명이 협력하면 개인 키를 복구해낼 수 있다. 하지만 두 명 및 그 이하는 불가능하다. 다섯 명의 친구들은 개인 키 복구를 요청해오는 사람이 당신인지 확인한 뒤 동의해주게 된다. 결국 본인 확인을 하는 신원 시스템의 조건에 부합하는 셈이다.

이 방법은 개인 계정 보안 문제를 해결하는 특수 신원 시스템으로 고유한 각 개인을 분별하는 문제와 본질적인 차이가 있다. 심지어 기술적인 구현 난이도도 낮다. 즉, 개인들이 서로 신원을 확인해주는 것이 안정적 신원 모델로 발전될 수 있다는 의미다. 이러한 시스템은 앞에서 소개한 퓨타키 메커니즘을 통해 강화될 수 있다. 만약 누군가 자신이 고유한 인간이라고 주장하고 다른 사람이 이를 반박하는 상황이 생긴다면, 둘 다 이 이슈에 대해 보증금을 걸게 하고, 시스템은 누가 맞는지 결정하는 판정단을 소집하게 한다.

이 외에도 신원을 판매하거나 임대할 수 없어야 한다. 물론 이런 행위 자체를 막을 수는 없다. 이 경우 서로를 믿을 수 없게 만들어서 이 문제를 해결할 수 있다. 구매자가 판매자를 믿을 수 없다면, 임대 행위가 발생하지 않기 때문이다. 한 가지 방법은 주인이 판매는 할 수 있으나 언제든지 바꿔치기할 수 있게 만드는 것이다. 그리고 해당 행위를 증명할 수 없게 해 구매자의 동기를 줄이는 것도 방법이다. 더 쉬운 방법으로는 영지식 증명(ZKP) & 다자간 연산(MPC)을 활용해 결과만 판독하게 할 수도 있다. 판매했다는 결과는 판단할 수 있으나 그에 대한 진실 여부는 파악할 수 없다. 물론 이러한 접근 방식이 완전히 공모를 방지하진 못한다. 몇몇 친한 이들끼리 친구 집에 모여 소파에 앉아 투표를 조종할 수도 있기 때문이다. 그러나 시스템이 무너지지 않을 정도로 약화시킬 수 있는 관리가 가능하다.

또 하나 해결해야 하는 문제는 키의 초기 분배 방식(Initial Distribution)이다. 사용자가 외부 커스터디 서비스에 신원를 만들고 몰래 투표를 할 수 있다면 어떨까? 이는 암묵적인 뇌물 수수로, 외부 커스터디 서비스의 보안이 뛰어나고 투표를 증명할 수 없게 해 뇌물 수수 행위를 방지한다면 더 찾기 어려워진다. 이를 해결하는 방법은 개인 검증이다. 예를 들어 '발행자' 생태계가 있다고 가정해보자. 이러한 발행자는 스마트카드를 통해 스마트폰에 개인 키를 내려받은 뒤 메시지를 보내서 언제든 기존 키를 대체할 수 있다. 이러한 발행자들은 이미 검증받은 행사 주최사뿐 아니라 개인도 가능하다.

공모 저항성을 가진 메커니즘을 위한 인프라를 만드는 것과 탈중앙화 신원 시스템을 확보한 시스템을 만드는 것은 매우 어려운 일이다. 하지만 이러한 시스템은 반드시 필요하고, 계속 시도해야 한다. 현재 컴퓨터 보안 기술로는 온라인 투표는 하지 말아야 한다는 것이 중론이다. 하지만 우리가 투표 기반 시스템을 제곱투표나 펀딩과 같이 더 다양한 곳에 활용하기 위해서는 현재 마주한 문제를 해결하려고 부단히 노력해야 하고 실제 사용 사례를 만들어내야 한다.

역자의 글

부테린은 이 장에서 블록체인 거버넌스와 금전적 토큰 보상을 통해 자발적 참여를 독려하는 거버넌스 구조, 투표를 통한 탈중앙적 운영 방식의 장점 등을 설명한다. 그의 설명을 잘 따라온 독자들은 자연스럽게 이런 의문을 갖게 될 것이다. '돈이 많은 사람이 합당한 뇌물을 제공하고 사람들을 매수하면, 그 사람 마음대로 블록체인 거버넌스를 쥐락펴락할 수 있겠네?'

정확한 지적이다. 한 사람이 이렇게 하기는 조금 어렵겠지만 다량의 토큰(투표권)을 보유한 몇몇 혹은 소수가 공모나 담합을 통해 프로토콜 운영을 휘두르는 것은 충분히 가능하다. 특히 부테린과 이더리움이 추구하는 방향인 지분증명에서 이는 더욱 치명적인 문제다.

실제로 기존에 금전적 토큰 보상으로 적극적인 참여를 인센티브화하려 했던 시스템들은 금권정치로 변모하거나 뇌물 수수를 유발한다는 문제를 겪어 왔다. 거버넌스 시스템을 도입할 경우 공격자는 대량의 거버넌스 토큰을 대출받아 플랫폼을 좌지우지할 수 있다. 이를 방지하기 위해 신원 보증 제도를 도입한 시스템들은 한 사람이 다수의 가짜 계정을 만들어 네트워크를 공격할 수 있다는 또 다른 문제에 직면해 있다.

블록체인이 더 다양한 시스템을 포함하는 생태계를 구축하고 대중성을 확보하기 위해서는 이런 문제에 대한 해결책이 필요하다. 부테린은 여기서 다중서명(Multi-sig) 등 담합과 공모를 막을 수 있는 대안을 제시한다. 하지만 동시에 담합 방지는 여전히 어려운 문제이며, 우리는 대안을 찾아내야 하는 상황에 있다는 점도 토로한다.

해결하기 어려운 문제들은 역설적으로 크립토 세계가 가지고 있는 기회의 크기를 잘 보여주기도 한다. 크립토에는 아직 풀 문제가 많다. 누군가 이 문제를 해결하는 방법을 고안해낸다면, 그것 하나만으로 큰 부를 쌓을 수 있을 것이다.

표현의 자유에 대해

vitalik.ca

2019년 4월 16일

> 진술은 진실하면서 동시에 위험할 수 있다.
> 위의 진술도 마찬가지다.
> _데이비드 프리드먼

표현의 자유는 지난 20년 동안 인터넷 커뮤니티에서 씨름해왔던 주제다. 검열에 대한 저항이 핵심 가치관 중 하나인 암호화폐와 블록체인 커뮤니티에서는 표현의 자유를 중요하게 여겼다. 그럼에도 지난 몇 년간 크립토 시장의 가파른 성장과 자본의 대량 유입이 표현의 자유를 실질적으로, 그리고 개념적으로 지키는 것을 어렵게 만들었다. 이제 표현의 자유에 대한 몇 가지 모순을 살펴보고 진짜로 표현의 자유가 어떤 의미인지 다시 확인해보자.

표현의 자유법 대 표현의 자유

표현의 자유는 정부에 대해서만 법적 제재를 가할 수 있는 것이고 기업이나 개인 소유의 플랫폼, 인터넷 포럼, 콘퍼런스 등의 민간 단체들과는 상관이 없다는 얘기들을 종종 듣는다. 이런 얘기를 들을 때마다 좀 답답하다. 암호화폐 커뮤니티에서도 사적 검열이 있었다. 대표적인 사례로는 소셜 뉴스 웹사이트의 관리자인 데이모스(Theymos)라는 사람이 '하드 포킹을 통해 비트코인 블록체인의 투명성을 개선하자'는 내용의 글을 일방적으로 지우기 시작했던 사건을 꼽을 수 있다. 사람들의 비판이 쏟아지자 데이모스는 스스로를 변호했다. 다음은 그가 레딧에 올린 글이다.

BIP 101(투명성을 개선하기 위한 하드포크)을 홍보할 수는 있다. 그러나 BIP 101이 실제 사용되는 것을 홍보할 수는 없다. 물론 아이디어가 지지를 받으면 그때 홍보를 할 수 있다. 비트코인은 채굴자의 민주주의도, 노드의 민주주의도 아니다. 이 제안서는 비트코인을 버리고 다른 네크워크나 화폐를 선택하겠다는 뜻이다. 물론 각각의 자유는 중요하기에 존중한다. 비트코인의 대단한 점 중 하나는 민주주의적이지 않다는 것이다. 99%가 비트코인을 사용하더라도 BIP 101을 적용한 별도의 화폐를 사용하는 것은 당신의 자유고 나머지 비트코인 사용자들이 강제적으로 당신에게 비트코인을 사용하게 할 수는 없다. 그러나 나는 이런 비트코인의 파생물을 보여줄 의무도 없고, 그럴 계획도 없다.

데이모스의 검열을 변호하는 사람들은 데이모스가 레딧에서 소유하는 '사적인 포럼'에는 자유가 있다고 했다. 그는 레딧의 자기 포럼에서는 원하는 대로 행동해도 해도 되며, 이에 대해 동의하지 않는 사람들은 다른 포럼으로 옮겨가면 그만이라고 말했다. 당시 트위터에서는 이런 의견도 있었다.

Party Timez @PartehTiemz · 3 Feb 2017
Replying to @adam3us
I hope Core team can undo the damage caused to it by Theymos. Bitcoin can rely on decentralization, what can the community rely on?

♡ 1   ⊔   ♡ 1   ✉

Neo M. Hodlonaut 🔑⚡ @RedPillTrading · 4 Feb 2017
Theymos moderates a PRIVATE forum, nothing to do with core. The community relies on bitcoin. So, let's keep it decentralized.

♡ 1   ⊔   ♡   ✉

▲ beaner 6 months ago [-]
Bitcoin cash isn't censored. It has its own subreddit (and the rest of the internet) where discussion can be had about it.

Equating "censored in r/bitcoin" with censorship in general sort of proves that it's mostly about politics; you want to be uncensored _in a specific private community_. If BCH can stand on its own merit (and hopefully it can!) then you don't need that. Those who think it does need that aren't trying to make BCH successful, they want to control Bitcoin. And so it makes sense that people with those motives should not be allowed.

Layer 2 is a scaling solution, I don't see why it wouldn't be.

@Party Timez의 트윗

"코어팀이 데이모스에 의해 생긴 피해를 복구할 수 있었으면 좋겠다. 비트코인은 탈중앙화에 의존하는데, 커뮤니티는 그러면 어디에 의존하지?"

@Neo M. Hodlonaut의 트윗

"데이모스는 코어팀과 관련 없는 사설 포럼을 운영하고 있어. 그 커뮤니티는 비트코인에 의존해. 그러니까 탈중앙화되게 유지해야 해."

데이모스의 글을 본 레딧의 반응

"비트코인캐시는 검열되지 않았어. 비트코인캐시만의 글도 있어. 우리 대화는 거기서 진행하면 되지. '특정 비트코인 포럼에서 검열이 발생했다'라고 말하는 건 괜찮은데, 그걸 우리가 통상적으로 말하는 '검열'과 같은 의미로 받아들이면 안 되지 않을까. 그 둘을 동일시하는 것은 포럼 관리자를 비방하려는 목적이 다분한 정치적인 행동이지 않나.

특정 사설 커뮤니티에서 검열을 안 받겠다는 것이라면 비트코인 캐시가 당당하게 자리를 잡는다면 그런 검열은 필요 없다. 비트코인 커뮤니티에서 비트코인캐시 내용을 검열하는 데 반대하는 사람들은 애초에 비트코인캐시가 성공적이었으면 좋겠다고 생각하는 사람들이 아니라 비트코인을 통제하고 싶은 사람들이다. 당연히 통제하고 싶은 사람들에게 발언권을 주어서는 안 된다.

물론 데이모스가 자신의 포럼을 검열하는 것이 범법행위는 아니다. 그러나 대부분 이런 검열은 여전히 표현의 자유를 침해한 것으로 보인다.

몇몇 나라에서 표현의 자유는 단순히 법적 조항으로 명시된 이상의 의미를 지닌다. 표현의 자유는 사회적 원칙이다. 그리고 이 사회적 원칙의 근본적인 목표와 법의 근본적인 목표는 일치한다. 바로 생각을 나누고 더 좋은 생각을 채택할 수 있게 하는 환경을 조성하는 것이지 단순히 권위적인 위치에 있는 사람들이 좋아하는 아이디어만 존재하게 하는 것이 아니다.

또한 표현의 자유는 정부에 의해서만 보호받는 것도 아니다. 기업은 누군가를 해고할 힘도 있고, 인터넷 포럼 관리자는 다른 이의 글을 지울 수 있으며, 그 외에도 일반인을 통제할 수 있는 다양한 종류의 힘이 존재한다. 이 기저에 깔린 사회적 원칙은 무엇인가? 의사결정이론가이자 작가인 엘리저 유드코프스키(Eliezer Yudkowsky)는 다음과 같이 언급했다.[30]

'만약', '그리고', '그러나'와 같은 예외적인 구절이 없는 인간의 합리성에 바탕을 둔 명령은 거의 찾아볼 수 없다. 이것도 그중의 하나다. 그러나 이는 예외다. 안 좋은 주장은 반박을 받아야 하지 총알을 받아서는 안 된다. 절대로. 어떤 일이 있어도 그래서는 안 된다.

슬라이트스타코덱스[31] 역시 다음과 같이 언급했다.

---

30 본 책, 「파편화된 사일로에서」 참고.

31 본 책, 「블록체인 거버넌스」 참고.

"총알은 무엇을 뜻할까? 말 그대로 총 안에 넣어서 쏘는 작은 쇳덩이를 말하는 걸까? 총알은 안 되지만 화살이나 투석 같은 다른 발사체는 괜찮은 걸까? 칼 같은 근거리 무기는? 게다가 '어떤 주장에 대한 부적절한 반응'이라는 기준은 어떻게 정의해야 할까?"

어떤 주장에 대한 좋은 반응은 그 주장의 내용을 다루는 것이다. 나쁜 반응은 그 주장 자체를 묵살시키려고 하는 것이다. 누군가의 의견을 다루고자 한다면, 결과는 당신이 내놓는 아이디어가 얼마나 좋은지에 따라 갈릴 것이다. 만약 타인의 생각을 뭉개버리고자 한다면 그 결과는 당신이 얼마나 힘이 있는지, 얼마나 짧은 시간 안에 사람들을 선동할 수 있는지에 따라 달라진다. 이는 누군가를 총으로 쏘거나, 칼로 베거나, 쇠스랑으로 무장한 사람들을 불러모으면 된다. 물리적인 폭력 외에도 나와 다른 생각이나 사상을 가진 사람을 해고하는 것도 누군가의 생각을 무시해버리는 방법이다.

타인의 생각이나 주장에 대꾸하기 싫은 사람들이 있을 수 있다. 그런 사람들이 모여, 듣기 싫은 주장은 안 들을 수 있는 일종의 '안전가옥을 만들고 싶어할 수 있다. 이 역시 자유의 한 종류기 때문이다. 그중 제일 무해한 공간은 이더리움 연구 포럼인 이더서치(ethresear.ch)일 것이다. 여기서는 주제를 벗어나기만 해도 포스트가 삭제되어 대화 주제를 연구에서 벗어나지 않도록 한다. 그러나 이런 '안전가옥'에도 어두운 측면이 있는데, 이에 대해 켄 화이트(Ken White)[32]는 이렇게 말한다.

---

32 로스앤젤레스에서 활동하는 변호사로 포프햇(Popehat) 블로그에서 표현의 자유에 관한 글을 쓴다.

놀라울 수도 있지만 나는 '안전한 공간'을 지지한다. 나는 결사의 자유 또한 존중하기 때문이다. 안전한 공간도 원칙에 기반해 설계한다면 자유의 연장선에 있다고 본다. 모든 사람이 '안전가옥'을 그런 용도로 사용하지는 않는다. 몇몇은 '안전가옥'이라는 콘셉트를 공격적으로 사용해 공용 공간을 합병하고, 구성원에게 개인의 잣대를 들이대며 그곳에 맞게 생각과 행동을 맞추라고 강요한다. 그것은 결코 결사의 자유라고 볼 수 없다.

한마디로 어딘가의 구석에 자기만의 안전한 공간을 만드는 것은 상관없지만, 공공성이 높은 장소에서 특정한 신념을 강요하는 안전가옥을 만드는 것은 잘못된 행동이다. 여기서 '공공장소'란 어디일까? 사전적으로 '정부가 소유하고 운영하는 공간'으로만 해석하면 곤란하다. 사적으로 소유하지만 실제 공공장소처럼 운영되는 곳들도 있기 때문이다. 굳이 법적 정의가 아니어도 많이 공감할 것이다. 예를 들어, 개인 대 개인이 1:1로 있는 자리에서 성차별이나 인종차별을 하는 것보다 백화점처럼 불특정 다수가 공공 공간처럼 이용하는 장소에서 차별적인 행위를 하는 게 더 악질이다. 비트코인 포럼 또한 마찬가지다. 누가 그 공간의 관리자든 그 포럼 역시 '공공장소'의 범주에 속한다. 이를 뒷받침하는 몇 가지 주장은 다음과 같다.

- 그 포럼은 사이트에서 좋은 위치를 차지하고 있고, 비트코인이라는 단어까지 들어가 있다. 사람들이 그곳을 비트코인에 대해 얘기할 수 있는 공간이라고 인식하는 게 당연하다.
- 이 공간의 가치는 데이모스에게서 나온 것이 아니다. 비트코인을 얘기하고자 들어온 사람들에 의해 형성된 것이다. 이들은 이 공간이 비트

코인에 대해서 자유롭게 토론할 수 있는 공간으로서 계속 그 목적을 유지할 것이라는 암묵적인 기대를 했을 것이다.

• 데이모스의 태도가 돌변해서 사람들은 놀랐고, 그가 이런 행동을 할 것이라고 예측할 수 없는 상황이었다.

데이모스가 새로운 포럼을 만들어 그 방의 명칭을 '온건파를 위한 방'이라고 지정하고 여기에서는 하드 포킹을 통해 비트코인의 방향성을 바꾸고 싶어하는 사람들은 환영하지 않는다고 명시적으로 얘기했다면 그가 한 행동을 덜 비난했을 수도 있다. 그의 생각에 반대했을 수도 있지만 대립되는 의견을 갖고 있는 사람 없이 의견이 일치하는 사람들을 위한 공간을 만드는 행위를 부적절하다고 비난할 사람은 별로 없을 것이다.

그러나 데이모스는 '공용 공간을 자신의 방처럼 점유하고, 그 안의 구성원들에게 자신의 잣대를 들이대며 거기에 생각과 행동을 맞추라는 강요'를 했던 셈이다. 그 결과 비트코인 커뮤니티에서 블록 크기를 확장시키고 싶은 사람들과 그렇지 않은 사람들 사이의 합의가 이루어지지 못했고, 험악한 분위기 속에 포킹을 해서 체인이 갈라지게 되었다. 이제는 비트코인과 비트코인에서 파생된 비트코인캐시파 사이에 냉랭한 평화가 유지되고 있다.[33]

탈플랫폼화

2018년 〈디코노미(Deconomy)〉[34]에서 나는 자기 자신을 사토시 나카모

---

33 [역자 주] 비트코인캐시는 2017년에 비트코인을 포크해서 만든 것으로, 시스템이 대량의 거래량을 감당할 수 있게 하여 화폐처럼 사용되는 것을 목표로 한 암호화폐.

34 [역자 주] 2018년, 2019년에 탈중앙화 경제를 개발하려는 취지로 한국에서 열린 콘퍼런스다.

토라고 주장하는 크레이그 라이트(Craig Wright)를 공개적으로 비난했다. 나는 "왜 이 사기꾼이 콘퍼런스에서 말을 하고 있죠?"라는 질문을 던졌다. 크레이그 라이트의 지지자들은 내 발언을 비난했다. 내가 크레이그 라이트를 '침묵'하게 하려고 했는가? 아니다. 누군가는 '디코노미는 공공장소가 아니다'라고 할 수도 있겠지만 콘퍼런스는 근본적으로 인터넷 포럼과는 현저한 차이가 있다. 인터넷 포럼은 어떤 대화도 할 수 있는 중립적인 매체가 될 수 있다. 반면 콘퍼런스는 선별 과정을 통해 구성된 프레젠테이션의 모음이다. 발언 기회도 매우 제한적이고, 운 좋게도 그 기회를 잡게 된 사람들은 엄청나게 많은 관심을 받게 된다. 콘퍼런스는 '이런 아이디어와 관점들은 여러분이 꼭 알아야 한다고 생각합니다'라는 주최자들의 주관을 보여주고자 세심하게 큐레이팅된 공간에 가깝다.

비탈릭 부테린 지분증명

모든 콘퍼런스는 공간과 시간의 제약으로 거의 모든 의견을 '검열'할 수밖에 없다. 이는 포맷 자체에 어느 정도 불가피하게 내재된 것이므로 콘퍼런스가 정한 연사자 리스트에 대해서 불만이 있다면 이의를 제기할 수 있다. 이런 검열은 다른 플랫폼에도 적용할 수 있다. 페이스북, 트위터, 유튜브 등의 온라인 플랫폼은 알고리즘을 통해 적극적으로 사람들의 추천 항목에 어떤 콘텐츠를 선보일지 검열한다. 이는 자신들의 플랫폼의 활용도를 최대로 높이기 위한 이기적인 이유에서 진행한다. 물론 부작용으로 '지구가 평평하다'는 내용의 영상 따위가 내 타임라인에 뜰 때도 있다.

그렇다면 이미 플랫폼이 (자동화된) 선별 작업을 진행하고 있다면, 알고리즘의 메커니즘을 조작해 공익에 기여할 수 있는 내용을 왜 선별하지 않는지도 비판할 수 있다. 최소한 모든 정치적 진영이 어느 정도 동의할 수 있는 선에서 말이다. 그리고, 이 '검열'을 했다고 해서 누군가가 크레이그 라이트 측의 주장을 들을 수 있는 기회를 차단하는 것은 아니다. **누군가 이미 콘텐츠를 선택적으로 제시하는 플랫폼을 운영하고 있다면 그가 좀 더 사회적 발전에 기여할 수 있는 콘텐츠를 고르는 것이 옳다.**

이 원칙을 적용할 수 있는 사례는 #DelistBSV 홍보를 들 수 있다. 이때 바이낸스(Binance)를 포함한 몇몇 거래소는 크레이그 라이트가 홍보한 비트코인 포크인 BSV의 거래를 중단한 적이 있었다. 이때 꽤나 합리적인 사람들마저도 거래소들의 거래 금지 행위가 신용카드 회사들이 위키리크스에 대한 거래 서비스를 중단했을 때와 유사하다고 지적하며 이를 두고 검열 행위라고 비판한 적이 있었다.

Angela Walch
@angela_walch

Following ∨

What this phenomenon suggests is that the #crypto community's commitment to 'censorship-resistance' and getting rid of human agency/discretion may be about having the power to make the decisions to censor or not.

Power transfer, rather than power distribution.

3:43 PM - 15 Apr 2019

8 Retweets 39 Likes

♡ 12   ⇄ 8   ♡ 39   ✉

이 현상이 보여주는 것은 간명하다. 크립토 커뮤니티가 추구하는 검열에 대한 저항성이란 검열 여부를 선택할 수 있느냐 없느냐를 정하는 힘을 갖추고 있느냐 아니냐에 해당한다는 것이다. 크립토 커뮤니티는 이 힘을 더 많은 사람에게 전하고 싶어하는 집단이다.

나는 중앙화 거래소가 쥐고 있는 힘에 대해서 매우 비판적이다. 나는 그러면 #DelistBSV를 표현의 자유 문제로 반대해야 할까? 아니다. #DelistBSV에 참여한 크라켄(Kraken) 같은 가상자산 거래소는 '무엇이든 다 되는' 방임주의 플랫폼이 아니다. 그들은 이미 어떤 화폐를 받아들이고 거절할지 선택해야 한다. 크라켄에서는 (당시) 12개 정도의 화폐가 받아들여지지 않았다. 그 외의 화폐들은 다 자동으로 '검열'하고 있는 것이다. 셰이프시프트(Shapeshift) 거래소는 스팽크(SPANK)나 심지어 케이엔시(KNC)도 지원하지 않는다. 이런 경우에 BSV의 거래지원을 중지하는 것은 검열보다는 한정된 자원(관심이나 정당성)을 효율적으로 사용하기 위한 선택이다. 바이낸스는 조금 다르다. 바이낸스는 많은 암호화폐를 지원하고 있다. 운영철학도 방임주의에 가까우며 엄청난 자금 보유량 덕에 선두주자의 자리를 지키고 있다.

내가 바이낸스의 입장을 대변하는 데는 두 가지 이유가 있다. 우선 바이낸스의 행동은 나쁜 행위에 대한 보복이라고 할 수 있다. BSV 커뮤니티의 구성원들은 원조 비트코인 옹호가이자 기자인 피터 맥코맥(Peter McCormack) 등 BSV를 비판하는 사람들을 고소하겠다고 협박하는 편지를 여러 차례 보냈다. 기본적 사회 통념에서조차 의견 대립이 큰 일종의 무정부 환경에서 '눈에는 눈'과 같은 방식의 보복은 비교적 나은 사회적 통념이라고 생각한다. 사람들이 처벌을 받는 경우는 그들이 정당하다고 믿는 신념에서 비롯된 행동을 했을 경우임을 보증해주기 때문이다.

몇몇 거래소에서 거래지원을 중단했다고 해서 사람들이 BSV를 거래할 수 없는 건 아니다. 코인엑스(Coinex) 거래소에서는 BSV를 지원하겠다고 밝혔다. 나 또한 방임주의 성격을 가진 마이너 거래소가 거래지원을 중단하는 것에 대해 반대한다. 그래도 거래소들의 거래지원 중단 자체는 사회적 비난의 메시지를 BSV에 보내는 것에 효과적이고, 필요한 동시에 유용하다. 그러니 BSV 거래지원 중단을 뒷받침할 만한 논리적인 근거는 충분한 셈이다. 다만 다시 생각해보면 바이낸스가 '자유' 때문에 거래지원 중단을 안 하겠다고 하는 것도 합리적이다.

일반적으로 민주주의 사회에서 어떤 힘이나 권력의 집중에 반대하는 것은 당연하다. 힘이나 권력이 한 지점에 집중되어 있다면 이를 사회나 전체 공동체의 발전을 위해서 사용하도록 하는 게 마땅하다는 아이디어도 자연스럽다. 경제학자 브라이언 캐플란(Bryan Caplan)[35]이 열린 국경을 지지함과 동시에 에볼라 입국 제한도 지지하는 것이 모순적이지 않다는 것에 대해서 쓴 글을 보자.

> 만약 어떤 힘이나 권력이 한 점으로 집중되는 것이 일반적으로 좋지 않은 결과를 가져온다는 생각을 가지고 있다면, 당신이 힘과 권력 집중에 반대하는 입장을 고수하는 것은 자연스러운 일이다. 그렇다고 해서 집중된 힘과 권력으로 행해지는 모든 행동을 반대할 필요는 없다.

만약 누군가 무허가로 크로스체인 탈중앙 거래소를 만들어서 모든 자산 거래를 지원한다면, 이 거래소에 상장되는 것은 사회적으로 큰 의미가 없을 것이다. 어차피 모든 자산이 이미 등록되어 있을 테니까 말이다. 나 또한 그런 거래소가 BSV를 지원하더라도 뭐라고 하지 않을 것이다. 존재 자체에는 찬성할 것이다. 그러나 나는 BSV가 더 높은 단계의 정당성을 부여받는 위치에 서는 것은 반대다.

공공장소에서의 검열은, 검열이 이뤄지는 장소가 개인적 공간이어도 좋지 않다. 정말 사적인 공간(특정 커뮤니티에서 공공성을 위해 사용되는 공간이 아닌 곳)에서의 검열은 괜찮다. 그러나 접근 거부를 목적으로 특정 프로젝트들을 배제해서는 안 된다. 정당성이 희박한 프로젝트를 거부하기 위한 목표와 효과를 위한 배제는 괜찮다.

---

35 브라이언 캐플란, 「에볼라와 열린 국경」, 『이콘로그(EconLog)』, 2014년 10월 16일.

역자의 글

블록체인과 암호화폐에 대해서 더 알아보기 위해 조금 검색해본다면 트위터, 텔레그램, 디스코드 등의 소셜미디어 플랫폼에서 무척 활발한 토론의 장이 형성되어 있다는 것을 알 수 있다. 그만큼 커뮤니티들은 서로 정보와 의견을 교류하는 데 열정적이다. 특히 블록체인의 투명성과 검열저항성에서 비롯된 표현의 자유를 블록체인이 존재하는 이유 중의 하나로 꼽는다고 해도 과언이 아니다.

그러나 부테린은 블록체인 커뮤니티에서 이러한 덕목이 제대로 지켜지는 것인지 의문을 제기한다. 그는 이 장에서 표현의 자유란 정확히 무엇을 의미하는지, 그리고 건강한 대화가 오고 갈 수 있는 환경을 만들기 위해서는 무엇이 필요한지에 대해 서술한다.

부테린에게 표현의 자유란 법이 아닌 사회적 원칙으로 작용한다. 그는 단순히 정부에서 규정해 놓은 곳만 공공장소로 적용되는 것이 아니라 사람들이 서로 대화를 할 수 있는 공간이라고 인식되는 곳은 다 일종의 공공재 역할을 한다고 믿는다. 그러기에 일방적으로 의견을 묵살하는 행위보다는 토론을 통해 자연스럽게 합의점에 도달하는 것을 훨씬 더 바람직하다고 생각한다.

모든 것이 그러하듯 예외는 있다. 비탈릭은 어떤 플랫폼에서 오가는 대화냐, 어떤 참여자들 사이에 오가는 대화냐를 분류해 어떤 경우에 검열이 용인되는지, 어떤 경우에는 검열에 항의해야 하는지에 대해서도 담담하게 자신의 의견을 밝힌다.

부채로서의 통제

vitalik.ca

2019년 5월 9일

10년 동안 인터넷 기반 서비스와 애플리케이션을 둘러싼 규제 및 법적 환경은 상당히 변했다. 대규모 소셜네트워킹 플랫폼이 유명해지기 시작한 2000년대 초반, 엄청난 양의 개인정보를 수집하면서 보통 '그렇게 하면 안 될 이유가 있나?'라고 생각했다. 이 시기는 마크 저커버그가 '사생활의 종언'을 선포한 시기였다. 에릭 슈미트는 '누구에게도 알리고 싶지 않은 것이 있다면 애초에 그걸 하지 말아야 한다'고 주장했다. 타인에 대해 얻을 수 있는 모든 데이터는 잠재적으로 기계학습에 도움을 주었고, 제한사항은 약점처럼 보였다. 그 데이터에 뭔가 변화가 생겼더라도, 그 비용은 상대적으로 크지 않았다. 10년이 지난 후, 상황은 상당히 달라지고 있다. 다음과 같은 몇 가지 주요 트렌드에 주목해보자.

• **사생활**: 지난 10년 동안, 특히 유럽에서 공격적으로 많은 개인정보법

비탈릭 부테린 지분증명

이 통과되었다. 물론 다른 지역에서도 마찬가지다. 최근에는 유럽에서 일반개인정보보호법(General Data Protection Regulation, GDPR)도 통과됐다. GDPR의 조항 중 가장 두드러지는 내용은 다음과 같다. 유럽이 아닌 다른 곳에서도 비슷한 규칙을 제정하는 것을 검토하고 있다.

1. 명시적 동의 필요
2. 데이터 처리를 위한 법적 근거 마련에 대한 필요
3. 사용자와 관련된 모든 데이터를 내려받을 수 있는 사용자의 권리
4. 사용자와 관련된 모든 데이터를 삭제할 수 있는 사용자의 권리

- **데이터 현지화 규칙**: 인도와 러시아를 비롯한 몇몇 국가에서 국내 사용자에 대한 데이터를 국가 내에 보관해야 하는 규칙을 만들거나 검토하고 있다. 물론 법률이 없다 해도, 정보가 잘 보호되지 않는 나라에 데이터가 유출되는 것을 우려하는 목소리가 높아지고 있다.

- **공유 경제 규정**: 우버와 같은 공유경제 업체들은 자사 애플리케이션의 통제와 운전자에 대한 감독 수준으로 볼 때 법적으로 고용주로 분류되어서는 안 된다는 것을 법원에서 주장하기 점점 힘들어지고 있다.

- **암호화폐 규정**: 최근에 발행된 미국의 금융범죄단속네트워크(FinCEN)[36]가 암호화폐 활동의 범위를 정하고, 미국의 규제 인허가 대상이 아님을 명확히 하고자 노력하고 있다. 보관 지갑(호스팅된 지갑)을 운영한다면? **규제를 받는다.** 사용자가 자금을 통제하는 지갑을 운영한다면? **규**

---

36 [역자 주] 자금 세탁 및 테러리스트 자금 지원 등 미국 국내외의 재무범죄에 대처하기 위해 재무거래 정보를 수집 및 분석하는 기관이다.

제를 받지 않는다. 믹싱 서비스[37]를 익명으로 제공한다면? **규제를 받는다.** 만약 당신이 이걸 운영하고 있다면? **규제를 받는다.** 만약 단순히 코드를 작성했다면 **규제를 받지 않는다.**

금융범죄단속네트워크의 암호화폐 가이드에 원칙이 없는 것은 아니다. 개발자가 자금을 능동적으로 통제하는 애플리케이션 카테고리와 그러한 통제권을 가지지 않는 애플리케이션 카테고리를 구분하고자 하는 것이다. 금융범죄단속네크워크는 운영자와 사용자 모두가 키를 쥔 다중서명 지갑의 규제 구분을 신중하게 구별해준다.

다중서명 지갑 공급자가 비(非)보관지갑[38]으로 그 역할을 제한하면서 거래 검증 및 완료를 위해 지갑 소유자의 개인 키에 두 번째 인증 키를 추가한다고 가정해보자. 그렇다면 다중서명 지갑 공급자는 어떠한 숫자도 받아들이거나 전달하지 않으므로 송금인의 역할을 한다고 볼 수 없다. 반면에 만약 그 숫자가 지갑 공급자의 계좌에 나타나거나, 소유자가 지불 시스템과 직접 상호작용하지 않거나, 제공자가 그 가치에 대한 완전한 독립적 통제를 유지한다고 가정해보자. 그러면 제공자는 송금인 역할을 수행할 수 있다.

비록 여러 사건들이 다양한 분야에서 일어나고 있지만, 공통된 경향이

---

37 [역자 주] 암호화폐 거래내역을 뒤섞어서 어디에서 코인을 받고 누구에게 코인을 보내는지에 대한 정보를 알 수 없도록 숨기는 기술을 뜻한다.

38 [역자 주] 암호화폐 개인 키를 제3자가 보관하지 않는 지갑이다. 메타마스크(Metamask)가 대표적인 비보관 지갑이다. 이에 반해 보관지갑은 제3자가 암호화폐 개인 키를 보관한다. 바이낸스와 같이 중앙화된 암호화폐 거래소의 지갑이 대표적이다.

보인다. 최근 **사용자의 데이터 및 디지털 소유권과 활동에 대한 통제는 자산에서 부채로 빠르게 이동하고 있다.** 이전에는 당신이 데이터를 관리했다면 모든 게 문제가 없었다. 지금이 아니더라도 미래에 통제가 수입을 올릴 수 있는 유연성을 제공한다. 하지만 지금은 당신의 관리하에 있는 것은 모두 당신의 책임이다. 당신이 관리하고 있는 데이터 때문에 규제를 받을 수 있다. 당신이 사용자의 암호화폐를 관리하고 있다면 당신은 송금인이라 할 수 있다.

우버의 경우를 보자. 만약 우버가 요금을 본인 재량으로 선택할 수 있고, 승차를 거부할 때 기사들에게 취소 수수료를 부과할 수 있고, 애플리케이션을 사용하지 않는 승객들을 태우는 걸 금지하고 기사들의 (우버) 계정을 정지시키거나 비활성화할 수 있다면, 우버를 고용주(사장)로 봐야 한다. 사용자의 데이터(개인정보)를 관리하는 경우 각 고객이 문제를 제기할 때마다 그 내용이 정당한지 따져야 하고, 각자 규정을 준수하는지 확인하는 담당자를 두어야 하고, 사용자에게 데이터를 내려받거나 삭제할 수 있는 접근 권한을 부여할지 여부도 세심히 따져야 한다.

그러나 만약 당신이 게으른 데다 여러 법적 문제를 걱정하는 애플리케이션 제작자라면 새 규칙을 위반하지 않는 가장 쉬운 방법은 통제권을 중앙집중화하지 않는 것이다. 사용자가 개인 키를 보관하는 지갑을 만든다 하더라도, 당신은 '소프트웨어 공급자'일 뿐이다. 만약 '탈중앙화된 우버'를 만든다면 겉만 번지르르한 유저인터페이스(UI)를 결제 시스템, 평판 시스템, 검색 엔진과 결합한 것에 불과하다. 그리고 이런 구성요소들을 통제하지 않으면 법적인 문제에 부딪히지 않을 것이다. 만약 데이터를 수집하지 않는 웹사이트를 만든다면, 일반개인정보보호법은 걱정할 필요가 없다.

　이런 접근 방식이 모두에게 맞는 것은 아니다. 편리하게 이용할 수 있는 중앙집권적 통제 없이 일을 진행하면 개발자와 사용자 모두 피해를 볼 수도 있다. 때로는 중앙집중화된 접근을 필요로 하는 비즈니스 모델이 채택되는 경우도 있다. 특정 소프트웨어가 당신 서버에 계속 남아 있는 경우, 중앙집중화된 방식에선 무료 사용자가 소프트웨어를 사용하지 못하게 할 수 있다. 아직 우리는 탈중앙화 서비스의 모든 것을 다 알지 못한다. 몇 가지 특정한 사항들을 정교하게 금지하고자 활동 범위 전체를 막아서는 안 된다. 이는 법이 의도하지 않은 결과다. 나는 개발자들이 자신의 사고방식을 '만일을 대비해 더 많은 걸 통제하고 싶다'에서 '만일을 대비해 더 적게 통제하고 싶다'로 전환했으면 한다.

　자발적으로 (데이터에 대한) 통제권을 포기하고, 못된 짓을 저지를 수 있는 능력을 스스로 없애는 것은 쉽게 일어날 만한 일은 아니다. 이념적으로 탈중앙 최대화 프로젝트는 존재하지만, 이 서비스가 주류가 되어 시장을 지배할지는 아직 알 수 없다. 적어도 이런 규제 트렌드는 '중앙집중 최소화, 사용자와 주권을 최대화하는 움직임이 나쁠 리 없다'라는 접근을 선호하고 채택하고자 하는 애플리케이션에 어울린다. 현재의 규제는 누가 보더라도 최적화된 것은 아닌 것 같지만 의도치 않게 불필요한 중앙화를 최소화하는 데 기여하고 있다. 그리고 사용자의 자산, 개인 키, 탈중앙화를 실행하고자 하는 강한 힘, 즉 데이터를 사용자가 통제해야 한다는 개념을 이끌어냈다. 이처럼 데이터에 관한 규제들을 지키는 것이 불필요한 중앙화를 최소화시키는 데 필요하다.

역자의 글

부테린은 페이스북을 예로 들며 수십 년 동안 플랫폼 기업에 의해 활발하게 이루어진 개인에 대한 데이터수집을 거론한다. 과거에는 사용자의 데이터, 디지털 세계에서의 활동과 저작물에 대한 소유권은 '자산'으로만 인식됐다. 하지만 지금은 자산이면서 동시에 부채이자 책임(Liability)에 가깝다. 데이터수집 기술과 함께 관련 규제 또한 발전해왔기 때문이다. 유럽의 일반개인정보보호법, 데이터 현지화 규칙, 공유 경제 규정 등이 그것이다.

이는 크립토 영역에도 그대로 적용된다. 가령 크립토 서비스 제공자가 서비스 사용자 자산에 대한 정보를 갖고 있거나, 자산을 통제하고 있다면, 서비스 제공자는 그에 걸맞은 규제를 지키고 책임을 져야 한다.

부테린은 이런 경향이 앞으로 더 강화될 것으로 전망한다. 아울러 이러한 규제 적용이 걱정된다면 애플리케이션이나 서비스 제작에 있어 중앙에서 데이터를 관리하고 통제하는 방식은 피할 것을 권한다. 다만 그는 탈중앙화된 통제가 만능이라 주장하진 않는다. 중앙화된 통제가 더욱 효율적이고 편리한 경우가 있기 때문이다. 또 그는 프로젝트 창립자가 자발적으로 중앙화된 통제권을 포기하는 건 쉽지 않은 일이라 덧붙인다.

다만 그는 데이터가 자산이 아닌 책임이 되어간다는 점을 다시 강조한다. 그는 개발자나 프로젝트 창립자들에게 '만일을 대비해 더 많이'가 아니라 '만일을 대비해 더 적게' 데이터를 통제할 것을 권한다. 서비스 제공자가 아닌 사용자가 데이터를 통제하고 그에 대한 책임을 지는 움직임의 등장을 전망한다.

크리스마스 스페셜

vitalik.ca

2019년 12월 24일

보통 크리스마스에는 가족과 함께 즐겁게 지내기 마련이다. 트위터에서 끊임없이 설전을 벌이는 대신 말이다. 크리스마스를 맞이해 가족 및 친구와 함께 즐길 수 있는 게임을 소개한다. 이 게임은 동시에 으스스하게 무서운 몇몇 수학적 개념을 이해하는 걸 도와줄 것이다.

Emin Gün Sirer
@el33th4xor

A vignette from the IC3 Bootcamp, where people unwind, among other things, by playing "1.58 dimensional chess," a game of Vitalik's invention that's surprisingly fun.

비탈릭 부테린이 IC3 부트캠프에서 자신이 고안한 '1.58 다차원 체스'를 두고 있다.

1.58 다차원 체스

아래는 체스 게임의 변형으로 그림과 같이 배열된다.

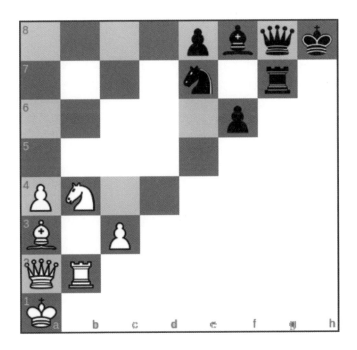

이 게임판은 평범한 8×8 체스판이지만, 열린 지점(Square)은 27개뿐이다. 나머지 37개의 지점은 체커나 바둑알, 또는 다른 것으로 가려서 '갈 수 없다'라는 것을 표시해야 한다. 규칙은 체스와 같지만 몇 가지 예외가 있다.

- 흰색 폰(Pawn)이 위로 이동하면, 검은색 폰은 왼쪽으로 이동한다. 흰색 폰이 왼쪽-위쪽(북서쪽)으로, 또는 오른쪽-위쪽(북동쪽)으로 이동하면, 검은색 폰은 왼쪽-아래쪽(남서쪽)으로, 또는 왼쪽-위쪽(북서쪽)으로

이동한다. 흰색 폰은 맨 위까지 이동하면 진급(프로모션, Promotion)[39]하고, 블랙 폰은 맨 왼쪽으로 이동하면 진급한다.

- 앙파상(En passant),[40] 캐슬링(Castling)[41]은 한 번에 두 지점으로 이동할 수 없다.
- 체스 기물들은 가려진 37개의 지점으로는 이동하거나 통과할 수 없다. 기사(Knight) 기물은 37개의 가려진 지점으로 이동할 수는 없지만 통과할 수 있다.

이 게임은 27개의 열린 지점이 시에르핀스키(Sierpinski) 삼각형[42]을 기반으로 한 패턴에 따라 선택되므로 1.58차원 체스라고 불린다. 하나의 열린 지점에서 시작해 너비를 두 배로 늘릴 때마다 이전 단계의 끝에서 모양을 가져온 다음 각각 왼쪽 위, 오른쪽 위, 왼쪽 아래, 왼쪽 아래 모서리에 복사한다. 하지만 오른쪽 아래는 접근할 수 없는 모서리로 그대로 둔다.

반면 1차원 구조에서는 너비를 2배로 늘리면 공간이 2배 증가한다. 2차원 구조에서는 너비를 2배 늘리면 공간은 4배로 증가한다($4 = 2^2$). 3차원 구조에서는 너비를 2배로 늘리면 공간은 8배로 증가한다($8 = 2^3$). 너비를

---

39 폰이 상대방의 마지막 가장자리 지점에 도달하면 폰, 킹을 제외한 기물로 승격할 수 있는 체스 게임의 규칙 중 하나다.

40 적의 폰이 두 칸 이동하는 도중 마치 폰이 한 칸밖에 움직이지 않은 것처럼 폰을 잡는 것을 뜻한다. 폰으로 폰을 잡을 경우에만 적용되는 체스 게임의 규칙 중 하나다.

41 킹과 룩, 두 개의 기물을 한 번에 동시에 움직이는 체스의 특수 규칙이다.

42 바츠와프 시에르핀스키의 이름이 붙은 프랙탈 도형이다. 시에르핀스키 삼각형 3개를 이용하여 원래의 2배 크기인 시에르핀스키 삼각형을 만들 수 있으므로, 이 도형의 하우스도르프 차원은 log3/log2의 근사치인 1.58이다.

2배로 늘리면 공간이 3배 증가하므로($3 = 2^{1.58496}$) 1.58 차원으로 불린다(더 자세한 내용은 하우스도르프 차원을 참고하라).

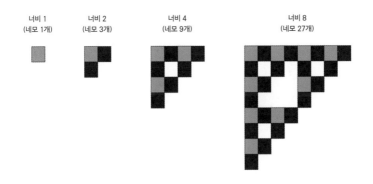

이 보드는 하나의 지점에서 시작해 각 단계에서
이전 단계의 보드 복사본 3개를 조합해 구성된다.

이 게임은 일반 체스보다 훨씬 더 간단하다. 특히 저차원 공간에서 방어가 공격보다 훨씬 쉬워지는 방법을 보여준다. 여기에서 다른 기물의 상대적 가치는 변경될 수 있으며, 게임을 종료하는 새로운 방법이 존재할 수 있다(예를 들어, 비숍을 움직이는 것만으로도 체크메이트를 얻어낼 수 있다).

3차원 틱택토(Tic-Tac-Toe)[43]

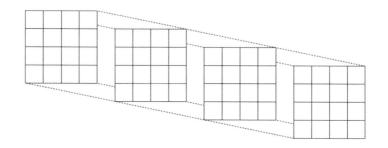

이 게임의 목표는 4개의 표식으로 하나의 직선을 이루는 것이다. 여기에서 선은 평면 사이를 포함하며 축이나 대각선을 따라 어떤 방향으로 갈 수 있다. 예를 들어 다음 그림의 구성에서는 X가 승리한다.

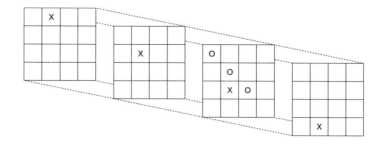

이 게임은 기존의 2차원 틱택토보다 훨씬 어렵고 훨씬 더 재미있다. 여기에선 2차원으로 돌아가자. 가상의 선으로 감쌀 수 있다는 점을 제외하고 말이다.

---

43 오목, 빙고와 유사한 형태인 추상전략 보드 게임으로, 가로, 세로, 대각선 중 한 줄을 자기 모양(표식)으로 채우는 사람이 이기는 게임이다.

틱택토 모듈

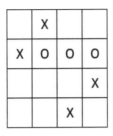

기울기가 네 지점을 모두 통과하는 한 대각선은 어떤 기울기든 가능하다는 점에 주의해야 한다. 즉, 기울기가 +/- 2 그리고 +/- 1/2인 선 모두 허용된다.

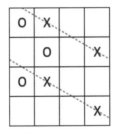

수학적으로 체스판은 정수 'x' mod 4(모듈로 연산) 위의 2차원 벡터 공간으로 해석될 수 있다. 그리고 이것의 목표는 이 공간 위의 네 지점을 통과하는 직선을 만드는 것이다. 어떤 두 지점을 통과하는 선이 최소 하나 이상은 있다.

4요소 이진 필드 위의 틱택토 게임

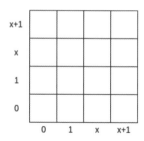

개념은 비슷하지만 좀 더 으스스한 수학적 구조를 갖는 게임을 소개한다. 바로 다항식으로 이루어진 4요소 이진 필드로 여기에서는 예시로 'Z_2 modulo $x^2 + x + 1$'[44]를 다룬다. 이 구조에서는 합리적인 기하학적 해석이 존재하지 않으므로, 다음의 덧셈과 곱셈 테이블을 참고하면 된다.

덧셈

	0	1	x	x+1
x+1	x+1	x	1	0
x	x	x+1	0	1
1	1	0	x+1	x
0	0	1	x	x+1

곱셈

	0	1	x	x+1
x+1	0	x+1	1	x
x	0	x	x+1	1
1	0	1	x	x+1
0	0	0	0	0

44 [역자 주] 4가지 요소의 체로 이루어진 다항식 연산 Z_2 modulo $x^2 + x + 1$ 이다.

간단하게 살펴보기 위해 수평선과 수직선을 제외하고 가능한 모든 선은 다음과 같다.

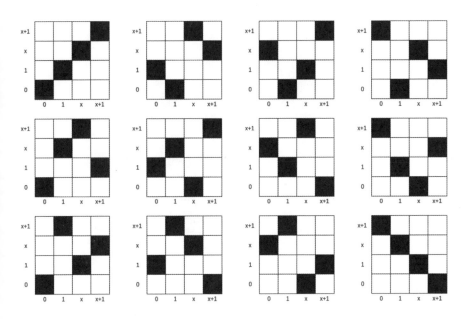

위 그림엔 기하학적 해석이 없어 게임이 다소 어렵다. 이기려면 20개의 승리 조합을 외워야 한다. 다만 그 조합들은 기본적으로 로테이션을 돌린 것이며, 네 가지의 기본 동일 모양(축선, 사선, 가운데에서 시작하는 사선, 선처럼 보이지 않는 이상한 것들)을 반영한 것일 뿐이다. 다음은 4지점 연결 1.77차원 틱택토 게임이다.

1.77차원 틱택토 게임

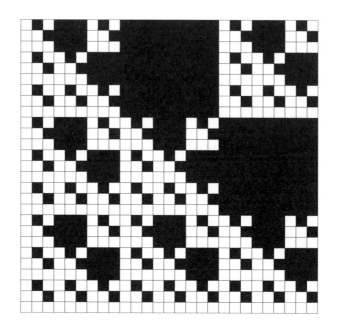

    이제 모든 사람들이 다섯 장의 카드를 갖고 있다(이런 카드를 어떻게 나누는지, 플레이어가 카드를 교환할 권리가 있는지 여부에 대해선 원하는 대로 변형포커 규칙을 사용할 수 있다). 이 카드 게임에서 잭(Jack)은 11, 퀸은 12, 킹은 0, 에이스는 1에 해당한다. 일정한 값의 차이를 두고 연속으로 이어지는 카드 조합 규칙을 포함(랩어라운드[Wraparound][45]를 포함)해 더 좋은 카드 배열을 손에 넣은 사람이 그렇지 않은 사람보다 강하다. 수학적으로는 'L(x)=mx+b'의 형태로 L(0), L(1) ⋯ L(k) 식으로 가장 큰 숫자 k까지 나아가는 카드 조합을 가진 플레이어가 더 강하다.

---

[45] 포커 게임에서 스트레이트(Straight) 조합 중 A(에이스)를 중앙에 두는 조합을 뜻한다.

비탈릭 부테린 지분증명

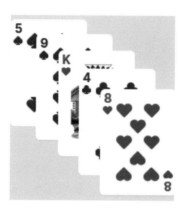

y=4x+5 식을 따르는 카드 5개로 이뤄진 승리 조합의 예이다.

최강 카드 배열이 서로 맞붙는 동점 상황을 해소하려면, 각 배열마다 각각 독특한 카드 세 개로 이뤄진 배열의 숫자를 세어야 한다. 더욱 희귀한 카드 세 개로 이뤄진 배열을 가진 카드 조합을 가진 사람이 이긴다.

이 조합에는 네 가지의 카드 세 개로 이뤄진 배열이 존재한다.
K-2-4, K-4-8, 2-3-4, 3-8-K. 이건 희귀하다.

이때는 카드가 나타내는 수의 간격이 3 또는 그 이상인 것만 고려하면 된다. 만약 특정 조합이 셋 또는 그 이상의 디노미네이션을 갖고 있다면, 그건 배열로 센다. 그러나 어떤 조합이 두 동일한 디노미네이션을 갖고 있다면, 그 디노미네이션을 통과하는 어떠한 배열도 단 하나의 배열로 센다.

이 조합에는 카드 3개로 이뤄진 배열이 없다.

만약 두 조합이 동점이라면, 각자 갖고 있는 패 중에서 가장 높은 카드 조합을 가진 사람이 승리한다(위와 같은 J=11, Q=12, K=0, A=1이라는 규칙 적용).

즐거운 게임 하시길!

비탈릭 부테린 지분증명

역자의 글

부테린이 2019년 크리스마스 이브에 작성한 다소 가벼운 내용의 글이다(물론 수학에 관심이 없는 독자가 읽기에는 가장 무거운 글이 될 수도 있다). 그는 이 글에서 다차원 체스 게임, 다차원 틱택토 게임, 모듈러 포커 게임 등 전통적 게임에 약간의 변형을 가미한 게임을 소개한다. 일반적인 체스 게임은 가로, 세로로 구획된 2차원 공간에서 즐긴다. 그러나 여기서 다루는 다차원 게임은 3차원 체스 게임으로 기존 2차원 게임에 '높이'가 추가되었다. 따라서 게임 규칙이 조금 다르며 보다 고차원적인 사고를 요한다.

다차원 체스 게임은 오리지널 〈스타트렉〉 TV 시리즈의 팬이라면 한 번쯤 본 적이 있을 것이다. 이 게임은 인간과 외계인의 혼혈로 고등한 존재 스팍(Spock)이 즐겨 하는 게임으로 묘사된다. 틱택토 게임 또한 가로, 세로로 구획된 2차원 공간에서 진행한다. 틱택토 게임은 우리가 흔히 플레이하는 '오목'과 규칙이 같다. 다만 다차원 틱택토 게임에도 높이 개념이 들어가고 이는 가로 네 칸, 세로 네 칸의 '사목' 게임이다.

마지막으로 그는 기존의 규칙을 살짝 비틀어 특정한 수학적 공식을 따를 때 최강의 조합을 얻을 수 있는 포커 게임을 소개한다. 비탈릭은 응용수학의 후신이라 할 수 있는 컴퓨터 공학을 전공했으며 체스, 바둑을 취미로 즐긴다. 그가 크리스마스 휴일을 앞두고 수학적 사고를 요하는 체스와 오목, 포커에 대한 글을 쓴 것은 그가 어떤 것에 관심을 두었는지 생각해보면 자연스러운 일이다.

Part 3

지분증명
Proof of Stake

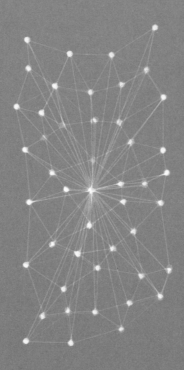

2020년 초, 이더리움은 개발 초반의 성장통을 이겨내고 한층 진화했다. 보안 문제도 해결했고, 이더의 가치는 올랐으며 코로나19 동안 NFT의 대표적인 운영체제로 자리 잡는 중이었다. 부테린은 더 다오 해킹 사태 때 맡았던 카리스마 넘치는 리더십 역할을 내려놓으며 '신뢰할 수 있는 중립성'이라는 원칙을 다시 한 번 강조하고 어떻게 하면 탈중앙화된 시스템이 대중화된 정당성을 달성할 수 있는지에 대해서 고찰했다.

그는 현안보다는 플랫폼 차원에서 해결해야 할 장기적 문제인 공공재 문제에 더 집중했다. 어떻게 하면 경제적 인센티브에 기반한 시스템이 항상 필수적이기는 하지만 항상 수익을 내지는 못하는 것을 생산할 수 있을까? 이 새로운 세계에는 누가 도로와 다리 같은 공공재를 위해 돈을 낼 것인가? 이런 질문들이 생겨나는 만큼 이에 대해 대답을 하려는 시도들도 생겨났다.

다오도 드디어 점점 현실화되고 있었다. 제품을 만들고 직원들에게 급여를 제공하는 다오가 등장하는가 하면, 기존 기업이나 재단과는 완전히 분리된 형태의 다오도 나왔다. 그들 중 몇몇은 여전히 수백만 달러의 자산을 운용하고 있으며, 몇몇은 확실하게 망했다.

크립토로 할 수 있는 일이 점점 많아지면서 크립토 커뮤니티들은 새로운 종류의 거버넌스와 의사 결정 프로세스에 대해서 연구하기 시작했다. 토큰과 사람들 사이 힘의 균형을 유지하는 투표 시스템이나, 국가와의 관계 대신 사용자 간의 관계를 기반으로 한 신원 시스템 등이 이런 연구의 산물이 되겠다. 부테린은 불평등의 척도를 다시 정해야 한다는 주장을 내놓기도 했다. 이전에는 자산화되지 못했던 것들이 자산화되고 있고, 때로는 그것들이 겹친 형태로 나타나는 것을 생각해야 한다는 것이다. 그가 2020년 미국 대통령 선거 때 예측시장에 주목하는 것을 보면서, 우리는 그가 디자인한 이더리움 기반의 베팅 소프트웨어를 사용해 앞일을 예상하기가 얼마나 어려운지를 확인할 수 있었다.

나무만 보다 보면 숲을 보기 어렵다. 부테린이 예측시장에 주목하는 진짜 이유는 무엇일까. 그는 우리가 더 나은 메커니즘을 통해 불균형하게 퍼져 있는 정보를 더 효율적으로 사용하고, 이를 통해 모두가 더 나은 방향으로 나아가기 위한 결정을 할 수 있기를 희망한다. 그러나 좋은 의도와 기발한 디자인만으로는 한계가 있다. 가끔은 통제 불가능할 정도로 펄떡이는 토큰의 가격을 보고 있으면, 그밖에 다른 요소들은 다 묻혀버릴 것만 같다.

이 와중에 부테린이 이더리움의 시작부터 계획했던 이더리움 2.0으로의 전환이 일어나고 있다. 당분간은 작업증명 방식과 동거가 불가피하겠지만 이더리움에게 에너지 낭비란 이제 거의 옛말이 되어가고 있다. 옵티미스틱 롤업(optimistic rollup)과 영지식 롤업(ZK-rollup)[1] 같은 이름을 가진 레이어2 프로토콜은 이더리움을 통해 구매 활동을 하거나 애플리케이션을 쓰는 사람들이 겪는 지연시간이나 거래 수수료 등을 해결하고자 했다. 몇몇 새로운 블록체인은 이런 문제를 개발 단계부터 해결했다고 주장하며 이더리움의 시장 점유율을 조금씩 빼앗아오고 있다.

「크립토 시티」에서 부테린은 『비트코인 매거진』에 글을 쓸 때처럼 장래가 기대되는 프로젝트를 소개하며 희망을 담아 장문의 글을 썼다. 다만 그때의 글과 지금의 글은 의미가 좀 다르다. 부테린이 지금 기대하는 프로젝트들은 대부분 그가 만들고 키워낸 프로토콜에 기반한다. 그러나 이제는 블록체인의 역할이 달라졌다. 그는 이전에는 정부 등 오래된 기관들을 완벽히 대체하는 것을 꿈꿨지만, 지금은 그런 기관들과 공생적인 관계를 맺으려고 하고 있다.

그는 자신이 즐겨하던 게임인 월드 오브 워크래프트(World of Warcraft)에서 패치로 인해 게임 캐릭터의 기술이 너프(성능이 저하)되는 것을 보고 중앙화된 플랫폼을 매우 싫어하게 됐다고 했다(그는 울면서 잠든 뒤, 게임을 포기했다고 한다). 그럼에도 그는 크립토 업계도 워크래프트에서 배울 것이 있다고 말한다. 그것은 바로 사용자들이 사고팔지 못하는 소울바운드(Soulbound)라는 개념이다.

---

1   [역자 주] 롤업은 레이어2에서 진행된 거래들을 묶어서 레이어1에 보내서, 레이어1이 처리해야 하는 작업량을 줄이는 확장성 솔루션이다. 옵티미스틱과 영지식은 레이어2에서 묶은 거래들을 유효성을 검증하는 방식을 뜻한다. 옵티미스틱은 거래들이 유효하다는 전제로 롤업을 진행하며, 롤업된 거래가 레이어1에 영지식은 거래의 유효성을 증명해야 하는 증명자가 검증자한테 거래 내용 자체에 대해서는 공개하지 않지만, 그 정보를 알고 있다고 증명하는 방식이다.

블록체인은 오로지 경제학에만 의존하고 사고파는 것만 따지는 것보다는, 사용하는 사람 자체를 더 명확히 볼 수 있어야 한다. 그 안에 비로소 우리가 인류를 위한 미래의 사회적 기반을 어떻게 다질 것인지에 대한 해답이 있다.

네이선 슈나이더

가이드 원칙으로서의 신뢰할 수 있는 중립성

나카모토(Nakamoto)

2020년 1월 3일

한번 생각해보자.

- 사람들은 가끔 정부가 GDP(국내총생산)의 5% 가까이 사용해 특정한 공공사업 혹은 특정 산업을 지원하는 것에는 문제를 제기하지만, 종종 재산권 행사를 통해 훨씬 큰 규모의 자본이 재할당되는 것에는 침묵한다.
- 사람들은 가끔 블록체인 프로젝트가 개발자들이 지정한 사람에게 코인을 할당하는 것에 대해서는 불만을 제기하지만, 동시에 비트코인이나 이더리움에서 수십억 달러 가치의 코인을 채굴해가는 작업증명 방식 채굴자들에 대해서는 불만이 없다.
- 사람들은 소셜미디어 플랫폼이 특정한 사상이나 생각, 심지어 대중조차 동의하지 않는 이데올로기를 검열하는 것에는 반대하지만, 동시에

승차공유 서비스 플랫폼이 평점이 너무 낮은 운전사들이 해당 플랫폼을 사용하지 못하게 막는 것에 대해서는 불만이 없다.

여기까지 읽고서 "어, 정말 그렇네. 잡았다, 요 위선자들!"이라고 반응하며 또 하나의 작은 사회 부정의를 발견했다는 점에 희열을 느낄 수도 있다. 물론 이런 반응도 옳은 반응이다. 개인적으로도 탄소세를 부과하는 것은 국가주의적인 통제라고 비판하면서 정부가 재산권을 지키는 것을 자연법의 연장선이라고 넘어가는 것은 것은 크나큰 실수라고 생각한다. 또한 블록 채굴을 위해 일하는 채굴자들을 마치 열역학을 기반으로 사회를 진보시키는 엔지니어인 것마냥 띄워주면서, 블록체인의 코드를 개선하려고 하는 개발자에 대해서는 '공짜 돈이나 찍고 있다'라고 취급하는 것 또한 잘못됐다고 생각한다.

이렇게 개인의 직관을 체계화하려는 노력은 가끔 엇갈릴 수 있어도, 깊은 도덕적 직관에 아예 가치가 없는 경우는 드물다. 나는 여기에 매우 중요한 원칙이 작용한다고 생각한다. 그 원칙은 우리의 삶에 영향을 끼칠 효율적이고, 자유 친화적이고, 공정하고 포괄적인 기관들을 어떻게 만들어야 하는지에 대해 중요한 역할을 할 것이다. 내가 파악한 원칙이란 간단하다. **파급력이 큰 결과를 낳는 메커니즘을 만들 때는 신뢰할 수 있는 중립성을 기반으로 만드는 게 중요하다.**

메커니즘 = 알고리즘 + 인센티브

메커니즘이란 무엇인가? 여기에서 나는 메커니즘이라는 용어를 게임이론계에서 메커니즘 디자인에 대해 말할 때와 비슷한 맥락으로 사용한다.

비탈릭 부테린 지분증명

메커니즘은 알고리즘에 인센티브를 더한 것이다. 메커니즘이란 여러 사람으로부터 데이터를 수집하고 그 데이터를 기반으로 참여자들의 가치관에 대해서 파악한 다음, 그 사람들이 받아들일 수 있는 선택을 하는 것이다. 잘 작동하는 메커니즘은 효율적이며 인센티브와 호환되어야 한다. 즉, 참여자의 선호도로 도출할 수 있는 제일 좋은 결과여야 하고, 사람들이 '정직하게' 참여할 인센티브를 제공해야 한다. 이런 메커니즘의 예시는 많다.

- **사유 재산과 거래**: 데이터 입력값은 기부 혹은 거래를 통해 소유권을 변경할 수 있는 사용자의 능력이고, 출력값은(어떤 경우에는 규격화되어 있고, 어떤 경우에는 암묵적으로 이뤄진다) 누가 각 물건을 어떻게 사용할 것인지, 어떻게 사용할 것이라고 정해놓을 권리는 누구에게 있는지 등을 정리해놓은 데이터베이스다. 이 메커니즘의 목표는 유용한 실물의 생산을 촉진하고 그 제품들을 제일 잘 쓸 수 있는 사람들에게 제공하는 것이다.
- **경매**: 입력값은 참여자들이 부르는 값, 출력값은 경매로 나온 아이템을 누가 가져가는가, 최종 구매자가 내야 하는 비용이다.
- **민주주의**: 입력값은 투표고, 출력값은 선출된 사람이다.
- **소셜미디어에서 할 수 있는 좋고 싫은 반응**: 입력값은 '좋아요', '싫어요', '공유하기'와 같은 등의 반응이고, 출력값은 노출되는 콘텐츠다. 게임이론을 연구하는 사람들은 여기에는 내재한 인센티브 모델이 없고 메커니즘보다는 알고리즘에 더 가깝다고 할 수도 있지만, 미래에는 충분히 인센티브 모델이 생길 수도 있다.
- **작업증명과 지분증명에 대한 블록체인 기반 인센티브**: 입력값은 참여

자들이 제작하는 블록과 메시지고, 출력값은 네트워크가 어떤 체인을 인정하는지, 그리고 어떤 보상을 사용해 '올바른' 태도를 격려할지에 달려 있다.

우리는 빠르게 변화하는 초연결, 초네트워크 정보사회에 진입하고 있고, 중앙화된 기관은 공신력을 잃고 있으며 사람들은 대안을 찾는다. 그 결과 대중의 지혜를 지능적으로 모으고 그중 가치를 더하지 못하는 부분은 걸러내는 형태의 메커니즘은 우리가 서로 교류할 때 점점 더 중요한 자리를 차지할 것으로 본다.

신뢰할 수 있는 중립성이란

우리에게 중요한 '신뢰할 수 있는 중립성'에 대해서 얘기해보자. 만약 우리가 어떤 메커니즘의 디자인만 봐도 특정한 사람에 대한 차별을 하지 않는다는 것을 확인할 수 있으면 그 메커니즘은 당연히 신뢰할 수 있는 중립성을 갖고 있다는 것을 알 수 있다. 메커니즘은 사람들의 능력과 요구사항이 다 가지각색이라는 한계점 안에서 가능한 한 최대한 사람들에게 공평하게 작용한다.

'블록을 채굴하는 사람은 2이더를 받는다'는 '신뢰할 수 있는 중립성'이다. 그러나 '앨리스는 코드를 많이 썼으므로 1,000코인을 받아야 한다'는 신뢰할 수 있는 중립성에 속하지 않는다. '다섯 명 이상의 사람이 특정 글에 신고하면 글을 내린다'는 신뢰할 수 있는 중립성이다. '콘텐츠 관리 팀이 차별적인 내용이라고 판단하면 글을 내리겠다'는 신뢰할 수 있는 중립성이 아니다. '정부는 어느 발명품이든 20년 동안 독점 권한을 허용한다'

비탈릭 부테린 지분증명

는 '신뢰할 수 있는 중립성'에 속한다. 물론 어느 발명품에 적용할지는 진지하게 고려해야 하겠지만 말이다. 그러나 '정부는 암 치료를 중요하다고 여겨 위원회를 만들어 암 치료를 연구하는 사람들에게 10억 달러를 지원하라고 지시한다'는 아니다.

중립성은 절대 완벽하지 않다. 블록 채굴 보상은 싼 하드웨어와 전기를 구할 수 있는 나라에 사는 사람들에게 더 유리하다. 자본주의는 부유하고 영향력 있는 사람들에게 더 유리하고, 공공재와 정부에 의존해야 하는 빈곤층에게는 불리하다. 정치적인 담론은 대중적인 편향에 속하지 않은 사람들에게 더 불리하다. 조정 실패를 해결하려고 하는 메커니즘은 실패 요인을 특정 짓기 위해 몇 가지 추정을 해야 하고, 이에 따라 실패 요인에 기여한 정도가 잘못 측정되어 불합리하게 피해를 본 사람도 있을 것이다. 그러나 어떤 메커니즘들은 다른 메커니즘보다 더 중립적이라는 사실은 변하지 않는다.

이것은 사유 재산이 왜 지금과 같은 시대에 효과적 메커니즘이 될 수 있는지를 설명해준다. 신이 부여해준 권리여서가 아니라, 사회에 있는 모든 문제는 아니더라도 많은 문제를 해결할 수 있는 신뢰할 수 있는 중립성을 가진 메커니즘이기 때문이다. 인구에 따라 필터링하는 것은 괜찮지만 정치적 신념에 따라 필터링하는 것은 문제가 된다. 다양한 사람들에게 특정한 블랙리스트에 오른 정치적 사상들이 맞다고 설득하는 것보다 어떤 중립적인 메커니즘이 모두를 비교적 평등하게 대한다고 동의를 구하는 것이 더 쉽다.그래서 온체인 개발자 보상이 온체인 마이닝 보상보다 더 의심을 산다. 누가 개발자인지 확인하는 것보다 채굴자인지 확인하기가 쉽기 때문이다. 누가 개발자인지 파악하려고 하는 대부분의 시도는 편애

한다는 비난을 받기 쉽다.

여기서 요구되는 것은 단순한 중립성이 아니라 '신뢰할 수 있는 중립성'이다. 즉, 메커니즘이 단순히 특정한 사람이나 결과에 편중하지 않도록 디자인하는 것뿐만 아니라 대중의 시선에서 그 메커니즘의 프로세스가 공정해보여야 한다. 블록체인, 정치적 체계, 그리고 소셜미디어 메커니즘은 넓고 다양한 집단 사이에서 협력을 쉽게 할 수 있게끔 설계되어 있다. 이런 메커니즘이 제대로 작동하려면 메커니즘의 프로세스에 참여하는 사람들이 그 메커니즘이 공정하다는 것을 보아야 하고, 더 나아가 참여하는 사람들과 그 과정을 보는 사람들이 이 메커니즘이 공정하다고 생각해야 한다. 그 프로세스에 참여하는 사람들도 다른 사람이 이 메커니즘에 참여할 의향이 있다는 것을 알아야 하기 때문이다.

이 메커니즘은 많은 이들이 인정하는 정당성을 지녀야 한다. 이러한 종류의 상식적인 중립성을 달성하려면 메커니즘의 중립성이 매우 쉬워야 한다. 얼마나 쉬워야 하냐면 이 메커니즘을 처음 보는 사람도 다른 사람이 그 메커니즘을 믿음이 안 간다며 비난할 때도 그렇지 않다는 것을 바로 알 수 있을 정도여야 한다.

신뢰할 수 있는 중립성 구축하기

신뢰할 수 있고 중립적인 메커니즘을 구축하기 위해서는 다음의 네 가지 규칙을 지켜야 한다.

1. 메커니즘에 특정한 사람이나 결과를 코드상으로 정의하지 않기
2. 오픈 소스 및 공개적으로 검증 가능하도록 설계하기

3. 메커니즘을 간단하게 설정하기
4. 메커니즘을 자주 바꾸지 않기

1번 규칙은 이해하기 쉽다. '블록을 채굴하면 2ETH를 얻는다'는 믿을 수 있을 만큼 중립적이지만, '밥은 1,000코인을 얻는다'는 아니다. '좋아요' 개념과 반대되는 '다운보트(Downvotes)되면 콘텐츠가 덜 보일 것이다'는 믿을 수 있을 정도로 중립적이다. '푸른 눈을 가진 사람들에 대한 편견을 포함한 콘텐츠는 덜 보일 것이다'는 아니다. 밥은 특정한 사람이고 푸른 눈의 사람들에 대한 편견은 특정 결과이다. 물론 밥은 블록체인 프로젝트를 성공시키는 데 정말로 가치가 있었고 보상을 받을 자격이 있는 위대한 개발자일지도 모른다. 그리고 푸른 눈을 가진 사람들에 대한 편견이 퍼지는 것은 바람직한 결과라고 할 수 없다. 그러나 신뢰할 만한 중립적인 메커니즘을 설계하기 위해서는 바라는 결과를 메커니즘에 코드상으로 명령하는 것이 아니라 참여자들의 자율적인 행동에 의해 자연스럽게 발견되게 하는 것이 좋다. 자유 시장에서 찰리의 위젯이 유용하지 않고 데이비드의 위젯이 유용하다는 사실은 가격 메커니즘을 통해 발견된다. 결국 찰리의 위젯이 팔리지 않아 찰리는 파산하고, 데이비드는 이익을 얻어 사업을 확장한 다음 더 많은 위젯을 생산할 수 있다. **출력 데이터의 대부분은 메커니즘 자체에 하드 코딩된 규칙이 아니라 참가자의 입력에 따라 결정되어야 한다.**

두 번째 규칙 또한 이해하기 쉽다. 메커니즘의 규칙은 공개되어야 하며 규칙이 올바르게 실행하고 있는지 공개적으로 확인할 수 있어야 한다. 그러나 데이터 입력이나 출력에 대한 정보가 공개되는 것은 원치 않을 수 있다. 앞서 「공모에 대해」에서 어떻게 참여했는지조차 증명할 수 없을 정도로 강력한 프라이버시가 왜 좋은지 설명했다. 다행히 영지식 증명과 블록체인 기술의 조합으로 검증성과 프라이버시는 동시에 확보될 수 있다.

세 번째 규칙은 아이러니컬하게도 이 규칙 중 가장 복잡하다. 메커니즘 구조가 간단하고 매개변수가 적을수록 특정 그룹에 대한 숨겨진 권한을 몰래 추가할 수 있는 공간이 줄어들기 때문이다. 메커니즘에 50개의 매개변수가 있고 서로 복잡한 방식으로 상호작용한다고 하면, 원하는 결과에 근접하게 하는 매개변숫값을 찾기가 비교적 쉽다. 하지만 메커니즘의 매개변수가 하나 혹은 두 개밖에 없다면 행동하기가 훨씬 더 어렵다. 광범위한 그룹('선동가', '부자' 등)을 위한 특권을 설정할 수 있어도 좁은 범위의 그룹에 특권을 부여하는 것은 어렵다.

설계자가 특정인에게 특혜를 주려는 의도로 메커니즘을 짠다고 가정하자. 이 메커니즘은 복잡할수록 원하는 목표를 이루기 쉬워진다. 반면 단순할수록 시간이 지나면서 특정인에게 유리한 결과를 도출하기는 어려워진다. 왜냐하면 메커니즘의 변수가 되는 주변 환경이나 조건들이 지속적으로 바뀌기 때문이다. 한 마디로 시간이 지날수록 메커니즘을 둘러싼 무지의 장막(Veil of Ignorance)[2]이 점점 큰 영향력을 발휘하게 되는 셈이다. 누가 이 메커니즘으로 이득을 볼지 쉽게 예측하기 어려워지게 된다.

따라서 세 번째 규칙은 '너무 자주 메커니즘을 바꾸지 않아야 한다'는

---

2   정치철학자 존 롤스가 진행한 실험적인 아이디어다. 롤스는 사람들이 현실에서 정의 등의 개념에 합의하기
    어려운 이유는 사회적 지위나, 부의 정도 같은 계층에 따라 입장이 다르기 때문이라고 보았다. 그래서 사회
    적인 결정과 결과 사이에 무지의 장막을 만드는 사고 실험을 제안했다. 가령 내가 남자인지 여자인지 결정
    되지 않은 상태에서 양성평등 정책에 대한 의견을 물으면 대부분 찬성하게 된다는 식이다. 롤스는 무지의
    장막을 가정하면 사람들이 어떤 계층에 특별히 유리하거나 불리하지 않도록 조화로운 사회계약을 체결할
    것이라고 주장했다.

네 번째 규칙을 부른다. 메커니즘을 변경하는 것은 결과를 임의대로 만들 가능성을 상당히 높여준다. 메커니즘 설계자는 최신 정보에 따라 특정한 계층에 유리하게 메커니즘을 재설정할 수 있다. 이렇게 되면 무지의 장막 효과도 사라진다. 이런 메커니즘을 신뢰할 사람은 많지 않을 것이다.

중립성뿐만 아니라 효율성도 중요하다

나는 이 글을 시작하면서 몇 가지 예를 들어 우리의 직관이 얼마나 불완전할 수 있는지에 대해서 언급한 바 있다. 사람들은 대체로 '검열'이라는 막연한 단어에 대해서는 쉽게 반대하는 의견을 내지만, 자신이 하는 검열이나, 이익을 가져다주는 검열에는 수긍하기도 한다. 일각에서 제기하는 '중립성 최대주의'는 이러한 예시들의 극한이라고 할 만하다. 이는 완벽한 중립성을 유지할 수 없다면 무엇이든 전혀 진행해선 안 된다는 주장이다!

단순히 완벽한 중립성을 추구하는 것이 문제라고 보기는 어렵다. 다만 이 사고방식의 문제는 넓은 의미의 중립성을 희생시키면서 좁은 의미의 중립성만을 얻어낸다는 점이다. 예를 들어 블록체인 채굴자는 모두 블록 하나를 채굴할 때마다 12.5개의 비트코인을 가져간다. 이더리움 채굴자 역시 그 사람이 누구든 채굴당 2개의 이더리움을 받아간다. 이는 공정하고 중립적이다. 블록체인 개발자 커뮤니티를 보자. 모든 개발자들이 저마다 블록체인에 나름대로 공적인 기여를 하지만 아무도 월급은 받아가지 않는다고 가정하자. 이들은 모두 공평하게 인사치레 정도의 대가를 받는다. 이것 역시 공정하고 중립적이라고 말할 수 있다. 그럼 아무 문제가 없는 것일까? 그렇지 않다. 채굴자가 돈을 저렇게 벌 때, 블록체인에 기여하는 개발자들이 저런 취급을 받는 것이 공정한지 따져봐야 하는 것이다. 넓은 의미의 중립성을 희생하고 있다는 것이 이런 얘기다. 여기에는 또 다른 문제들도 발생한다. 일단 이런 사회에서는 개발이 활성화되기 어렵다. 당장 채굴에 비해 인센티브가 매우 낮지 않은가. 딱히 채굴자들이 개발자보다 블록체인의 성공에 더 많이 기여한다고 보기는 어렵다. 하지만 현재의 보상 구조는 채굴자가 개발자보다 블록체인의 성공에 훨씬 더 기여하는 것처럼 보여지고 있다.

시각을 넓혀보면 사회에는 만들어야 할 것들이 많다. 상품, 공공재, 정확한 정보, 좋은 거버넌스 의사결정, 현재 가치가 없지만 미래에 가치가 있게 될 상품 등등 목록은 다양하다. 위에 나열된 것들 중 일부는 비교적 쉽게 신뢰할 수 있는 수준으로 중립적 메커니즘을 만들 수 있다. 다만 어떤 중립성을 추구할 것인지 좀 생각해볼 필요가 있다. 만약 우리가 좁은 의미의 중립성만을 추구한다면, 그런 메커니즘을 만들 수 있는 이슈들만 해결될 것이다. 반면 공동체의 다른 이슈들은 진도가 나가지 않을 것이고, 따라서 넓은 의미의 중립성에 상당한 어려움이 발생할 것이다.

따라서 신뢰할 수 있는 중립성 원칙에는 '효율을 추구한다'는 아이디어도 함께 추가되어야 한다. 좋은 메커니즘이란 우리가 관심 가지는 문제를 실제로 해결하는 메커니즘이기도 하기 때문이다. 이는 동시에 가장 명백하게 중립적인 메커니즘의 개발자라도, 비평에 열린 자세를 가져야 한다는 걸 의미한다. 왜냐하면 어떤 메커니즘은 신뢰할 수 있을 만큼 중립적이면서도 동시에 끔찍(특허 시비 문제에서 자주 발견할 수 있듯)할 수 있기 때문이다.

어떤 문제를 해결하기 위한 확실하게 중립적 메커니즘이 아직 발견되지 않은 경우, 단기적으로는 불완전한 중립적 메커니즘을 채택할 필요가 있다. 역시 문제의 해결을 위해서다. 블록체인의 사전 채굴 및 시간 제한을 둔 개발자 보상이 그 예다. 또 전체 계정 중에서 봇 계정을 필터링하기 위해 중앙집중식 방법을 사용하는 것도 다른 탈중앙적인 방법이 없는 지금으로서는 불가피한 일이다. 물론 신뢰할 수 있는 중립을 매우 가치 있는 있는 것이라 여기는 인식, 그리고 시간을 들여 그 이상에 도달하려 노력하는 일은 중요하다.

불완전한 중립적 메커니즘을 추진하면서 커뮤니티의 신뢰 상실이나 정치적 부패가 일어날 수 있다는 우려가 있다면, 이를 보완할 수 있는 비교적 안전한 접근 방식도 있다. 시장에 일정 부분을 맡기는 것이다. 가령, 개발자 기금을 사람들이 임의로 정하는 것이 아니라, 거래 수수료에 일정 비율을 개발자 기금으로 할당하게 하되, 그 적절한 지점은 시장에 맡기는 방식으로 '셸링 펜스'[3]를 적용하는 방법이다. 블록체인에 시간 제한 기능을 더하거나, 시간 제약에 따라 보상이 줄어들거나 갱신되는 '빙하기'라는 기능을 더할 수도 있다.

이러한 메커니즘들은 롤업이나 '레이어 2' 시스템 같은 이더리움 2.0 실행 환경 위에서 구현할 수 있다. 기본적으로 네트워크 종속 효과가 있기 때문에 구성원들은 어느 정도 메커니즘을 따라오게 될 것이다. 메커니즘에 치명적인 오류가 없다면 말이다. 치명적인 오류가 있을 때는 사람들이 고쳐쓰기를 시도해 보다가 여의치 않으면 다함께 프로토콜을 떠나갈 마음을 먹게 될 수도 있다. 이런 조짐이 보일 때는 떠나고 싶은 사람들이 빨

---

3 냉전시절 게임 이론가 토머스 셸링(Thomas Schelling)의 이름에서 따온 '셸링 포인트(Schelling Point)'라는 콘셉트의 변형본으로, 캘리포니아 출신 심리학자 스콧 알렉산더가 처음 고안해낸 것이다. 울타리는 어떤 시스템의 구성원들이 동의한 그 시스템에 대한 제약이다.

리 떠나갈 수 있도록 적당한 장치를 마련해주는 게 중요하다. 그래야 기존 프로토콜 메커니즘에 대한 사용자들의 관심과 목소리를 건강하게 유지시킬 수 있다.

많은 종류의 문제를 해결하기 위한 확실한 중립적 메커니즘은 이론적으로 존재하며, 그리고 실제 사례에서 개발되고 개선될 필요가 있다. 그 예는 다음과 같다.

- 예측시장, 예컨대 '신뢰할 수 있는 중립적'인 가까운 미래의 선거에서 누가 승리할 것인지에 대한 확률을 다루는 웹사이트(electionbettingodds. com, 스콧 알렉산더에 관한 글도 참고할 만하다)
- 거버넌스 및 공공재 문제에 대한 합의를 도출하기 위한 2차 투표 및 자금 조달
- 대체 불가능하고 비유동적인 자산을 배분하기 위한, 순수 재산권에 대해 보다 효율적인 대안인 하버거 세금(Harberger Taxes)[4](도메인 이름에 대한 하버거 세금 상한선에 관한 글을 참고할 만하다)
- 동료 예측[5]-메타-조정의 훨씬 더 공식적 버전

---

4 하버거 세금은 토지 주인이 알아서 토지를 평가하고 그에 상응하는 세금을 내는 것이다. 그러나 대신 해당 토지에 관심 있는 사람은 주인한테 평가한 가격으로 일방적으로 토지를 사갈 수 있다. 하버거 세금은 법학사 에릭 포스너(Eric Posner)와 경제학자 에릭 글렌 바일(Eric Glen Weyl)이 쓴 책 『급진적 시장: 자본주의와 민주주의는 시한이 다했나(Radical Markets: Uprooting Capitalism and Democracy for a Just Society)』(프린스턴 대학 출판사, 2018년)에서 처음 나왔으며, 다른 제곱 모델들과 함께 부테린과 크립토 업계의 관심을 끌었다.

5 동료 예측은 등급 시스템에서 사용자들이 서로를 평가한 데이터를 비교하고, 정확한 평가를 내린 이들에게는 보상을 주는 방식이다. 이는 전에 언급됐던 셀링 포인트와 비슷한 콘셉트다. 이 다음에 나오는 평판 시스템은 어떤 소셜 네트워크의 특정 사용자 간의 신뢰에 의존을 하는 반면, 동료 예측은 서로 간의 평가 자체를 분석하는 구조다.

- 전이적 신뢰 그래프와 관련된 평판 시스템

결론적으로 어떤 아이디어가 잘 작동할지 우리는 아직 모른다. 그래서 특정 규칙이 다른 맥락에서 좋은 결과로 이어지는지 알아내기 위해 많이 실험해봐야 할 것이다. 메커니즘의 규칙을 공개하는 것과 동시에 공격에 저항하는 건 특별한 도전이 될 것이다. 하지만 사적인 데이터 입력을 통해 공개 규칙과 검증 가능한 실행 및 출력을 허용하는 크립토 프로젝트 개발은 몇 가지 목표를 상당히 쉽게 만들어줄 것이다.

우리는 합의할 수 있는 몇 가지 규칙을 세우고, 일정 수준 이상의 신뢰할 만한 중립성을 가진 플랫폼을 만드는 일이 완전히 가능하다는 것을 알고 있다. 이미 실행된 사례들도 많다. 그러나 우리가 의존하는 다양한 형태의 소프트웨어가 늘어나고 있고 시장 규모는 계속 커지고 있다. 그래서 이런 시스템들이 결국 선택된 소수(해당 플랫폼의 운영자든 결국엔 더 강력한 세력이든)에게 특권을 부여하지 않도록 신뢰할 수 있는 규칙과 시스템을 만드는 일이 점점 더 중요해지고 있다. 전체적으로 약간 뒤처지더라도 말이다.

최근 몇 년 동안 뉴스를 보면 구글이나 메타(전 페이스북) 같은 대규모 플랫폼 기업의 시장 독점에 대해 세계 각국이 민감하게 반응하는 것을 확인할 수 있다. 메타 CEO인 마크 저커버그는 지난 2018년 미국 상원 청문회에 나와서 자사 알고리즘과 운영 정책이 페이스북 이용자들의 개인정보를 침해하지 않았다는 사실을 애써 변호해야 했다. 미국 정부는 중국계 소셜미디어인 틱톡이 미국 사용자들의 데이터를 모으는 것을 제한하는 행정명령을 내리기도 했다. 현재 각종 인터넷 서비스를 주름잡는 Web 2.0 플랫폼들이 편리하고 대중적인 측면이 있지만, 그 뒤편에서 작동하는 메커니즘은 불투명하고 중앙화되어 있다는 사실은 크립토 업계뿐 아니라 글로벌 전반에 퍼져 있는 인식인 셈이다. 물론 다양한 국가와 정부들에서 이런 플랫폼을 견제하는 정책들을 내놓고 있지만, 이는 어디까지나 최소 수준일 뿐이다. 아무도 '그래도 이런 정책들이 있으니 Web2.0 회사들을 믿을 수 있지 않느냐'고 말할 수는 없는 것이다.

이 장에서 부테린은 이러한 문제들을 해결할 수 있는 애플리케이션을 만들기 위해 필요한 작동 원리, 즉, 메커니즘은 어떻게 설계되어야 하는지에 대해 얘기한다. 그는 단순한 중립성이 아닌 신뢰할 수 있는 중립성을 강조한다. 애플리케이션의 사용자뿐만 아니라 이를 지켜보는 사람들 또한 참여할 의사가 생길 수 있도록 간단·명료하면서도 투명하며 검증 가능한 신뢰성이 있어야 한다는 것이다.

독특한 점은 그가 이런 주장을 펴면서, 동시에 중립성 실현에 매몰되는 것에 대해서도 경계의 목소리를 낸다는 것이다. 그는 너무 좁은 범위에서의 중립성을 완벽히 추구하다 보면 더 넓은 범위에서의 공정이나 형평성을 침해할 수 있다고 지적한다. 아울러 크립토가 대중화를 이루기 위해서는 중립성과 효율성이라는 두 마리 토끼를 한 번에 잡아야 한다고 강조한다. 만약 처음부터 완벽하게 신뢰할 수 있는 중립성을 갖출 수 없는 환경에 있다면, 일단 임시방편으로 불완전한 중립성을 갖추고 공개해놓은 메커니즘과 로드맵 이행을 통해 커뮤니티로부터 피드백을 받으며 발전해나가면 된다는 것이다. 그의 이런 말들은 그동안 이더리움이 걸어온 행보와 묘하게 겹쳐진다.

협력, 좋거나 나쁘거나

vitalik.ca

2021년 9월 11일

협력(Coordination)이란 다수의 구성원을 보유한 대규모 그룹이 공동의 이익을 위해 함께 일할 수 있는 능력을 말하며, 우주에서 가장 강력한 힘 중 하나다. 왕이 압제적 독재정권을 구축해 나라를 편안하게 다스리는 것과 백성들이 모여 왕을 타도하는 것과의 차이가 협력에 의해 발생한다. 우리가 힘을 합쳐 노력하면 섭씨 35도까지 올라갈 수도 있는 지구 온도의 상승 폭을 훨씬 줄일 수 있는데 이 역시 협력의 한 예다. 그리고 협력은 기업, 국가, 사회 조직을 소수의 모임보다 더 크게 만드는 요소다.

협력은 여러 가지 방법으로 향상시킬 수 있다. 더 빠른 정보 확산, 부정행위로 분류되는 행동을 식별하는 더 나은 규범과 더 효과적인 처벌, 더 강력한 조직, 더 낮은 신뢰 수준에도 상호작용을 허용하는 스마트 컨트랙트 같은 도구, 거버넌스 기술(투표, 주식, 의사 결정 시장) 등이 있다. 실제로 우리는 시간이 흐를수록 이 모든 일에 더 능숙해지고 있다.

그러나 협력에는 어두운 면도 있다. 모든 이들이 함께 협력하는 것이 모든 이가 자신을 위하는 것보다 훨씬 더 나은 결과를 가져온다는 것을 안다. **하지만 이것이 더 많은 협력을 향한 단계가 반드시 유익하다는 걸 뜻하지는 않는다. 협력이 불균형한 방식으로 개선되면 해로운 결과가 나오기 쉽다.** 우리는 이걸 시각적으로 지도화할 수 있다. 이 지도에는 X축과 Y축, 두 개의 차원이 있지만 실제로는 두 개가 아닌 수십억 개의 차원이 있다.

A와 B 사이의
더 큰 협력

불균형한 협력
(억압, 협력해서
공격함)

모든 것이
잘 협력하는
유토피아

현실적으로 달성
가능한 중간계

서로를 돕지 않고
각자만을 위해
사는 세상
(토머스 홉스의 '정글')

불균형한 협력
(억압, 협력해서
공격함)

A와 C 사이의
더 큰 협력

비탈릭 부테린 지분증명

왼쪽 하단, '각자만을 위해 사는 세상'은 누구도 속하기 싫어하는 곳이다. 우측 상단은 '모든 것이 잘 협력하는 세상'으로, 이상적이나 닿기 어려운 곳이다. 그러나 그림 중앙의 모습은 평탄한 오르막길과는 거리가 멀다. 안전하고 비옥한 땅이 많아 정착하기 좋고, 깊고 어두운 동굴을 피할 수 있다. 자신의 작은 공동체와는 협력하지만 더 큰 공동체와 협력하지 않으면 깊은 함정으로 이어지는 위험한 형태의 부분적 협력은 무엇인가? 예를 들어보자.

- 전쟁에서 조국의 이익을 위해 용감하게 자신을 희생하는 국민. 하지만 그의 조국이 제2차 세계대전 시대의 독일이나 일본인 경우
- 로비스트가 선호하는 정책을 채택한 정치인에게 뇌물을 주는 로비스트
- 선거에서 투표권을 파는 사람
- 시장에서 제품의 모든 판매자가 동시에 가격을 인상하기 위해 담합하는 것
- 51% 공격을 시작하기 위해 결탁한 블록체인의 대규모 채굴자

이런 사례 역시 협력의 한 예이다. 그러나 조직 범위 밖에 있는 다른 그룹에는 큰 손해를 끼친다. 작은 협력으로 자신은 이득을 보지만, 세계 전체에 큰 손해를 끼치는 그룹이라 할 수 있다. 첫 번째 사례의 경우, '협력의 원' 밖에 있는 사람들이 다수 희생되고 큰 피해를 입었다. 두 번째와 세 번째 사례의 경우 부패한 유권자들과 정치인들이 내리는 결정으로 많은 이들이 피해를 입었다. 네 번째 사례의 경우엔 고객들이 피해를 본다. 다섯 번째에는 51% 공격에 참여하지 않는 채굴자들과 블록체인 사용자

들이 피해를 입는다. 이 사례들은 개개인이 집단과 대립하는 게 아니라, 집단이 더 넓은 집단, 종종 세계와도 대립하는 것을 보여준다.

이러한 유형의 부분적 협력은 종종 '담합'이라 불린다. 이때 우리가 말하는 행동 범위가 상당히 광범위하다는 점에 유의하자. 일반적으로 담합이라는 단어는 상대적으로 대칭적 관계를 설명하기 위해 더 자주 사용된다. 하지만 앞의 경우엔 비대칭적 성격이 강하다. '내가 선호하는 정책에 투표하지 않으면 공개적으로 너의 불륜 사실을 밝히겠다'고 협박하는 관계처럼 부당한 관계도 일종의 담합이다. 이 글의 나머지 부분에선 '원치 않은 협력'을 가리키기 위해 담합이라는 단어를 사용할 것이다.

행동이 아니라 의도를 평가하라!

약한(자신이 속한 그룹에만 이익이 되는) 담합 사례의 중요한 특성은 어떤 행위를 보고 그 자체만으로 '원하지 않은 담합'인지 아닌지를 판단할 수 없다는 데 있다. 이는 한 사람이 취하는 행동이 그 사람의 내적 지식, 목표, 선호와 외적 인센티브가 결합된 것이기 때문이다. 그러므로 사람들이 담합할 때 취하는 행동은 사람들이 자발적으로 취하는 행동(가령 친절한 방식으로 상호 협력)과 겹치는 부분이 있다. 독립적인 사업체를 가지고 있는 판매자 세 명이 있다고 치자. 이들은 각각 자기 제품을 5달러에서 10달러 가격을 매겼다. 가격 차이는 판매자의 내부 비용, 각 회사의 임금, 공급망 문제 등 언뜻 보기에 확인하기 어려운 요소들이 복합적으로 반영되어 발생한다.

이때 셋이 담합하면 제품 가격이 평균 8달러에서 13달러 사이로 상승한다고 가정하자. 이 담합의 가격 범위는 내부 비용 및 기타 확인하기 어려운

비탈릭 부테린 지분증명

요소들에 대한 다양한 가능성을 반영한 것이다. 만약 세 판매자 중 한 명이 어떤 제품을 8.75달러에 판다면, 그 사람은 잘못된 행동을 한 것일까? 그들이 사전에 담합을 했는지 안 했는지를 모른다면, 소비자는 이 가격이 잘못된 가격인지 아닌지를 구별할 수 없다. 실제로 이 상품 가격이 8달러가 넘어야 하는 합리적인 이유가 있을 수도 있다. 이때 담합방지법을 만들고 시행하면 이런 고민을 할 필요가 없어진다는 것이다. 만약 원가 상승이나, 인건비 증가로 인해 제품 가격을 8달러 이상 받아야 할 것이다. 합당한 이유가 부족하다면 판매자는 그 가격에 상품을 팔기 어려울 것이다.

이 원리는 뇌물 수수나 투표 판매의 경우에도 적용된다. 어떤 사람들은 합법적으로 '오렌지당'에 투표하지만, 다른 사람들은 돈을 받았기에 오렌지당에 투표한다고 가정하자. 투표 메커니즘과 관련된 규칙을 결정하는 입장에서는 오렌지당이 좋은 정당인지 아닌지 알 수가 없다. 분명한 것은 사람들이 정직하게 자기 마음에 따라 투표하는 투표는 상당히 잘 작동하지만, 유권자들이 자유롭게 그들의 표를 사고팔아서 하는 투표는 엉망진창이 될 것이다. 투표 판매는 '공유지의 비극'과 같은 개념이다. 각각의 유권자는 투표를 정직하게 하면 아주 작은 이익을 얻는다. 그런데 뇌물을 준 사람이 원하는 대로 투표하면 큰 이익을 얻을 수 있다. 그러나 뇌물을 준 사람은 당선된 후, 개개인의 유권자를 꾀어내기 위해 뿌렸던 뇌물 비용 이상을 특정 정책을 통해 실현해서 그 금액을 회수하려고 할 것이다. 투표 판매가 허용된다면 민주주의는 금권 정치로 진행되어 빠르게 붕괴된다.

담합 방지로서의 탈중앙화
다행히 더 긍정적이며 실행 가능한 또 다른 방식도 있다. 안정적으로 작동하는 원리를 만들고 싶다면 대규모 담합이 발생 및 유지되기 어려운 방법을 찾는 게 중요하다. 투표의 경우 비밀 투표, 즉 유권자들이 증명하고 싶어도 어떻게 투표했는지 제3자에게 증명할 방법이 없도록 하는 메커니즘이 있다. MACI(Minimal Anti-collusion Infrastructure)[6]와 같이 비밀투표를 적용하고 확장하기 위해 온라인에서 암호학을 사용하는 프로젝트가 있다. 이 메커니즘은 투표자와 뇌물 증여자의 신뢰를 깨뜨린다. 뇌물을 받은 사람이 어떻게 투표했는지 뇌물을 준 사람이 알 수 없다. 또한 이는 바람직하지 않은 담합을 크게 제한한다. 반독점 및 기타 기업 불법행위의 경우, 우리는 종종 내부고발자에게 의지하고 그들에게 보상을 지급한다. 또한 유해한 담합에 참여한 사람들이 담합에서 벗어나도록 명시적으로 장려한다. **더 넓게 보면 공공 인프라의 경우, 탈중앙화라는 매우 중요한 개념이 있다.**

탈중앙화가 중요하다고 보는 순진한 이유 중 하나는 단일 기술적 장애 지점에서 발생하는 위험을 줄이고자 한다는 데 있다. 기존의 '기업' 분산 시스템 기준에서 이는 때때로 사실이다. 그러나 다른 많은 경우에선 충분하지 않다. 비트코인 채굴 업계가 어떻게 돌아가는지 살펴보면 이해가 쉽다. 비트코인에서 탈중앙화가 중요한 이유는 특정 세력이 블록체인을 좌우하는 상황을 방지해야 하기 때문이다. 소수의 대규모 마이닝 풀(Mining Pool)[7]들이 상당량의 비트코인 해시파워를 장악한 후, 내부적으로 노드

---

6 [역자 주] 최소 담합을 방지하기 위한 인프라. 이더리움 블록체인상 담합 방지 투표 프로젝트다.

7 [역자 주] 비트코인, 이더리움 등 암호화폐를 채굴하기 위해 여러 대의 채굴기를 연결해 마치 한 대의 슈퍼컴퓨터처럼 작동하도록 만든 네트워크다. 채굴 풀 또는 채굴조합의 일종으로 볼 수 있다. 마이닝 풀에 가입해 채굴에 성공한 경우 참가자들은 각자의 해시 연산력 비율, 즉 해시파워 비율에 따라 채굴 보상금을 받을 수 있다.

및 네트워크 종속성을 분산시켰다고 가정하자. 이들이 어떻게 분산을 시켰든 그건 탈중앙화라고 보기 어렵다. 채굴의 중앙 집중화를 두려워하는 커뮤니티 구성원들을 진정시키는 데도 큰 도움이 되지 않는다. 다음 사진을 보자. 한 콘퍼런스 행사 패널로 참석한 이들이 비트코인 해시파워의 90%를 차지한다. 이런 풍경은 보는 사람들을 꽤 두렵게 만들었다.

지난 2015년 12월 6일, 홍콩에서 열린 '스케일링 비트코인' 행사에
비트코인 채굴업체들을 대표하여 참여한 패널들.

이 사진이 무섭다고 느껴지는 이유는 무엇인가? 내결함성[8]이 있는 탈중앙화(Decentralization as Fault Tolerance) 관점에서 보자면 대형 채굴자들이 서로 대화하는 게 유해하지는 않다. 하지만 유해한 담합을 방해하는 장애물로 '탈중앙화'를 본다면, 그 사진은 꽤 무섭게 보인다. 우리가 믿고

---

8 [역자 주] 컴퓨터 시스템에서, 일부 회로가 고장나더라도 자동적으로 수정하여 시스템 전체에는 영향을 주지 않도록 하는 성질을 뜻한다.

있던 장애물이 생각했던 것만큼 강하지 않을 수 있다는 걸 보여주기 때문이다. 현재 현실적으로 여전히 장애물은 없다고 하기 어렵다. 채굴자들이 쉽게 기술적 협력을 수행할 수 있고 모두 같은 위챗 그룹에 속할 가능성이 있기 때문에 비트코인이 "실제론 중앙집권화된 회사보다 조금 낫다"고 말하긴 어렵다. 그렇다면 담합에 대한 남은 장애물은 무엇인가? 주요 장애물들은 아래와 같다.

- **도덕적 장벽**: 브루스 슈나이어(Bruce Schneier)는 『거짓말쟁이와 특이점 (Liars and Outliers)』에서 많은 보안 시스템(자물쇠, 처벌을 알리는 경고 표시) 들이 도덕적 기능을 수행한다고 말한다. 가령 잠재적인 범죄자들이 심각한 범죄를 저지르려 할 때, 그들이 좋은 사람이 되고 싶다는 마음이 있다면 그렇게 해선 안 된다는 걸 상기시킨다는 것이다. 탈중앙화는 이런 기능을 수행한다.
- **내부 협상 실패**: 개별 기업들은 담합에 참여하는 대가로 양보해달라고 요구할 수 있고, 이는 협상을 노골적인 교착상태에 빠뜨릴 수 있다. 경제학 이론의 '홀드아웃 문제'[9]를 참조하면 된다.
- **반협력**: 시스템이 탈중앙화되어 있다는 것은 시스템에 담합이 발생했을 때 담합에 참여하지 않은 참가자들이 담합한 공격자를 제거한 뒤 시스템을 이어가는 포크를 쉽게 할 수 있는 조건으로 작용한다. 이때 사용자들은 쉽게 포크에 참여할 수 있으며, 탈중앙화에 대한 의사는

---

9 [역자 주] 홀드아웃이란, 잠재적 구매자가 판매자가 수락할 가격을 제시하더라도, 판매자가 전략적으로 판매하지 않기로 선택할 때 발생하는 문제를 의미한다. 이때 판매자는 잠재적 구매자가 제시한 가격보다 더 높은 가격을 내세우며, 이로 인해 거래가 중단될 수도 있고, 지연 비용이 발생할 수 있다.

이들이 포크 참여에 찬성하도록 일종의 도덕적 압력을 발생시킨다.

- **이탈에 대한 위험**: 회사 다섯 곳이 논란의 여지가 없거나 긍정적 목적을 위해 함께 하는 것보다, 나쁜 일을 함께하는 게 훨씬 더 어렵다. 업체 다섯 곳은 서로를 잘 모르므로 한 업체가 참여를 거부하고 내부 고발을 할 위험이 있다. 그러므로 참가자들은 위험성을 판단하는 데 어려움을 겪는다. 게다가 직원들이 내부 고발을 할 수도 있다.

이런 장애물들은 매우 중요하다. 합법적으로 일하는 회사 다섯 곳이 신속하게 협력할 수 있는 경우에도, 잠재적인 공격을 충분히 중단시키는 효과가 있어 상당히 중요하다. 모든 점에서 미루어볼 때, 이러한 장애물은 실제로 상당히 크다. 다섯 곳의 회사들이 합법적인 일을 하는 데에 있어 완벽하게 빠르게 협력할 수 있는 능력을 갖춘 경우에도 잠재적인 공격을 충분히 중단시킬 수 있을 만큼 상당하다. 예를 들어 이더리움 블록체인 채굴자는 가스 한도까지 증가를 (인위적으로) 완벽하게 협력할 수 있지만, 이 사실이 이더리움 채굴자가 공모해 체인 공격이 쉽다는 걸 의미하진 않는다. 잠재적 구매자가 판매자가 수락할 가격을 제시하더라도, 판매자가 전략적으로 판매하지 않기로 선택할 때 발생하는 문제도 있다. 이때 판매자는 잠재적 구매자가 제시한 가격보다 더 높은 가격을 내세우며, 이로 인해 거래가 중단될 수도 있고, 지연 비용이 발생할 수 있다.

블록체인은 대부분의 활동이 소수 회사에 의해 지배된다는 것이 미리 알려져도 제도적으로 탈중앙화된 구조 프로토콜을 설계한다면 여전히 가치 있다는 것을 증명한다. 이는 블록체인에만 국한되지 않으며, 다른 맥락에도 적용할 수 있다.

협력 대항 수단으로서 포크

해로운 담합이 일어나는 것을 항상 효과적으로 막을 순 없다. 따라서 해로운 담합이 일어나는 사건들을 처리하고 대항하기 위해 더 견고한 시스템이 필요하다. 이런 견고한 시스템은 담합하는 자들에게 있어선 더 높은 비용을 요구하는 그리고 복구가 쉬운 것이 좋을 것이다. 이 목표를 달성하기 위해 우리는 두 가지 핵심 운영 원칙을 사용할 수 있다. **첫 번째는 협력 대항에 대한 지원**, 두 번째는 **스킨 인 더 게임**[10]**을 활용하는 것**이다. 대응 협력의 이면에 있는 아이디어는 다음과 같다.

담합을 완벽하게 방지하는 시스템을 설계할 수는 없다. 담합을 할 수 있는 경우의 수가 워낙 많기도 하고 이를 모두 탐지하는 메커니즘 또한 없기 때문이다. 하지만 적어도 우리는 개별적으로 담합에 적극적으로 대응하고 반격할 수는 있다. 블록체인과 같은 디지털 시스템, 즉 DNS(Domain Name System)[11]와 같은 주류 시스템과 같은 협력 대항의 결정적 주요 형태는 포킹[12]이다.

---

10 [역자 주] 컴퓨터에서 프로그램이나 게임 캐릭터 등을 위한 사용자의 화면 모양을 변경하는 데 사용되는 그래픽 파일이나 음성 파일을 뜻한다.

11 인터넷의 구성 요소 중 하나로, 중앙화된 탈중앙화 시스템이라 할 수 있다. 초기 블록체인 프로젝트 중 '네임코인'은 이 DNS의 탈중앙화된 대체재 역할을 하고자 했다. 이더리움 네이밍 서비스는 이더리움 생태계 내에서 '.eth'로 끝나는 도메인을 사용해 이 역할을 수행한다.

12 [역자 주] 개발자들이 하나의 소프트웨어 소스코드를 통째로 복사해 독립적 소프트웨어를 개발하는 것을 말한다. 오픈소스 소프트웨어의 경우 소스 코드가 공개되어 있고, 통째로 복사하는 것이 허용되는 라이선스를 따르기 때문에, 원저작자의 허가 없이 포크를 통한 새로운 소프트웨어를 개발하는 것이 가능하다.

블록체인에서 포크를 이용한 서로 다른 진영의 주도권 싸움을
〈스타워즈〉 패러디로 표현한 합성 이미지.

만약 시스템이 해로운 이들에 의해 점령되면, 이를 거부하는 사람들이
함께 모여 시스템의 대안 버전을 만들 수 있다. 이 대안 버전은 시스템을
통제하기 위해 공격하는 담합 세력의 힘을 제거하는 것을 제외하면 원래
의 버전과 대부분 같은 규칙을 가지고 있다. 포킹은 오픈 소프트웨어 맥
락에서 매우 쉽다. 성공적인 포크를 만드는 데 주요 그룹이 이끄는 방향
에 동의하지 않는 사람들이 당신을 따르도록 하는 데 필요한 정당성(게임
이론상 '상식'의 형태로 간주되는 것)을 얻어야 하지만 말이다.

게임 내의 시장과 스킨

담합 저항 전략의 또 다른 종류는 **스킨 인 더 게임**(Skin in the Game)'에
서 착안할 수 있다. 여기서 스킨 인 더 게임은 결정을 내리는 개별 참여자

가 각자의 결정에 개별적으로 책임을 지도록 하는 메커니즘이다. 만약 한 단체가 잘못된 결정을 내린다면, 그 결정을 승인한 사람들은 그걸 반대한 사람보다 더 많은 피해를 입는다. 사람들은 투표 시스템에 내재된 '공유지의 비극'을 피하는 의사 결정을 내리려 할 것이다.

포킹이 담합에 저항하는 강력한 대응책이 될 수 있는 정확한 이유는 포킹이 스킨 인 더 게임을 제공할 수 있기 때문이다. 보통 **시장**은 정확하면서도 강력한 힘을 발휘하는데 시장 구조 자체가 스킨 인 더 게임이 극대화되도록 설정되어 있기 때문이다. 퓨타키 역시 이런 시장의 이점을 **조직적 의사결정**으로 확장하려는 시도다. 하지만 이런 방식은 문제의 일부만 해결해 줄 수 있다. 어떤 변수를 최적화해야 하는지는 말해줄 수 없기 때문이다.

협력을 구조화하기

이 모든 논의는 사회적 시스템을 구축하는 사람들이 하는 일에 대한 흥미로운 관점을 보여준다. 효과적인 사회 시스템을 구축하는 목표 중 하나는 대부분 협력 구조를 결정하는 것이다. 어떤 목표를 달성하는 과정에서 어떤 그룹들은 함께 협력할 수 있고, 어떤 그룹은 그게 안 되는가?

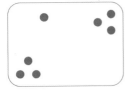

다른 협력 구조, 다른 결과

비탈릭 부테린 지분증명

협력 빈도도 중요하다. 어떨 때는 협력을 더 많이 하는 것이 좋다. 사람들이 공동으로 일해 함께 문제를 해결할 수 있을 때라면 말이다. 반대로 협력을 더 많이 하는 게 위험한 때도 있다. 참가자들 일부가 다른 사람들의 선거권을 박탈할 수 있는 상황이라면 말이다. 어떤 경우에는 더 많은 협력이 필수적이다. 시스템을 공격하는 소수의 담합에 대해 더 넓은 차원의 커뮤니티가 '반격'할 수 있도록 만들기 위해서다. 위 세 가지 경우 모두 이런 목적을 달성하기 위해 서로 다른 메커니즘이 존재한다. 물론 담합을 위한 의사소통을 방지하는 것은 매우 어렵고, 협력을 완벽하게 마무리하기도 어렵다. 그럼에도 그 사이에는 강력한 효과를 낼 수 있는 선택지가 많다. 다음은 몇 가지 가능한 협력 구조화 기법이다.

- 개인정보보호를 위한 기술 및 표준
- 행동에 대한 증명을 어렵게 하는 기술적 수단. 예를 들어 비밀 투표, MACI와 같은 기술
- 의도된 탈중앙화. 협력되지 않는 넓은 범위의 사람들에게 메커니즘의 통제권을 분배하는 것
- 물리적 공간에서의 탈중앙화. 다른 기능들(또는 같은 기능의 다른 요소들)을 서로 다른 장소로 분리하는 것
- 역할 기반의 구성원 탈중앙화. 다른 기능들(또는 같은 기능의 다른 요소들)을 다른 유형의 참여자(예를 들어, 블록체인에서는 '코어 개발자', '채굴자', '코인 보유자', '애플리케이션 개발자', '사용자')에게 부여하는 것
- 많은 사람들이 빠르게 협력을 거쳐 단일 경로로 앞으로 나아가는 것을 가능케 하는 셸링 포인트. 복잡한 셸링 포인트도 잠재적으로 코드

로 구현 가능하다(예를 들어 51% 공격으로부터의 복구 가능).

- 공통 언어를 사용하거나 다른 언어를 사용하는 여러 참여자들 간에 통제권을 분할하는 것
- 공모에 필요한 사람의 수를 늘리기 위해, 코인 단위 또는 주식 단위 투표 대신 개인당 투표를 사용하는 것
- 진행되고 있는 담합을 대중에게 경고하는 내부고발자를 격려하고 활용하는 것

이 전략 중 어느 것도 완벽하지는 않지만 적어도 다양한 맥락에서 사용할 수 있다. 이런 기법은 메커니즘 설계와 결합할 수 있으며 결합되어야 한다. 우리는 유해한 담합이 가능한 한 수익을 내지 못할 뿐 아니라 더 위험하게 보이게 만들어야 한다. 궁극적으로 어떤 조합이 가장 잘 작동하는지는 당신에게 달렸다.

* 전 이더리움재단 연구원이자 현재 이더리움 스케일링 프로토콜 옵티미즘 PBC (Optimism PBC)의 CTO 칼 플뢰르쉬(Karl Floersch)와 이더리움 스케일링 프로토콜 옵티미즘의 공동 창립자이자 CEO 징란 왕(Jinglan Wang)에게 감사를 표한다.

역자의 글

이 장에서 부테린은 협력(Coordination)이 무엇인지, 또 어떤 방향으로 이루어져야 하는지에 관해 설명한다. 이 단어는 협력, 조화, 조율 등으로 번역되는데, 이 장에의 협력은 한 사람이 자신의 이익을 극대화하기 위해, 다른 사람의 선택과 자신의 선택을 일치시키는 과정을 말한다.

협력은 사회에 긍정적인 영향을 미치기도 하지만 부정적인 결과를 낳기도 한다. 긍정적인 예로는, 특정 그룹의 사람들이 모두 동일한 선택을 하여 '협력'의 형태로 공동의 문제를 해결하는 경우가 있다. 부정적인 예로는, 특정 그룹의 사람들이 모두 같은 선택을 하여 '담합'을 하는 경우가 있다. 후자는 협력을 통해 자신과 이해관계가 같은 그룹은 이득을 보지만, 사회 전체적으로는 큰 손해를 끼친다.

부테린은 이런 담합 문제를 방지하는 해결책으로 탈중앙화적 설계를 말한다. 소수의 이해관계자가 의사결정과 영리활동에 막대한 영향력을 행사하고 있다면, 전체적으로는 조직이 나쁜 방향으로 흘러갈 위험이 존재한다. 그는 그러한 중앙화된 구조에서 탈피하여 분산된 소규모 단위로 자율적으로 운영되는 탈중앙화 구조를 채택한다면, 협력의 부정적 예인 '담합'을 어느 정도 방지할 수 있다고 본다. 그는 한때 소수 업체로 집중되었던 비트코인 채굴업체의 예를 소개하며, 블록체인 프로토콜의 구조 자체가 탈중앙화된 구조로 설계된다면 이런 문제를 방지할 수 있다고 말한다.

그는 이러한 부정적 협력에 대항할 수 있는 또 다른 수단으로 포크를 꼽는다. 이는 개발자들이 하나의 소프트웨어 소스코드를 통째로 복사하여 독립적인 새로운 소프트웨어를 개발하는 것을 뜻한다. 가령 블록체인 프로젝트에서 어떠한 담합을 시도하는 자들에 의해 프로젝트가 점령된다면, 그에 반하는 의사를 가진 자들은 포킹을 통해 새로운 대안적 성격의 조직을 만들어낼 수 있다.

2020 미국 대선을 통해 본 예측시장

vitalik.ca

2021년 2월 18일

＊ 이 글에는 정치적 의견이 다소 드러나 있다.

　나는 몇 년간 예측시장에 무척 관심이 있었다. 미래의 상황에 베팅을 하고, 그 배당률을 그 일이 발생할 확률에 대한 신뢰할 수 있는 중립적인 근거로 사용한다는 것은 메커니즘 디자인의 매력이라고 생각한다. 예측시장과 밀접한 관련이 있는 퓨타키 같은 아이디어는 거버넌스와 의사결정을 개선할 혁신적인 수단이라고도 생각해왔다. 예측시장 플랫폼인 어거와 오멘(Omen), 그리고 더 최근에는 폴리마켓(Polymarket) 같은 블록체인 애플리케이션이 보여줬다시피(셋 다 이더리움 기반 애플리케이션이다), 예측시장 또한 블록체인을 도입할 수 있는 흥미로운 분야다.

　2020년 미국 대선에서도 예측시장은 각광받았다. 2016년에는 블록체인 기반 예측시장도 미미한 수준이었으나 2020년에는 수백만 달러 규모로 커졌다. 이더리움 기반 애플리케이션이 대중화가 되는 것을 바라는 사람으로서, 이는 흥미를 자극할 수밖에 없었다.

처음에 나는 직접 참여하기보다는 지켜보는 쪽이었다. 미국 정치에 대한 전문가가 아닌지라 예측시장에 참여하고 있는 이들의 의견이 옳을 거라고 생각했다. 그러나 트위터에서 일부 '똑똑한 사람들'이 현재의 예측시장에는 합리성이 결여되었다고 지적했고, 내게 예측시장을 혼란스럽게 만드는 이들에 대해 맞서 베팅을 해달라고 추천하는 트윗들이 점점 늘어나고 있었다. 결국 나도 예측시장에 참여하게 되었다.

나는 다음과 같은 실험을 했다. 트럼프가 지면 1달러씩 받는 토큰인 NTRUMP를 어거에서 2,000달러어치 구매했다. 그때는 이 NTRUMP 토큰 포지션의 가치가 30만 8,249달러로 늘고, 5만 6,803달러를 벌게 될 줄은 몰랐다. 아울러 트럼프의 패배가 완전히 확실해진 이후에도 계속 그가 이길 것이라는 데 자기 돈을 던지는 사람들을 실제로 보게 될 줄도 몰랐다. 두 달 동안 일어날 일은 사회심리학, 전문지식, 차익거래, 그리고 시장 효율의 한계 등에 대해서 배울 수 있는 기회가 되었고, 경제적 구조와 디자인에 흥미를 갖고 있는 사람들에게는 중요한 시사점 또한 있다고 생각한다.

Neoliberal ✓ 🌐 @ne0liberal · Sep 2, 2020

Prediction markets are straight up bad at politics. They are not efficient and have easily exploitable flaws.

> **Nate Silver** ✓ @NateSilver538 · Sep 2, 2020
>
> Biden is up *8* points in a *Fox News* poll of *Wisconsin* conducted *immediately after the RNC* and prediction markets have the race as a toss-up. twitter.com/ForecasterEnte…

💬 15   ↻ 13   ♡ 242   ↑

vitalik.eth ✓
@VitalikButerin

Replying to @ne0liberal

Something something if you disagree, it's free money so you should go and participate?

네오리버럴의 트윗
예측시장은 정치에 악영향만을 끼친다. 효율적이지도 않고 악용할 수 있는 허점이 있다.

네이트 실버(Nate Silver)의 트윗
전국 공화당 위원회가 끝나고 예측시장이 승부를 예측 불가라고 한 뒤, 바이든은 『폭스 뉴스(Fox News)』에서 위스콘신을 대상으로 진행한 투표에서 8포인트 올랐다.

부테린: 다들 반대하는 것 같은데, 어차피 공짜니까 불평만 늘어놓기 전에 가서 참여하는 건 어때?

이 선거에서 내 첫 번째 베팅은 블록체인을 활용한 것도 아니었다. 힙합 가수 카니예 웨스트(Kanye West)가 7월에 대통령 선거에 출사표를 던 졌을 때 평소에 존경하는 한 정치평론가가 자신의 트위터를 통해 카니예 때문에 반-트럼프 투표가 갈라질 것이고 그것 때문에 트럼프가 이길 것이라고 주장했다. 이렇게 논란의 여지가 있으면서 뭔가 똑똑해보이는 주장을 던진 후에, 그것이 진실로 맞아떨어지는 경험들을 했던 것일까. 나는 그가 근거없는 자신감을 체화해서 그런 것인지도 모른다는 생각을 했다. 나는 그 정치평론가의 의견 대신 '그래도 바이든이 이길 것'이라면서 200달러 내기를 제안했고, 그는 그 내기를 받아들였다.

9월쯤 선거가 다시 내 관심을 끌었고, 이번에는 예측시장이 눈에 들어왔다. 예측시장은 트럼프가 이길 확률이 50%쯤 된다고 했지만, 트위터의 '똑똑한 사람들'은 그 숫자가 너무 높아 보인다고 지적했다. 이는 '효율적 시장'에 대한 질문으로 이어진다. 만약 당신이 트럼프가 지면 1달러를 받는 토큰을 0.52달러 주고 살 수 있고, 트럼프가 패배할 확률이 실제로 훨씬 높다면, 왜 사람들은 가격이 더 오를 때까지 들어와서 이 토큰을 사지 않는 것일까?

네오리버럴(NeOliberal)이라는 아이디를 가진 이는 선거 전날 자신의 트위터에 예측시장이 정확하지 않은 이유를 훌륭하게 요약한다. 한마디로 2020년 이전에(블록체인에 기반하지 않은) 예측시장은 각종 규제 때문에 소량의 현금만 갖고 참여할 수 있었다. 그 결과, 매우 똑똑한 사람이 전문적인 기관이 이 예측이 틀렸을 것이라고 생각해도, 이를 바꿀 능력이 매우 제한되어 있었다는 것이다. 그 스레드에 언급되어 있던 논문[13]에서 지적하는 제일 큰 제한 사항은 다음과 같았다.

- 한 사람이 베팅할 수 있는 금액의 낮은 한계점(1,000 달러 이하)

---

13 앤드류 스터식(Andrew Stershic)과 크리티 구르잘(Kritee Gurjal)의 "정치적 예측 시장에서의 차익거래", 예측시장학술지 14, 1권, (2020)

- 높은 비용(당시 예측시장 플랫폼인 프리딕트잇[PredictIt]의 출금 수수료가 5%에 달했다)

나는 네오리버럴에 반박했다. 기존의 중앙화된 예측시장은 낮은 한계점과 높은 비용이 문제일 수 있지만, 크립토 시장은 그렇지 않다! 어거나 오멘에는 토큰 수량, 즉 베팅할 수 있는 금액에 대해 한계가 없다. 신기한 점은 블록체인 기반 예측시장의 베팅 가격대가 프리딕트잇을 따라가고 있다는 점이었다. 기존 예측 시장의 참여 비용이 높고, 얻을 수 있는 이득이 제한적이어서 이성적인 참여자들이 충분히 참여하지 못할 수 있다는 것은 그런 대로 이해가 가능하지만 왜 그런 문제가 없는 블록체인 기반 시장에서도 같은 현상이 나타나고 있는 것일까?

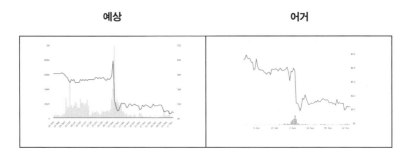

예상	어거

내가 읽었던 피드 중에는 블록체인을 기반으로 한 시장은 워낙 틈새시장이다 보니 매우 적은 수의 사람들, 특히 정치까지 잘 알고 있는 사람들이라면 더더욱 적은 수의 사람만 암호화폐를 사용한다는 것이었다. 이해는 됐지만 개인적으로 그 주장이 믿음직스럽지는 않았다. 그래서 트럼프가 낙선할 것이라고 생각해 2,000달러를 추가로 베팅했다.

선거 결과

선거 날이 다가왔다. 처음에는 트럼프가 더 우세해 보이는 듯했지만, 바이든이 결국 승리를 거머쥐었다. 선거 자체가 예측시장의 효율을 인증해주는 것인지 반증해주는 것인지는 해석에 달려 있었다. 베이즈 정리[14]에 따라 나는 최소한 미국의 통계학자인 네이트 실버와 예측시장을 비교해 봤을 때 예측시장에 대한 믿음을 줄여야 한다고 생각했다. 예측시장은 바이든이 승리할 확률을 60%로 보았고, 네이트는 90%로 보았다. 선거에서는 실제로 바이든이 이겼으니, 이는 네이트가 더 옳은 답을 제공한다는 가설의 근거 중 하나다. 그러나 다른 한편으로는, 예측시장이 승리 마진율을 더 잘 계산했다고 볼 수도 있다. 네이트 실버의 확률분포의 중앙값은 538개의 선거인단 투표 중 370표 정도가 바이든한테 가는 것이었다.

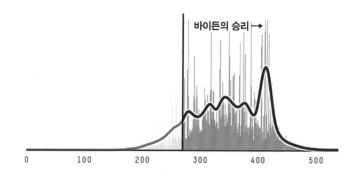

예측시장은 확률분포표를 따로 제공하지는 않았지만 '트럼프가 40% 확률로 이길 것이다'를 근거로 예측시장에서는 바이든에게 300표 정도가

---

14 [역자 주] 확률론과 통계학에서 쓰이는 정리다. 이전의 경험과 새로 발견한 현재의 증거를 바탕으로 특정 사건의 확률을 추론하는 방식으로 네이트 실버가 베이즈정리를 이용해 미국 대선 결과를 정확히 예측한 바 있다.

갈 것이라는 중앙값이 나온다. 실제 결과는 306표이다. 그러니 종합적으로 본다면 네이트 실버 대 예측시장에서 명확한 승자는 없어 보인다.

선거 후

그러나 내가 그 당시 상상치도 못했던 부분은 선거 자체는 시작에 불과했다는 점이다. 선거 며칠 후, 바이든이 승자라고 여러 언론 매체들과 심지어는 몇몇 해외 정부에서도 발표했다. 트럼프는 결과에 불복종한다며 법적 대응을 예고했고, 예상대로 이 대응은 다 실패로 돌아갔다. 신기하게도 한 달 넘게 NTRUMP 토큰은 0.85달러를 유지했다. 트럼프가 진 것으로 결론이 난 뒤에도 NTRUMP 토큰을 0.85달러에 사서 1달러를 받을 수 있는, 즉 0.15달러의 확실한 수익을 벌 수 있는 기회가 여전히 있었다는 것이다.

처음에는 트럼프가 15%의 확률로 결과를 뒤집을 수도 있을 것이라 생각했을 수도 있다. 그는 미국에서 당파성이 심각해지고 원칙보다는 진영을 고려할 수도 있는 시기에 대법원에 판사를 3명이나 지정했기 때문이다. 그러나 3주라는 시간이 지나면서 트럼프가 쏘아 올린 작은 공이 아무런 효과가 없다는 게 확실해지는데도 NTRUMP 가격은 변함이 없었다. 잠시 0.82달러로 내려가기도 했다. 선거로부터 5주가 지난 12월 11일, 대법원은 공식적으로 트럼프가 제기한 대선무효 소송을 기각했음에도 NTRUMP는 0.88달러였다. 나는 사람들이 시장이 합리성이 결여됐다고 하는 지적을 11월부터 믿기 시작했고, 직접 뛰어들어 트럼프가 지는 쪽에 걸었다. 이는 돈을 벌기 위한 것이 아니었다. 도지코인(Dogecoin)을 들고 있었던 나는 두 달만에 훨씬 많은 돈을 벌었고, 그 돈을 모두 아프리카 자선단체인 기브다이렉틀리(GiveDirectly)에 기부한 바 있다. TRUMP에 베팅한 이유는 궁금증 때문이었다. 왜 다른 사람들이 아직도 NTRUMP 토큰을 안 샀는지를 알아보고 싶었다. 관객으로서 지켜보는 게 아니라, 이 실험에 직접 참여하는 방법으로 말이다.

참여하기

나는 어거와 밸런서를 기반으로 한 예측시장 서비스 캣닙(Catnip)을 통해 NTRUMP를 샀다. 캣닙은 이러한 거래를 하는 데 사용할 수 있는 제일 쉬운 인터페이스였고 어거에도 많은 도움을 주었다. 캣닙을 통해 트럼프의 패배에 돈을 걸 수 있는 방법은 두 가지가 있었다.

1. DAI를 사용해서 캣닙에서 바로 NTRUMP를 산다.
2. 어거 안에 있는 '파운드리'라는 기능을 통해 1DAI를 '1NTRUMP + 1YTRUMP + 1ITRUMP(I는 부적합[Invalid]하다는 뜻이다)로 변환하고 YTRUMP는 캣닙에 판다.

처음에는 첫 번째 옵션밖에 몰랐다. 후에 밸런서에서 YTRUMP 유동량이 훨씬 높다는 것을 알게 되고,[15] 두 번째 옵션으로 바꾸게 되었다. 또 다른 문제는 내가 수중에 DAI가 별로 없다는 것이었다. ETH를 팔고 DAI를 살 수도 있었지만 내가 갖고 있는 ETH 포지션을 포기하고 싶지 않았다. 트럼프가 떨어지는 쪽에 베팅해서 5만 달러를 버는 과정에 ETH

---

15 [역자 주] 두 번째 방법은 트럼프와 관련된 모든 코인을 다 사서 트럼프가 이긴다는 데 베팅하는 코인을 파는 방법으로, 코인을 팔기 위해서는 거래하는 사람들이 많아야 하는데 밸런서에서 YTRUMP 유동량이 훨씬 높아 거래하기가 쉬웠다.

가격이 급등해서 50만 달러를 포기해야 하는 상황은 피하고 싶었다. 이더리움을 유지한 채로 스테이블코인 DAI를 확보하기 위해 이를 관리하는 탈중앙 자율 조직인 메이커 다오에 ETH 같은 자산을 담보로 맡기고 DAI를 받는 CDP(Collaterized Debt Position)을 열었다.

CDP는 모든 DAI가 만들어지는 방식이다. 사용자들은 스마트 컨트랙트에 ETH를 입금하고, 입금한 ETH의 가치의 최대 3분의 2를 DAI로 빌려서 쓸 수 있다. 그들은 빌린 원금과 이자(현재 3.5%)를 되돌려서 담보금을 되찾을 수 있다. 만약 담보로 맡긴 ETH의 가치가 출금한 DAI의 가치의 150%보다 더 떨어질 경우, 아무나 당신을 '청산'할 수 있으며, 그러면 강제로 ETH 담보를 팔아서 DAI를 시장에서 다시 사 오고 당신한테는 높은 벌금을 매기게 된다. 이는 다음과 같이 표현할 수 있다.

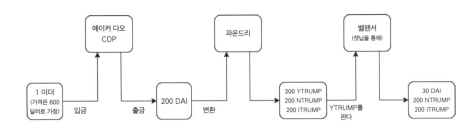

나는 이 과정을 여러 번 반복했다. 캣닙에서의 슬리피지[16] 때문에 손해를 보고 싶지 않았기 때문이다. 이를 위해 5,000달러에서 1만 달러 사이로 금액을 끊어서 거래해야 했다. 파운드리를 스킵하고 NTRUMP를 직접

---

16 [역자 주] 매매 주문 시 발생하는 체결 오차 현상으로 원하는 가격에 현물, 선물을 매수할 수 없을 때 발생되는 비용을 뜻한다.

DAI로 샀을때는 한계가 1,000에 더 가까웠다. 그리고 2달 후, 나는 36만 7,000개가 넘는 NTRUMP 토큰을 모았다.

그럼 나머지는 왜?

예측시장에 참가하기 전, 나는 왜 사람들이 1달러를 0.85달러에 살 기회를 마다하는지에 대해 네 가지 가설을 세웠다.

1. 어거 스마트 컨트랙트가 고장나거나 트럼프 지지자들이 어거의 오라클(어거의 REP 토큰 보유자들이 어떤 결과가 나올지에 대해서 베팅하는 탈중앙 메커니즘)을 조작해서 허위 결과를 산출하게 만들지 않을까에 대한 두려움
2. 자본 투자 비용. 누구든 이 토큰을 사려면 자신의 여유 자금을 두달 넘게 예치해 두어야 하고, 그러면 그동안 그 자금을 쓰거나 다른 수익성 거래에 사용할 수 없게 된다. 그러니까 사람들이 기회비용보다 얻는 수익이 적을 것을 우려할 가능성이 있다.
3. 일반인이 사용하기에는 기술적으로 너무 복잡하다.
4. 사람들은 실제로 투자를 통해 돈을 바로 벌 수 있는, 너무 좋아 보이는 기회를 직접 맞닥뜨리면 머뭇거리는 경우가 생각보다 많다.

네 가지 가설 다 합리적인 이유가 있다. 스마트 컨트랙트가 실제로 고장 날 수 있고 어거 오라클 또한 논쟁이 많이 일어나는 환경에서 사용해 보는 경우가 처음이니 위험할 수 있다. 실제로 자본 투자 비용도 발생한다. 게다가 베팅하는 것은 주식시장보다 예측시장이 더 쉽지만 가격이 1달러

이상으로 올라가지는 않으니 이곳에 자산을 투자해놓으려면 크립토 시장에서 있을 다른 더 수익성 좋은 기회를 포기하는 것이다. 게다가 탈중앙 애플리케이션인 디앱을 사용해서 거래하는 것은 기술적으로 복잡하고, 모르는 것에 대해서 투자를 하는 것에 대해 두려움을 느낄 수도 있다. 그러나 실제로 투자를 해보고 가격이 변동하는 것을 직접 목격한 결과, 내가 세운 가설들에 대해서 많은 것들을 배우게 되었다.

스마트 컨트랙트 고장에 대한 두려움

처음에는 스마트 컨트랙트가 고장날 가능성에 대한 두려움이 설명의 상당 부분을 차지하는 줄 알았다. 그러나 시간이 지나면서 나는 **이것이 주 원인이 아니라는 것**에 더 무게를 두게 되었다. 이는 YTRUMP 가격과 ITRUMP 가격을 비교해보면 알 수 있다. ITRUMP는 '부적합 트럼프(Invalid Trump)'를 의미한다. 부적합하다는 표현은 예외적인 결과가 나타날 때를 위한 경우이다(선거 결과가 명확하지 않을 경우다). 결과가 애매하거나, 토큰에 대한 보상을 지급해야 할 시점에 결과가 명확하지 않을 경우, 혹은 시장이 비도덕적(예를 들어 암살 시장)인 경우다. 2020년 대선이 이러한 경우에 해당된다면 ITRUMP 토큰을 통해 1달러를 받을 수 있을 것이다.

그러나 ITRUMP 토큰의 가격은 0.02달러 이하에 머물러 있었다. 누군가 시장을 공격해서 이윤을 얻고 싶었다면, 0.15달러인 YTRUMP보다 0.02달러인 ITRUMP를 사는 것이 훨씬 이득이었을 것이다. ITRUMP는 결과가 부적합할 경우 1달러를 지급하는 방식이기 때문에 ITRUMP를 사고 선거 결과를 조작해 불명확하게 만들 수 있다면 ITRUMP 보유자는 50배의 이득을 보는 셈이다. 그러니 만약 그러한 공격이 두렵다면 ITRUMP를 구매하는 것이 제일 상식적인 행동이다. 그러나 0.02 달러 이하의 가격을 유지하는 것을 보아 알 수 있듯이 그런 사람들은 거의 없었다.

스마트 컨트랙트 고장 가능성이 사람들의 NTRUMP 구매를 방해했다는 가설을 반박하는 주장은 또 있다. 예측시장 외에 모든 크립토 분야에서 사람들이 생각보다 스마트 컨트랙트 고장에 대해 무감각해졌다는 것이다. 현실 세계에서 사람들은 8% 연이자율을 얻기 위해 별별 위험한 상품은 물론, 써본 적이 없는 상품에도 투자한다. 그런데 갑자기 여기에서 왜 조심스러워지는 것일까?

자본 투자 비용

처음에는 자본 투자 비용이 크게 두 가지라고 생각했다. 우선 많은 양의 자본을 예치해두어야 하는 불편함, 그리고 기회비용 말이다. 그런데 경험해보니 내가 전에 상정했던 것보다 훨씬 더 고려할 게 많다는 것을 알게 되었다. 어거부터 살펴보자. 나는 30만 8,249DAI를 평균 2달 동안 예치해 두어야 6만 5,803달러의 수익을 볼 수 있었다. 이것은 연간 이자율로 따지면 175%니 지금까지는 꽤나 짭짤해 보인다. 2020년도에 높은 수익률을 보여줬던 다른 이자농사(Yield Farming)[17] 상품들이랑 비교해봐도 말이다. 그러나 내가 메이커 다오에서 지불해야 했던 비용들을 따지기 시작하면 상황은 안 좋아진다. 내가 보유한 이더리움은 유지하고 싶었기 때문에, 나는 CDP를 통해서 DAI를 뽑아야 했다. 그리고 CDP를 안전하게 사용하려면 담보 비율이 3배가 넘어야 한다. 내가 실제로 예치해둬야 하

---

17 [역자 주] 디파이 프로젝트에 자신이 가진 암호화폐를 일정 기간 맡기고, 그에 대한 이자를 받는 것을 말한다.

는 자본은 거의 100만 달러 가까이 된다.

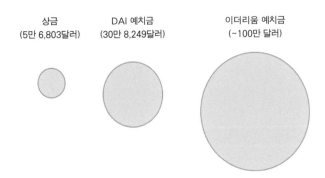

상금
(5만 6,803달러)

DAI 예치금
(30만 8,249달러)

이더리움 예치금
(~100만 달러)

이제는 이자율이 조금 덜 짭짤해 보인다. 게다가 아무리 확률이 미미하더라도 스마트 컨트랙트 해킹이나 예측 불가능한 전례 없는 정치적 이슈까지 상정한다면 수익성은 더 떨어진다. 그럼에도 3배 예치금과 어거 고장이 발생할 확률을 3%로 상정한다면(혹시나 '불확정' 방향으로 흘러갈까 싶어 보험으로 ITRUMP를 사놓은 상태였기에, 트럼프가 승리했다는 상황으로 조작이 되거나 자금이 아예 도난당하는 상황만 고려하면 됐다) 무위험 이자율은 35% 정도가 되고 실제 위험을 인식하는 정도까지 고려한다면 이자율은 더 낮아질 것이다. 여전히 매력적인 상품이지만, 변동성이 100배까지 급등하고 급락하는 암호화폐 업계에 종사하고 있는 트레이더들이 보기에는 덜 매력적으로 보일 수 있는 것도 이제는 매우 이해가 간다.

반면에 트럼프 지지자들은 고민하지 않았다. 토큰 가격으로 따져봤을 때 그들은 6만 달러만 투자해도 내가 투자한 30만 8,249달러와 비슷한 이익을 기대할 수 있었다(나의 순이익금은 금융 비용 때문에 이것보다 적다). YTRUMP 토큰의 가격 자체가 내가 산 NTRUMP보다 훨씬 쌌기 때문이

비탈릭 부테린 지분증명

다. 이 경우처럼 한쪽이 승리할 것이라고 베팅된 금액이 극단적으로 많으면, 확률이 적은 반대쪽은 실제 승리 확률보다 많은 금액이 베팅된다. 이것이 바로 실제로 이길 확률이 0에 가까운 후보자들의 우승 확률이 많게는 5%까지도 나오는 이유다. 우승 확률은 베팅에 걸려 있는 총 금액으로 결정되기 때문이다.

기술적 복잡함

나는 처음에 NTRUMP를 어거에서 구매하려고 했으나 유저인터페이스 문제로 어거에서 직접 주문하지 못했다(다른 사람들은 이러한 문제가 없었다고 하니 아직도 정확한 이유를 모르겠다). 캣닙의 유저인터페이스는 훨씬 간단하고 이해하기 쉽다. 그러나 작은 규모의 거래를 위해서는 사람들이 더 쉽게 거래할 수 있도록 매도 매수 호가를 인위적으로 유지하는 서비스를 제공하는 밸런서(혹은 유니스왑)를 쓰는 것이 좋다. 더 규모가 커지면 슬리피지 손해도 덩달아서 너무 커진다. 이것은 더 큰 토론 주제인 'AMM 대 오더북'의 한 부분이다. AMM(Automated Market Making)은 자동화된 마켓 메이킹으로 개인들이 토큰을 교환할 때 일종의 수학공식에 따라 교환 가격이 자동으로 결정되도록 해주는 알고리즘이다. 반대로 오더북 방식은 매도자들과 매수자들이 원하는 가격과 수량을 직접 보여주고 거래할 수 있게끔 유도하는 방식이다. 고로 소액 거래를 할 때는 자동화 마켓메이커가 더 편리하지만 더 큰 거래를 위해서는 슬리피지가 적어지는 주문장 기능을 사용하는 것이 적합하다. 유니스왑 v3가 자본효율성이 더 우수한 자동화 마켓메이커 디자인을 소개한다고 하는데, 얼마나 상황을 개선할지는 두고 봐야 한다.

다른 기술적인 어려움도 존재했다. 캣닙 같은 인터페이스에서 'DAI →
파운드리 → YTRUMP 팔기' 과정을 컨트랙트에 적용하고 캣닙에서 파운
드리를 통해 YTRUMP와 NTRUMP를 동시에 사는 NTRUMP 구매 경로
만 제시할 필요는 없다. 심지어 캣닙의 인터페이스는 직접 거래하는 'DAI
→ NTRUMP' 경로와 내가 더 많이 사용했던 간접적인 'DAI → 파운드
리 → YTRUMP 팔기 경로'의 가격과 유동성을 비교해 자동적으로 사용
자에게 더 나은 거래를 성사시킬 수도 있다. 그 경로에 메이커 다오 CDP
에서 DAI를 빼가는 과정도 포함할 수 있을 것이다. 여기에서 나는 나름
긍정적인 결론을 내릴 수 있었다. 기술적 복잡함이 이번 2020 선거 예측
시장에 일반인들이 참여하기에 진입 장벽을 너무 높게 만들었다고 할지
라도, 미래에 기술이 발전하면서 개선될 것이다.

지적 자신감의 부재

많은 사람들(특히 똑똑한 사람들)은 과한 겸손함을 갖고 있어 다른 이들
이 어떠한 행동을 취하지 않았다면 그들이 그러지 않는 이유가 분명히 있
을 것이라고 치부하는 경향이 있다. 인공지능 이론가인 일라이저 유드카
오스키는 저서 『부적합한 평행상태(Inadequate Equilibria)』에서 사회의 절
대적 다수가 어떠한 현상에 대해 비합리적으로 생각하거나 게으르게 생
각한다고 해서 우리도 똑같이 행동해선 안 된다고 설명했다. 사람들은 겸
손한 인식론(Modest Epistemology)을 많이 사용해서 자기 행동에 제약을
걸기에, 만약 개인의 논리적 사고가 특정 행동을 하는 쪽으로 결론을 내
린다면 이를 따라갈 수 있는 의지가 더 있어야 한다는 것이다. 처음에는
일라이저가 너무 자만한다고 생각했다. 그러나 비슷한 경험을 거치고 나

서 나는 그의 입장에 대해서 더 이해하게 되었다.

나는 자기 자신의 논리와 추론을 믿는 게 생각보다 어려운 일이라는 사실을 잘 안다. 이더리움을 만들면서 나는 분명 이 프로젝트가 실패할 것이라는 두려움에 휩싸인 적이 있다. 스마트 컨트랙트를 작성할 수 있는 블록체인은 이전 블록체인에 비해 훨씬 좋았다. 그렇다면 이렇게 좋은 아이디어를 당연히 누군가 먼저 생각하지 않았을까? 그래서 나는 이더리움 아이디어를 세상에 알렸을 때 똑똑한 암호학자들이 왜 그것이 원론적으로 구현 불가능한지를 설명하려고 달려들 줄 알았다. 그러나 아무도 그러지 않았다. 물론 과한 겸손함을 이 세상 모든 사람이 느끼는 것은 아니다. 트럼프가 이길 것이라고 생각한 사람들은 자신의 과한 자신감에 의해 오히려 속았다.

과한 겸손함의 피해자가 절대 아닌 1인.

시인 윌리엄 예이츠(W.B. Yeats)가 말했듯이 "제일 우수한 이들은 신념이 부족하고, 최악인 이들은 열정만 가득하다." 물론 자의식 과잉과 근거 없는 자신감으로 차 있는 이들도 있다. 그렇다고 대중에게 교육 기관, 미디어, 정부, 혹은 시장 등을 통해 이미 사회에 존재하는 결과들을 단순히 믿고 따르라고 하는 것은 좋은 해결책이 되지 못한다. 이러한 기관이 제대로 기능할 수 있는 이유는 이 기관들이 옳다고 생각하는 사람들 때문이 아니라, 이 기관들에 대해 문제를 삼고 더 개선할 여지가 있다고 믿는 사람들이 있기 때문이다.

퓨타키를 위한 교훈

자본 투자 비용의 중요성 못지않게 자본 투자 비용이 리스크와 어떻게 엮이는지를 직접 보는 것 또한 퓨타키 시스템을 판단하는 데 있어 중요하다. 퓨타키와 결정시장은 예측시장을 위해 유용하고 중요하게 작용하는 애플리케이션이다. 단순하게 다음 대통령이 누가 될지에 대한 좀 더 정확한 예측을 하는 것 자체는 그다지 사회적인 가치를 가지고 있다고 말할 수 없다. 그러나 조건부 예측은 사회적 가치가 크다. 만약 우리가 A라는 선택지를 골랐을 때, 그 선택이 어떤 좋은 일 X를 끌어올 수 가능성은 얼마나 되는가? A 대신, B를 골랐을 때, 그 선택이 X를 도출할 가능성은 얼마나 되는가?와 같이 말이다. 조건부 예측은 단순히 우리의 궁금함을 만족시킬 뿐만 아니라, 우리가 결정을 내릴 때 도움이 될 수 있으므로 중요하다.

물론 선거 예측시장들은 **조건부 예측**들보다 덜 중요하지만 '단순히 편향되고 잘못된 의견일지라도, 그러한 선거들이 선거 조작 등과 같은 요소들에 얼마나 강한가?'와 같은 중요한 질문을 밝히는 데 도움이 될 수 있다. 우리는 차익거래가 얼마나 어려운지를 살펴봄으로써 이 질문에 대답할 수 있다. 조건부 예측시장이 옳지 않은 방향으로 가게 될 가능성이 있다고 가정해보자. 이 경우 해당 예측치가 잘 모르는 거래자나 혹은 확실한 조작 시도들에 의해서 제시되든 상관없다. 당신이 그 미래를 옳게 만들고자 할 때, 당신은 어떤 영향을 끼칠 수 있고, 어떤 이익을 얻을 수 있는가?

우리는 각각의 선택이 바람직한 결과를 얻을 가능성이 있는 상황에서 예측시장을 이용해 결정 A와 결정 B 중 하나를 선택하려 하고 있다. 바람직한 결과인 결정 A가 바람직한 결과를 달성할 확률이 50%이고 결정 B가 45%라고 생각해보자. 그러나 당신의 의견과는 다르게 예측시장은 결정 B가 성공할 확률을 55%로 보고 있고, 결정 A가 40%의 확률을 가지고 있다고 생각하고 있다.

아래의 전략들을 통해 바람직한 결과가 달성될 가능성은…?	현재 마켓 포지션	당신의 의견
A	40%	50%
B	55%	45%

당신은 매우 소량을 베팅하기 때문에 당신의 베팅은 결과에 영향을 미치지 못하며, 수많은 참여자가 베팅해야만 영향을 미칠 수 있다. 당신은 얼마를 베팅할 것인가? 일반적으로 이를 계산하기 위해 켈리 공식을 활용한다. 기본적으로, 당신은 자산의 예상 로가리듬(로그 값)을 최대화할 수 있도록 행동해야 한다. 이 경우, 우리는 그를 위한 결괏값을 도출

하는 방정식을 풀 수 있다. 당신의 투자 비용의 r%가 A 토큰을 0.40달러에 구매하는 데 사용된다고 가정하자. 당신의 새로운 예상 로그 웰스(log-wealth)[18]는 다음과 같다.

$$0.5 \times \log((1 - r) + \frac{r}{0.4}) + 0.5 \times \log(1 - r)$$

당신의 입장에서 A에 대한 베팅이 성공해 당신의 베팅 비용인 r이 2.5배로 증가할 확률은 50%다. 하지만 반대로 당신의 베팅이 성과를 거두지 못하고, 베팅 금액을 잃을 확률도 마찬가지로 50%다. 여기서 우린 투자 수익을 최대화할 수 있는 r을 찾기 위해 미적분을 사용할 수 있다. 이에 대한 계산 값은 r=1/6(약 0.166..7)이다. 만약 다른 사람들이 A를 구매해, 시장가가 47%까지 오르게 된다면(그리고 B는 48%까지 하락), 우린 A로 시장이 넘어오는 데 있어 큰 역할을 할 수도 있는 마지막 거래자를 위해 위 계산을 다시 할 수 있다.

$$0.5 \times \log((1 - r) + \frac{r}{0.4}) + 0.5 \times \log(1 - r)$$

여기서 로그 웰스를 최대로 이끌어내는 r의 예상치는 겨우 0.0566에 불과하다. 결론은 분명하다. 두 선택지의 발생 확률이 비슷해 한 선택지를 고르기 힘들 때, 시장에 잡음이 많을 때, 우리는 해당 시장에 적은 투자금을 베팅해야 한다는 것을 알 수 있다. 게다가 이것은 참여자가 합리성

---

18 [역자 주] 로그함수를 통해 계산되는 재산(Wealth).

을 고려한다고 전제하고 있다. 대부분 켈리 공식이 말하는 것보다 불확실한 도박에는 잘 투자하지 않는다. 자본 투자 비용도 이러한 베팅을 하는 것을 막는 데 도움이 된다. 만약 공격자가 개인적인 이유에서든 어떤 이유에서든 결과 B를 이끌어내고 싶을 때, 공격자는 자신의 자본을 모두 B 토큰에 투자할 수도 있다. 이렇게 됐을 때, 해당 시장은 20:1 이상으로 공격자에게 기울어질 수 있다.

물론 실제로는 현실에서 공격자들이 자신의 모든 자본을 한 번의 선택을 위해 기꺼이 투자하려고 하지는 않을 것이지만 말이다. 퓨타키 외에도 이 세상에는 공격들에 취약한 메커니즘들이 많다. 주식시장도 비슷한 취약성을 가지고 있으며, 비시장 결정 메커니즘(Non-market Decision Mechanisms) 역시 부유한 공격자가 마음만 먹는다면 의해 어떤 방식으로든지 조작될 수 있다. 그러니 퓨타키를 통해 새로운 수준의 의사 결정 정확도를 얻을 수 있다고 가정하는 것은 경계해야 한다.

신기하게도, 앞의 계산을 조금 더 살펴보면 조작자들이 극단적인 결과를 밀고 나가고 싶어할 때 퓨타키가 가장 잘 작동할 것이라는 결론을 보여준다. 책임 보험이라는 예시를 들어보자. 누군가가 많은 양의 보험금을 부적절한 방법으로 얻고자 한다면, 자신에게 불리한 사건이 발생할 확률을 일부러 0으로 낮추려고 할 것이다. 그러면 그 상황이 일어날 확률이 낮아지기 때문에, 이에 대한 배상금 또한 늘어날 것이고, 그래야 그 사건이 일어나게 하여 대량의 보험금을 탈 수 있을 것이다. 이런 종류의 책임 보험은 퓨타키 발명가 로빈 핸슨(Robin Hanson)이 좋아하는 새로운 정책 방안이기도 하다.

예측시장은 개선될 수 있을까

마지막으로 예측시장은 12월 초에 트럼프가 선거 결과를 뒤집을 수 있다는 확률[19]을 계속 보여주는 오류들을 계속 보일 것인가? 아니면 시장은 시간이 지나면서 개선될 수 있을까? 내 대답은 놀랍게도 긍정적인 쪽에 속하고 이를 뒷받침할 수 있는 이유들 또한 있다.

자연선택 시장

대선 때 일어났던 일들은 시장 효율성과 합리성이 어떻게 생기는지에 대해 새로운 관점을 보여주었다. 시장 효율성 이론을 지지하는 사람들은 이 시장에 참여하는 사람들이 이성적이기 때문에(이성적인 인원이 절대 과반수를 차지하기 때문에) 제일 효율적인 시장 결과가 도출된다고 한다. 이론적으로는 맞는 얘기이다. 그러나 대신 지금 예측시장에서 일어나고 있는 일에 진화론적인 관점을 가져보면 어떨까.

크립토는 아직 젊은 생태계다. 이곳은 아직 일론 머스크(Elon Musk)의 트윗 하나[20]에 암호화폐 가격이 들썩이는 곳이고, 구성원들도 아직 선거 정치의 미세한 부분들에 대해서는 전문성이 높지 않다. 선거 정치 전문가들은 크립토에 진입하는 데 어려움을 느낄 것이고, 크립토에 몸담은 이들 또한 정치에 대해서 항상 옳은 견해를 지닌 것은 아니다. 그러나 이번에 크립토 업계의 예측시장에서 바이든이 승리할 것이라고 옳게 예측한 이들은 자본이 18% 증가했고, 틀리게 예측한 이들은 투자금을 100% 잃는

---

19 [역자 주] 선거 결과가 나왔을 때도 NTRUMP의 가격은 0.82달러였고, 대법원에서 트럼프의 패배를 확정 지었을 때도 토큰의 가격은 여전히 0.88달러였다.

20 물론 이는 암호화폐에 대한 트윗으로 상당한 가격 변화를 일으킬 수 있는 억만장자 일론 머스크에 대한 언급이다.

현상이 발생했다.

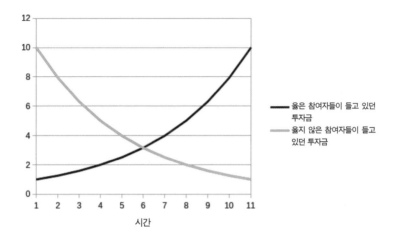

옳은 선택에 베팅한 이들을 고르게 되는 선발압(선발 + 압력 = 선발압, 임의의 개체나 개체군을 선발할 때 작용하는 압력)이 존재하게 되는 것이다. 이러한 베팅을 10판 정도 진행하고 나면, 옳은 예측을 잘하는 사람들은 베팅할 수 있는 자본금이 더 많아질 것이고, 틀린 예측을 계속하는 이들은 투자할 자본금이 별로 없을 것이다. 이로 인해 누군가 더 똑똑해지거나 값진 교훈을 얻었다는 등의 사람의 능력치 자체가 오르는 건 아니다. 그냥 단순히 옳은 예측을 할 수 있는 사람들에게 보상을 더 주고, 그들이 생태계를 장악할 것이라는 선택 역학에 의해 나온 결론일 뿐이다.

다만 예측시장과 주식시장 둘 다 투기적인 요소가 있음에도 미래를 잘 맞히는 분야에서는 전자의 생존자들이 훨씬 더 유리했다. 주식시장에서 가끔 발생하는 '신흥 부자들'은 미래를 논리적으로 예측하기보다는 주로 운이 좋게 일확천금을 한 경우라 신호에 소음을 더하는 역효과가 있다.

그러나 예측시장에서 적중했다고 받을 수 있는 배당금은 제한이 되어 있어 영향력이 제한되어 있다.

더 나은 참여자와 기술

둘째로, 예측시장 자체가 개선될 것이다. 사용자 인터페이스는 이미 크게 개선되었으며 앞으로도 계속 개선될 것이다. 메이커 다오(Maker DAO) → 파운드리(Foundry) → 캣닙으로 이어지는 주기의 복잡성은 하나의 트랜잭션으로 추상화된다. 블록체인 확장 기술은 개선되며 참가자가 내는 수수료도 줄어들 것이다.

셋째, 예측시장이 올바르게 작동하는 것을 보여주면 참가자들의 두려움은 완화될 것이다. 사용자들은 오거 오라클이 매우 논쟁적인 상황에서도 정확한 결과를 제공할 수 있다는 걸 알게 될 것이다. 이번에는 두 차례의 분쟁이 있었지만, 어느 쪽도 깔끔하게 승리하진 못했다. 암호화폐 산업 분야 밖에서 온 사람들은, 그 과정이 작동하는 것을 보고 더 참여하려 할 것이다. 아마도 네이트 실버는 DAI를 얻을 수 있을 것이다. 오거, 오멘, 폴리마켓이나 다른 시장을 사용해 2022년과 그 이후의 수입을 보충할 수 있을 것이다.

넷째, 예측시장 기술이 개선될 수 있다. 발생하기 어려운 많은 사건에 반대로 내기를 동시에 걸어, 자본금 대비 더욱 효율적인 결과를 얻을 수 있는 시장 설계 제안서가 있다고 해보자. 이는 기대하기 힘든 결과가 비합리적으로 높은 확률로 발생하는 걸 방지하는 데 도움이 된다. 이외 다른 아이디어들도 분명히 수면 위로 드러날 것이고, 나는 이 방향에서 더 많은 실험을 보고 싶다.

결론

이 모든 이야기는 예측시장, 그리고 예측시장이 개인과 사회 심리의 복잡성과 어떻게 충돌하는지에 관한 대단히 흥미로운 실험임을 입증했다. 예측시장은 실제로 시장 효율성 작동 원리, 한계, 개선점을 보여준다. 이는 블록체인의 힘을 잘 보여준다. 예측시장은 구체적인 가치를 제공한 이더리움 애플리케이션 중 하나다. 블록체인은 종종 투기적인 장난감이며 자기 모순적 게임(토큰, 다른 토큰을 발행하는 방식으로 가능한 이자 농사 등)이라는 비판을 받아왔다. 그러나 여기엔 비평가들이 몰랐던 사항이 있다.

나는 ENS로부터 혜택을 봤고, 심지어 모든 신용카드 결제가 실패한 경우 이더리움을 사용했다. 그러나 지난 몇 달 동안 이더리움 애플리케이션이 사람들에게 구체적으로 유용하고, 실제 세계와 상호작용하는 것을 봤다. 예측시장이 이것의 핵심 사례 중 하나다. 나는 예측시장이 앞으로 몇 년 동안 점점 더 중요한 이더리움 애플리케이션이 될 것이라 예상한다. 2020년 선거는 시작에 불과하다.

나는 사람들이 선거뿐만 아니라 앞으로도 조건부 예측, 의사 결정 및 기타 응용 분야 등에서도 예측시장에 더 많은 관심을 기울일 것이라 기대한다. 물론 시장이 수학적으로 최적화되어 작동할 때 예측시장이 가져올 수 있는 놀라운 미래는 인간의 한계에 계속 부딪힐 수밖에 없다. 그럼에도 나는 시간이 지남에 따라 이 새로운 사회적 기술이 어떤 큰 가치를 제공할 수 있을지 많은 사람들이 알게 될 것이라 생각한다.

* 글을 검토해준 제프 콜먼(Jeff Coleman), 칼 플뢰르쉬, 로빈 핸슨에게 특별히 감사를 표한다.

역자의 글

이 글에서 부테린은 예측시장에 관해 소개한다. 예측시장은 '미래에 일어날 사건의 결과를 계약으로 만들고 시장 원리에 따라 거래하게 한 후, 그 계약들의 가격 추이를 통해 미래를 예측하는 기법'이라고 정의할 수 있다. 월드컵 우승팀을 예측하거나 미국 대통령 선거 당선자를 예측하는 내기들이 예측시장의 쉬운 예라고 할 수 있다.

이런 예측시장 계약은 점점 고도화되고 있는데 가령 대통령 선거에 출마한 특정 후보의 당선 여부나 각 정당의 득표율에 따라 손해와 이익이 결정되는 계약을 통해, 예측시장 운영이 가능하다. 쉽게 말하자면 각 선거에서 승리할 것 같은 후보에게 투자할 수 있게 함으로써, 참여자들이 전망하는 선거 판세를 예측하는 것이다. 블록체인 업계에도 이런 원리와 토큰을 활용한 예측시장 플랫폼들이 존재한다.

지난 2020년 미국 대선에서 부테린은 토큰(NTRUMP)을 구매하는 방법으로 트럼프가 대선에서 패배한다는 쪽에 2000달러 상당을 걸었다. 그리고 몇 달 만에 5만 달러가 넘는 돈을 벌어들였다. 이 베팅은 부테린에게 상당히 신기한 경험이었는데, 그는 여기서 이상한 점을 발견한다. 선거 후 트럼프의 패배가 확실해지고, 대선무효 소송까지 대법원에 의해 기각되었음에도 NRUMP 토큰 가격이 한 달 동안 하락하지 않고 유지되더라는 것이다. 이는 시장에 어떤 정보가 유입되었을 때 그 정보가 정확하고 신속하게 반영됨을 뜻하는 '시장효율성' 개념에 반하는 현상이다.

그는 이처럼 수익 발생이 확실한 상황에서도 사람들이 블록체인 기반 예측 시장에 투자하지 않았던 이유들이 무엇인지 네 가지 가설을 세우고 탐색한다. 이를테면 사람들은 여전히 예측 시장에서 블록체인의 스마트 컨트랙트 오작동을 걱정하고, 적은 수의 사람들만이 이 시장에 참여한다는 사실에 불안해한다. 또 기술적으로 토큰을 사고 교환하는 과정이 복잡하고 이해하기 어려워한다.

그는 이러한 단점들을 가진 예측 시장이 더 개선될 거라고 주장한다. 기존의 토큰 결제 방식도 더 간편화될 것이고, 블록체인 확장 기술도 개선되어 참여자들의 거래 비용

비탈릭 부테린 지분증명

도 감소할 것으로 예측한다. 또한 시간이 흐르면서 예측 시장이 올바르게 작동하고 기술이 개선되는 모습을 지속적으로 보여준다면, 참여자들의 두려움을 감소시키고, 더 많은 참여를 유발하며 결국 선순환 구조를 달성할 거라고 말한다.

마지막으로 그는 예측시장이 선거뿐만 아니라 조건부 예측, 의사 결정 및 기타 응용 분야 등에서 다양하게 활용될 것이라고 주장한다. 그는 많은 이들이 이더리움이나 블록체인은 투기적 수단만 있을 뿐 실생활과 맞닿아 있는 부분이 별로 없다는 비판을 해왔다고 말한다. 하지만 그는 블록체인 기반 예측 시장 애플리케이션이 실제 세계와 상호작용하는 사례 중 하나임을 강조한다.

정당성은 가장 희귀한 자원이다

vitalik.ca

2021년 3월 23일

비트코인과 이더리움 생태계 모두 네트워크 보안을 유지하기 위해 큰 비용을 쓰고 있다. 다른 모든 비용을 합산한 것보다 많은 비용이 여기에 사용되며 여러 가지 비판을 받고 있는 작업증명 방식의 채굴을 유지하는 결정적인 이유도 바로 네트워크 보안을 유지하기 위함이다. 비트코인 블록체인은 2021년 초부터 채굴자들에게 하루 평균 3,800만 달러를 보상하고 있으며, 추가로 들어가는 트랜잭션 수수료 역시 하루 500만 달러에 달한다. 이더리움 블록체인은 비트코인에 이어 두 번째로 많이 쓰이는데 각각 1,950만 달러, 1,800만 달러에 달한다. 그런데 이더리움재단의 연간 예산, 연구개발 비용, 프로토콜 개발, 그랜츠[21] 등의 비용을 합해도 연 3,000만 달러밖에 되지 않는다. 이더리움재단 이외의 투자처에서 나오는

---

21 [역자 주] 보안 취약점을 제보하거나, 이전에는 없었던 애플리케이션을 만들어내는 등 생태계 발전에 기여하는 개발자들을 후원하는 프로그램이다.

투자액도 있다. 하지만 이는 이더리움재단에서 나가는 비용의 몇 배 정도
에 불과하다.

비트코인도 이더리움과 비슷하다. 연구개발에 활용하는 금액은 상당히
낮은 편이며 비트코인 생태계 기술개발(R&D)은 투자를 받고 있다. 비트코
인 투자는 현재까지 2억 5,000만 달러 정도 이뤄졌다. 투자 회사에는 비
트코인 생태계에 기여하는 직원들이 57명 정도 있는데 이들의 연봉을 제
외하고도 연 2,000만 달러 정도는 필요하다.

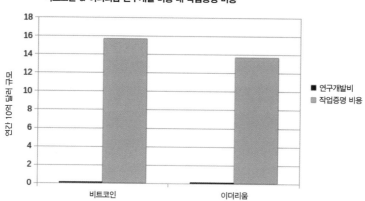

이런 지출 추이를 보면 자원이 크게 잘못 쓰이고 있는 것 같다는 생각
이 든다. 지금까지 활용된 네트워크 해시파워의 20%를 예산으로 환산해
서 연구개발이나 핵심 프로토콜 개발에 투입했다면 생태계에 훨씬 큰 도
움이 됐을 것이다. 작업증명 비용을 20% 정도 줄여 이 돈을 다른 곳에
활용하면 어떨까.

이는 공공선택론(Public Choice Theory), 혹은 게임이론에서의 기본값

(Schelling Fences)과 연계해 생각해봐야 한다. 우리는 가치 있는 공공재에 투자할 수 있다. 하지만 이를 기업화하는 과정에서는 정치적 문제가 발생하거나, 장기적으로 가치가 떨어지는 곳을 선택해 문제가 될 수 있다. 그래도 한 가지 흥미로운 결론에 도달할 수 있다. **비트코인이나 이더리움과 같은 생태계들은 조 단위의 돈을 끌어올 수 있으나 그 예산을 어디에 활용하는지는 잘 알기 어렵다.**

이더리움이 이 정도의 돈을 끌어올 힘은 어디에서 나올까. 이는 사회적 합의(Social Force)에서 나온다. 이더리움 생태계는 기술적으로나 구조적으로 이더리움 클래식(Ethereum Classic)[22]과 비슷하다. 하지만 이더리움 클래식은 이더리움만큼의 자원을 끌어오지 못한다. 이 역시 일종의 사회적 합의가 작용한 결과다. 어떤 체인이 51% 공격을 당한 이후 이전 상태를 회복한다면 이 역시 사회적 합의 덕분이다. 블록체인 생태계뿐만 아니라 일반 사회에서도 사회적 합의는 다양한 이유로 작용한다. 이 사회적 합의를 '**정당성**'이라 부른다.

사회적 계약이 지배하는 코인

사회적 합의를 좀 더 제대로 이해하기 위해서는 유명 블록체인 프로젝트 스팀(Steem)과 스팀을 포크해서 만든 블록체인인 하이브(Hive)가 빚었던 갈등 구도를 살펴보는 게 좋다. 2020년 초 저스틴 선(Justin Sun)은 스팀 회사를 인수했다. 이 회사는 스팀 토큰의 총 20% 정도를 보유했다. 커

---

22 이더리움 블록체인에서 분리된 블록체인으로, 이더리움 블록체인의 하드포크를 적용해 2016년에 일어난 더 다오 해킹 사건을 지우지 않은 체인이다. 해당 사건 전에는 이더리움과 같았으나, 사건 이후 이더리움과 분리되었다.

비탈릭 부테린 지분증명

뮤니티는 당연히 저스틴 선을 믿지 않았기에 온체인 투표를 통해 스팀 사가 보유한 코인은 스팀 블록체인의 공공 이익을 위해 활용되어야 하고 투표에는 활용되면 안 된다는 신사협정을 공식화하려 했다. 하지만 저스틴 선은 거래소에 있는 코인들을 활용해 스팀 블록체인의 결정을 독점할 수 있을 만큼의 대리인을 확보했다. 이를 본 커뮤니티는 선택권이 없다고 판단했다. 따라서 그들은 스팀 블록체인을 포크해 하이브라는 체인을 만들었다. 그리고 스팀 토큰 잔고를 전부 이곳에 적용했다. 물론 저스틴 선의 물량은 제외되었다.

스팀 커뮤니티가 스팀 블록체인을 포크해 만든 하이브 생태계.
스팀에 있던 요소들을 그대로 가져왔다.

하이브는 하이브 블록체인과 탈중앙화 구조를 활용해 다양한 애플리케이션 커뮤니티와 개인으로 이뤄진 역동적인 생태계다. 하이브는 여러 애플리케이션을 확보하고 있다. 만약 포크 문제를 해결하지 못했다면 더 많은 사용자가 스팀에 남아 있거나 통째로 다른 서비스로 넘어갔을 것이다. 이 상황에서 배울 수 있는 것 중 하나는 스팀이라는 회사는 코인을 완전하게 '소유'하지는 못했다는 점이다. 만약 코인을 소유했다면 자신들의 입맛에 맞게 코인을 활용하거나 악용했을 것이다. 하지만 새로운 인수인이었던 저스틴 선이 회사에서 이를 악용하려 할 때 커뮤니티는 **이를 성공적으로 막아냈다.** 저스틴 선의 반격을 막아내고 새롭게 태어난 하이브는 발행되지 않은 비트코인과 이더리움 보상 코인이 가치를 지니는 이유와 일맥상통한다. 바로 **코인의 가치가 실물뿐만 아니라 커뮤니티 구성원들의 합의로 형성된 사회적 계약에 의해 비롯된다는 것이다.**

우리는 이를 블록체인 생태계의 다른 다양한 구조에도 적용해볼 수 있다. ENS(Ethereum Name Service)[23] 루트 다중서명(Multisig)을 생각해보자. 루트 다중서명은 이더리움 커뮤니티와 7개의 중요한 ENS에 의해 관리된다. 만약 그중 4명이 합의해 기록 서비스를 '업그레이드'해 가장 좋은 도메인들을 그들이 독점한다면 어떻게 될까. 이런 상황이 실제 ENS 스마트 컨트랙트 시스템에서는 가능하다. 하지만 이 경우 결과는 자명하다. 커뮤니티는 이들을 쫓아낼 것이고 ENS 커뮤니티에 소속한 사람들은 새로운 ENS 컨트랙트를 만들어 기존 도메인 주인에게 도메인을 돌려줄 것이다.

---

23 이더리움 네임 서비스의 약자로, .eth 도메인 기록 서비스로서 이더리움 생태계에서 활발하게 쓰이고 있다. 루트 다중서명은 해당 스마트 컨트랙트를 관리하는 이더리움 지갑으로 여기선 ENS 시스템을 관장하는 컨트랙트로 쓰인다.

비탈릭 부테린 지분증명

그리고 ENS를 쓰는 모든 이더리움 애플리케이션은 새로운 ENS 컨트랙트에 자신들의 유저인터페이스를 연결할 것이다.

이는 스마트 컨트랙트 구조 그 이상이다. 일론 머스크가 자기 트윗을 NFT로 판다고 생각해보자. 하지만 제프 베이조스(Jeff Bezos)는 똑같이 하기 어려울 것이다. 둘 다 트윗을 캡처해 NFT를 만들 수 있는데 무엇이 다를까? 심리학(혹은 예술 위작 시장)을 이해하는 사람들에게는 쉬운 문제다. 일론 머스크가 그의 트윗을 파는 것은 진짜다. 하지만 제프 베이조스의 경우는 타인의 트윗을 사용하는 경우이므로 안 된다. 몇천억 달러의 가치가 관리되고 배분되는 것은 개인 또는 암호화 키로 진행되는 것이 아니다. 정당성에 대한 사회적 인식 때문이다. 정당성은 모든 사회 지위 게임, 지적 담론, 언어, 재산권, 정치 시스템, 국경에 적용된다. 블록체인 합의도 마찬가지다. 커뮤니티가 인정한 소프트포크와 커뮤니티가 공격자를 몰아내기 위한 프로토콜 복구 포크를 진행하는 51% 검열 공격의 차이점은 정당성에 있다.

정당성이란 무엇인가

정당성을 이해하기 위해서는 게임이론에 대해 알아야 한다. 우리가 살면서 협동해야 하는 경우는 많다. 특정 목표를 혼자 달성하기는 쉽지 않다. 심지어 상황이 더 나빠질 수도 있다. 하지만 함께한다면 좀 더 쉽게 원하는 목표를 달성할 수 있다.

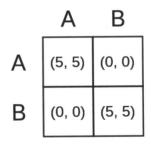

이는 대략적인 협동 게임을 표로 나타낸 것이다.
많은 이들과 같은 선택을 하는 것이 훨씬 유리하다.

　　도로의 진행 방향을 예로 들어보자. 왼쪽을 선택하든 오른쪽을 선택하든 다른 이들도 같은 식으로 운전한다면 어느 쪽이든 괜찮다. 만약 다른 모든 이들과 같은 시간에 방향을 변경하고 이때 모두가 새로운 구조를 선호한다면 방식은 얼마든지 바뀔 수 있다. 하지만 당신이 혼자 방향을 변경한다면 이는 높은 확률로 나쁜 결과를 초래할 수 있다. 우리는 이제 정당성을 다음과 같이 정의할 수 있다.

　　정당성은 어떤 질서를 받아들이는 고차원적인 패턴이다. 사회적 맥락에서 정당하다는 의미는 대부분 사람이 같은 맥락에서 그 질서를 받아들이고, 질서를 준수하는 책임을 다할 것이라는 얘기와 같다. 이들이 이렇게 행동하는 이유는 자신 말고도 모두가 그렇게 행동할 것으로 생각하기 때문이다.

　　정당성은 **협동 게임**에서 자연스럽게 나오는 현상이다. 만약 당신이 협동 게임에 있지 않다면 다른 이들이 같이 행동할 것이라 가정하고 움직일 필요가 없으므로 정당성이 필요 없다. 하지만 사회에는 전반적으로 협동 게임이 만연해 있다. 따라서 정당성 또한 중요해진다. 협동 게임을 오래 지속한 곳에서는 결정을 돕는 메커니즘이 있기 마련이다. 이러한 메커니즘은 실제로 사람들이 활동하는 곳에서 실행된다. 사람들은 메커니즘을 따르며 메커니즘대로 사고한다. 만약 사람들이 평소와 다르게 행동한다면 문제만 일으키고 고통받거나, 그들만이 포크된 생태계(기존 생태계에 있던 커뮤니티 구성원들이 지지하지 않는 포크된 블록체인의 생태계)에 남아 있게 될 것이다. 만약 메커니즘이 이러한 결정을 내릴 수 있게 하는 능력이 있다면, 메커니즘은 정당하다고 판단할 수 있다.

오래 유지된 협동 게임이 있는 어떤 상황에서든 정당성이란 개념을 발견할 수 있다. **그리고 블록체인은 협동 게임으로 구성되어 있다.** 이때 어떤 클라이언트 소프트웨어를 운영하는가? 어떤 탈중앙화 도메인 이름 서비스를 요구하는가? 어떤 주소가 이더리움(.eth)이라는 이름을 적용해야 할까? 어떤 유니스왑 컨트랙트를 '유니스왑 거래소'[24]로 인정할 것인가?

---

24 .eth로 끝나는 이름들은 도메인 등록자로 도메인 이름과 이더리움 주소를 연결해주는 ENS(이더리움 네임 시스템)의 일부다. 유니스왑은 토큰 거래 플랫폼으로 이더리움 스마트 컨트랙트로 구동된다. 이는 오픈소스 소프트웨어로 원하는 누구든 복사하거나 수정할 수 있다.

NFT 또한 협동 게임이다. NFT의 가치는 크게 둘로 나뉜다. 1. NFT를 가지고 있다는 자부심과 소유권을 자랑할 수 있다는 것 2. 나중에 판매할 수 있다는 것. 둘 중 어떤 것을 감안하더라도 NFT를 살 때는 정당성을 부여받았는지 여부를 확인하는 게 매우 중요하다. 모든 상황에서 모두에게 같은 대답을 얻는 것은 중요하다. 모든 상황에서 모두에게 같은 대답을 얻는 것이 정당성을 확보하는 것과 맥을 함께하는 것은 중요하다. 평형 상태를 정해줄 수 있는 메커니즘은 큰 힘을 갖기 때문이다.

정당성 이론

정당성은 다양하게 정의할 수 있다. 정당성은 대부분 심리적으로 옳다고 느끼는 지점에서 나온다. 물론 사람들의 심리적 직관은 복잡할 수 있다. 정당성을 정의할 수 있는 이론들을 모두 나열하는 것은 불가능하지만 일부는 다음과 같이 정리할 수 있다.

- **힘에 의한 정당성**: 이는 특정인이 모두에게 그의 의지를 따르게 할 만큼 강력하다고 설득할 수 있고 거절하는 게 어려울 것이라 확신을 주는 것이다. 이 경우 사람들은 대부분 따르는데 이런 힘을 거부하기 어려우리라 생각해서다.
- **연속성에 의한 정당성**: T라는 지점까지 무엇인가가 계속 정당하다면 이는 T+1 지점에서도 정당하다.
- **평등에 의한 정당성**: 사람들이 직관적으로 평등하다고 생각할 때에도 정당성을 획득할 수 있다. 이것만이 유일한 평등함은 아니겠지만 말이다.
- **과정에 의한 정당성**: 과정이 정당하다면, 과정을 통해 나온 결과물 또

비탈릭 부테린 지분증명

한 보통은 정당하다. 민주주의에서 통과된 법은 보통 이런 과정으로 진행한다.

- **성과에 의한 정당성**: 사람들이 결과물에 만족했다면 이 결과물을 만들어낸 과정은 보통 정당화된다. 성공적인 독재는 보통 이렇게 묘사되기도 한다.
- **참여에 의한 정당성**: 만약 사람들이 결과물을 고를 때 참여한다면 정당하다고 여길 가능성이 높다. 이는 평등과 비슷하지만, 완전히 같진 않다. 이는 본인의 이전 행동과 추후의 행동이 같았으면 좋겠다는 심리적 욕망에 기인한다.

정당성은 항상 불변하는 게 아니다. 때로는 사람에 따라 애매하게 보일 수도 있고 시간이 지나면 바뀔 수도 있다. 어떤 명제는 어떤 곳에서는 끔찍하다고 여기더라도 다른 사회에서는 정당하다고 통용될 수 있다. 즉, 충분히 많은 사람이 특정 결과물이 끔찍하다고 생각한다면 원래의 정당성이 없어지는 상황도 벌어질 수 있다. 이런 경우, 보통 서서히 변화가 시작되어 어느 임계점을 넘는 시점에 단번에 정당성 여부가 바뀐다.

정당성은 강력한 사회적 기술

암호화폐 생태계 내 공공재를 위한 모금 상황은 상대적으로 열악한 편이다. 몇천억 달러나 되는 자본이 계속 시장에서 돌고 있으나 이를 유지하기 위한 핵심인 공공재는 매년 적은 금액만 투자를 받는다. 이 상황에 대해 접근하는 방법에는 두 가지가 있다. 첫 번째는 이러한 한계를 자연스러운 현상으로 여기고, 비트코인 프로토콜과 커뮤니티를 위한 영웅적인 헌신이 나왔을 때 이에 대해 자랑스러워하는 것이다. 이는 비트코인 생태계가 주로 보여주는 모습이다.

Vlad "1 bitcoin = 1 million bits" Costea @TheVladCostea · Mar 1 •••
This is the way. I'm always happy when devs get the rewards they deserve.
We all freeload on their work and learn from their expertise.

> 🎭 NAKED FACE ✛ ⬤ bullbitcoin.com ✓ @francispouliot_ · Mar 1
>
> Bull Bitcoin and Wasabi Wallet have teamed up to award a no-strings attached $40k Bitcoin development grant to Luke-Jr (@LukeDashjr).
>
> Thank you Luke for your work maintaining Bitcoin Knots and your tireless dedication to the decentralization of Bitcoin!
>
> medium.com/bull-bitcoin/b...
> Show this thread

○ 1   ♻ 4   ♡ 28   ⬆

개인의 기여에 자발적으로 보상을 제공하는 비트코인 커뮤니티, 바로 이거지! 나는 개발자들이 그들이 받아 마땅한 보상을 받았을 때 제일 행복해.

우리는 다 그들의 노력에 편승하고 전문 지식을 배우고 있어! 불 비트코인(Bull Bitcoin)과 와사비 월렛(Wasabi Wallet)은 무조건의 4만 달러 비트코인 발전 지원금을 루크 주니어(Luke-Jr)에게 지급하기로 결정했다. 그가 비트코인 노츠(Bitcoin Knots)를 유지함과 동시에 비트코인 탈중앙화에 애쓰는 것에 고마움을 표한다.

Collaborating for Philanthropy

This is why zkSNACKs, alongside **Francis Pouliot, CEO of Bull Bitcoin**, have come together to make a .86 bitcoin, or $40,000 contribution (split evenly between the two companies) in **support of the growth and development of Bitcoin Knots** - an open source enhanced bitcoin node/wallet software. More specifically, Bitcoin Knots is a Bitcoin full node and wallet software which can be used as an alternative to the more popular Bitcoin Core.

One of Bull Bitcoin's core values is "skin in the game".

자선활동 콜라보레이션

이는 지케이스낵스(zkSNACKS)가 불비트코인 CEO 프란시스 풀리오(Francis Pouliot)와 함께 4만 달러 상당인 0.86BTC을 오픈소스 비트코인 노드/지갑 소프트웨어인 비트코인 노츠에 지원하게 된 이유다. 비트코인 노츠는 비트코인 코어(Bitcoin Core)의 대체제로 사용할 수 있는 비트코인 풀 노드/지갑 소프트웨어다.

비트코인 불의 코어 가치 중 하나는 직접투자다.

사이퍼펑크에서는 코드를 짜지만 항상 돈을 받지는 않는다. 우리는 세상에서 제일 뛰어난 전문가들이 아무런 금전적 보상 없이 계속 기여만 할 것이라고 기대하면 안 된다. 비트코인의 오프소스 개발로 이득을 보는 회사들이 필요한 펀딩을 제공하지 않을 것이라면, 누가 그럴 것인가?

– 프란시스 풀리오

비트코인 업계에 속한 개발 팀들이 희생을 통해 코어 개발에 기여하는 것은 존경할 만하다. 하지만 이는 케냐의 전설적인 마라톤 선수 율리드 킵초게(Eliud Kipchoge)가 세계 최초로 2시간 내로 마라톤을 완주한 것을 존경하는 것과 같다. 이는 인간의 의지를 잘 보여주지만 앞으로도 보편적으로 사용할 수 있는 가치 이전 수단이라고 할 수는 없다(예를 들어 공공재를 위한 모금이 여기에 속한다). 우리는 꼭 직접 마라톤에 참여하지 않아도 42.195킬로미터를 1시간 안에 이동할 수 있는 여러 기술을 가지고 있다. **이처럼 필요한 공공재에 더 많은 모금을 할 수 있도록 거기에 맞는 더 나은 사회적 기술을 만들어야 한다. 그리고 이는 일회성으로 끝나는 착한 누군**

가의 이타주의적 행동이 아니라 생태 경제학의 시스템 일부로 디자인되어
야 한다.

이제 다시 암호화폐로 돌아와보자. 암호화폐의 가장 큰 힘은 도메인 네
임, 가상 토지, NFT 등 다른 디지털 자산을 보유한 개인이 직접 기부할
필요 없이 커뮤니티에서 자금을 대량으로 끌어올 수 있다는 것이다. 하지
만 이 자금은 정당성이란 가치가 확립되어야 모을 수 있다. 어떤 것이 가
치 있을지에 대해 확실한 판단 없이 중앙화된 팀에 자금을 배분할 수는
없다. 비트코인과 이더리움이 51% 공격에 대응하기 위해 이미 정당성이란
개념을 활용하고 있지만, 공공재를 위한 모금에 프로토콜로 만들어 활용
하기는 훨씬 더 어렵다. 하지만 애플리케이션 레이어를 통해 많은 새로운
프로토콜들이 만들어질 수 있다면, 모금 금액이 어디로 가게 될지 알 수
있다.

비트셰어의 정당성

이제는 잊힌 지 오래지만 암호화폐 초창기에 매우 혁신적이라고 생각
했던 것 중 하나는 비트셰어의 '사회-합의 모델'이었다. 비트셰어는 프로
젝트를 운영하기 위해 만들어진 작업증명식 암호화폐인 PTS(ProtoShares)
와 프로젝트를 위한 기부금에 대한 보상으로 주어진 암호화폐 엔젤셰어
스(AGS, AngelShares)를 보유한 이들로 구성된 커뮤니티다. 이 커뮤니티는
새로운 프로젝트를 금전적으로 지원해주고자 생성되었고, 토큰 물량의
10%를 커뮤니티 멤버에게 배분해야 했다. 물론 여기에 동의하지 않는 사
람에게는 PTS/AGS를 보유한 코인을 분배해주지 않아도 되었다. 아니면
심지어 프로젝트를 포킹해서 해당 할당량을 빼는 것도 가능했다. 컴퓨터

과학자 댄 라리메르(Dan Larimer)는 다음과 같이 언급했다.

> 당신은 타인에게 특정 행동을 하라고 강요할 수는 없다. 게다가 이 시장은 네트워크 효과에 의해 지배되고 있다. 누군가 기발한 아이디어를 가지고 있다면 비교적 적은 가격으로 PTS 커뮤니티 전체에 아이디어를 전달해 도움을 받을 수도 있다. 물론 그 돈으로 새로운 코인을 만들어서 제네시스 블록을 채굴할 수도 있다. 하지만 처음부터 혼자 모든 것을 시작한다면 모든 것을 새로 만들어야 한다. 네트워크 효과를 고려한다면 결국 PTS 커뮤니티와 협업한 프로젝트가 이길 수밖에 없다.

여기서도 정당성을 찾아볼 수 있다. PTS/AGS 보유자에게 토큰을 할당해준 프로젝트는 커뮤니티의 관심과 지지를 받을 수 있다. 커뮤니티의 개개인 또한 다른 커뮤니티 구성원을 따라서 프로젝트에 관심을 두는 것이 더 이득이기 때문이다. 새로운 프로젝트에 관심을 할당하지 않은 커뮤니티는 토큰을 받지 못할 것이다. 물론 **이러한 버전의 정당성을 말 그대로 따라하자는 것은 아니다. 이더리움 커뮤니티에서는 소수 인원의 얼리어답터만 재산을 불리게 하는 것이 목적이 아니다. 커뮤니티는 훨씬 더 사회적으로 가치 있는 상황에 적용할 수 있다.**

이더리움에 정당성 모델을 적용하기

이더리움을 포함한 블록체인 생태계들은 자유와 탈중앙화를 중요하게 여긴다. 그러나 아직 블록체인이 공공재 생태계를 지원하는 방식은 대부분 권위주의적이고 중앙화되어 있다. 이더리움이든 지캐시(Zcash)든 아니면 다른 대규모 블록체인이든 마찬가지다. 주로 하나의 집단이나 적어도 두세 개 집단이 압도적으로 펀딩에 자금을 대기 때문에 공공재를 만들고 싶은 이들이 받을 수 있는 투자 옵션 자체가 제한적이다. 나는 이런 모델의 공공재 펀딩을 '공공재를 위한 중앙 자산 관리원(Central Captial Coordiantors for Public-goods, CCCPs)[25] 이라고 부른다.

이런 상황은 공공재에 투자하는 이들의 잘못이 아니다. 그들은 오히려 생태계를 지원하기 위해 최선을 다하고 있는 것뿐이다. 그보다는 블록체인 생태계가 이 집단을 너무나 높게 평가하기 때문에 문제가 발생한다. 어떤 중앙화 조직이든 사각지대가 있기 마련이다. 각 조직에서는 자신이 다루는 특정 분야를 제대로 이해하지 못하는 경우도 생길 수 있다. 이는 자연스러운 현상이다. 그 정도의 완벽함은 적은 숫자의 사람들로 구성된 팀이 도달하기 어려운 영역이기 때문이다. 공공재 지원에 있어 더 다양하고 시의적절한 접근법을 구상해 어느 특정한 단체만 과도한 부담을 지지 않도록 할 필요가 있다.

---

25 [역자 주] CCCP는 'Союз Советскнх Соцналнстнческнх Респуδлнк', 즉 소비에트 사회주의 공화국 연방이라는 뜻임. 비탈릭 스타일의 개그 방식이다.

다행히 우리는 대안의 실마리를 찾았다. 이더리움의 애플리케이션 레이어 생태계는 점점 더 강력해지고 있으며 투철한 공공심을 보인다. 노시스(Gnosis)²⁶ 같은 회사들은 이더리움의 클라이언트 개발에 이바지하고 있고 다양한 이더리움 디파이(DeFi)²⁷ 프로젝트는 깃코인 그랜트(Gitcoin Grant)²⁸라는 개발 지원금에 몇십만 달러씩 기부하고 있다. 특히 깃코인 그랜트는 이미 높은 레벨의 정당성을 달성했다. 공공재 펀딩 메커니즘과 제곱펀딩 방식은 중립성을 자랑하고 기존 펀딩 메커니즘에서 부족했던 점을 보완하며 커뮤니티의 우선순위를 반영하는 데 매우 효과적이다. 때로는 제일 우수한 깃코인 그랜트 수여자는 더 중앙화된 단체의 관심 대상이기도 하다. 이더리움 파운데이션 역시 공공재 투자 수단의 다양화를 위해 깃코인 그랜트, 몰록 다오(MolochDAO)²⁹ 등을 인큐베이팅하고 커뮤니티를 알리는 데 힘써왔다.

깃코인 그랜트 참여자들에 대한 사진.

---

26 [역자 주] 안정적인 거래를 위해 만들어진 집행 레이어 이더리움 호환(EVM) 블록체인이다.

27 'Decentalized finance'의 줄임말로 블록체인 네트워크에서 작동하고 있는 금융 도구 및 애플리케이션을 의미한다.

28 [역자 주] 오픈소스 소프트웨어를 개발하는 개발자들을 지원하기 위한 목적으로 만들어진 깃코인(Gitcoin)이라는 플랫폼에서 자기가 개발하고 있는 공공재에 대한 후원을 받을 수 있는 제도다.

29 [역자 주] 이더리움 생태계를 개선하기 위한 공공재 프로젝트를 지원해주는 탈중앙화 자율 조직이다.

아직은 초반 단계의 공공재 펀딩 생태계 역시 비트셰어 모델을 차용해 더 강력하게 만들 수 있다. 프로젝트는 2013년에 PTS나 AGS를 구매한 소수에게 토큰을 할당하고 커뮤니티에서 지지를 받는 대신 자본 중 소량을 그들을 지지해주는 공공재와 생태계의 지원을 위해 기부하는 쪽으로 바뀌고 있다. 여기서 중요한 것은 만약 이미 존재하는 프로젝트를 포킹해서 더 큰 생태계에 다시 기여하지 않는다면 그런 대상에게는 이점을 제공하지 않는 것이다.

공공재를 지원하는 방법에는 여러 가지가 있다. 깃코인 그랜트를 장기간 지원하겠다는 약속을 하거나 이더리움 클라이언트 개발을 지원하거나 (이더리움 클라이언트라는 정확한 정의가 있으므로 이 역시 신뢰 가능한 중립성을 지닌다), 특정 애플리케이션에서 레이어 단위의 프로젝트를 초월하는 지원금 프로그램을 개인이 직접 운영할 수도 있다. 어느 정도가 적절한지 확인할 수 있는 쉬운 방법은 지원금 비율을 확인해보면 된다. 더 넓은 생태계를 지원하기 위해 프로젝트 비용의 5%를 할당하고, 1%는 블록체인 이상의 범위의 공공재에 지원하는 방식을 생각해볼 수 있다. 나머지는 그저 이런 금액이 좋은 곳에 쓰이기를 바라는 수밖에 없다.

커뮤니티가 실제로 그 정도의 쓸모가 있을까?

이런 종류의 커뮤니티 지원에도 한계는 있다. 경쟁 관계에 있는 프로젝트가(아니면 이미 존재하는 프로젝트의 포킹한 버전이어도 된다) 더 좋은 제의를 해한다면 사용자들은 그 프로젝트에 몰려들 것이다. 아무리 다른 사람들이 더 사회적으로 이로운 다른 프로젝트를 사용하라고 강조한다 해도 말이다.

비탈릭 부테린 지분증명

그러나 이런 한계들은 상황에 따라 달라진다. 어떤 경우에는 커뮤니티 자체가 위력이 없지만, 다른 경우에는 프로젝트의 경쟁력을 좌우할 정도로 꽤 강한 면모를 보여주기도 한다. 스테이블코인 간의 경쟁인 '테더(Tether) 대 다이(DAI)'를 살펴보자. 테더는 평판을 악화시키는 사건에 많이 휘말렸음에도 많은 이들이 여전히 암호화폐를 거래하거나 보유하는 용도로 사용한다. 테더보다 더 탈중앙화되어 있고 투명한 다이는 여러 이점이 있음에도 테더의 시장점유율을 크게 가져올 수 없었다. 다이는 애플리케이션에서 더 유용하다. 어거, 엑스다이(xDai),[30] 풀투게더(PoolTogether)[31]처럼 다이를 사용하는 애플리케이션의 숫자는 테더와 비교했을 때 훨씬 많다.

비록 커뮤니티에서 비롯된 정당성이라는 힘이 무한하지는 않더라도, 레버리지를 통해 이익을 얻을 수 있을 정도는 되며 최소한 어떤 프로젝트 예산의 일부는 그 프로젝트를 뒷받침하는 블록체인 생태계에 할당하도록 장려할 수 있다. 생태계에 지원금을 할당하고, 커뮤니티의 지지를 받으면 프로젝트에 직접 이득이 되는 부분도 있을 것이다. 만약 당신이 이더리움 지갑 개발자거나 팟캐스트나 뉴스레터 작가라고 가정해보자. 서로 경쟁하는 프로젝트 두 개를 살폈을 때 한 프로젝트는 생태계 레벨의 공공재에 기여했고, 다른 하나는 그렇지 않다면 대체 어느 프로젝트가 시장점유율을 늘리는 데 도움을 줄 수 있을까?

---

30 [역자 주] AI에서 파생된 스테이블코인이며 이더리움 기반 사이드체인에서 거래된다. 기존의 DAI보다 더 빠른 거래 속도와 낮은 수수료를 자랑한다.

31 [역자 주] 예치한 자금만큼 로또에 참여할 수 있는 티켓을 받아 매주 추첨을 진행하는 이더리움 기반 로또 플랫폼이다.

NFT, 이더리움 너머의 공공재를 지지하는 방법

이더리움에서 만들어진 어떤 공공재가 이더리움 생태계를 넘어 더 넓은 범위의 크립토 생태계에서 정당성을 인정받는다면, 그 공공재의 가치는 이미 이더리움의 차원을 넘어섰다고 봐야 한다. 이때 NFT는 중요한 기회다. NFT는 많은 종류의 공공재, 특히 창작 분야의 공공재에서 문제가 되는 펀딩 문제를 최소한 부분적으로라도 해결하는 데 도움이 될 것이다.

Jack Dorsey's first tweet may fetch $2.5 million, and he'll donate the NFTy proceeds to charity

The auction ends on March 21st

By Jay Peters | @jaypeters | Mar 9, 2021, 12:06pm EST

f 🐦 ↪ SHARE

잭 도시(Jack Dorse)의 첫 트윗은 250만 달러에 팔릴 수도 있다.
그는 그 수익을 전액 기부할 것이다.

그러나 이는 불가능한 미래일 수도 있다. NFT는 그저 부자 연예인들을 위한 도박 대상이 될 수도 있기 때문이다. 만약 일론 머스크가 자기 트윗을 100만 달러에 팔려 한다면, 우리가 이를 사도 얻을 수 있는 사회적 가

비탈릭 부테린 지분증명

치는 적다. 어차피 그 돈은 다시 일론 머스크가 가져가기 때문이다. 다행히도 그는 나중에 자신의 트윗을 팔지 않겠다고 결정했다. NFT가 부자 연예인들을 위한 카지노가 되는 것뿐이라면 이 NFT라는 개념이 딱히 대단하다고 생각하지는 않았을 것이다.

다행히도 우리는 NFT의 가치를 좀 더 높일 수 있다. 사람들이 어떤 NFT에 매력을 느끼고 구매하는지, 혹은 매력을 느끼지 못하거나 매력을 느끼더라도 구매하지 않는지는 대체로 정당성 여부로 결정된다. 만약 사람들이 한 NFT에는 관심을 보이고, 또다른 NFT에는 그다지 흥미를 못 느낀다고 치자. 매우 자연스럽게 전자의 NFT를 사고 싶어하는 사람들이 등장할 것이다. 그 NFT를 가지고 싶어하는 사람이 많으니 일단 자랑할 수 있고, 자신이 보유하고 있다는 사실에 자부심을 느낄 수 있을 것이다. 게다가 사람들이 같은 생각을 하고 있으므로 더 높은 가격으로 되팔 수도 있다. 만약 사람들이 NFT에 대해 느끼는 인식이나 정당성을 좀 더 좋은 방향으로 끌고 갈 수 있다면 우리는 NFT를 통해 예술가나 기부단체에 확실한 자금 조달 경로를 제공할 수 있다. 이와 관련해선 두 가지 아이디어가 있다.

1. 어떤 공공성을 띤 기관(또는 다오)이 NFT 수익 일부를 공공사업에 쓰겠다고 약속하고 특정 브랜드의 NFT를 만들어 팔고 수익을 보는 경우를 상상해보라. 이것으로 연관된 상당히 많은 이들이 이득을 볼 수 있다. 기관은 NFT를 통해 수익을 얻을 수 있고, NFT 보유자는 특별한 정당성이 내재된 NFT를 구매하게 된다. 이런 약속의 형태는 공식 분류와 인증마크 같은 것을 통해 구현할 수 있을 것이다. 예

를 들자면 세계 난민 구호, 과학적 연구, 예술 활동, 지역 언론, 오픈 소스 소프트웨어 개발 등 말이다.

2. 소셜미디어에서 사람들의 프로필에 부가적인 정보를 추가할 수 있게 끔 만들어보는 것도 방법이다. 프로필만 봐도 특정 공공기관에 기부했다는 사실을 알 수 있게 해주는 것이다. NFT를 구매한 사람들이 단순히 말로만 자선활동을 하는 것이 아니라 소중한 돈까지 기부했다는 것을 보여줄 수 있을 것이다. 이것은 1번 아이디어와 함께 사용해서 사회적 문제를 해결하는 데 더 많은 관심과 지원을 쏟을 수 있는 방법이 될 수 있다.

이와 관련해서는 훨씬 더 많은 아이디어가 있다. 하지만 이 분야는 앞으로 확실히 더 많은 고민과 적극적인 협력을 기울일 가치가 있는 분야다.

결론

- **정당성(인정의 더 높은 단계)은 매우 강력하다.** 정당성은 협력이 있는 곳에서 발생할 수 있고 협력은 특히 인터넷에서 많이 일어난다.
- 정당성을 부여하는 방법은 다양하다. **힘, 연속성, 평등, 과정, 성과, 참여 등**이 이에 포함된다.
- 암호화폐가 강력한 이유는 공동의 경제적 의지를 통해서 대량의 자본을 형성할 수 있어서다. 이러한 자본은 어떤 한 사람에 의해 통제되지 않는다. **그보다는 다양한 종류의 정당성에 의해 통제된다.**
- 공공재를 펀딩할 목적으로 베이스 레이어에서 토큰을 찍는 것은 좋은 방법이 아니다. 그러나 다행히 이더리움은 매우 잘 갖춰진 애플리케이

션 레이어 생태계가 있어 훨씬 유연하다. 이미 있는 프로젝트에 영향을 끼칠 수 있어서고 미래에 생겨날 새로운 프로젝트의 방향성도 잡아줄 수 있기 때문이다.

- **커뮤니티의 공공재를 지원해주는 애플리케이션 레이어 프로젝트들은 커뮤니티의 지원을 받아야 한다.** 다이가 이 지원이 얼마나 중요한지를 잘 보여준다.
- 이더리움 생태계는 메커니즘 디자인과 사회적 레이어의 혁신을 매우 중요하게 생각한다. 이더리움 생태계의 자체적인 공공재 펀딩을 시작하기에는 안성맞춤이라고 생각한다.
- 그러나 정당성이라는 것은 이더리움보다 큰 의미가 있다. NFT도 정당성에 의존하는 대량의 자본의 한 예시이다. NFT 업계도 우리가 몸담은 디지털 세계의 구석에서 벗어나 예술가, 자선단체, 그리고 기타 공공재 제공자들에게 엄청난 혜택을 안겨줄 수 있는 한 분야이다. 그러나 보장된 것이 아니고, 적극적인 협력과 지지를 기반으로 삼아야 생겨날 수 있다.

정당성과 공공재는 언뜻 보면 서로 시너지를 발휘할 법한 개념들이다. 정당성이 있어야 공공재 개발이 되지 않겠는가? 그러나 특이하게도 블록체인 생태계에서는 정당성이라는 것을 지키기 위해 공공재에 대한 지원에 제약이 생긴다고 부테린은 지적한다. 커뮤니티가 블록체인에 참여하고 돈을 투자할 의향을 느끼기 위해서는 정당성을 느껴야 하고, 그것을 유발하기 위해서는 네트워크 보안성에 많은 투자를 해야 하기에, 공공재에 투자하고 생태계를 발전시킬 자본을 할당하는 데 제약이 생긴다는 것이다.

비록 지금은 더 많은 블록체인이 생기고 인프라 투자에 대해서도 블록체인 간의 경쟁이 생기면서 상황이 개선되었지만, 공공재 투자에 관한 문제는 그때뿐만의 얘기도, 크립토에 한정 지어진 얘기도 아니다. 부테린은 어떻게 하면 사람들의 정당성과 협력을 기반으로 안정적인 구조를 만들어 모두가 이득을 볼 공공재의 지원을 할까에 대한 고민을 이 장에서 풀어본다.

비트코인 생태계의 발전 초반 단계에 비트셰어라는 커뮤니티는 그 커뮤니티를 구성하고 있는 소수의 인원에게 어떤 프로젝트의 자산(토큰) 일부를 할당하면 비트코인 생태계에서 그 프로젝트를 밀어주는 사업을 구성했었다. 부테린은 이에 착안해, 이더리움 블록체인에서 개발하려고 하는 프로젝트들은 소수의 토큰홀더들 대신, 공공재/생태계의 발전을 위해 그들의 자산의 일정량을 할당함으로써 그들의 정당성도 확보하고 공공재의 발전에도 이바지할 수 있는 일종의 '윈윈' 전략을 제시한다.

그는 더 나아가 정당성을 부여받고 공공재를 발전시키는 효과를 크립토 밖의 업계에서도 적용할 수 있을 것이라고 한다. 바로 NFT라는 기술을 사용하여 현실세계의 자선단체와 예술인 등 금전적 지원을 받기 어려워하는 단체들에게 투자를 받을 수 있는 새로운 도구를 제시했고, 이는 현재 실재로 어느 정도 현실화되기도 했다.

앞서 말했듯이 현재 크립토 업계에는 전보다 인프라에 대한 투자와 개발자들에 대한 대우가 상당 부분 개선되었다. 그렇다고 해서 부테린이 제시한 근본적인 문제가 사라진 것은 절대 아니다. 그는 블록체인 생태계의 초창기에 흔히들 말하는 '죄수의 딜레마' 혹은 '공공재의 비극'을 블록체인과 NFT라는 기술을 사용하여 어떻게 타개할 수 있을까에 대해서 풀어본다. 블록체인 산업은 아직 성숙하지 않았지만 점점 전통 경제 기업들이 관심을 갖고 업계로 진입하고 있는 것도 사실이다. 이 기술을 어떻게 하면 외면된 이들, 사회적 인프라가 더 필요한 이들을 위해 사용할 수 있을지 우리도 읽으면서 생각해 봄직하다.

지니계수 남용을 막기 위해

vitalik.ca

2021년 7월 29일

지니계수(Gini Coefficient)는 불평등을 측정하는 지수로, 국가나 특정 커뮤니티에서 소득 분배 또는 부의 불평등을 측정하는 데 사용된다. 그래프로 간단하게 시각화할 수 있는 수학적 정의가 있다는 장점 때문에 지니계수는 인기가 많다. 다만 불평등을 숫자 하나로 나타낸다는 점에서 문제가 있다. 이는 국가의 소득과 부의 불평등을 측정하는 본래의 경우뿐 아니라 다른 분야(특히 암호화폐)에 적용할 때도 문제가 된다. 지니계수의 단점을 살핀 뒤 이를 해결할 수 있는 방법을 살펴보고자 한다.

지니계수란 무엇인가

지니계수는 1912년에 코라도 지니(Corrado Gini)가 제시한 불평등 측정 지표다. 일반적으로 국가의 소득 및 부의 불평등을 측정하는 데 사용되지만, 최근에는 다른 맥락에서 더 많이 사용되고 있다. 지니계수는 다음과

비탈릭 부테린 지분증명

같은 두 가지의 방법으로 정의할 수 있다.

- **곡선-위의-면적 정의**(Area-above-curve Definition): f(p)는 특정 소득계
  층 이하 수준의 사람들이 전체 소득에서 차지하는 누적 비중을 나타
  내며 다음과 같이 표현할 수 있다. 예를 들어 f(0.1)는 소득이 가장 적
  은 사람부터 소득이 전체 하위 10%에 해당하는 사람들이 벌어들인
  소득누적비율이다. 지니계수는 전체 삼각형의 일부이며 f(p) 곡선과
  y=x 사이의 면적을 전체 삼각형의 면적으로 나눈 값이다.

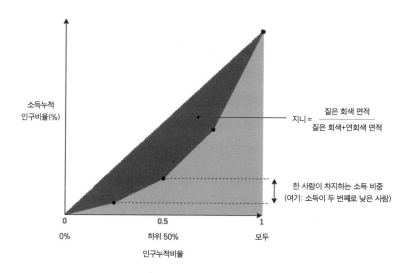

- **평균-차이의 정의**(Average-difference Definition): 지니계수는 가능한 모든 개인 쌍 간의 평균 소득 차이를 평균 소득으로 나눈 값이다.

4개의 소득이 [1, 2, 4, 8] 있으므로 16개의 차이[0, 1, 3, 7, 0, 2, 6, 3, 2, 0, 4, 7, 6, 4, 0]가 가능하다. 따라서 차이들의 평균값은 2.875이고 평균 소득은 3.75이기 때문에 지니계수는 다음과 같이 표기할 수 있다.

$$\frac{2.875}{2 \times 3.75} \approx 0.3833$$

두 가지의 계산 방식은 수학적으로 같다.

지니계수의 문제점

지니계수는 상당히 간단하고 이해하기 쉬운 통계이기 때문에 매력적이다. 하지만 임의의 크기의 인구를 다루는 통계에는 문제가 많다. 여기서 표준편차의 기본 공식을 살펴보자.

$$\sigma = \frac{\sum_{i=1}^{n} x_i^2}{n} - \left(\frac{\sum_{i=1}^{n} x_i}{n}\right)^2$$

사실 지니계수 공식은 그렇게 복잡하지는 않다.

$$G = \frac{2 \times \sum_{i=1}^{n} i \times x_i}{n \times \sum_{i=1}^{n} x_i} - \frac{n+1}{n}$$

그렇다면 이런 지니계수는 무엇이 문제일까? **지니계수는 실제로 매우**

다르게 보이는 두 가지의 문제, 즉 1. 자원 부족으로 인한 고통과 2. 권력 집중화로 인한 고통을 하나의 불평등 지수로 결합한다. 두 문제의 차이를 더 명확하게 이해하기 위해 두 가지 디스토피아를 살펴보자.

- **디스토피아 A**: 인구의 절반이 모든 자원을 동등하게 공유한다. 반면 나머지 절반은 자원을 전혀 받지 않는다.
- **디스토피아 B**: 한 사람이 모든 자원의 절반을 가지고 있고, 다른 사람들은 나머지 절반을 균등하게 나눈다.

디스토피아의 부의 분배를 나타내는 로렌츠 곡선은 다음과 같다.

디스토피아 A

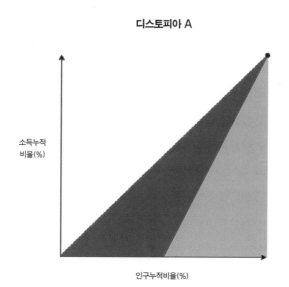

소득누적
비율(%)

인구누적비율(%)

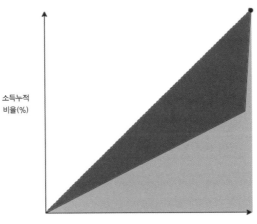

이 두 디스토피아 중 살기 좋은 곳은 없다. 이곳의 삶은 각각 상당히 다른 양상을 보일 테지만, 양쪽 다 살기가 어렵다. 디스토피아 A의 주민은 50%의 확률로 끔찍한 대량 기아를 겪으면서 평생 살거나 아니면 평등 만능주의적 사회에서 살게 된다. 타노스[32]라면 이러한 사회 구조를 좋아할지 모르겠지만 그 외에는 디스토피아 A는 피하는 것이 좋다. 반면 디스토피아 B는 '멋진 신세계'[33]다. 모든 사람은 좋은 삶을 살지만, 독재자로 인해 지배되는 매우 비민주적인 사회에서 살 수밖에 없다. 디스토피아 B에서는 지혜롭고 자비로운 독재자를 세우는 것이 최선이다. 커티스 야빈(Curtis Yarvin)[34]이라면 이러한 사회 구조를 정말 좋아하겠지만 그가 아니

---

32 죽음의 여인에게 잘 보이기 위해 우주의 절반을 죽인 마블 코믹스의 캐릭터이다.

33 [역자 주] 올더스 헉슬리(A.L.Huxley)의 소설 『멋진 신세계』에서 인용한 것이다.

34 피어투피어 서버 플랫폼인 어빗(Urbit)을 개발한 블로거다.

라면 디스토피아 B 또한 피하는 것이 현명하다.

　이 두 가지 문제는 충분히 다르므로 따로 분석하고 측정해야 한다. 두 문제의 이론적인 것만이 아니다. 다음 표는 하위 20%(디스토피아 A와 같은 경우)가 버는 총소득의 비중과 상위 1%(디스토피아 B에 가까운 경우)가 버는 총소득의 비중을 비교한다.

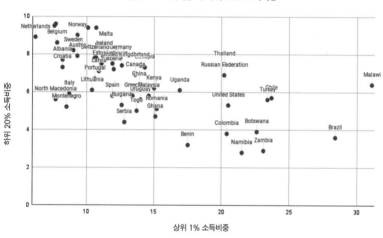

상위 1% 소득비중 대 하위 20% 소득비중

　이 둘은 상관관계가 있지만(상관계수: -0.62) 완벽한 양의 상관관계가 있는 것은 아니다(통계학에서는 0.7 이상의 상관계수를 '상관성이 높다'고 정의한다). 하지만 이 표에서 분석할 만한 요소가 하나 더 있다. 상위 1%가 전체 소득의 20%를 차지하고 하위 20%가 3%를 차지하는 나라와 상위 1%가 소득의 20%를 차지하고 하위 20%가 7%를 차지하는 나라의 차이는 무엇일까? 이는 나보다 경험이 많은 다른 데이터 및 문화 전문가들에게 맡기는 것이 가장 좋을 것이다.

온라인 커뮤니티에서 지니계수를 사용하면 문제가 되는 이유

블록체인 공간 내부의 집중에 대한 문제를 다루는 것은 중요하다. 미국 상원의원 청문회에서 언급된 바 있듯, 사람들은 암호화폐가 정말로 반엘리트주의적 가치를 대표하고 있는지, 아니면 기존 엘리트를 그저 새로운 엘리트로 대체하고 있는지 파악하고 싶어한다. 그래서 부의 집중과 관련된 문제들은 더더욱 블록체인 공간 전체에 중대한 주제다. 서로 다른 암호화폐를 비교할 때도 중요한 측정 기준이 된다.

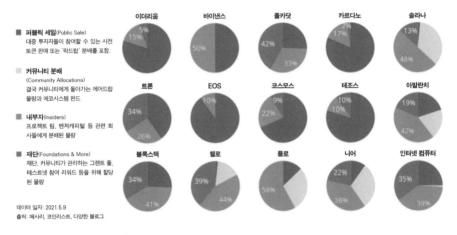

MESSARI

퍼블릭 블록체인에 대한 초기 토큰 분배 정보

내부자에게 집중된 토큰 분배는 블록체인이 신뢰할 수 있는 중립적인 공공 인프라가 되는 것에 영구적인 지장을 줄 수 있다.

- **퍼블릭 세일(Public Sale)**
  대중 투자자들이 참여할 수 있는 사전 토큰 판매 또는 '락드랍' 분배를 포함.

- **커뮤니티 분배**
  (Community Allocations)
  결국 커뮤니티에게 돌아가는 에어드랍 물량과 에코시스템 펀드

- **내부자(Insiders)**
  프로젝트 팀, 벤처캐피털 등 관련 회사들에게 분배된 물량

- **재단(Foundations & More)**
  재단, 커뮤니티가 관리하는 그랜트 풀, 테스트넷 참여 리워드 등을 위해 할당된 물량

데이터 일자: 2021.5.9
출처: 메사리, 코인리스트, 다양한 블로그

암호화폐의 초기 발행량에서 특정 내부자에게 할당된 물량은 불평등함을 보여준다. 다만 이더리움 데이터가 약간 잘못되었다. 내부자 및 기초 지분은 15%, 5%가 아니라 각각 12.3%, 4.2%여야 한다.

토큰 분배 및 부의 집중화의 문제에 대한 우려가 점점 커지고 있는 가운데 많은 사람들이 암호화폐의 지니계수를 계산해봤다는 것은 전혀 놀

랄 일이 아니다. 다음과 같은 선정적인 기사가 나오던 2014년에 비하면 지
니계수의 적용은 상대적으로 낫다.

How Bitcoin Is Like North Korea

Joe Weisenthal Jan 13, 2014, 12:04 AM

Citigroup currency analyst
Steven Englander is out with a
long Sunday note talking about
everyone's favorite topic: digital
currency.

In it, he makes an important
observation about the extreme
inequality in the Bitcoin world:

North Korea's Korean Central News
Agency/AP

비트코인이 북한과 닮은 이유

조 와이젠탈 1월 13일, 2014, 12:04 AM

씨티그룹의 외환전략가 스티븐 잉글랜더가 다들 좋아하는 주제인 디지털 화폐에
대한 내용을 담긴 투자노트를 일요일에 제시했다.

이 노트에서 그는 비트코인 생태계에서 발생하는 불평등에 대해 논평한다.

그림 아래: 북한조선중앙통신/AP

이러한 분석에서 꽤 자주 발생하는 흔하고 평범한 방법론적 실수(소득
과 부의 불평등을 혼동하거나, 사용자와 계정을 혼동하거나, 아니면 둘 다) 외에도, 크
립토 및 인터넷 커뮤니티를 비교할 때 지니계수를 사용하는 데 깊고 미

묘한 문제가 있다. 이는 오프라인 커뮤니티(도시, 국가)들과 온라인 커뮤니티(예: 블록체인)들 간 중요한 차이점에 의해 발생한다.

오프라인 커뮤니티의 일반적인 거주자는 시간과 자원을 그 커뮤니티에서 소비한다. **이는 오프라인 커뮤니티(도시, 국가)들과 온라인 커뮤니티(예: 블록체인)들 간 중요한 차이점에 의해 발생한다. 따라서 오프라인 커뮤니티의 불평등을 측정하는 지수는 사람들이 이용할 수 있는 총 자원의 불평등을 반영한다. 그러나 같은 불평등 측정 방법을 온라인 커뮤니티에 적용할 때 그 지수는 1. 다른 참여자들이 이용할 수 있는 총 자원의 불평등과 추가로 2. 커뮤니티 참여에 대한 관심 수준의 불평등을 포함한다.**

15달러밖에 없는 사람은 평균적으로 가난하게 사는 사람일 것이다. 그러나 15달러의 암호화폐를 가진 일반인은 재미로 온라인 지갑을 개설하고 블록체인 기술을 약간 경험한 사람일 가능성이 높다. 이처럼 관심에 대한 불균등은 커뮤니티에는 오히려 좋은 것이다. 커뮤니티에는 재미로 도전해본 사람과 진지하게 참여하는 하드코어 팬이 공존한다. 암호화폐가 지니계수가 매우 높은 동시에 이러한 불평등이 관심에 대한 불균등함에서 나온 것이라면 높은 지니계수는 그렇게 무서운 현상도 아니다.

심지어 매우 금권주의적인 암호화폐조차도 특정 지역을 디스토피아A 같은 사회 구조로 바꾸지 못한다. 그러나 초기 토큰 분배를 잘못할 경우 암호화폐는 디스토피아B처럼 될 수 있다. 코인으로 투표하는 거버넌스가 도입되어 프로토콜에 대한 결정을 내리는 데 암호화폐가 사용될 경우 문제는 더 복잡해진다. 따라서 암호화폐 커뮤니티가 가장 우려하는 부의 집중화를 감지하기 위해 커뮤니티의 구조가 디스토피와 얼마나 비슷한지 측정하는 지표가 필요하다.

대안: 디스토피아 A 문제와 디스토피아 B 문제를 따로 측정하기

불평등의 정도를 측정하는 대안적인 접근은 자원의 불평등한 분배에 의해 겪는 고통을 직접 측정하는 것을 포함한다. 이는 디스토피아A 문제와도 연관된다. 먼저 일정 금액의 돈을 보유하는 것의 가치를 나타내는 효용 함수를 살펴보자.

여기에선 $\log(x)$ 함수를 사용하는 것이 일반적이다. 왜냐하면 한 사람의 수입을 2배로 늘리는 것이 어느 정도든 간에 유용하고 직관적이며 매력적인 근사치를 제공해주기 때문이다. 1만 달러에서 2만 달러로 수입이 2배가 되는 건, 5,000달러에서 1만 달러, 4만 달러에서 8만 달러로 수입이 2배가 되는 것과 같은 효용을 제공한다. 여기에서의 불평등 점수는 평균적인 수입을 얻었을 때와 비교해 어느 정도 효용을 잃었는지를 측정하는 문제다.

$$\log\left(\frac{\sum_{i=1}^{n} x_i}{n}\right) - \frac{\sum_{i=1}^{n} \log(x_i)}{n}$$

이 수식의 첫 번째 항(평균의 로그)은 돈이 평등하게 재분배되었을 때 사람들이 가지는 효용을 의미한다. 즉, 사람들의 평균 수입을 뜻한다. 두 번째 항(로그의 평균)은 현 경제 상황의 평균적인 효용이다. 만약 자원을 개인적 소비 명목으로 사용된 것처럼 좁게 본다면, 이 둘의 차이는 불평등의 발생으로 사라진 효용을 나타낸다. 자원을 개인적 소비 명목만으로 사용되는 것으로 본다면, 첫 번째 항과 두 번째 항의 차이는 불평등의 발생으로 사라진 효용을 나타낸다. 이 공식을 정의하는 방법들은 다양하나 거의 비슷하다. 앤서니 앳킨슨(Anthony Atkinson)은 1969년 출판한 자신의 논문에서 '등가균등분배소득지수'를 제안했다. 이 지수는 $U(x) = \log(x)$인 경우,

앞의 식의 형태를 따라가는 단조함수일 뿐이다. 그리고 틸 L 지수[35]는 수학적으로 완벽하게 위의 공식과 동일하다. 집중도(또는 '디스토피아 B' 문제)를 측정하기 위해 헤르핀달-히르슈만 지수[36]는 좋은 시작점이 되어준다.

$$\frac{\sum_{i=1}^{n} x_i^2}{(\sum_{i=1}^{n} x_i)^2}$$

이는 다른 산업에서의 경제 집중도를 측정하는 데 사용된다. 시각적으로 다음과 같이 표현할 수도 있다.

우리는 작업할 데이터가 적은 상황에서도
더 간단한 도구가 필요한 상황에 놓여 있다.

헤르핀달-히르슈만 지수

물론 이 외에 테일 T 지수도 대안이다. 더 간명한 대안은 나카모토 계수

---

35 [역자 주] 테일 지수(Theil Index)는 엔트로피(Entropy)에 기초하여 부의 불평등을 나타내는 지수이며 테일 L 지수(Theil L Index)는 소득분배로 인한 엔트로피의 감소를 완전평등 사회에서 발생하는 최대 엔트로피와 비교하여 나오는 값이다.

36 헤르핀달-히르슈만 지수(Herfindahl-Hirschman Index)는 어떤 산업에서 시장 집중도를 측정하기 위한 지표로서 시장 내 모든 사업자의 각 시장점유율을 제곱해 합한 값이며 지수의 값이 클수록 산업 내 특정 기업의 시장 집중도가 커진다는 것을 의미한다.

다. 나카모토 계수란 전체 네트워크의 최대 50% 이상을 점유하기 위해 필요한 최소 참가자 수를 가리킨다. 이 세 가지는 부의 집중도를 측정하는 지수들인데, 공통적으로 네트워크 자원을 많이 보유한 사람들보다 영향을 많이 받는 경향이 있다. 네트워크 자원을 조금만 가지고 있는 이들은 이 지수에 거의 영향을 끼치지 못하거나 전혀 영향을 받지 못한다. 반면 자원 분야의 갑부 두 사람의 행위만 합쳐져도 지수에 매우 큰 변화를 줄 수 있다.

크립토 커뮤니티의 자원 집중은 위험하다. 하지만 어떤 커뮤니티 구성원이 코인을 0.00013개만 보유하고 있다는 것이, 그가 곧 굶주리고 있다는 것을 의미하지는 않는다. 따라서 코인 보유량이 적다는 것에 초점을 맞추기보다는 코인을 지나치게 많이 가지고 있는 이들에 주목해야 한다. 앞에 언급한 지수를 채택하고 크립토 커뮤니티뿐 아니라 국가적 통계를 낼 때에도 힘의 집중과 자원 부족으로 인한 고통을 서로 다른 문제로 여겨 측정해야 한다.

어느 시점에서든 우리는 이 지수들을 넘어서야 한다. 자원 집중으로 인한 해악은 행위자의 크기에 따라 결정될 뿐만 아니라 행위자 사이의 관계, 그리고 그들의 상호 담합 능력에 크게 좌우된다. 자원 할당 역시 마찬가지로 네트워크에 의존적이다. 자원이 부족한 사람이 이용 가능한 비공식적 네트워크를 가지고 있다면, 공식적 자원의 부족은 그리 해로운 게 아닐 수도 있다. 그러나 이런 문제를 다루는 건 훨씬 어려운 과제다. 우리는 작업할 데이터가 적은 상황과 더 간단한 도구가 필요한 상황을 동시에 직면하고 있다.

* 글을 검토해준 이더리움재단 연구원인 바르나베 모놋(Barnabé Monnot), 그리고 문제 해결 연구팀인 플래시봇의 티나 젠(Tina Zhen)에게 특별히 감사를 표한다.

블록체인 생태계에서 부의 불평등을 측정하는 방법으로 지니 계수를 인용하는 경우가 많아지고 있다. 블록체인 생태계 역시 일종의 경제 시스템이기 때문에 이런 시도가 아예 이해가 안 가는 것은 아니지만, 조심해야 한다. 이런 지수들은 블록체인 네트워크에 적합하지 않기 때문이다.

블록체인 커뮤니티는 인터넷에 기반을 두고 있다는 특성을 가진다. 인터넷 커뮤니티에서 불평등이란 단순히 물질 자원을 누가 많이 가지고 적게 가지느냐의 문제일 뿐 아니라 관심이라는 무형 자원을 누가 독점하느냐의 문제이기도 하다. 이런 사실을 인지하지 못하는 블록체인 프로토콜은 잘못된 정책을 채택할 확률이 높다.

이런 이유로 블록체인 생태계에는 블록체인 전용 지수가 필요하다. 지니 계수에 대한 대안으로 비탈릭 부테린은 테일 L 지수, 테일 T 지수 및 나카모토 계수를 제안한다. 하지만 부의 집중은 쉽게 측정되고 쉽게 풀릴 문제가 아니며 블록체인 커뮤니티가 탈중앙화의 가치를 옹호하는 이상 계속될 문제이다.

토큰 투표 거버넌스의 한계를 넘어서

vitalik.ca

2021년 8월 16일

최근 블록체인 업계에서 탈중앙화 금융(Decentralized Finance, 디파이 [DeFi])에 집중되던 관심이 탈중앙 거버넌스(Decentralized Governance, DeGov)로 확산되고 있다. 크립토 업계에서 2020년은 디파이의 해로 알려졌으며 실제로도 이 분야는 짧은 기간에도 빠른 속도로 발전했다. 디파이 프로젝트가 갈수록 더 복잡해지고 파급력도 향상되자, 이러한 '복잡함'을 관리하고 해결하는 데 필요한 탈중앙 거버넌스에 대한 관심 또한 늘어났다.

이더리움 생태계에서는 연파이낸스(Yearn Finance, YFI), 컴파운드(Compound), 신세틱스(Synthetix), 유니스왑(Uniswap, UNI), 깃코인을 비롯해 여러 토큰 기반 거버넌스 모델이 등장했으며 심지어 다오 형태의 모델도 일부 진행됐다. 이더리움 생태계 외부에서는 비트코인 캐시나 지캐시 등의 인프라 펀딩 제안서에 대한 토론도 있었다. 이처럼 공식화된 탈중앙 거버넌스에 대한 인기가 높아지며 사람들의 뜨거운 관심이 쏠리는 데는 이유가 있다. 최근 소셜미디어 서비스인 스팀의 인수에 반발한 커뮤니티 멤버들이 하이브로 독립한 사례에서도 확인할 수 있듯이 탈중앙 거버넌스 모델 계획의 위험요소 또한 인지하고 있어야 한다.

나는 이런 트렌드가 불가피하다고 말하고 싶다. 다만 왜 탈중앙 거버넌스는 필요하면서 동시에 또 위험한지 살펴보고자 한다. 위험을 최소화하면서 탈중앙 거버넌스의 이점을 얻으려면 어떻게 해야 할까? '코인 기반의 투표' 거버넌스 너머로 나아가야 한다.

탈중앙 거버넌스는 필연적이다

1996년 사이버공간의 독립 선언 이후로 사이퍼펑크에는 해결되지 않은 핵심적인 모순이 남아 있다. 원래 사이퍼펑크의 주요한 가치 중 하나는 암호기술을 활용해 권력 기관의 강압을 최소화하는 것이었다. 문제는 권력 기관이 강압적으로 구는 동시에 여러 가지 사회적인 역할을 수행한다는 데 있었다. 가장 대표적인 것은 사회의 조정을 수행하는 심판자로서의 역할이다. 강압을 제거하기 위해서는 이 부분에 대한 대안도 필요했다.

사이퍼펑크에서는 사회적 조정의 많은 부분이 사유재산 제도와 시장 원리로 해결 가능하다고 봤다. 실제로 이들은 사유재산과 시장이 가지는 효율성과 대중성을 늘리고자 했다. 그럼에도 해결되지 않는 문제가 있었다. 바로 공공재 문제다. 예술, 문서, 과학 그리고 코드가 생산되고 소비되는 정보의 네트워크(Infosphere)를 중앙화된 권력 기관 없이 어떻게 유지할 수 있을까. 이는 경제적 인센티브로 시장의 행동을 이끌어내기 매우 어려운 분야다. 구체적으로는 두 가지 문제가 있었다.

- **공공재를 위한 자금 조달**: 커뮤니티의 범위가 넓어 가치가 높지만 비즈니스 모델이 갖춰지지 않은 프로젝트는 어떻게 자금을 조달할 수 있을까? 레이어 1 및 레이어 2 프로토콜 연구, 클라이언트 개발, 문서화 등이 이에 포함된다.
- **프로토콜 유지 보수와 업그레이드**: 프로젝트 업그레이드, 안전 자산 목록 업데이트, 가격 오라클의 소스 수정, 다자간 연산 키 홀더 변경과 같이 장기 지원이 필요한 영역에 대한 정기적 유지 관리와 조정은 어떻게 합의할 수 있을까?

초기 블록체인 프로젝트들은 이 두 가지 문제를 무시했다. 공공 이익에서 중요한 문제는 네트워크의 보안이라고 여겼기 때문이다. 이는 알고리즘을 잘 구축해두고 작업증명에 따른 보상을 고정적으로 지급해주면 해결이 가능한 문제다. 이런 식의 자금 조달에는 상당한 재화가 필요하지만 2010년에서 2013년의 극단적인 비트코인 가격 상승, 2014년에서 2017년의 암호화폐 공개(ICO) 붐과 함께 찾아온 2차 크립토 버블이 있었기에 가능했다.

이런 흐름으로 인해 생태계는 대규모의 시장의 비효율성을 일시적으로 덮을 수 있을 만큼 부유해졌다. 공공 자원에 대한 장기적 거버넌스도 마찬가지로 잊힌 상태였다. 비트코인은 최대 통화량을 제한하고 라이트닝과 같은 레이어 2 결제 시스템에 대한 지원에만 집중하면서 극단적인 '최소화'의 길을 걸었다.

이더리움은 지분증명과 샤딩을 포함한 기존 로드맵의 강력한 정당성 덕분에 '더 다오 사태'만 제외하면 대체로 균형 있게 발전하고 있었다. 아직 정교한 애플리케이션 레이어 프로젝트들은 등장하기 전이었다. 지금까지는 운이 좋았지만 중앙 집중화의 위험 요인을 방지하면서 프로토콜 유지 및 보수, 업그레이드, 그리고 문서화, 연구개발, 개발 등을 위한 자금모집과 관련된 문제점들을 해결할 방법을 찾아야 할 때가 되었다.

공공재를 위한 탈중앙 거버넌스의 필요성

지금의 부조리를 객관적으로 확인해보자. 이더리움의 일일 채굴 보상은 하루 1만 3,500ETH 정도로 이는 약 4,000만 달러에 달한다. 거래 수수료 또한 EIP1559[37]에서 정한 바에 따라 일정하게 소각하는 일 거래 수수료 분을 제외하더라도 1,500ETH, 약 450만 달러에 달한다. 이는 네트워크 보안을 위해 연간 몇십억 달러가 사용된다는 뜻이다. 그렇다면 이더리움재단의 예산 규모는 어떨까? 연간 약 3,000달러에서 6,000만 달러 규모다. 이더리움재단과 관련이 없는 참여자들도 개발에 기여하는데, 이들의 예산 규모도 재단보다는 크지 않다. 비트코인의 상황도 크게 다르지 않다. 아마도 보안과 관련 없는 공공 이익을 위해서는 더 적은 자금을 사용하고 있을 것이다. 이를 다음 표에서 확인할 수 있다.

37　[역자 주] 일시적인 정체에 대처하기 위해 블록 크기를 동적으로 확장하거나 축소하는 블록당 고정 네트워크 요금을 포함하는 트랜잭션 가격 책정 메커니즘이다.

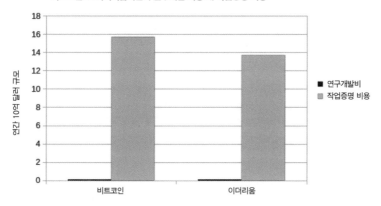

비트코인 & 이더리움재단의 연구개발 비용 대 작업증명 비용

이더리움 생태계 내에서 이러한 격차는 그다지 중요한 문제가 아니라고 주장할 수도 있다. 연구개발에 연 수백만 달러면 충분하고 규모를 더 늘린다고 해서 사실 더 확연히 개선될 것도 없기 때문이다. 게다가 프로토콜 내 개발자를 위한 자금을 도입함으로써 얻게 되는 이점보다 플랫폼의 신뢰 가능한 중립성을 해칠 위험이 더 클 수도 있다.

하지만 이더리움 생태계뿐 아니라 비트코인 캐시나 지캐시처럼 완전히 분리된 다른 블록체인에서도 똑같은 논쟁이 계속해서 벌어지고 있다. 작은 규모의 생태계에서는 아주 작은 불균형도 큰 차이를 만들어낼 수 있다. 다오를 한번 떠올려보자. '순수한' 다오를 론칭하는 프로젝트는 1일차부터 기존에 결합 불가능했던 두 가지 요소를 합칠 수 있다. 1. 충분한 개발자 자금과, 2. 자금의 신뢰가능한 중립성, 즉 많은 이들이 원하는 '공정한 론칭'이 이에 속한다. 하드코딩된 주소에서 오는 개발자 자금 대신 다오에서 자체적으로 의사결정을 할 수 있다.

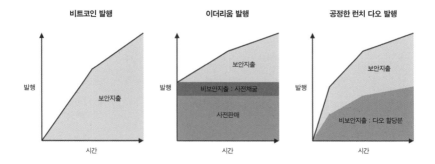

| 비트코인 발행 | 이더리움 발행 | 공정한 런치 다오 발행 |

물론 완벽하게 공정한 다오를 출시하는 건 거의 불가능하다. 때로는 정보의 불균형에서 오는 불공정함이 사전채굴이 초래하는 불공정함보다 훨씬 클 수도 있다. 비트코인도 2010년 말 즈음에 이미 공급량의 4분의 1 정도를 소수에게 배분했지만, 당시에는 비트코인 자체를 아는 사람이 아주 적었다는 것을 생각하면 비트코인의 론칭도 공정했다고 말하기는 어렵다. 그럼에도 보안과는 상관없는 공공재를 위한 프로토콜 내의 보상 시스템을 첫째 날부터 구축하는 것은 앞으로도 더 충분하고 신뢰할 수 있는 중립적인 개발자 자금을 확보하기 위한 중요한 단계다.

프로토콜 유지보수와 업그레이드를 위한 탈중앙 거버넌스

공공의 이익을 위한 자금 조달 외에도, 프로토콜 유지보수와 업그레이드를 위한 거버넌스 또한 매우 중요한 문제다. 나는 자동화되지 않은 모든 매개변수 조정을 최소화하는 노력을 지지한다(본 책의 「블록체인 거버넌스」를 참조하라). 리플렉서 파이낸스(Refelexer Finance, RAI)의 '비(非)거버넌스' 전략을 좋아하긴 하지만, 그럼에도 거버넌스가 필요한 경우가 있다.

가격 오라클은 정보의 인풋이 있어야 하며 때때로 그 창구가 수정과 업그레이드가 필요할 때가 생기곤 한다. 프로토콜이 최종 형태로 굳어지기 전까지는 계속 개선사항이 생기기 마련이다. 가끔 프로토콜의 커뮤니티에서 최종 형태로 확정 지을 준비가 되었다 여길 때도 외부의 예상치 못한 상황으로 인해 처음부터 다시 만들어야 하는 일도 있다. 만일 미국 달러의 가치가 완전히 붕괴해 RAI에서 스테이블코인의 안전성을 유지하기 위해 자신들만의 탈중앙화된 CPI 지수를 만들어야 하는 일이 생기면 어떻게 될까? 이런 상황에도 탈중앙 거버넌스는 필수적이다. 그러니까 이를 계속해서 피하기만 하는 건 유익한 해결책은 아닌 셈이다.

한 가지 중요한 구별점은 오프체인 거버넌스가 가능한지 여부일 것이다. 나는 오랫동안 가능한 오프체인 거버넌스를 활용하고자 했다. 실제로 베이스 레이어 블록체인의 경우 오프체인 거버넌스만으로도 충분하다. 하지만 애플리케이션 레이어 프로젝트, 특히 디파이 프로젝트에서는 애플리케이션 레이어의 스마트 컨트랙트 시스템이 대체로 제어권을 가지는 외부 자산은 분기될 수 없다는 문제에 봉착하게 된다. 예를 들어 테조스의 온체인 거버넌스가 공격을 당하면, 커뮤니티는 조정 비용(물론 높긴 하겠지만)을 제외하고 손실 없이 하드포크할 수 있다.

반면 메이커 다오의 온체인 거버넌스가 공격을 당하면 새로운 메이커 다오를 만들 수는 있을지 몰라도 기존의 메이커 다오의 부채담보부포지션(Collateralized Dept Position, CDP)에 있는 이더와 기타 자산은 모두 잃게 된다. 오프체인 거버넌스가 베이스 레이어와 일부 애플리케이션 레이어 프로젝트에는 잘 적용되었을지언정 대부분의 애플리케이션 레이어 프로젝트들, 특히 디파이 프로젝트들은 정형화된 유형의 온체인 거버넌스가 반드시 필요하다.

탈중앙 거버넌스는 위험하다

어떤 유형의 온체인 거버넌스가 적당할까. 일단 지금까지 탈중앙 거버넌스로 등장한 사례들은 위험 요소가 높다고 여러 번 강조해왔다. 특히 코인 기반의 투표 시스템에서 우려되는 부분은 두 가지다. 하나는 공격자가 없는 경우에도 발생할 수 있는 불평등한 인센티브 불일치 상황이고, 다른 하나는 다양한 형태로 나타날 투표권 매수 공격이다. 인센티브의 불일치는 투표권 위임과 같은 방법이 제시되어 있고 앞으로도 다양한 해결책이 나올 것이다. 그러나 투표권 매수는 현 코인 기반의 투표 패러다임 내에서는 솔직히 해결책이 떠오르지 않는다.

공격자가 없는 경우에도 발생할 수 있는 코인 기반 투표 모델의 문제점들

특정한 공격자가 없는 경우에도 발생할 수 있는 코인 기반의 투표 시스템의 문제점들은 이미 많은 주목을 받고 있다.

- 소수의 부유한 집단('고래들')은 다수의 소규모 토큰 보유자들보다 능숙하게 의사 결정을 실행할 수 있다. 이건 토큰을 소량 보유한 사람들의 공통점이 일궈낸 비극이다. 이들의 투표 행위는 결과에 미미한 영향을 끼치는 데에 불과하므로 열정적으로 투표에 참여할 동기가 없다. 투표에 대한 보상을 주더라도 무엇에 투표할 것인지 성실히 조사하고 고민할 이유가 딱히 없다.
- 코인 기반의 투표 거버넌스 모델은 커뮤니티의 다른 부분을 희생시켜 코인 홀더와 그들의 이익에 힘을 실어준다. 프로토콜 커뮤니티의 구성원들은 각기 다른 다양한 가치와, 비전, 그리고 목적이 있다. 그러나 코

인 기반의 투표 시스템은 한 집단의 구성원(코인 보유자들, 그중에서도 부유한 고래들)에게만 힘을 집중시키고, 유해한 지대추출 방식을 통해서라도 코인 가격을 올리는 게 중요하다고 착각하게 한다.

- 이해 상충문제가 발생한다. 코인 보유자 집단에게만 투표권을 부여하면 대량의 코인을 보유한 고래들이 필요 이상으로 결정할 수 있는 게 많아진다. 이는 투자 펀드나 해당 플랫폼과 상호작용하는 다른 디파이 플랫폼의 토큰을 보유하고 있는 토큰 보유자들이 소속된 특정 엘리트 집단 안에서 이해관계 상충 문제를 일으킬 수 있다.

첫 번째 문제를 해결하기 위해 사용되고 있는 방법은 바로 '위임'이다. 이는 세 번째 문제를 완화하는 데 효과가 있다. 소규모 코인 보유자들은 모든 의사 결정에 일일이 개인의 시간을 할애하지 않아도 된다. 대신 자신이 신뢰할 수 있는 다른 커뮤니티 구성원에게 자신의 투표권을 위임하면 된다. 해당 방식은 존중받아 마땅하고 가치 있는 실험으로 앞으로 위임이 얼마나 이런 문제를 잘 해결하는지 보게 될 것이다.

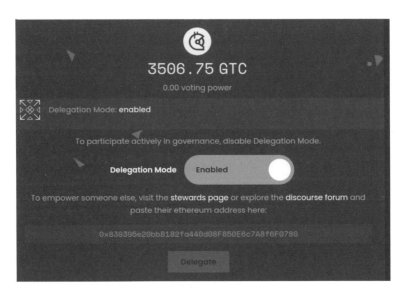

깃코인 다오에서 비탈릭의 투표 위임을 보여주는 페이지.

　두 번째로 언급했던 코인 보유자들에게 힘이 집중되는 코인 보유자 중도주의(Coin Holder Centrism)는 훨씬 더 풀기 어려운 문제다. 이 중도주의가 코인 보유자들의 투표만이 유일한 인풋인 시스템에서 만들어지기 때문이다. 코인 보유자 중도주의가 결함이 아니라 의도된 목표라는 잘못된 인식은 이미 많은 혼란과 피해를 일으키고 있다. 블록체인 공공재를 언급한 글에서는 이렇게 비판하고 있다.

　소수의 고래들에게 프로토콜 소유권이 집중된다면 어떻게 암호화폐 프로토콜이 공공재라고 할 수 있을까? 이런 초기 시장 형태를 종종 '공공(public) 인프라'로 설명하곤 하지만, 요즘의 블록체인을 보면 이들이 '대중(public)'에게

비탈릭 부테린 지분증명

제공하는 서비스는 디파이뿐이다. 디파이에 참여하는 토큰 보유자들은 가격 외에는 관심이 없다. 이런 불평에 나는 동의하지 않는다. 블록체인은 디파이의 토큰 보유자들보다 훨씬 더 풍부하고 광범위한 대중에게 서비스를 제공하고 있다. 그러나 코인 기반 투표 거버넌스 시스템이 이를 완전히 담아내지 못하고 있으며 이러한 한계가 개선되려면 패러다임에 대한 보다 근본적인 변화가 필요하다.

코인 투표 시스템에 깊숙히 자리한 근본적인 취약점: 투표권 매수

시스템을 붕괴시키려는 공격자들이 다음 그림과 같은 구도에 들어오면 상황은 더욱 악화된다. 코인 투표 시스템의 가장 근본적인 문제점은 두 종류의 권리가 하나의 자산에 내재된 것에서 기인한다. 첫째는 프로토콜의 수익에 대한 경제적 이익이고 다른 하나는 거버넌스에 참여할 수 있는 권리다. 사실 이 두 가지는 의도적으로 결합한 것인데, 사람들의 권리에 책임이 따르도록 하는 시스템을 만들기 위해서였다. 안타깝게도 두 권리는 서로 쉽게 분리될 수 있다.

랩퍼 컨트랙트(Wrapper Contract)를 예로 들어보자. XYZ라는 코인이 있다고 가정하고 만약 랩퍼 컨트랙트에 1XYZ 토큰을 예치하면 당신은 1WXYZ(Wrapped XYZ)를 받게 된다. 이 WXYZ 토큰은 언제든지 XYZ 토큰으로 되돌릴 수(Unwrapped) 있으며, 이때 발생한 배당금 또한 축적할 수 있다. 이때 배당금은 어디서 발생하는 걸까? XYZ 코인이 랩퍼 컨트랙트에 입금되면 컨트랙트는 제안서 생성, 투표 등 원하는 거버넌스 활동에 토큰을 활용할 수 있는 권리를 매일 판매하고 그 수익을 원래 예금자에게 배당한다.

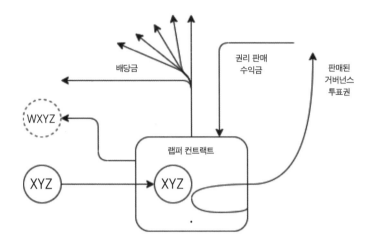

배당금

권리 판매
수익금

판매된
거버넌스
투표권

WXYZ

랩퍼 컨트랙트

XYZ

XYZ

당신이 XYZ를 보유했다고 해서 컨트랙트에 코인을 예치하는 것이 항상 매력적인 것은 아닐 것이다. 만약 많은 양의 XYZ 코인을 보유하고 있다면 배당금은 받을 수 있겠지만 당신이 컨트랙트를 통해 판매한 거버넌스 권한을 구매한 행위자가 가지게 될 지배력에 대해서는 당신 역시 불안할 것이기 때문이다.

하지만 당신이 가진 토큰 수량이 그다지 많지 않다면 이는 상당히 합리적인 방법이다. 당신은 높은 확률로 컨트랙트에 XYZ를 예치하고 싶을 것이다. 랩퍼 컨트랙트가 판매한 거버넌스 권한이 거버넌스를 붕괴시키려는 자들에게 팔리는 최악의 상황이 발생하더라도, 그 해로운 거버넌스 결정으로 당신에게 부과되는 비용은 전체 규모에서 아주 작은 부분일 것이기 때문이다. 이 경우 오히려 거버넌스 권한을 판매해 얻은 배당금의 이익이 그 비용보다 더 큰 전형적인 공동체의 비극이 벌어진다.

비탈릭 부테린 지분증명

시스템 공격자가 자신의 이익을 위해 다오를 손상했다고 가정해보자. 이때 일인당 입는 피해는 D, 한 표가 결과를 기울일 확률은 p다. B는 공격자가 제공한 뇌물이다. 이를 표로 살펴보면 다음과 같다.

결정	당신에게 주어지는 이득	남들에게 주어지는 이득
공격자의 뇌물을 받는다	$B-D \times p$	$-999 \times D \times p$
뇌물을 거부하고 양심에 따라 투표한다	0	0

$B\rangle(D \times p)$ 이면 뇌물을 받을 확률이 높다. 하지만 $B\langle(1000 \times D \times p)$면 뇌물을 받는 것이 해롭다. 그러므로 $p\langle1$인 상황에서는(그리고 보통 p는 1보다 현저히 낮을 때가 많다) 시스템의 공격자가 사용자에게 뇌물을 주어 부정적인 결정을 내리도록 유도하고, 각 사용자에게는 집단이 겪은 피해보다 적은 보상을 나눠준다.

유권자 매수를 두려워하는 것에 대한 비판 중에 이런 의견도 있다. 유권자들이 누가 봐도 명백한 뇌물을 받아들일 정도로 비윤리적일 것인가에 대한 질문이다. 평균적인 다오 토큰의 보유자는 해당 다오의 열성 팬일 것이므로, 그들이 그렇게 이기적이고 노골적인 방식으로 프로젝트를 매도하는 것을 좋아하지 않을 것이란 주장이다.

그러나 이 주장은 이익을 공유받는 권리와 거버넌스에 대한 권리를 분리하는 방법이 생각보다 훨씬 교묘할 수 있다는 점을 간과하고 있다. 랩퍼 컨트랙트만큼 명확한 무엇인가가 전혀 필요하지 않은 방법이 있다. 가령 탈중앙화 금융 서비스 중 컴파운드와 같은 대출 플랫폼에서 대출받는 상황을 예로 들어보자. 이더를 이미 보유한 누군가가 자신의 이더를 부채 담보부포지션에 락업시키면, CDP 컨트랙트는 그들이 예치한 이더의 절반 정도의 xyz를 대출할 수 있게 허용해준다. 이 xyz로 그들은 무엇이든지 할 수 있다. 이더를 다시 반환받기 위해선 자신들이 대출해갔던 xyz과 더불어 이자까지 상환해야 한다.

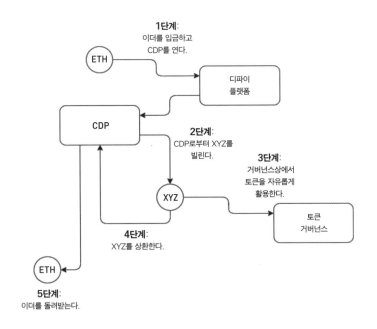

1단계:
이더를 입금하고
CDP를 연다.

ETH

디파이
플랫폼

CDP

2단계:
CDP로부터 XYZ를
빌린다.

3단계:
거버넌스상에서
토큰을 자유롭게
활용한다.

XYZ

토큰
거버넌스

4단계:
XYZ를 상환한다.

ETH

5단계:
이더를 돌려받는다.

이 과정에서 대출자는 xyz에 노출되지 않는다. 만약 대출받은 xyz로 xyz의 가치를 떨어뜨리는 거버넌스 결정에 투표권을 행사하더라도 이에 대한 금융적 책임은 전혀 지지 않아도 된다는 뜻이다. 그들이 가진 xyz는

비탈릭 부테린 지분증명

결국 CDP에 반환해야 하기에, xyz의 가치가 하락하든 상승하든 상관없다. 이게 바로 '가치 해체' 상황이다. 대출자는 경제적 인센티브는 전혀 없이 거버넌스 참여권을 갖게 되었고, 대출해준 사람은 거버넌스 참여권은 잃었지만 경제적 이익은 얻을 수 있게 됐다.

이익을 공유받을 권리와 거버넌스의 참여 권리를 분리하기 위한 중앙화 메커니즘도 있다. 중앙화 거래소의 경우 사용자가 코인을 예치하면 거래소가 해당 코인을 완전히 관리하는 동시에 이 거래소가 이 코인들을 활용해서 투표권까지 행사할 수 있게 된다. 실제로 거래소에서는 다양한 DPOS 시스템을 통해 자신들이 보유한 사용자의 코인을 투표권으로 사용한다. 앞에서도 언급한 스팀에 대한 적대적 인수 시도 역시 이에 속한다. 스팀 커뮤니티의 대부분은 네트워크 인수 시도를 강력하게 반대했다. 그런데 거래소들은 인수를 돕는다는 데 찬성표를 던지기 위해 고객의 코인을 사용했다. 결국 이 상황은 많은 이들이 하이브 체인으로 대거 '탈출'해 일단락되었다.

많은 다오 프로토콜들이 이러한 공격들을 최소화하기 위해 타임락과 같은 기술을 사용한다. 이는 사용자들이 투표권을 행사하기 위해서 일정 기간 잠긴 상태(Lock)로 자신의 코인을 일정 기간 예치하도록 요구하는 시스템이다. 이런 기술은 단기적으로는 구매-투표-판매로 진행되는 공격들을 막을 수 있지만, 사실 랩핑된 토큰을 발행하는 컨트랙트를 이용하거나 중앙화된 거래소를 이용하면 이러한 타임락 메커니즘을 건너뛰고도 유저들이 계속해서 코인을 보유하고 투표할 수 있게 된다. 보안 메커니즘에 관한 한, 타임락 기능은 자물쇠와 열쇠라기보다는 신문 웹사이트의 페이월(특정 페이지를 유료로 하는 것)에 가깝다. 사실 그간 투표권을 매수하려는 시도는 항상 있어 왔다. 현재 코인 투표를 사용하는 많은 블록체인과 다오는 그런 공격들을 이런 방법으로 피해왔던 것이다.

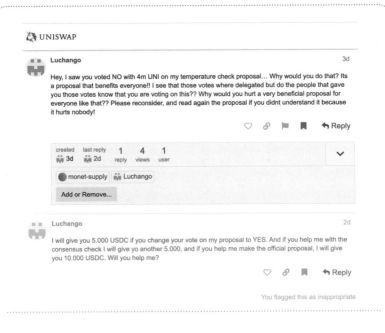

Luchango의 글

저기요! 당신이 제가 올린 제안에 400만 UNI 토큰을 사용해서 반대투표를 한 것을 볼 수 있었습니다. 왜 그러셨죠? 이건 모두에게 이득을 가져다줄 제안서예요! 보자 하니 다른 사람들의 투표권 또한 양도받아서 진행하신 듯한데, 그 사람들은 당신이 여기에 반대를 누르셨다는 것을 알고 있나요? 왜 이렇게 모두에게 이로운 제안을 반대한 건가요? 재고해보시고 이해가 안 되면 다시 한 번 읽어보세요.

Luchango의 댓글

만약 계획서 투표를 찬성으로 바꾸시면 5,000USDC를 드릴게요. 그리고 제안을 추진하는 데 도움을 주시면 5,000USDC를 더 드릴게요. 공시적인 제안서를 작성하는 것을 도와주면 1만 USDC 더 드리겠습니다. 도와주시겠어요?

(당신은 이것을 부적절하다고 신고했습니다)

단순한 경제적 추론으로 예상해본 것과 실제 노골적인 유권자 매수 사례(예를 들면 금융 시장을 활용하는 교묘한 방식까지 포함)는 훨씬 적다. 그렇다면 자연스럽게 궁금해진다. 왜 아직 노골적인 공격이 발생하지 않았을까? 이 문제가 세 가지 조건적 요인과 얽혀 있기 때문일 것이다.

1. **긴밀한 커뮤니티로부터 오는 커뮤니티 정신.** 즉 특정 공동체와 사명감을 공유하는 데서 오는 일종의 동료애.
2. **자산이 특정인에게 집중되는 현상과 이들의 조직.** 고래들은 결과를 좌지우지할 영향력을 더 많이 갖고 있고, 서로 간에 장기적 관계를 맺으며 투자를 한다. 이들은 벤처캐피털의 올드 보이즈 클럽(강력하지만 눈에 잘 띄지 않는 부유한 토큰 홀더들의 모임)이기에 더욱 매수하기가 어려워진다.
3. **거버넌스 토큰을 거래하는 시장의 미성숙함.** 랩퍼 토큰을 만드는 방식은 개념증명 형태로 존재하지만 널리 사용되지는 않고 있으며, 매수 계약 또한 존재하지만 미성숙한 상태이며, 대출 시장의 유동성은 여전히 낮다.

소규모의 사용자가 코인의 50% 이상을 보유하고, 그들을 포함한 모두가 자신이 잘 아는 특정 커뮤니티에 투자를 하고, 합리적인 이율로 대출되는 토큰이 거의 없는 경우 위에 언급한 모든 매수 공격은 아마 이론적으로만 남아 있게 될 것이다. 그러나 시간이 지남에 따라 1번과 3번은 필연적으로 점점 반대 방향으로 변화할 수밖에 없고 2번의 경우 다오가 진정으로 더 공정한 조직으로 거듭나려면 반대가 되어야 한다. 이 경우 다오가 과연 안전하게 유지될 수 있을까? 그리고 코인 투표 시스템이 계속해서 이러한 공격들을 막아낼 수 없다면, 무엇이 그것을 해낼 수 있을까? 우리에게 필요한 것은 어떤 모델이 될까?

해결책 1: 제한된 거버넌스

앞의 문제점들을 완화하는 한 가지 방법은, 다양한 시도를 진행하고 있는 것 같지만, 코인 기반의 거버넌스가 결정할 수 있는 영역을 제한하는 것이다. 여기엔 다음과 같은 방법이 가능하다.

1. **베이스 레이어에는 온체인 거버넌스를 활용하지 않고, 애플리케이션에서만 활용하는 것**: 이더리움은 이미 이 방식을 도입했다. 프로토콜 자체는 오프체인 거버넌스로 운영이 되고, 이더리움 위에 있는 다오나 기타 애플리케이션은 대체로 온체인 거버넌스로 운영되고 있다.
2. **특정 변수에 대해서만 결정을 내릴 수 있도록 거버넌스 권한은 제한하는 것**: 유니스왑이 이에 해당한다. 거버넌스가 오직 1. 토큰 분배 방식과 2. 유니스왑 거래소에서 발생하는 0.05%의 수수료만 결정한다. 그 외 RAI의 '무 거버넌스' 로드맵이 있는데 이 경우 거버넌스는 시간이 지날수록 점점 더 권한을 잃게 된다.
3. **시간 지연을 발생시키는 것**: 특정 시간 T에 내려진 거버넌스 결정은 오직 T+90일간만 효력을 갖는다. 이는 이 결정에 반대하는 유저와 이 애플리케이션들이 다른 애플리케이션으로 넘어갈 수 있도록 도와준다(포크일 수도 있다). 컴파운드는 거버넌스에 시간 지연 메커니즘을 갖고 있는데, 이 지연이 (언젠가는 반드시) 훨씬 더 길 수 있다.

4. **지금보다 더 포크가 쉬운 환경을 조성하는 것**: 사용자들이 더 빠르게 모여서 포크를 실행할 수 있도록 만드는 것이다. 2번의 유니스왑은 아주 흥미로운 경우다. 온체인 거버넌스가 유니스왑 프로토콜의 다양한 미래 버전을 개발할 수 있는 개발팀에 자금을 조달하되, 이 버전들을 업그레이드하는 것에 참여할지 여부는 사용자에게 달려 있다. 이것은 제한된 역할만 온체인에 남기는, 온체인+오프체인 거버넌스의 하이브리드 형태와도 같다.

제한적인 거버넌스는 그 자체로는 솔루션이 될 수 없다. 거버넌스가 가장 필요한 영역(예를 들어 공공의 이익을 위한 자금 분배)은 공격에 가장 취약하다. 공격자가 해로운 거버넌스 결정에 일조해 이익을 얻을 수 있는 매우 직접적인 방법이 있기 때문이다. 바로 자신들에게 자금을 보내버리는 거버넌스 결정을 내릴 수 있기에 거버넌스 자체를 개선하는 기술도 필요하다.

해결책 2: 코인을 기반으로 하지 않는 거버넌스 시스템

두 번째 접근법은 코인 투표를 기반으로 하지 않는 형태의 거버넌스를 활용하는 것이다. 하지만 코인이 특정 계정이 거버넌스의 가중치를 나타낼 수 없다면, 무엇이 이를 대체할 수 있을까? 여기에는 두 가지 방식이 가능하다고 본다.

1. **인간증명 시스템**: 계정이 실제 인간 개개인을 대표하고 있다는 것을 인증하는 시스템이다. 그렇게 하면 거버넌스가 한 명당 하나의 투표권을 줄 수 있다. 특히 인간증명 시스템이나 브라이트 아이디(bright

ID) 같은 프로젝트들이 이를 시도해보고 있다.

2. **참여증명 시스템**: 특정 계정이 어떤 이벤트에 참가한 사람과 일치한다는 사실을 증명하는 시스템이다. 혹은 특정 계정이 어떠한 교육 트레이닝 과정을 거친 사람이거나, 해당 생태계에서 인정받을 만한 작업물을 남긴 사람이라는 것을 증명하는 것이다. POAP와 같은 프로젝트가 이에 해당한다.

이 둘이 섞인 하이브리드 형태도 존재한다. 한 예로 이차투표가 있는데, 단일 유권자의 권한이 의사결정에 투입한 경제적 자원의 제곱근에 비례하는 시스템이다. 많은 아이디에 리소스(자원)를 분할하고, 이를 통해 사람들이 시스템을 게임화하는 것을 방지하려면 실제 사람이고 각기 다른 사람이라는 인간증명이 필요하다. 그리고 여전히 존재하는 금융적 요소는 참여자들로 확실하게 알릴 수 있도록 만든다. 깃코인의 2차 자금모집 모델 또한 이러한 2차 투표의 한 일종이며, 2차 투표 모델을 활용한 다오도 많다.

참여증명 방식은 조금 덜 알려져 있다. 많은 이들이 직면할 가장 큰 문제는 바로 얼마나 많은 참여가 필요하고 여기에 필요한 것이 무엇인지 결정하는 것 자체가 상당히 잘 짜인 거버넌스 구조를 필요로 한다는 것이다. 가장 쉬운 해결방법은 엄선된 10명에서 100명의 초기 기여자들과 함께 시스템을 부트 스트래핑하고, 점진적으로 탈중앙화해나가는 것이다. 이 경우 라운드 n의 참여자들은 다음 n+1 라운드에 참여할 사람들에 대한 기준을 결정할 수 있다. 이렇게 하면 하드포크 발생 가능성이 커지는데, 사실 포크의 가능성은 오히려 본질에서 벗어나 폭주하는 거버넌스를 견제할 수 있는 일종의 대비책으로서 가능하는 면이 더 크다. 이 가능성은 참여자들에게 모종의 인센티브를 제공하는데도 도움이 된다.

인간증명과 참여증명 방식 모두 담합 방지책이 필요하다. 의결권의 크기를 측정하는 우리의 비금전적 자원이 금융적 성격을 띠지 않도록 방지해야 한다. 이는 돈을 많이 지불하는 사람에게 거버넌스 권한은 매도해버리는 스마트 계약에서 끝나버리지 않을 것이기 때문이다.

해결책 3: 스킨 인 더 게임 전략 – 결과에 책임을 지게 만들어라

세 번째 방법은 공유지의 비극의 굴레를 깨는 것으로, 투표와 의결의 규칙들 자체를 바꿔버리는 것이다. **코인 기반의 투표 시스템은 투표자들이 집단으로 결정에 대한 책임을 지기 때문에 실패한다. 모두가 끔찍한 결정에 투표를 하고, 다같이 이에 대한 책임을 지는 것이다. 아마도 가진 코인의 가치가 급락할 것이다. 개개인의 투표에 책임이 돌아가지 않는다. 끔찍한 의사결정이 내려지더라도, 이를 지지한 사람들과 이를 반대한 사람들이 지는 책임의 무게에 차이가 없다. 이러한 구조를 뒤엎고, 모든 투표자들이 자신이 내린 결정에 대한 일괄적인 책임이 아니라 각자 져야 할 책임을 지게 하려면 투표 시스템을 어떻게 바꿔야 할까?**

포크에 좀 더 마음을 여는 것은 스킨 인 더 게임 전략으로 작용할 수 있다. 하이브가 스팀으로부터 갈라져 나온 경우가 이에 해당한다. 파멸적인 거버넌스 결정이 내려지고, 이에 대해 프로토콜 내에서 반대해봤자 아무 소용이 없는 경우 사용자들은 스스로 포크를 해버릴 수 있다. 그러한 포크의 경우 나쁜 결정에 찬성한 표(=코인)들의 경우 가치가 붕괴될 수도 있다.

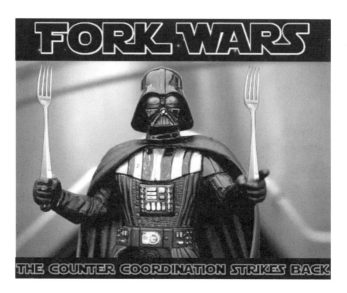

블록체인에서 포크를 이용한 서로 다른 진영의 주도권 싸움을
〈스타워즈〉 패러디로 표현한 합성 이미지.

매정하게 들릴 수도 있다. '장부를 절대 변경해서는 안 된다'는 것이 코인을 포크할 때도 신성시되어야 한다는 업계 내의 암묵적인 규범을 위반하는 것처럼 보일 수도 있다. 하지만 다른 관점에서 고찰해보면 상당히 이성적인 판단이라는 것을 깨달을 수 있다. 코인 금고를 침략할 것으로 예상되는 부분에 강력한 방화벽은 유지하되, 이 '보호'의 아이디어를 거버넌스에 참여하지 않는 코인에만 적용하는 것이다. 당신이 어떤 방식으로든지, 혹여 랩퍼 메커니즘에 코인을 넣는 등의 간접적인 방식으로라도 거버넌스에 참여한다면, 이 참여에 대한 책임과 비용을 당신이 지게 된다는 얘기다.

이는 개인에게 책임을 부여할 수 있게 된다. 만약 프로토콜에 대한 공격이 발생하고 당신의 코인이 해당 공격에 대해 찬성표를 던지는 데에 사용된

비탈릭 부테린 지분증명

다면 코인의 가치는 어떤 식으로든 소멸된다. 이에 찬성하지 않았다면 당신의 코인은 안전한 것이다. 책임은 아래에서 위로 전파된다. 만약 코인을 래퍼 컨트랙트에 넣고, 이 컨트랙트가 해당 공격에 찬성표를 행사하게 된다면 잔액은 청산되고 당신은 코인을 잃게 된다. 만약 공격자가 xyz 토큰을 탈중앙화 금융 대출 플랫폼에서 빌리게 되면, 그 플랫폼에서 포크가 발생할 경우 xyz를 공격자에게 빌려준 사람들은 이를 모두 잃게 된다. 이는 거버넌스 토큰을 빌리고 빌려주는 것이 위험하다는 것을 알리기 위해 만든 이야기다.

경미한 수준의 의사결정이라면

하지만 위에 기술한 내용은 아주 극단적인 의사결정의 경우에만 해당하는 이야기다. 만약 좀 더 작은 범위의 공격, 즉 강도 수준의 공격이라면 어떻게 대응할 수 있을까? 공격자가 거버넌스의 경제적 구조를 조작해 부정적 결과는 낳되, 시스템의 붕괴까지는 일으키지 않을 정도의 미미한 공격 말이다. 아니면 아예 투표자들이 관심이 없거나 코인 기반의 의결 시스템이 좀 더 나은 결정을 내리기 위한 동기를 전혀 주지 못하는 상황이라면 어떨까?

이런 문제에 대한 해결책 중 가장 인기 있는 방식은 로빈 핸슨이 2000년 대초 설계한 퓨타키일 것이다. 투표는 일종의 예측 또는 내기가 된다. 특정 제안에 찬성표를 던지고 싶으면, 그 제안이 좋은 결과를 만들 것이라고 예측하고 이에 베팅하는 것이고, 반대표를 던지고 싶다면 부정적인 결과를 낳을 것이라고 예측한 것이다. 퓨타키에선 '정확하게 예측하면 더 많은 코인을 얻을 것이고, 예측에 실패하면 코인을 잃게 될 것이다'라는 명백한 논리에 따라 각자가 책임을 지게 된다.

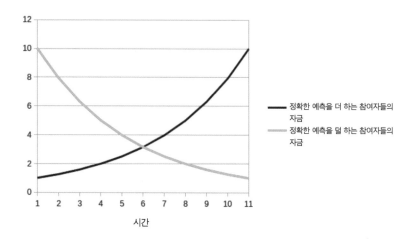

진정한 퓨타키는 사실 도입되기 어렵다. 목적 함수를 명확하게 정의 내리기가 어렵기 때문이다. 사람들은 단순히 코인 가격만 원하는 건 아니기 때문이다. 하지만 퓨타키의 다양한 하이브리드 형태가 등장한다면 좀 다를 수 있다.

- **매수 주문으로서 투표권**: 먼저 투표를 하기 위해선 n개의 토큰이 필요하다. 프로포절에 찬성표를 던지기 위해선 토큰의 현재 가격보다 좀 더 낮은 가격으로 n개의 토큰을 추가 구매할 의사가 있어야 하며, 이를 위해 집행 가능한 매수 주문을 넣게 한다. 다만 매수 주문이 유효한 기간은 설정해준다. 이 제안에 반대한 사람들은 해당 제안이 통과될 경우 자신의 코인을 팔아버릴 수 있다. 이 경우 끔찍한 의사결정이 내려지더라도 이를 지지한 사람들은 모두 매수 주문대로 사들여야만

한다. '정상적인 의사결정 과정에서 코인 보유자들이 원할 경우 가격이 아닌 기준에 따라 결정할 수 있도록' 여유를 만들어주는 것이기도 하다. 극단적으로는, 아주 중요한 의사결정 기로에 놓였을 때 공격자가 정직한 투표자들을 압도하는 경우 공격자는 이들을 모두 매수해야만 한다.

- **공공재를 위한 소급적 자금모집**: 공공의 이익에 대한 자금을 의사결정 메커니즘을 통해 소급적으로 모집하는 방식이다. 즉, 프로젝트가 무엇인가를 달성할 것이라 예상하고 자금을 모아주는 것이다. 유저들은 프로젝트의 토큰을 사서 해당 프로젝트에 자금을 대고 그 프로젝트에 대한 신뢰를 보여줄 수 있다. 또, 프로젝트 토큰의 구매자들은 프로젝트가 목표를 이룰 시 그 리워드에 대한 지분을 받게 된다.
- **상승 게임**: 어거와 클레로스를 참조할 수 있다. 좀 더 경미한 수준의 의사결정의 경우, 더 많은 노력을 필요로 하되 더 높은 정확도의 더 큰 의사결정에 영향을 끼칠 수 있다는 가능성에 의해 동기를 부여받을 수 있다. 투표가 최종 결정에 동의한 유권자는 보상을 받는다. 최종적인 결과에 영향을 끼친 투표자들은 보상을 받는다.

마지막 두 가지의 하이브리드 퓨타키 모델의 경우, 목표를 달성했는지 측정하거나 최후의 분쟁 해결수단으로 사용하기 위해 비 퓨타키 거버넌스 모델에도 어느 정도 의존해야 한다. 이런 비 퓨타키 거버넌스 모델에는 몇 가지 장점이 있다. 1. 나중에 활성화되므로 더 많은 정보가 수집된 상태에서 진행할 수 있으며, 2. 가끔 사용되므로 많은 노력이 필요하지 않고, 3. 포크에 대한 의사결정을 촉진하는 측면이 있다.

하이브리드 해결책

앞에 언급한 요소들을 잘 결합한 형태의 해결책도 있을 것이다. 몇 가지를 예로 들어보면 다음과 같다.

- **시간 지연과 특별히 선별된 사람들의 거버넌스의 결합**: 암호화폐를 담보로 하는 스테이블코인이, 거버넌스에 대한 리스크를 취하지 않고도 락업된 규모가 실제로 이익을 창출하는 토큰의 가치를 넘게 만들 수 있는 해결책이다. 이 스테이블코인은 선출된 n명(예를 들어 13이라 치면) 이 제출한 값들의 중간값(median)을 취하는 가격 오라클을 도입했다고 해보자. 코인 기반의 의결권 시스템을 통해 n명을 선출하지만, 일주일에 한 명만 방출할 수 있다. 사용자들이 코인 기반의 거버넌스 시스템이 신뢰할 수 없는 가격 제공자들을 선출하고 있다고 생각하게 되면, 이 스테이블코인이 무너지기 전에 다른 것으로 갈아탈 시간은 N/2 주만큼 주어지게 된다.
- **퓨타키+담합방지=평판**: 평판 기반의 투표권 행사 시스템이다. 이 '평판'은 양도될 수 없는 토큰이다. 사용자들은 자신의 결정이 원하는 결과를 낳게 되면 더 좋은 평판을 얻게 되고, 반대의 경우는 평판을 잃게 된다.
- **방지턱이 있는 코인 기반의 투표 시스템**: 코인 기반의 투표권이 제안서를 직접적으로 실행하지 않는다. 대신 그 결과를 모두에게 알리고 오프체인 거버넌스가 제안서대로 내용을 집행할 수 있도록 정당성을 만들어준다. 이는 코인 기반의 투표 시스템의 장점은 그대로 가져가되 위험을 감소시키는 효과를 낳는다. 코인 기반의 투표의 정당성은 그 투

표권이 매수되었거나 조작되었다는 증거가 나올 경우 완전히 붕괴되기 때문이다.

하지만 이는 아주 몇 가지의 예시일 뿐이다. 코인을 기반으로 하지 않는 거버넌스 알고리즘에 대한 연구와 개발이 지속적으로 이루어져야 한다. **가장 중요한 것은 거버넌스의 탈중앙화를 위해 코인 기반의 투표 시스템만이 정당한 형태라고 생각하는 생각을 버리는 것이다.** 코인 기반의 투표는 굉장히 중립적으로 느껴지게 현혹할 수 있다. 아무나 유니스왑에 가서 거버넌스 토큰을 일정량 구입하기만 하면 되니까. **하지만 실제로 코인 기반의 투표 시스템이 오늘날 안전해보이는 것은 그 '중립성'이 불완전하기 때문일 것이다.** 공급량 대다수가 극소수 인사이더들의 손에 쥐어져 있다는 것을 생각해보자.

현재 행해지고 있는 코인 기반의 투표 시스템이 '안전한 디폴트값'이라고 생각한다면 이제는 탈피해야 한다. 더 경제적인 압박이 심해지고 더 성숙한 생태계와 금융 시장이 형성되면 이러한 시스템이 어떻게 작동할 수 있을지에 대해서는 여전히 미지수다. 이제 우리는 그 대안을 실험해봐야 한다.

* 이더리움의 핵심개발자이자 현 옵티미즘 사의 CTO 칼 플로르쉬, 벤처캐피털 파라디즘(Paradigm) 리서치센터장 댄 로빈슨, 그리고 플래시봇의 티나 젠에게 특별히 감사를 표한다.

역자의 글

이 책을 읽는 사람 중에 직접 블록체인 프로토콜 혹은 디파이 같은 디앱 서비스를 만들었거나 만들 예정인 사람이 얼마나 될지 잘 모르겠다. 그러나 만들 생각이 있는 사람이라면 축하한다. 이 내용이 당신에게는 상당한 도움이 될 것이다. 부테린은 이 장에서 토큰 투표 거버넌스의 한계를 다룬다.

탈중앙화 방식의 피곤한 지점은 청소나, 분쟁 해결, 인프라 관리 및 업그레이드같이 귀찮지만 중요한 작업을 알아서 해주는 주체가 없다는 것이다. 이런 작업은 보통 정부나 국가가 강제로 걷은 세금을 활용해서 수행하는데, 탈중앙화 거버넌스는 투표로 이런 사항들을 결정하게 된다.

문제는 온라인에서 이뤄지는 이 투표라는 행위가 상당한 위험성을 내포하고 있다는 점이다. 가장 근본적인 취약점은 투표권 매수의 가능성이다. 부테린은 탈중앙 거버넌스의 경우 이런 점이 '위험'하다고까지 지적한다.

이에 대해 부테린이 제안하는 해결책은 네 가지다. 우선 코인 기반의 거버넌스가 결정할 수 있는 영역을 제한하는 것을 생각해볼 수 있다. 인간증명 시스템이나 참여증명 시스템처럼 코인을 기반으로 하지 않는 거버넌스 시스템을 쓰는 걸 고려해볼 수도 있다. '스킨 인 더 게임' 전략을 응용해서 투표자가 결과에 책임을 지도록 인센티브 구조를 짤 수도 있다. 그리고 이 세 가지를 적절히 배합한 하이브리드 형태의 해결책이 있을 수 있다.

부테린은 여러 해결책을 제시했음에도, 어떤 해결책도 지금의 문제를 완전히 해결하지는 못한다고 고백한다. 그는 더 강한 경제적 압력이 주어지는 성숙한 생태계와 코인 기반의 금융시장이 형성되었을 때, 지금의 시스템이 어떻게 작동할지는 아무도 알 수 없다고 경고한다. 직접 이더리움이라는 플랫폼을 만들고 그 철학에 큰 영향을 끼쳐온 '현업자'로서의 포스와 노하우가 여과 없이 담겨 있다.

비탈릭 부테린 지분증명

신뢰 모델

vitalik.ca

2021년 8월 20일

많은 블록체인 애플리케이션의 가치 있는 특성 중 하나는 무신뢰성이다. 이는 특정 행위자가 특정 방식으로 행동하도록 의존할 필요 없이 애플리케이션이 예상된 방식으로 계속 작동할 수 있는 능력을 의미하기도 한다. 심지어 행위자들의 흥미가 변하고, 미래에 예상되지 않은 방향으로 다르게 행동하도록 만든다고 하더라도 말이다. 블록체인 애플리케이션은 그 특성 자체를 완전히 가질 수 없다. 하지만 몇몇 애플리케이션은 다른 애플리케이션보다 그 특성에 더욱 가깝다. 만약 우리가 신뢰 비용을 최소화하는 실용적 방향으로 나아가고 싶다면, 신뢰의 정도를 서로 비교할 수 있어야 한다.

내가 정의하는 신뢰란 다른 사람들이 할 만한 모든 행동을 가정해보는 것이다. 가령 코로나19가 유행하기 전 기준으로, 거리를 걷는다고 상상해보자. 사람들이 당신으로부터 2미터 이내로 들어와도 이상하지 않았다.

물론 상대가 갑자기 품에서 칼을 꺼내 당신을 찌를 수도 있지만, 당신은 그런 일이 일어날 거라고 불안해하지 않는다. **이런 배경에는 일종의 신뢰가 있다. 당신만 그런 것이 아니라 대부분 비슷한 생각을 가지고 있다.** 사람들은 대체로 미치지 않았으며, 사법부가 미친 행동을 하는 사람들은 강력히 제지해줄 것이라는 믿음이 있다.

보통은 다른 사람들이 쓴 코드를 실행할 때, 당신은 그 사람들이 코드를 정직하게 작성했다고 믿는다. 그 이유가 개인의 체면이 되었든, 평판을 유지해 계속해서 경제적 이익을 얻기 위함이 되었든 말이다. 최소한 버그가 발견될 수 있는 코드를 확인할 사람들이 충분히 있다고 믿는다. 당신이 숨겨놓고 혼자만 먹을 당신만의 농작물을 손수 키우지 않는 데는 또 다른 종류의 신뢰가 작용한다. 바로 충분히 사람들이 식량을 재배해서 당신에게 돈을 받고 팔 거라고 믿는 신뢰가 있다. 그밖에도 당신은 다른 사람들을 믿을 것이다. 그리고 거기에는 각각 다른 유형의 신뢰와 믿음의 이유가 있을 것이다. 블록체인 프로토콜을 분석하는 목적으로, 나는 신뢰를 아래의 네 가지 차원으로 나눈다.

- 당신이 기대하는 대로 행동하는 사람들이 얼마나 많은가?
- 전체 사람 수는 몇 명인가?
- 사람들이 당신이 원하는 대로 행동하려면 어떤 종류의 동기부여가 필요한가? 그들은 이타적이어야 하는가, 아니면 단순히 자신의 이익만 추구해야 하는가? 그들은 조정 절차를 거치지 않아야 하는가?
- 위 가설이 유지되지 않을 경우, 시스템은 얼마나 심하게 실패할 것인가?

비탈릭 부테린 지분증명

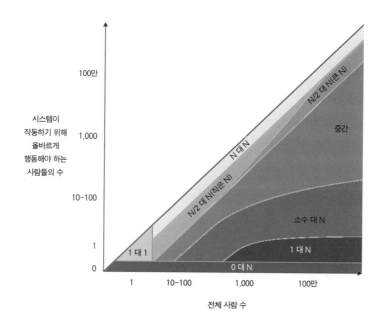

색이 진할수록 더 좋은 것이다. 아래에서 범주를 좀 더 자세히 살펴보자.

- **1 대 1**: 이 모델에서는 정확히 한 명의 행위자만 존재한다. 이 모델 내의 시스템은 그 행위자가 당신이 기대한 대로 행동할 때에만 잘 작동한다. 이 모델은 전통적인 중앙화된 모델이다. 그리고 우리는 이 모델보다 더 나은 것을 보고자 한다.
- **N 대 N**: 이 모델은 디스토피아적 세계를 나타낸다. 이 모델에서 당신은 여러 행위자에게 의지하며, 시스템이 잘 작동하려면 그들은 기대된 대로 행동해야 한다. 그렇게 되지 않는다면 백업은 없다.
- **N/2 대 N(N분의 N/2)**: 대부분의 채굴자(또는 지분증명 밸리데이터)가 정직하다는 가정하에 이 모델은 블록체인이 작동하는 방식과 같다. N 분

의 N/2는 N이 더 클수록 더욱 중요해진다. 소수의 채굴자와 벨리데이터가 네트워크를 지배하고 있는 블록체인은 다수의 채굴자와 벨리데이터가 폭넓게 분배된 블록체인보다 덜 흥미롭다. 그래도 우리는 소수의 채굴자와 벨리데이터로 이루어진 블록체인의 보안 수준도 개선하길 원한다. 따라서 채굴자와 벨리데이터의 수가 적든 많든 51% 공격에서 견디는 것이 중요하다.

- **1 대 N(N분의 1)**: 이 모델에는 많은 행위자가 있다. 그리고 그 행위자 중 최소한 하나가 당신이 기대한 대로 행동한다면 시스템은 잘 작동한다. 모든 사기를 증명하고자 하는 시스템은 이 카테고리에 해당한다. 신뢰받는 조직도 이 카테고리에 해당한다. 다만 이때 N의 수는 다른 경우보다 주로 더 적다. N의 크기가 클수록 좋은 시스템이다.

- **소수 대 N(N분의 몇 명)**: 이 모델엔 많은 행위자가 있다. 그리고 이 시스템은 최소한 몇몇의 고정된 수의 행위자들이 당신이 원하는 대로 행동한다면 작동한다. 데이터 가용성 검사(Data Availability Checks)[38]가 이 카테고리에 속한다.

- **0 대 N(N분의 0)**: 이 시스템은 외부 행위자에게 전혀 의존하지 않고 예상대로 작동한다. 당신이 블록을 직접 확인해 유효성을 검사하는 것이 이 범주에 속한다.

0 대 N을 제외한 모든 범주가 신뢰로 간주될 수도 있지만, 이 범주는 서로 매우 다르다. 한 명의 특정인(또는 조직)이 예상대로 일할 것이라 믿는

---

38 [역자 주] 블록체인 노드가 전체 블록을 다운로드하지 않고도, 제안된 블록에 대한 데이터를 사용할 수 있는지 확인하는 검사다.

비탈릭 부테린 지분증명

건, 다른 곳에 있는 어떤 사람이 당신이 기대하는 대로 행동할 거라고 믿는 것과는 매우 다르다.

1 대 N 모델이 0 대 N 모델과 비슷한 정도는 0 대 N 모델이 N/2 대 N 모델 혹은 1 대 1 모델과 유사한 정도보다 훨씬 크다. 1 대 N 모델은 아마 1 대 1 모델처럼 느껴질 것이다. 단일 행위자를 거쳐 가는 것처럼 느껴지기 때문이다. 하지만 현실은 서로 매우 다르다. 1 대 N 시스템에서, 당신과 함께 일하는 행위자가 지금 사라지거나 나쁜 짓을 하면 당신은 그냥 다른 행위자로 바꾸면 된다. 반면 1 대 1 시스템에서 그런 일이 일어나면 당신은 망한다. 특히 당신이 현재 실행 중인 소프트웨어의 정확성조차도 일반적으로 코드에 버그가 있는지 확인하기 위해 소수 대 N 모델에 의존한다. 애플리케이션의 다른 측면에서 1 대 N에서 0 대 N으로 전환하기 위해 정말 열심히 노력하는 건 종종 창문은 막지 않은 채로 아무도 대문을 뚫고 들어올 수 없도록 철판을 덧대는 행위와 비슷하다.

또 다른 중요한 질문이 있다. 만약 당신의 신뢰가 깨진다면, 시스템은 어떻게 실패할까? 블록체인에서 가장 일반적인 두 가지 실패 유형은 **지속성 실패(Liveness Failure)와 안전성 실패(Safety Failure)**다. 지속성 실패는 잠시 자신이 하고 싶은 일(코인 인출, 블록에 포함된 트랜잭션 실행하기, 블록체인의 정보 읽어들이기 등)을 할 수 없게 되는 것이다. 안전성 실패는 시스템이 방지하고자 했던 어떤 일이 활발하게 일어나는 사건이다(유효하지 않은 블록이 블록체인에 포함되는 경우).

이제 몇몇 레이어 2 블록체인 프로토콜의 신뢰 모델을 살펴보자. 나는 **작은 N**을 레이어 2 시스템 자체의 참여자 집합을 가리킬 때 사용한다. 그리고 큰 N은 블록체인의 참여자를 가리킬 때 사용한다. 레이어2 프로토콜[39]은 블록체인 자체보다는 항상 작은 커뮤니티를 갖고 있다고 가정한다. 나는 또한 지속성 실패라는 용어를 코인이 상당 시간 동안 한곳에 머물러 있는 경우로만 한정해 사용하겠다. 시스템을 사용할 수는 없지만 거의 즉시 인출할 수 있는 경우는 지속성 실패로 간주하지 않는다.

- **채널(상태 채널, 라이트닝 네트워크 포함)**: 지속성을 위한 1 대 1 신뢰. 상대방은 일시적으로 당신의 자금을 동결할 수 있으나 이런 피해는 이해관계자와 코인을 쪼개서 갖는 것으로 완화시킬 수 있다. 안전[40]을 위한 N/2 대 큰 N(블록체인을 향한 51% 공격은 당신의 코인을 훔칠 수 있다)

- **플라즈마(중앙집중식 운영자를 가정)**: 지속성[41]을 위한 1:1 신뢰(운영자는 일시적으로 당신의 자금을 동결할 수 있음). 안전을 위한 N/2 대 큰 N(블록체인을 향한 51% 공격)

- **플라즈마(반 탈중앙화된 운영자를 가정함, DPOS)**: N/2 대 작은 N, 활성을 위한 신뢰. N/2 대 큰 N, 안전을 위한 신뢰

- **옵티미스틱 롤업**: 1 대 1 또는 N/2 대 작은 N, 활성을 위한 신뢰(운영자 종류에 따라 다름). N/2 대 큰 N, 안전을 위한 신뢰

- **영지식(ZK) 롤업**: 1 대 작은 N 활성을 위한 신뢰(만약 운영자가 당신의 트랜잭션을 포함하는 걸 실패한다면, 인출은 가능하다. 그리고 운영자가 바로 당신의 인출을 포함하지 못한다면 더 많은 블록 묶음을

---

39 이 모델은 이더리움 또는 비트코인과 같은 레이어 1 블록체인에 의존하는 시스템이며, 이와 동시에 어떤 형태로든 더 큰 용량을 제공한다.

40 안전(Safety): 노드 간 합의가 발생했다면, 어느 노드가 접근하든 그 값은 동일해야 하는 특성을 뜻한다.

41 활성(Liveness)은 합의 대상(Transaction 또는 블록체인에서 블록)에 문제가 없다면, (활성화된) 네트워크 내에서 반드시 합의가 이루어지는 특성을 뜻한다.

만들어낼 수 없다. 당신은 롤업 시스템 노드의 도움을 받아 스스로 인출할 수 있다. 안전성 실패 위험은 없다.

- **영지식 롤업(가벼운 인출 기능 포함)**: 활성 및 안전성 실패에 대한 위험 없음

마지막으로 인센티브 문제가 남는다. 당신이 믿고 있는 행위자는 당신이 그 사람한테서 기대하는 행위를 하기 위해 매우 이타적이어야 하는가? 아니면 많이 믿을 필요 없이 충분히 합리적으로 기대하는 행위를 할 것인가? 사기증명을 찾는 것은 기본적으로 다소 이타적인 행위라고 할 수 있다. 물론, 이타성의 정도는 사기증명을 찾는 계산이 얼마나 복잡한지에 달려 있고, 이타성을 줄이고 합리성을 높이기 위한 장치들도 존재한다.

다른 사람들을 영지식 롤업에서 탈퇴시키는 것을 돕는 서비스에 소량의 수고비를 추가한다면 많은 이들이 합리적으로 이 서비스를 제공할 것이라고 기대할 수 있다. 그러므로 당신이 쓸모없는 롤업에서 빠져나오지 못할 것이라는 우려는 줄일 수 있다. 블록체인의 생성 역사를 뒤로 되돌리거나 블록 검열을 심하게 하는 51% 공격에 대해 용인하지 않겠다는 커뮤니티 단의 합의가 있으면 다른 시스템들의 위험성도 완화할 수 있다.

누군가가 시스템이 신뢰에 달려 있다고 한다면, 그것이 의미하는 바를 더 자세히 물어보자. 1 대 1, 또는 1 대 N, 또는 N/2 대 N을 의미하는 것인지 물어보자. 참가자들에게 이타적이기를 요구하고 있는가, 합리적인 것을 요구하고 있는가? 이타적인 방식을 요구한다면 비용이 어느 정도인지 확인해보자. 만약 시스템의 참가자들이 신뢰를 깨는 행동을 한다면 얼마나 큰 피해가 가는지도 물어보자. 돌아오는 답변에 따라 당신이 해당 시스템을 사용할지 말지에 대한 답도 매우 달라질 것이다.

이 장에서 부테린은 블록체인 세계에서의 신뢰를 정의하고, 신뢰가 나타나는 양상을 여러 모델로 나누어 설명한다. 그에 따르면 '신뢰'란 단순히 누군가를 믿는 것이 아니다. 다른 사람들의 행동에 대한 가정을 모두 고려사항에 넣는 것이다.

이는 블록체인 기술의 '무신뢰성'에 기인한다. 이 단어는 단어 자체만 언뜻 본다면 '신뢰성이 없다'는 의미로 오해할 수 있다. 무신뢰성은 그런 뜻이 아니라 '제3자를 통한 신용 보증이 없어도 믿을 수 있는 특성'을 의미한다. 신뢰라는 개념 자체가 필요하지 않다는 뜻이다. 블록체인 기술에서는 거래 정보를 기록한 원장 데이터를 중앙 서버가 아닌 참가자들이 공동으로 기록 및 관리한다. 따라서 거래 정보가 한쪽에 의해 위변조되거나, 거래 쌍방이 고비용의 조정/중재 기관에 의존할 필요가 없다.

하지만 거래 당사자 간의 행동은 여전히 다양한 양상으로 나타날 수 있다. 이는 블록체인 트랜잭션에 참여한 사람의 수, 블록체인의 탈중앙화 정도, 인센티브 등 많은 변수들이 존재하기 때문이며, 그는 이런 다양한 상황들을 가정한 신뢰 모델들을 소개한다. 마지막으로 그는 누군가가 블록체인 시스템의 신뢰를 이야기한다면 어떤 신뢰 모델이 나타나는지 다양한 각도에서 검토해볼 것을 권한다.

크립토 시티

vitalik.ca

2021년 10월 31일

작년 트렌드 중에는 도시에 대한 관심을 바탕으로 도시들이 더 다양한 일들을 시도했다는 점을 들 수 있다. 미국 플로리다주 마이애미의 시장인 프랜시스 수아레즈(Francis Suarez)는 IT 회사의 스타트업과 비슷한 전략으로 도시에 관심을 불러일으키고자 했으며 IT 및 크립토 업계와 트위터에서 적극적으로 소통했다. 와이오밍주 역시 다오에 친화적인 법적 체계를 갖췄으며, 콜로라도주는 제곱투표 시스템을 시범 도입했다. 게다가 더 많은 도시들이 보행자에게 친화적인 거리를 조성했다. 컬디색(Culdesac), 텔로사(Telosa), 시티 다오(CityDAO), 엥콰시(Nkwashi), 프로스페라(Prospera)와 같은 프로젝트는 도시와 거주지를 한번에 만들고자 했다. 도시의 변화에 이은 새로운 트렌드는 코인, NFT, 다오의 대중화였다. 그럼 이 트렌드를 합치면 어떻게 될까? 코인, NFT, 다오와 온체인 데이터를 적용한 도시가 있을까? 이미 이를 시도하는 곳이 있었다.

- **시티코인**(CityCoins.co): 지역 화폐로 쓰이기 위한 코인을 만들어주는 프로젝트다. 코인의 일부는 해당 지방자치단체가 할당받는다. 마이애미에는 이미 도입되었고 샌프란시스코 역시 곧 도입할 것이다.
- **NFT**: NFT를 통해 지역 예술가들을 지원할 방법을 모색하고 있다. 부산에서는 NFT 활용 방안을 모색하기 위해 정부 주도로 콘퍼런스가 열렸다.
- **크립토 기반 도시 만들기**: 아예 크립토 기술을 도입한 도시도 설계되고 있다. 시티 다오(CityDAO)는 프로젝트 목적이 '이더리움 블록체인에 도시를 짓는 것'이라고 한다. 다오화된 거버넌스까지 포함해서 말이다.

그러나 이런 프로젝트들이 현재 과연 좋은 아이디어인지 확인해봐야 한다. 또한 더 개선할 수 있는 방법이 있을지도 생각해보자.

왜 우리는 도시를 생각하는가

국가뿐 아니라 지방자치단체들도 여러 문제를 끌어안고 있다. 그중에는 오랫동안 축적된 문제도 있고, 세상이 빠르게 변화하면서 실시간으로 쏟아지는 민원도 있다. 대부분 이런 문제에 비효율적이고 느리게 대응한다. 한마디로 열심히 하고 있지 않거나, 불필요하게 엉덩이가 무겁다는 것이다. 더욱 심각한 것은, 이들이 할 일은 미뤄두고 자신들의 정치를 위해 패나 끔찍한 수준의 '신선'하고 '새로운' 발상들을 내놓는다는 점이다. 당신은 제2차 세계대전 시기의 포르투갈 독재자 안토니오 살라자(Antonio Salazar), 혹은 '미국판 카이사르(Caesar)'가 등판해 미국의 진보주의를 짓밟는다는 생각을 해보자. 10개의 아이디어 중 시민의 자유와 권리를 확충

해주고 민주적이라고 할 수 있는 아이디어가 하나이고, 나머지는 다 중앙화된 통제와 감시를 다르게 포장한 것이라면 어떻게 할 것인가.

적어도 **도시는 역동적이다.** 도시마다 문화 차이가 큰 만큼 획기적인 아이디어를 제시할 때 전적으로 동의할 도시를 찾는 것이 한 나라 전체의 동의를 얻는 것보다 쉽다. 지역 공공재, 도시 기획, 교통 시설 등 도시 단위에서 해결해야 할 문제도 많다. 도시의 지역 경제 또한 결속력이 강하기 때문에 암호화폐 도입도 현실적으로 가능하다. 더 나아가, 도시 내에서 실험하는 건 끔찍한 결과로 이어지지 않을 가능성이 크다. 도시는 더 높은 단위의 정부로부터 관리를 받기 때문이며, 도시 내에 사는 사람들도 원치 않으면 다른 장소로 이동할 수 있기 때문이다. 따라서 지역 단위의 정부는 매우 과소평가가 되어 있다는 결론에 도달할 수 있다. 더군다나 지금 추진되고 있는 스마트 도시 계획에 대한 비판이 중앙화된 거버넌스, 불투명성, 데이터 보안 등과 관련되어 있다. 이에 대해서는 암호학적 기술이 더 개방적이고 참여 지향적인 방향의 해결책을 제시할 수 있다.

실제 진행되고 있는 도시 프로젝트

이제 소개할 프로젝트는 소규모인 데다 방향성을 확립하는 중이지만 흥미로운 결과물을 만들 잠재력이 충분하다. 이 프로젝트들은 주로 미국에 있지만 전 세계 각지에서도 곧 생길 것이다. 현재 이 업계에 어떤 일이 일어나고 있는지 살펴보자.

리노에서의 블록체인 실험

네바다주 리노시의 시장인 힐러리 시에브(Hillary Schieve)는 블록체인의 광팬이다. 그는 특히 테조스(Tezos) 블록체인 생태계에 관심을 보였다. 최근에는 도시의 거버넌스를 개선하기 위해 몇 가지 블록체인 관련 아이디어를 구체화하는 중이다.

- **NFT 판매를 통한 지역 예술 증진**: 도시 가운데 있는 「우주 고래(Space Whale)」 조각상을 NFT로 만들어 판매했다.

- **리노 다오**: 리노 다오는 리노 코인으로 운영된다. 리노의 거주자들은 에어드롭을 받을 자격이 주어진다. 리노 다오는 새로운 수익창출 방법을 모색하는 중이다. 그중 하나는 도시가 소유한 부동산을 대여하고

비탈릭 부테린 지분증명

그 수익으로 다오를 지원하는 것도 포함된다.

- **블록체인으로 프로세스 보안 개선**: 카지노를 위한 블록체인 기반 난수 제조기, 블록체인 기반 투표 등이 여기에 포함된다.

시티코인

시티코인은 스택스(Stacks)라는 블록체인을 기반으로 만들어지는 프로 젝트로, 스택스는 특이하게도 '전송증명(Proof of Transfer)' 방식의 블록 채 굴 알고리즘을 사용하고 비트코인 블록체인을 바탕으로 한다. 시티코인 이 찍어내는 지역화폐 코인의 70%는 이미 현존하는 세일 메커니즘(토큰 세일 메커니즘과 동일한)에 의해 만들어진다. 스택스의 고유 토큰인 STX 보유 자는 자신의 STX를 지역화폐 코인 컨트랙트에 보내 시티 코인을 만들 수 있다. 이때 발생하는 STX 매출은 코인을 스테이킹해둔 시티코인 보유자 에게 분배된다. 나머지 지역화폐 코인의 30%는 시 정부에게 할당된다.

시티코인은 정부 지원에 의존하지 않는 경제 모델을 만들어보는 중이다. 시티코인에서 지역화폐용 코인을 만들기 위해서 시 정부가 연관되어 있을 필요가 없다. 커뮤니티 그룹이 알아서 론칭을 할 수도 있다. 여기에서 "내 지역화폐 코인은 어디에서 쓸 수 있죠?"라는 질문에 대해 할 수 있는 대 답은 "해당 도시의 시티코인 커뮤니티에서 코인을 활용하는 앱을 만들 것 이다" 혹은 "지역 상권에서 지역화폐 코인을 보유하는 사람들에게 할인 을 제공할 수 있을 것이다" 등이다. 마이애미주도 실질적으로 이 코인을 받아들인 상황이다.

마이애미 해커톤 우승작: 마이애미코인 보유자들에게 코워킹 스페이스를 할인가에 제공하는 사이트.

시티 다오

획기적인 실험 중에는 시티 다오도 있다. 마이애미와 리노가 기존에 존재하는 도시와 인프라를 개선하고 사람들을 설득하는 중이라면 시티 다오는 와이오밍주에서 합법적인 절차를 통해 인증을 받았다. 이들은 아예 새로운 도시를 만들 기획을 하는 중이다.

프로젝트는 아직 초반 단계다. 시티 다오 팀은 처음으로 부지 확보를 위해 와이오밍의 외진 곳에 땅을 구매했다. 그 땅을 시작으로 추가 토지를 구매해 궁극적으로는 다오에 의해서 운영되고, 하버거 세금으로 토지를 배분하고, 집단 지성으로 결정을 내리며 자원도 관리하는 도시를 짓고자 한다. 시티 다오는 코인 투표 기반 거버넌스를 피하는 몇 안 되는 진보적인 다오다. 대신, 그들은 거버넌스를 '시민 NFT'를 기반으로 한 투표 체계로 잡았다. 시민들은 개인증명(Proof of Humanity) 방식의 NFT를 구매해 자신이 이곳의 시민이라는 것을 인증하고 이것을 통해 1인 1투표를 행

비탈릭 부테린 지분증명

사한다. 이 NFT들은 크라우드펀딩을 통해 판매했고 현재 NFT 마켓플레이스인 오픈시(OpenSea)에서 찾을 수 있다.

오픈시에서 판매중인 시티 다오 NFT다.

도시의 도전은 어디까지 가능한가

도시는 많은 것을 가능케 한다. 자전거 도로를 더 만들 수도 있고, 이산화탄소 미터기와 원자외선 기술로 코로나19가 퍼지는 것을 막을 수도 있으며, 생명 연장 기술 연구에 더 투자할 수도 있다. 블록체인으로는 두 가지가 가능하다.

1. 블록체인을 사용해서 **기존 프로세스를 더 신뢰받을 수 있고, 투명하고, 인증 가능한 버전으로 개선하는 것**
2. 블록체인을 사용해 **부동산과 다른 희귀한 자산을 위한 새롭고 실험적인 형태의 소유권을 제시해보고, 새롭고 실험적인 형태의 민주주의적 거버넌스를 구현하는 것**

블록체인과 이 두 가지 분류는 서로 맞아떨어진다. 블록체인에서 일어나는 일은 공개적으로 인증할 수 있고 이를 돕기 위해 만들어진 무료 프로그램 또한 다양하다. 블록체인을 기반으로 만들어진 애플리케이션은 전체 블록체인 생태계에 분포한 다른 애플리케이션들과 상호작용할 수 있다. 블록체인 기반 시스템은 종이보다 효율적이고, 중앙화된 컴퓨터 시스템보다 더 투명한 인증이 가능하다. 이는 시민들에게 실시간으로 몇백 혹은 몇천 가지의 문제에 피드백하는 새로운 형태의 투표 체계를 만들고 싶을 때 꼭 필요한 조합이다. 더 자세히 알아보자.

블록체인이 더 신뢰성 있고 투명하게 만들 수 있는 것

정부와 같은 기관을 비롯해 많은 사람들이 내게 제시했던 아이디어가

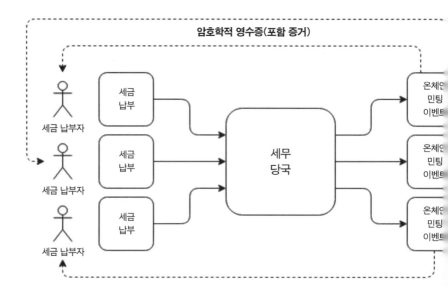

있다. 바로 더 쉽게 정부 지출을 확인할 수 있도록 내부 사용 목적으로 자격과 신원이 인증된 화이트리스트만 참여하는 스테이블코인을 만들자는 것이었다. 개인이나 단체에서 지급된 세금으로 스테이블코인을 NFT로 민팅해 그 거래의 온체인 기록을 공개적으로 남기는 것이다. 만약 개인의 세금 지급량을 공개하고 싶지 않다면 영지식 방법을 사용해 총량만 공개하지만 모두에게 정확히 지급됐다고 알릴 수 있는 방법도 있다. 부서끼리의 거래는 투명해질 것이고, 직원이나 계약자들이 월급이나 수당을 현금화할 때 정부가 코인은 다시 회수할 수 있을 것이다. 이 시스템은 쉽게 다른 곳에도 도입할 수 있다. 정부 프로젝트를 따내기 위한 경매 프로세스도 온체인으로 진행할 수 있다. 그 외에도 많은 프로세스들이 블록체인을 통해 더 투명해지고 신뢰성을 얻을 수 있다.

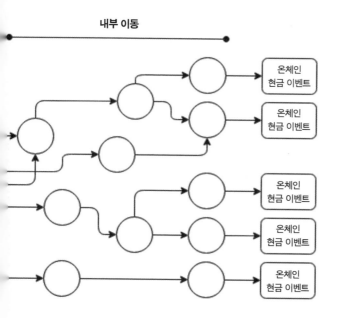

- **공평한 난수 제조기(로또 등의 용도)**: 이더리움도 도입할 계획인 검증 가능한 지연함수(Verifiable Delay Function, VDF)를 사용해 정부에서 운영하는 로또 추첨에서도 신뢰성을 높일 수 있다. 공평한 무작위성은 추첨 분배에도 도입할 수 있다.
- **인증서**: 시민임을 인증하는 암호학적인 증명도 온체인으로 기록해 보안성과 검증 가능성을 개선할 수 있다. 이런 인증서들이 온체인으로 발급된다면, 반대로 허위 인증서들이 대량으로 만들어지면 금방 확인할 수 있다. 또한 이는 각종 인증서에도 적용할 수 있다.
- **자산등록 관련 서류**: 이는 토지나 다른 자산, 심지어 개발권 같은 복잡한 형태의 소유권 등에도 적용할 수 있다. 가끔 법정에서 예외를 설정해야 할 수는 있고, 암호화폐 시스템 정도로 탈중앙된 무기명 증권이 되지는 못할 것이지만, 온체인 기록을 만들어둔다면 분쟁이 생길 경우에 사건의 발생 순서를 확인할 수 있을 것이다.

심지어 투표마저도 온체인으로 진행할 수 있다. 하지만 투표의 경우 특히 복잡하고 여러 문제가 있을 수 있어 조심해야 한다. 블록체인과 영지식 증명 등 여러 암호학적 기술을 융합해야 투표에 요구되는 보안성과 익명성을 보장할 수 있을 것이다. 그러나 만약 인류가 전자 투표 방식을 사용하기로 마음먹었다면 도시에서 시작해보는 것이 좋을 듯하다.

거버넌스 실험은 성공할 수 있을까

정부 사업에도 블록체인을 덧붙일 수 있을 뿐만 아니라 경제 체계와 거버넌스도 새롭고 획기적인 실험을 블록체인을 통해 만들어낼 수 있다.

이런 아이디어들은 아직 완벽하지 않아 방향성 정도만을 제시할 수 있다. 실제 실험이 시작하면, 실생활을 토대로 한 피드백이야말로 이 실험들이 바뀌어야 하는지 정확한 지표를 제시해줄 수 있을 것이다.

실험 1. 도시 기반의 지역 토큰의 미래

시티코인은 지역 토큰이 어떻게 실행될 수 있을지를 다룬 비전 중 하나다. 시티코인의 접근 방법은 상당한 리스크를 겸비한다, 특히 설계되어 있는 경제 모델이 초반 참여자에게 과하게 유리하게 작용한 것을 생각해보면 말이다. 시티코인의 블록체인이었던 스택스의 고유 토큰 STX로부터 발생한 매출의 70%를 이미 지역 토큰을 스테이킹하고 있는 자들에게 분배할 것이라고 한다. 허나 앞으로 5년 동안 민팅될 코인이 그 뒤에 50년 동안 민팅될 코인보다 더 많을 것이다. 정부 입장에서 지금 당장은 이득일 수 있지만, 2051년에는 어쩌겠는가? 한번 정부가 특정한 지역 토큰을 받아들이면, 미래에 갑자기 노선을 틀기는 매우 힘들어질 것이다. 고로 시 정부는 이러한 이슈에 대해서 깊게 고민을 해봐야 하고, 장기적으로 봤을때 합리적인 선택을 하는 것이 중요하다.

지역 토큰을 다르게 적용할 방법은 다음과 같다. 이것이 시티코인의 비전에 대한 유일한 대안책이라는 것은 아니다. 지역 토큰은 다양한 방법으로 디자인할 수 있고, 다양한 옵션을 고려해야 하기 때문이다. 어쨌든 내가 생각해 본 지역 토큰 적용법은 다음과 같다.

현재의 주택 소유권은 상당히 양날의 검이라고 할 수 있다. 주택 소유를 권고하는 분위기나 소유권에 대한 법적 체계는 현존하는 가장 큰 경제 정책 실책 중 하나라고 해도 과언이 아닐 정도가 됐다. **집을 자가로 사**

용하는 이들과 투기성 자산으로 사용하는 이들 사이에는 불가피한 정치적 긴장감이 돌고 있고, 전자를 만족하기 위한 정치적 압력은 대부분 후자가 집을 구할 수 있는 능력을 심각하게 훼손하는 결과로 이어진다. 도시 거주자들은 크게 두 가지 집단으로 나눌 수 있다. 집을 소유하는 사람들은 토지값의 변동성에 과하게 노출되어 있고 새로운 집을 건설하는 데에 반대를 하는 역발상적인 인센티브를 갖게 된다. 반면에 집에 세를 들어서 사는 사람들은 부동산 시장에 부정적으로 노출이 되어 있다. 집값이 오르면 집을 더더욱 구하지 못하기에 그들은 도시를 발전시켜 주택의 가치를 더 높이는 데 반대하게 되는 곤란한 입장에 서게 된다.

그러나 이러한 문제들에도 많은 이들은 주택을 소유하는 것이 개인적으로 좋은 선택인 것에서 멈추는 것이 아니라, 적극적으로 보조금을 지급하고 사회적으로 부추겨야 할 것으로 보고 있다. 한 가지 이유는 이를 통해 사람들이 저금을 하고 자산 가치를 높일 수 있다는 것이지만, 또 다른 이유는, 온갖 허점이 있음에도 불구하고 주민들과 커뮤니티 사이의 경제적 이익 관계를 어느 정도 통일해주기 때문이다. **그러나 만약 사람들이 앞서 말한 단점들 없이 부를 축적할 수 있고 경제적 이해 관계의 결을 맞춰갈 수 있다면 어떨까?** 만약 분할과 대체가 가능한 지역 토큰을 만들 수 있고, 주민들은 보유 가능한 만큼 혹은 보유하고 싶은 만큼 토큰을 들고 있고, 도시의 가치가 올라가면서 토큰의 가치 또한 올라가는 체계를 만들 수 있다면 어떨까?

일단 몇 가지 목표를 설정해보도록 하자. 다 필수적인 것은 아니다. 이 다섯 가지 중 세 가지만 달성할 수 있어도 이미 큰 진보를 한 것이다. 그래도 최대한 많이 달성하면 좋을 것이다.

비탈릭 부테린 지분증명

- **정부가 활용할 수 있는 지속가능한 수입원 확보**: 지역 토큰 경제 모델은 이미 존재하는 세금 수입원을 재배치하는 것이 아니라 새로운 수입원을 찾을 수 있어야 한다.
- **주민과 도시 간의 경제적 이해관계 통일**: 지역의 가치가 높아질수록 토큰의 가치도 높아져야 된다는 것이다. 그러나 이는 또한 지역 토큰 경제가 거주인들에게 금융 상품보다 지역 토큰에 투자하라고 적극적으로 권할 수도 있어야 한다는 뜻이기도 하다.
- **저금과 자산 축적을 장려**: 주택 소유는 이것을 자동적으로 한다. 집주인들이 대출을 갚으면서 그들의 자산은 자동으로 축적되는 셈이다. 지역 토큰 또한 꾸준히 모으는 것을 매력적으로 만들고, 심지어는 이 경험을 게임화하는 방안도 생각해볼 수 있을 것이다.
- **평등주의**: 디자인에 문제가 있는 경제 메커니즘들이 종종 실수하듯이 부자들을 빈곤층보다 불공평하게 편애하는 구조는 지양해야 한다. 가진 자와 못 가진 자 사이의 급격한 분열을 피하는 것을 돕는 토큰의 분할성은 이미 많은 것들에 기여했지만 분명 더 나아갈 여지가 있다. 새로 발급되는 토큰들의 상당 부분을 보편적 기본 소득 용도[42]로 할당하는 방식도 있다.

여기서 첫 세 가지 목표를 달성할 수 있는 수단은 토큰 보유자들에게 혜택을 제공하는 것이다. 만약 X개 이상의 토큰을 보유하고 있다면(이 숫자는 추후 올라갈 수도 있다), 몇 가지 서비스를 무료로 사용할 수 있는 것이

---

42 보편적 기본 소득은 모든 주민이 주기적으로 같은 양의 보조금을 받는 것을 뜻한다.

다. 마이애미 코인은 사업체들과 이런 혜택을 제공하는 것에 대해 협상을 하고 있지만, 이는 분명 정부가 제공하는 서비스에도 확장 가능할 것이다. 한 가지 예시는 일정량의 토큰을 예치해둔 토큰 보유자들에게는 공공주차공간을 무료로 이용하게 해주는 것이다. 이것은 몇 가지 목표를 달성하게 해줄 것이다.

- **토큰을 보유하고 있을 인센티브를 만들어 가치를 지속시킨다.**
- **특히 도시와 연관이 없는 멀리 있는 투자자들보다는 거주자들이 코인을 보유하고 있을 인센티브를 만든다.** 또한 제공할 수 있는 인센티브에 제한을 둬서 분산된 형태로 보유할 수 있도록 장려한다.
- **경제적 이익 관계 통일**(지역이 더 매력적으로 변한다) → 도시의 주차공간을 사용하고 싶다 → 토큰의 가치가 올라간다. **주택 소유와는 다르게 이것은 특정한 지역이 아닌 도시 전체의 경제적 이익 관계를 통일한다.**
- **자원의 효율적인 배분을 장려한다.** 예를 들자면, 주차공간의 사용량을 줄이면서(물론 토큰이 없는 사람들도 돈을 내면 쓸 수 있겠지만), 시 정부가 거리를 더 보행자 친화적으로 만들고 싶은 욕구를 받쳐줄 수 있다. 아니면 식당들도 토큰을 예치해두고 앞에 주차공간을 소유해 외부 좌석을 만들 수 있다.

그러나 비뚤어진 인센티브를 제공하는 것은 피하기 위해, 한 가지의 특정한 아이디어에만 의존하기보다는 다양한 수익 창출 방법을 고안해놓는 것이 매우 중요하다.

비탈릭 부테린 지분증명

지역 토큰에 가치를 줄 수 있고, **획기적인 거버넌스 아이디어를 실험해 볼 수 있는 또 다른 방안은 구역 규정이다. 만약 당신이 y개의 코인을 들고 있으면, 주변의 토지 소유자들이 구역 규정에서 건축 혹은 상업활동을 허용받기 위해 지급해야 되는 금액에 대해서도 투표를 할 수 있을 것이다.** 이렇게 시장과 직접민주주의를 합친 하이브리드 방식은 지금의 필요 이상으로 복잡한 허용 절차보다 훨씬 더 효율적일 것이며, 지급하는 비용 또한 정부에 또 다른 수입원이 될 수도 있다. 더 포괄적으로 얘기하자면, 다음 부분에서 얘기할 아이디어들과 지역 토큰과 합쳐서 지역 토큰 보유자들에게 더 많은 사용처를 제공할 수도 있다.

실험 2. 더 획기적이고 참여 지향적인 형태의 거버넌스

여기서부터 하버거 세금 제곱투표나 제곱펀딩 같은 급진적 시장(Radical Markets)[43]에서 등장하는 아이디어들이 나오는 지점이다. 앞서 이미 몇 가지 아이디어를 제시했지만, 이를 실현하기 위해서 전용 지역 토큰을 가지고 있을 필요는 없다. 콜로라도 민주당, 대만 대통령배 해커톤, 지역 상권 부양책인 깃코인의 볼더 다운타운 스티뮬러스(Boulder Downtown Stimulus) 프로그램과 같은 실험적인 정부 미지원 행사를 보면 제곱 투표나 펀딩 등을 정부에서 이미 제한적으로 사용한 적 있는 경우를 볼 수 있다. 하지만 우리는 더 많은 것을 할 수 있다!

이러한 아이디어를 통해 장기적인 가치를 얻을 수 있는 방법은 건물이 미관을 개선하도록 개발자들에게 혜택을 제공하는 것이다. 하버거 세금

---

43 [역자 주] 법학사 에릭 포스너(Eric Posner)와 경제학자 에릭 글렌 바일(Eric Glen Weyl)이 쓴 책

과 다른 메커니즘들은 구역 규정을 획기적으로 개혁하는 데 사용될 수 있으며, 블록체인은 이러한 메커니즘을 보다 신뢰할 수 있고 효율적인 방식으로 관리하는 데 사용될 수 있다.

단기적으로 더 실행해볼 만한 또 다른 아이디어는 다운타운 스티뮬러스와 유사하지만 더 큰 규모에 영구적으로 지역 상권에 보조금을 지급하는 것이다. 기업들은 지역 사회에서 다양한 종류의 바람직한 **외부 효과를 만들어내주고, 보조금을 통해 그러한 기여에 대해 더욱 효과적으로 보상받을 수 있다. 지역 뉴스 또한 제곱 펀딩을 통해 다시 활력을 되찾을 수 있을 것이다.** 광고의 가격은 사람들이 각각의 특정 광고를 보는 것을 얼마나 좋아하는지에 대한 실시간 투표에 기초해 설정될 수 있으며, 이는 더 많은 독창성과 창의성을 장려할 수 있을 것이다.

더 많은 민주적인 피드백(심지어 어쩌면 소급된 피드백도!)은 이 모든 분야에서 더 나은 인센티브를 창출할 수 있다. 그리고 실시간 온라인 제곱 투표와 펀딩을 바탕으로 한 21세기 디지털 민주주의는 경직된 건축 규정과 청문회 계획 및 허가 방해를 큰 특징으로 하는 20세기 민주주의보다 훨씬 더 나은 모습을 보여줄 수 있을 것이다. 물론, 당신이 투명하고 보안이 철저한 투표과정을 만들기 위해 블록체인을 사용하고자 한다면, 일단 새로운 종류의 투표 방식으로 실험해보자. 그것이 아예 기존의 투표 체제를 완전히 바꾸는 것보다 훨씬 더 안전하고 정치적으로도 실현 가능성이 높아 보인다.

비탈릭 부테린 지분증명

실시간 제곱 투표로 보조금과 모든 것에 대한 가격을 결정할 수 있었다면
도시가 얼마나 발전할 수 있을지를 보여줄 의도로 집어넣은 솔라펑크 그림.

결론

이미 존재하는 도시나 새로 지어질 도시에 시도해볼 아이디어들은 수
도 없이 많다. 물론 신도시에는 지역사회가 어떻게 운영되어야 하는지에
대해 고정관념이 있는 주민들이 없긴 하지만 신도시를 만든다는 개념 자
체가 검증되지 않았다. 아마 새로운 것을 시도하려는 열정적인 프로젝트
들과 수십억 달러의 자본을 가진 사람들이 그 부분에서는 도움을 조금
줄 수 있을 것이다. 그러나 그렇다고 해도 이미 현존하는 도시들에는 사
람들이 살아갈 것이고, 이 도시들도 이 글에 나온 아이디어들을 충분히
사용해 볼 수 있다.

블록체인은 신뢰받는 시 정부의 특성에도 불구하고, 기존 프로세스를
개선하는 점진적인 아이디어와 보다 새로운 프로세스를 만들어내는 급
진적인 아이디어 모두에 매우 유용하다. 기존에 존재하거나 새롭게 만들

어지는 메커니즘을 온체인으로 구동하면 대중은 모든 것이 규칙대로 작동하고 있는지 쉽게 확인할 수 있다. 퍼블릭 체인은 더 많은 장점이 있다. 기존 인프라는 사용자가 직접 처리 과정을 확인할 수 있는 이점을 가지고 있는데 이것은 롤업과 샤딩으로 인해 곧 감소할 것으로 예상하는 거래 수수료 손실보다도 훨씬 크다. 강력한 개인정보보호가 필요한 경우 블록체인을 영지식 암호화 방식과 결합해 개인정보보호와 보안성을 동시에 잡을 수 있다.

정부가 피해야 할 주요 함정은 성급한 선택을 하는 것이다. 현존하는 도시는 천천히 준비해 좋은 지역 토큰 체계를 출시하는 것이 아니라 허겁지겁 허술한 버전을 출시함으로써 이러한 함정에 빠질 수 있다. 신도시는 너무 많은 토지를 매각해 이 함정에 빠질 수 있다. 소수의 초기 진입자들에게 모든 이익을 넘기게 되는 것이다. 통제 가능한 범위 내의 실험으로 시작해 정말 되돌리기 어려운 대규모 움직임으로 가기 전에 차근차근 준비 단계를 밟는 것이 이상적이다. 하지만 동시에 시기적절하게 기회를 잡는 것도 중요하다. 도시와 함께 개선할 수 있고 개선되어야만 하는 많은 문제와 기회들이 있다. 도입하는 데는 어려움이 있을지라도 크립토 도시는 전반적으로 적기를 맞이했다.

* 글을 검토해 준 실리(Silly), 티나 젠, 그리고 이 아이디어에 대한 토론에 참여한 모든 이들에게 감사를 표한다.

역자의 글

현재까지 블록체인 문화는 일반적으로 소규모 크립토 커뮤니티에 한정되어 있었지만, 최근 여러 도시에서 블록체인의 도입을 통해 대규모 생태계를 구축하는 데 블록체인이 유용한 수단이 될 수 있음을 실험해보고 있다. 지역 화폐로 쓰이기 위한 코인을 만들어주는 시티코인과 협업해 자체 코인을 출시한 마이애미, 지역 예술가들을 지원하는 데 NFT를 활용하겠다는 부산시 등을 포함한 사례들이 블록체인의 대중화가 어떻게 이루어질 수 있는지 보여주고 있다.

특히 시티 다오는 강조할 만한 사례다. 시티 다오는 이미 기존에 존재한 도시에 블록체인을 도입하는 것이 아니라 아예 하나의 새로운 도시를 짓는 데 탈중앙화 자율 조직(DAO)을 구축하고 토지, 거버넌스, 권리마저 토큰화하여 도시를 운영하겠다는 포부를 가진 야심 찬 프로젝트이다. 비탈릭 부테린은 탈중앙화 자율 조직이 충분히 하나의 정치적 공동체의 역할을 수행할 수 있는지 실험해볼 만한 가치가 있다고 했으며 시티 다오의 시민권을 상징하는 시티즌 NFT(Citizenship NFT)를 구매한 적도 있다.

도시를 운영하는 데 활용할 수 있는 블록체인의 장점은 명백하다. 블록체인은 더 투명하고 검증 가능한 프로세스로 신뢰를 향상시킬 수 있으며 지역 자산의 소유권과 관리를 더욱 민주화할 수 있다. 그러나 단점도 있을 수 있다. 시티코인의 경우 비탈릭 부테린은 초기 참여자에게 과하게 유리한 경제 모델이 문제가 될 수 있다고 하면서 시티코인의 지속가능성에 대한 의심을 품었다. 실제로 2021년 11월에 마이애미코인 프로젝트를 지지한 프랜시스 수아레즈 마이애미 시장은 9개월 후 마이애미코인의 가격의 가치가 95% 하락하게 되자 '마이애미코인이 실제 성과로 이어질지 아닌지 알 수 없다'고 인정했다. 하지만 크립토 도시라는 개념은 이제 막 시작에 불과하며 관심을 가져야 할 대상 중 하나임에는 틀림없다.

결국 블록체인이 투기성 자산으로 끝나지 않고 사회를 개선하는 혁신적인 기술로 인정받으려면 커뮤니티, 회사, 도시, 더 나아가 국가 같은 조직들의 자본을 효율적으로 배분하고 공동의 목적을 위해 많은 사람들을 동원하는 데 성공해야 한다. 이더리움이 다양한 거버넌스 모델이 가능하게 하는, 그리고 또 에너지 소비를 획기적으로 절약할 수 있는 지분증명 방식으로 반드시 전환해야 하는 이유는 이런 것들을 실제로 구현해야 하기 때문이다.

소울바운드

vitalik.ca
2022년 1월 26일

월드 오브 워크래프트(WoW) 플레이어들에게 익숙하지만 게임 밖에서는 거의 논의되지 않는 특징 중 하나는 소울바운드 아이템이다. 소울바운드 아이템은 한 번 획득하면 다른 플레이어에게 양도하거나 판매할 수 없다. 월드 오브 워크래프트 게임에서 가장 강력한 아이템은 소울바운드 성향을 지니고 있으며 복잡한 퀘스트를 완료하거나 매우 강력한 몬스터를 죽여야 얻을 수 있다. 이 아이템을 혼자서는 얻을 수 없다. 소울바운드 아이템을 떨어뜨리는 몬스터는 보통 4명에서 39명의 다른 플레이어의 도움을 받아야 잡을 수 있기 때문이다. 이렇다 보니 최고의 무기와 갑옷을 갖추고 싶어하는 플레이어는 극도로 죽이기 어려운 몬스터들을 퇴치하는 까다로운 퀘스트에 직접 참여해야 한다.

소울바운드 아이템 화면. 칼리시의 목걸이는 착용하면 그림과 같은 능력치를 얻는다.

이 메커니즘의 목적은 게임의 난이도와 흥미로움의 수준을 유지하는 것이다. 플레이어가 고급 아이템을 원한다면 실제로 가서 용을 죽이는 방법을 알아내는 것처럼 어려운 일을 해내야 한다. 단순히 일 년 동안 매일 10시간 플레이어는 멧돼지를 죽이고 수천 개의 금을 모은 뒤 용을 죽인 다른 플레이어들의 에픽 마법 갑옷을 구매할 수 없다.

소울바운드 시스템은 불완전하다. 플레이어가 고용한 전문가가 대신 용을 죽이고 전리품을 모으거나, 심지어 2차 시장에서 게임 아이디를 직접 구매하는 식으로 소울바운드 메커니즘을 피할 수 있는 다양한 방법이 있기 때문이다. 돈만 충분하다면 이 모든 회피술이 가능하다. 그래서 소울바운드 아이템을 간절히 사용해보고 싶은 게이머라면, 사실 멧돼지 한 마리조차 잡지 않아도 자신의 소망을 실현할 수 있다. 그럼에도 소울바운드 메커니즘을 도입한 게임은 모든 아이템을 언제나 판매할 수 있는 게임에 비해서는 훨씬 더 나은 게임 구조다.

NFT를 소울바운드화할 수 있다면

현재 NFT는 대규모 멀티플레이어 온라인 게임에서 나오는 희귀한 에

픽 아이템과 비슷한 속성을 많이 가지고 있다. 모종의 사회적 신호를 발신한다는 점에서 그렇다. NFT를 가진 사람들은 기본적으로 이를 자랑할 수 있고, 요즘에는 그 과정이 더 원활하게 이루어질 수 있도록 도와주는 여러 도구가 있다. 최근 트위터는 사용자들이 프로필 사진으로 그들의 NFT를 뽐낼 수 있도록 하는 NFT 통합 기능을 출시했다.

이러한 NFT를 보유하고 있다는 것은 정확히 어떤 신호를 발신하는가. 누군가의 지갑에 들어 있는 NFT에는 '이 사람은 NFT라는 새로운 미디어를 잘 다룬다'는 신호와, '어떤 NFT가 살 만한 NFT인지 알아볼 수 있는 안목을 가지고 있다'는 신호가 내장되어 있다. 하지만 NFT는 얼마든지 거래 가능한 품목이기 때문에 누군가의 지갑에 들어 있는 NFT는 '이 사람은 이걸 살 만큼 충분한 부를 가지고 있다'는 사회적 신호가 먼저 보이기 마련이다.

어떤 이들은 NFT 중에서는 어떤 행동을 실천함으로써 얻을 수 있는 것들도 존재한다는 반론을 펼 것이다. 단순히 NFT를 가지고 있는 것이 부에 대한 신호가 아닐 수 있다는 의미다. 하지만 누군가 그 NFT를 얻기 위해 본인이 힘들게 품을 팔았는지, 아니면 다른 사람을 돈을 주고 고용해서 대신 품을 팔게 했는지는 알 수 없다. 혹은 다른 사람이 품을 팔아서 얻은 것을 돈을 주고 사왔을 수도 있다. 그런 측면에서 크게 보면 결국 부를 가지고 있다는 신호가 되는 셈이다.

이를 꼭 나쁘게 볼 것은 아니다. 가령 자선단체를 지원하기 위한 NFT의 경우, 2차 시장에서 이를 구매하는 사람은 그 단체의 목적과 NFT의 구매를 장려하기 위해 자신의 자금을 희생해 자선단체를 돕고 있는 셈이기 때문이다. 그렇게 자선 NFT의 거래가 활발해진다면, 그것만으로도 많은 공공의 이익을 촉진할 수 있다. 하지만 누가 가장 부유하다는 것이 아니라 완전히 다른 것을 알리기 위한 NFT를 만들고 싶다면 어떻게 해야 할까?

#3100   #7804   #4156   #5217   #8857   #2140
4.2KΞ ($7.58M)   4.2KΞ ($7.57M)   2.5KΞ ($10.26M)   2.25KΞ ($5.45M)   2KΞ ($6.63M)   1.6KΞ ($3.76M)
Mar 11, 2021   Mar 11, 2021   Dec 09, 2021   Jul 30, 2021   Sep 11, 2021   Jul 30, 2021

#7252   #2338   #6275   #7252   #6275   #2681
1.6KΞ ($5.33M)   1.5KΞ ($4.32M)   1.32KΞ ($5.12M)   1KΞ ($2.53M)   1KΞ ($3.89M)   900Ξ ($3.07M)
Aug 24, 2021   Aug 06, 2021   Sep 04, 2021   Aug 04, 2021   Sep 04, 2021   Jan 06, 2022

크립토펑크(CryptoPunks)는 현재 계속 수백만 달러에 팔리고 있지만
이것이 NFT 시장에서 가장 비싼 NFT도 아니다.

이를 시도하는 프로젝트 중 가장 좋은 사례는 아마도 출석증명 프로토콜(Proof of Attendance Protocol, POAP)일 것이다. 출석증명 프로토콜은 어떤 행사에 참여했다는 것을 의미하는 NFT이다. 프로젝트들은 POAP NFT로 행사 참여자에게 참여 인증 배지를 제공할 수 있다.

출석증명 프로토콜은 거래가 가능하다. 그래서 사실 엄밀히 말하면 참여 인증에 대한 증명 기능은 떨어진다고 할 수 있다. 실제로는 행사에 참여하지 않고 다른 참여자의 출석증명 프로토콜을 구매하는 방법으로 참여를 가장하는 경우가 가능하기 때문이다. 이런 측면을 고려했을 때 출석증명 프로토콜은 사실 소울바운드 NFT로 출시되면 훨씬 더 잘 작동할 수 있는 NFT다. 온체인 자격증 NFT(운전면허증, 대학 학위, 신분 증명)을 출시

하고자 하는 프로젝트들도 비슷한 문제에 직면해 있다. 누구든 자격증에 대한 조건을 충족시키지 못한 채 조건을 충족시키는 사람의 자격증을 구매할 수 있다면 자격증 NFT의 가치는 줄어들 것이다. 양도 가능한 NFT는 예술가들과 자선단체를 지원하는 데 사용가치가 있다. 반면 양도 불가능한 NFT들이 추후에 어디에 사용될 수 있고 어떻게 설계될 수 있는지는 아직 충분히 탐구되지 않았다.

직접 모은 출석증명 프로토콜 컬렉션의 일부. 상당 부분은 수년간 참석했던 행사들에서 나온 것이다.

거버넌스 투표권을 소울바운드화할 수 있다면

거버넌스에 대한 주제는 이미 여러 번에 걸쳐 언급해왔지만 반복할 가치가 있다. **거버넌스 권력이 쉽게 양도되는 구조는 거버넌스 메커니즘에 악영향을 미친다.** 두 가지 이유 때문이다.

- 거버넌스 권력의 분산화가 목적이라면, 양도 가능성은 역효과를 가져온다. 이는 이해관계자들이 협력해 거버넌스 투표권을 대량 매수할 위험이 크기 때문이다.
- 거버넌스 권력이 유능한 자들에게 배분되는 것이 목표라면, 양도 가능성은 역효과를 가져온다. 이는 무능하지만 완강한 자들이 거버넌스 권력을 매수하는 것을 방지하는 메커니즘이 없기 때문이다.

'통치를 간절히 원하는 사람은 가장 통치에 적합하지 않다'는 속담이 있다. 이 속담이 사실이라면 양도 가능한 거버넌스 투표권은 실제로 커뮤니티 가치에 이바지할 온순한 사람보다는 문제를 일으킬 가능성이 큰 권력에 굶주려 있는 자들에게 집중된다. 만약 거버넌스 투표권을 양도할 수 없게 설계한다면 어떨까? 시티 다오의 경우 실제로 도시 안에 거주하는 사람들에게 투표권이 몰리는(적어도 대량의 시티즌 NFT를 보유한 고래들이 거버넌스를 좌지우지하는 것을 피하면서 민주주의적인) 다오를 만든다면 어떨까? 실제로 참여한다는 조건으로 블록체인 프로토콜의 다오 거버넌스가 결정할 수 있다면 어떨까? 지금까지는 접근하기 어려웠지만, 새로운 거버넌스 모델을 설계할 가능성이 열리고 있는 셈이다.

비탈릭 부테린 지분증명

양도 불가능성의 실질적인 구현

출석증명 프로토콜(이벤트에 참여하면 고유 NFT를 무료로 발행해준다)은 기술적인 면에서 NFT의 양도 가능성 기능을 자체적으로 차단하지 않기로 했다. 이유는 다음과 같다. 사용자들은 한 지갑에서 다른 지갑으로 모든 자산을 옮길 수 있는 옵션이 필요할 수 있다(예를 들면 보안 문제). 그리고 단순히 구현된 양도 불가능성의 보안은 그다지 강력하지 않다. 사용자들이 양도하지 못하는 NFT를 보유하기 위한 전용 계정을 만든 다음 그 계정의 소유권을 판매할 수 있기 때문이다. 그리고 실제로 출석증명 프로토콜을 팔아 금전적 이득을 취할 때 실제로 자주 사고파는 경우가 꽤 있었다. 아디다스는 최근 팬들에게 상품 판매에서 이용자들에게 우선 접근(Priority Access)을 부여하는 출석증명 프로토콜을 무료로 출시했다. 그다음 많은 출석증명 프로토콜들이 최고 입찰자에게 빠르게 양도되었다.

이체 수가 물량을 추월하는 사례. 흔히 있는 일이다.

이 문제를 해결하기 위해 출석증명 프로토콜 팀은 양도 불가능성에 신경 쓰는 개발자들이 자체 체인을 통해 현재 소유자가 원래 소유자의 주소와 같은지 확인한 후 필요한 경우 더 정교한 검사를 추가할 수 있다. 한수 더 미래를 내다본 것이다. 아마도 현재 가장 강력한 양도 불가능성을 갖춘 NFT는 개인을 증명하는 NFT[44]일 것이다. 이론적으로, 누구나 암호화폐 지갑 계정에 개인증명 프로필을 만든 다음, 소유권을 양도 가능하도록 스마트 컨트랙트를 설정해서 그 계정을 판매할 수 있다. 그러나 개인증명 프로토콜은 정당한 소유자(본인)가 프로필을 삭제해달라는 동영상을 만들 수 있는 취소 기능이 있다. 클레로스 법원(Kleros Court)은 해당 동영상에 등장하는 사람이 그 동영상을 만든 이와 같은지 아닌지 결정하는 역할을 한다. 프로필이 성공적으로 제거되면 새 프로파일을 만들 수 있다. 이런 구조 때문에 개인증명 NFT에서는 악의적으로 사칭하는 것이 불가능하다. 개인증명 프로필은 사실상의 소울바운드이며, 이에 기반으로 구축된 인프라는 일반적으로 온체인 항목이 특정 인간에게 소울바운드될 수 있도록 허용할 수 있다.

개인증명을 도입하지 않고 NFT 양도 가능성을 제한할 수 있을까? 이는 더 어려운 과제지만, 일부 사용 사례에 활용할 수 있는 적절한 수준의 솔루션들이 있다. 사용자가 ENS를 쉽게 판매하지 않을 정도로 소중하게 생각한다는 가정하에 ENS 주소에 NFT를 묶는 것도 해결 방법 중 하나다. 앞으로 우리는 양도 가능성을 제한하는 다양한 접근 방식을 보게 될 것이며, 프로젝트들은 보안과 편의 사이에서 다양한 절충안을 선택할 것이다.

---

44 개인증명(Proof of Humanity)은 정부나 기업 등 중앙당국에 의존하지 않고 인간이라는 증명을 블록체인상으로 구현하기 위해 설계된 프로젝트다. 이는 다른 암호화폐 프로젝트에서도 활용된다.

양도 불가능성과 프라이버시

양도 가능한 자산에 대한 프라이버시를 강화하는 방법은 간단하다. 코인을 가져다 토네이도 캐시(tornado.cash)[45] 또는 유사한 플랫폼에 돌린 다음 새로운 계정으로 인출하는 것이다. 하지만 새로운 계정이나 새로운 스마트 컨트랙트로 옮길 수 없는 소울바운드 아이템의 경우 어떻게 프라이버시 기능을 추가할 수 있을까? 만약 개인증명이 일반화되면 프라이버시는 훨씬 더 중요해질 것이다. 만약 프라이버시가 보장되지 않으면 우리는 우리의 모든 활동이 온체인상으로 신원과 바로 연결되는 미래를 볼 것이다. 다행히 몇 가지의 간단한 기술적인 해결 방안이 존재한다.

- 1. 색인 2. 대상자 주소 3. 대상자만 아는 암호와 같이 세 가지 요소를 입력값으로 해서 만든 해시의 주소에 아이템을 저장한다. 인터페이스에 사용자의 암호를 공개하면 사용자가 갖고 있는 아이템과 같은 종류의 아이템들을 포함해 결괏값으로 띄울 수는 있지만, 다른 사람들은 당신의 암호를 모르기 때문에 그 결과 중 어떤 아이템이 사용자의 것인지 알 수 없을 것이다.

- 여러 아이템의 해시를 게시하고 각 수신자에게 머클 브랜치(Merkle Branch)[46]를 부여한다.

- 스마트 컨트랙트는 사용자가 어떤 유형의 아이템을 보유했는지 영지식

---

45 보통 이더리움 같은 블록체인들은 모든 거래의 발신자와 수신자를 공개하는 반면 토네이도 캐시(Tornado Cash)는 발신자와 수신자 간의 온체인 링크를 차단해 프라이버시가 보장된 거래를 가능하게 하는 프로토콜이다.

46 머클 트리(Merkle Tree)는 이더리움 설계의 핵심적인 암호학적 기술로, 데이터 세트가 변조되지 않았는지 검증하는 데 사용된다. 머클 브랜치는 머클 트리의 일부이다.

스나크(ZK-SNARK)를 통해 검색할 수 있다.[47]

전송은 온체인으로 할 수 있다. 가장 간단한 방법은 팩토리 계약을 통해 이전 아이템을 무효로 하고 새 아이템을 유효하게 하는 거래를 처리하는 것이다. 이는 영지식 스나크를 사용해 연산이 유효하다는 것을 증명할 수 있다. 프라이버시는 이런 종류의 생태계를 잘 작동하게 만드는 중요한 요소이다. 어떤 경우에는 아이템의 기본 내용이 이미 공개되어 있어 프라이버시를 추가하려고 해도 의미가 없다. 그러나 다른 많은 경우, 사용자들은 자기가 가진 모든 것을 드러내고 싶어하지 않을 것이다. 만약 미래에 백신 접종을 POAP으로 증명하게 되면 최악의 경우 POAP가 모든 사람들이 볼 수 있도록 자동으로 공유되기 때문에 모든 사람들의 의학적 선택이 소셜 서클에 잘 보이는 것에 따라 결정될 수 있다. 프라이버시가 시스템 설계의 핵심이 되면 이러한 최악의 시나리오를 피할 수 있을 뿐만 아니라 정말로 혁명적인 것을 창조할 가능성을 증가시킬 수 있다.

여기서 거기까지

현재 '웹 3.0' 공간에 쏟아지는 흔한 지적 중 하나는 '모든 것이 금전지향적'이라는 비판이다. 대량의 부를 소유하는 것과 이를 낭비하는 것을 자랑하는 행위는 NFT 같은 디지털 수집품을 중심으로 한 문화의 매력과 장기적인 지속 가능성에 타격을 준다. 물론 인정받지 못한 예술가와 자선단체를 지원하는 등 금전화된 NFT가 제공하는 이점들도 있다. 그러나 이

---

47 영지식 스나크는 '영지식 간결한 비상호작용적 논증'을 의미하며 당사자가 특정 정보가 무엇인지 밝히지 않고 정보를 보유하고 있다는 것을 암호학적으로 증명하는 기술이다.

는 한계가 있다.

NFT 세계에는 금전화를 넘어 충분히 가능성을 타진해볼 만한 지점이 있다. 크립토 전반에서 더 많은 자산을 '소울바운드'함으로서 NFT는 단순히 그 사람의 재정적인 형편을 과시해주는 도구를 넘어서 정체성을 표현하는 기술로 작용할 수 있다. 그러나 이를 이루기 위해서는 아직 기술적인 문제가 남아 있다. 블록체인 업계에서는 지금까지는 재화나 자산, 가치의 양도 가능성을 최대화하기 위해 발전해왔지만, 소울바운드는 방향이 정반대 기술이다. 그래서 기술적인 어려움이 있다. 현재로서는 사용자가 양도할 수 없거나(개인증명 프로필과 같이) 양도를 원하지 않는(ENS 주소와 같이) 아이템을 '신원 객체(Identity Objects)'에다가 묶는 것이 가장 유망한 방법으로 보인다. NFT의 사용성을 개선하고 프라이버시와 보안성을 보장하는 데는 여전히 어려움이 남아 있으며 이를 극복하기 위해서는 더 많은 노력이 필요하다. 이를 해결할 수 있다면, NFT는 단지 돈이 전부가 아닌 협력적이고 재미있는 생태계의 중심이 되는 블록체인으로 나아갈 길을 열어줄 것이다.

마이크로소프트 공동 창립자인 빌 게이츠에 따르면 NFT는 '더 큰 바보 이론(Greater Fool Theory)'에 바탕을 둔 것으로 단지 내재가치가 없는 자산을 다른 사람에게 향후 더 비싼 값으로 팔기 위한 용도밖에 없다고 했다. 사실상 지금까지의 NFT들은 효율성이 불명확하고 오로지 이득만을 좇아가는 성향을 보여 왔지만 비탈릭 부테린은 전송 및 거래가 불가능한 소울바운드 토큰(Soulbound Token, SBT)이란 NFT를 통해 전반적인 시장과 정반대되는 개념의 NFT를 제시했다. 소울바운드 토큰의 특징은 한번 지갑에 전송될 경우 영원히 그 지갑에 속하게끔 보관되어 일종의 신원 NFT가 될 수 있다는 것이다.

주요 목적이 자금조달이나 부의 과시인 기존 NFT와 달리 SBT는 탈중앙 방식으로 크립토계의 심각한 문제들을 해결하고자 출시된 기술이다. 예를 들어 어떤 행사에 참여했다는 것을 증명하기 위한 출석 증명 프로토콜의 POAP NFT를 소울바운드 토큰으로 출시하면 훨씬 더 신뢰할 수 있는 기술이 될 것이다. 거래가 불가능하기 때문에 소울바운드 POAP를 확보할 유일한 방법은 이벤트에 참석하는 것이기 때문이다.

거버넌스 프로토콜들도 SBT를 활용할 수 있다. 커뮤니티 멤버들이 프로토콜의 미래를 결정할 수 있도록 도입된 거버넌스 프로그램들은 사실상 금권정치로 변모되어 부자의 놀이터가 된 경우가 많다. 만약 거버넌스 토큰을 소울바운드화한다면 거버넌스 권력을 자금으로 확보할 수 없기 때문에 프로토콜의 거버넌스 권력은 자연스럽게 프로토콜에 가장 적극적인 참여자들에게 쏠리게 될 것이다.

하지만 소울바운드 토큰의 도입을 도입하기 전 먼저 프라이버시의 문제를 해결할 필요가 있다. 일반 토큰과 다르게 SBT를 토네이도 캐시 같은 익명성 프로토콜에 돌릴 수 있지만 지갑에 묶여 있는 소울바운드 토큰은 새로운 방법으로 프라이버시를 보장해야 한다. 잘못하면 SBT가 악용되어 프라이버시가 없는 디스토피아를 초래할 수 있다.

하지만 대중화가 목표인 블록체인은 언젠가 '돈 지향적인' 공간을 넘어 새로운 활용도로 확장해 나아가야 한다. 블록체인 기술은 너무 오랫동안 금융 애플리케이션에만 집중하게 되어 발전이 정체되는 경향도 있다. 블록체인 생태계가 지금의 이익 중심적 틀에서 벗어나기 위해 소울바운드 토큰이 핵심적인 기술이 될지도 모른다.

이더리움 백서

차세대 스마트 컨트랙트와
탈중앙화된 애플리케이션 플랫폼

사토시 나카모토가 2009년에 개발한 비트코인은 화폐와 통화 분야의 근본적인 혁신으로 묘사되어 왔다. 비트코인은 담보나 내재적 가치가 없고, 중앙화된 발행기관이나 통제기관이 없는 디지털 자산의 첫 사례였기 때문이다. 하지만 비트코인 실험에 있어 더욱 중요한 요소는 비트코인의 기반이 되는 분산합의 수단으로서의 블록체인 기술이며, 최근 이에 관한 관심이 급격하게 늘고 있다.

블록체인 기술을 사용하는 대안적 애플리케이션의 사례들은 다음과 같다. 개인 맞춤형 화폐와 금융상품을 블록체인상에 표현하는 컬러드코인, 물리적 장치의 근본적인 소유권을 표시하는 스마트 자산, 도메인 이름처럼 대체 불가능한 자산을 기록하는 네임코인, 임의적인 계약규칙을 이행한 코드에 의해 디지털 자산을 관리하는 좀 더 복잡한 애플리케이션인 스마트 컨트랙트, 블록체인에 기반한 탈중앙화 자율 조직 다오가 있다.

이더리움은 완벽한 튜링 완전 프로그래밍 언어가 심어진 블록체인이며, 이 프로그래밍 언어는 코딩된 규칙에 따라 '특정 상태'를 다르게 변환시키는 기능이 포함된 계약을 사용자들이 작성할 수 있게 함으로써 우리가 아직 상상하지 못한 다른 많은 애플리케이션도 매우 쉽게 만들 수 있도록 도와준다.

이더리움은 완벽한 튜링 완전 프로그래밍 언어가 내재한 블록체인을 제공하려고 한다. 사용자들은 이 프로그래밍 언어를 활용해 코딩된 규칙에 따라 '어떤 상태'를 다르게 변환시키는 기능이 포함된 계약을 작성할 수 있다. 이로써 앞서 설명한 시스템들을 구현할 수 있고, 우리가 아직 상상하지 못한 다른 애플리케이션도 매우 쉽게 만들 수 있다.

비트코인과 기존 개념

역사

분산화된 디지털 통화의 개념은, 재산등록 같은 대안 애플리케이션과 마찬가지로 지난 수십 년간 우리 주변에 있었다. 1980년대와 1990년대의 익명 이캐시(E-cash) 프로토콜은 주로 '쇼우미안 블라인딩(Chaumian Blinding)'으로 알려진 '로 레벨 암호 알고리즘(Cryptographic Primitive)'에 기반했고 개인정보를 강력하게 보호하는 화폐를 제공했으나 중앙집권적인 중개인에 의존했기 때문에 별다른 주목을 받지 못했다.

1998년 '웨이 다이(Wei Dai)'의 비-머니(B-money)는 분산합의와 계산 퍼즐을 풀게 하는 방식을 통해서 화폐를 발행하게 하는 아이디어를 최초로 제안했지만 분산합의를 실제로 구현하는 방법은 제시하지 못했다.

2005년 할 피니(Hall Finney)는 '재사용 가능한 작업증명' 개념을 소개했다. 이 시스템은 비-머니의 아이디어에 애덤 백(Adam Back)의 '계산 난이도 해시캐시 퍼즐'을 조합한 것이었다. 그러나 외부의 신뢰를 필요로 하는 컴퓨팅(Trusted Computing)을 그 기반에 둠으로써, 이상을 구현하는 데에는 또다시 실패했다. 2009년 사토시 나카모토에 의해 처음 실제로 구현된 탈중앙화된 화폐는 공개 키 암호방식을 통한 소유권 관리를 위해 사용되던 기존의 알고리즘을 작업증명이라고 알려진 합의 알고리즘과 결합함으로써 가능하게 되었다.

작업증명을 기반으로 하는 작동방식은 매우 혁신적이었는데, 이것은 두 가지의 문제들을 동시에 해결하기 때문이다. 첫째, 간단하면서도 상당히 효과적인 합의 알고리즘을 제공해주었다. 네트워크상에 있는 모든 노드가 비트코인의 장부 상태(State of The Bitcoin Ledger)에 일어난 표준 업데이트의 집합(A Set of Canonical Updates)에 공동으로 동의할 수 있도록 해주었다는 것이다.

둘째, 누구나 합의 프로세스에 참여할 수 있도록 허용해줌으로써 합의 결정권에 대한 정치적 문제를 해결할 수 있을 뿐만 아니라 동시에 시빌공격(Sybil Attacks)도 방어해줄 수 있는 메커니즘을 제공했다. 이것은 합의 프로세스에 대한 참여의 조건으로 '특정한 리스트에 등록된 주체여야만 한다'라는 형식적 장벽 대신에 경제적 장벽-각 노드의 결정권의 크기를 그 노드의 계산능력에 직접 비례시키는 방식으로 대체하는 것이었다.

이후로, 지분증명이라는 새로운 방식의 합의 알고리즘이 등장했는데, 이는 각 노드가 가진 계산능력이 아니라 화폐의 보유량에 따라 각 노드의 결정권 정도를 계산해야 한다는 것이다. 이 두 방식의 상대적인 장점

들에 대한 논의는 이 백서에서는 다루지 않겠지만, 두 방법 모두 암호화
폐의 기반으로 사용될 수 있다는 점은 지적해두고자 한다.

상태변환 시스템으로서의 비트코인

기술적 관점에서, 비트코인 같은 암호화폐 장부는 하나의 상태변환 시
스템으로 볼 수 있다. 이 시스템은 현재 모든 비트코인의 소유권 현황으
로 이뤄진 '상태'와 트랜젝션(거래기록)을 처리한 결과로써 새로운 '상태'를
출력하는 상태변환함수로 구성되어 있다.

표준 은행 시스템에 비유하면, 상태는 대차대조표(재무상태표)이고, 트랜
잭션은 X달러를 A에서 B로 송금하라는 요청이다. 상태변환함수는 A계좌
에서 X달러만큼 감소시키고, B계좌에서 X달러만큼 증가시킨다. 만약 처
음에 A계좌 잔고가 X달러 이하인 경우, 상태변환함수가 에러를 반환한다.
이런 상태변환을 비트코인 장부에서 다음과 같이 정의할 수 있다.

APPLY(S,TX) --> S' or ERROR

이를 은행 시스템에 비교하면 다음과 같다.

APPLY({ Alice: $50, Bob: $50 },'send $20 from Alice to Bob') = {
Alice: $30, Bob: $70 }

그러나 다음의 경우도 있다.

APPLY({ Alice: $50, Bob: $50 },'send $70 from Alice to Bob') =
ERROR

비트코인에서 이는 상태는 생성되었지만 아직 사용되지 않은 모든 코인의 집합(기술적 표현으로는 소비되지 않은 트랜잭션 출력인 UTXO[Unspent Transaction Outputs])이다. 각 UTXO에는 각자의 코인 금액이 표시되어 있고, 이 UTXO의 소유자(20바이트의 주소로 정의되는 암호화된 공개 키) 정보가 들어 있다.[1] 트랜잭션은 하나 이상의 입력(Inputs) 및 출력을 포함한다. 각 입력에는 보내는 쪽 지갑주소에서 선택된 기존 UTXO에 대한 참조 정보와 해당 지갑주소에 대응되는 개인 키가 생성한 암호화된 서명을 담고 있다. 그리고 각 출력은 상태에 추가될 새로운 UTXO 정보를 가지고 있다.

상태변환함수 'APPLY(S,TX) -→ S'는 다음과 같이 정의할 수 있다.

---

1 눈치 빠른 독자라면, 비트코인 주소는 공개 키가 아니라, 타원곡선 공개 키의 해시(The Hash of The Elliptic Curve Public Key)로 이루어져 있다는 것은 알아챘을 것이다. 암호학적 관점에서 보자면 '공개 키 해시'로 부르든 단순히 '공개 키'로 부르든 차이는 없다. 비트코인 암호기법 자체가 일종의 맞춤형 전자서명 알고리즘이고, 이 알고리즘에서는 공개 키가 타원곡선 공개 키의 해시를 포함하고 있으며 서명(Signature)은 '타원곡선서명(ECC signature)'과 연결된 타원곡선 공개 키(ECC Public Key)로 구성되어 있기 때문이다. 또한 검증 알고리즘은 서명 안의 타원곡선 공개 키를, 공개 키로 제공된 타원곡선 공개 키 해시와 대조 확인하고, 또한 '서명'을 '타원곡선 공개 키'와 대조해 검증하기 때문이다.

1. TX의 입력에 대해

    만약 참조된 UTXO가 S에 없다면, 에러(Error)를 리턴(Return)한다.

    만약 서명이 UTXO의 소유자와 매치되지 않으면, 에러를 리턴한다.

2. 만약 입력에 사용된 UTXO 금액의 합이 출력 UTXO 금액의 합보다 작으면, 에러를 리턴한다.

3. 입력에 사용된 UTXO가 삭제되고 출력 UTXO가 추가된 S를 리턴한다.

여기서 1번의 첫 번째 과정은 존재하지 않는 코인이 트랜잭션에 사용되는 것을 막기 위한 것이고 1번의 두 번째 과정은 다른 사람의 코인이 트랜잭션에 사용되는 것을 막기 위한 것이다. 위 절차를 실제 비트코인 지불과정에 적용하면 다음과 같다.

앨리스가 밥에게 11.7BTC를 보내고 싶어한다고 가정하자. 먼저 앨리스의 지갑 주소로부터 표시된 금액의 합이 적어도 11.7BTC 이상인 UTXO의 집합을 찾는다. 실제 대부분 11.7BTC를 바로 선택할 수 없다. 앨리스의 지갑주소에서 각각 6, 4, 2BTC가 표시된 3개의 UTXO를 참조할 수 있다고 하자. 3개의 UTXO가 트랜잭션의 입력(Input)이 되고 2개의 출력(Output)이 생성된다. 출력 중 하나는 11.7BTC가 표시된 새로운 UTXO이며 소유자는 밥의 지갑 주소가 된다. 그리고 다른 하나는 12(6+4+2) - 11.7 = 0.3BTC이라는 잔돈(Change)이 표시된 새로운 UTXO이며 이는 앨리스의 지갑 주소가 된다.

채굴

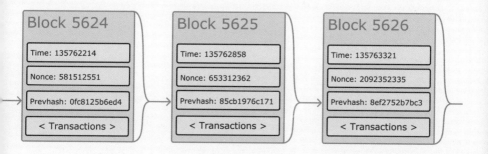

만일 우리가 위에서 기술한 내용을 신뢰를 기반으로 하는 중앙집권화된 서비스 방식으로 구현하자면 매우 간단한 일이 될 텐데, 왜냐하면 중앙 서버 하드드라이브에 상태변화의 과정을 저장만 하면 되기 때문이다. 그러나 비트코인에서는 탈중앙화된 통화시스템을 구축하고자 하는 것이며, 이를 위해서는 모든 사람이 수긍할 수 있는 트랜잭션 순서 합의 시스템을 상태변환시스템과 결합해야만 한다. 비트코인의 분산 합의 과정은 네트워크에 블록(Blocks)이라 부르는 트랜잭션 패키지를 계속적으로 생성하고자 시도하는 노드들을 필요로 한다. 이 네트워크는 약 10분마다 하나의 블록을 생성하도록 계획되어 있고 각 블록은 타임스탬프, 논스(Nonce), 이전 블록에 대한 참조(이전 블록의 해시), 그리고 이전 블록 이후에 발생한 모든 트랜잭션의 목록을 포함한다. 이 과정을 통해서 지속적으로 성장하는 블록체인이 생성되게 되는데, 비트코인 장부의 최신상태(State)를 나타내기 위해 지속적인 업데이트가 이루어진다.

이 체계에서 하나의 블록이 유효한지 아닌지를 확인하기 위한 알고리즘은 다음과 같다.

1. 이 블록에 의해 참조되는 이전 블록이 존재하는지, 유효한지 확인한다.
2. 타임스탬프 값이 이전 블록[2]의 타임스탬프 값보다 크면서 2시간 이내인지 확인한다.
3. 작업증명이 유효한지 확인한다.
4. 'S[0]'를 이전 블록의 마지막 상태(State)가 되도록 설정한다.
5. 'TX'를 'n'개의 트랜잭션을 가지는, 블록의 트랜잭션 목록으로 가정한다. 폐구간 '0...n-1'의 모든 i에 대해, 'S[i+1] = APPLY(S[i], TX[i])' 집합 중 어느 하나라도 에러를 리턴하면 거짓(False)을 리턴하며 종료한다.
6. 참(True)을 리턴하고, 'S[n]'를 이 블록의 마지막 상태로 등록한다.

기본적으로 블록의 각 트랜잭션은 유효한 상태변환을 일으켜야 한다. 여기서 상태가 블록 내에 어떠한 방법으로도 기록되지 않았다는 점에 주목해보자. 상태는 유효성을 검증하는 노드가 매번 계산해서 기억해야 할 완전히 추상적인 것(Abstraction)인데, 이것은 원시 상태(Genesis State)부터 해당 블록까지의 모든 트랜잭션을 순차적으로 적용함으로써 계산될 수 있다. 채굴자가 블록에 포함시키는 트랜잭션의 순서에 주목해보자. 만약 어떤 블록에 A와 B라는 두 트랜잭션이 있고 B가 A의 출력 UTXO를 소비한다고 하자. 이때 A가 B 이전의 트랜잭션인 경우 그 블록은 유효하지만, 그렇지 않을 경우 유효하지 않다.

---

2 기술적으로는, 이전 11개 블록의 중간값(Median)이다.

블록 유효성 검증 알고리즘에서 특징적인 부분은 작업증명의 조건, 즉 256바이트의 숫자로 표현되는 각 블록의 이중-SHA256 해시값이 동적으로 조정되는 목푯값(백서 작성 시점에서 대략 2^{187})보다 반드시 작아야 한다는 조건이다. 작업증명의 목적은 블록 생성을 계산적으로 어렵게 만들어서 시빌(Sybil) 공격자들이 마음대로 전체 블록체인을 조작하는 것을 방지하는 것이다. SHA256은 전혀 예측불가능한 유사난수 함수(Pseudorandom Function)로 설계되었기 때문에 유효 블록을 생성하기 위한 유일한 방법은 블록헤더의 논스값을 계속해서 증가시키면서, 생성되는 새로운 해시값이 위의 조건을 만족하는지 확인하는 과정을 반복하는 것뿐이다.

현재 목푯값인 2^{187}에서 하나의 유효블록을 발견하기 위해서 평균적으로 2^{69}번의 시도를 해야만 한다. 일반적으로 이 목푯값은 2016개의 블록마다 네트워크에 의해 재조정되어 네트워크의 현재 노드들이 평균적으로 10분마다 새로운 블록을 생성할 수 있도록 한다. 이러한 연산작업에 대한 보상으로 현시점의 각 블록의 채굴자들은 25BTC를 획득할 자격을 가진다. 그리고 출력금액보다 입력금액이 큰 트랜잭션이 있다면 그 차액을 '트랜잭션 수수료'로 얻는다. 이것이 BTC가 발행되는 유일한 방법이며, 최초 상태에는 아무런 코인이 포함되지 않았다.

채굴 목적을 더 잘 이해하기 위해서, 악의적인 공격자가 있을 때 어떤 일이 발생하는지 알아보자. 비트코인 기저를 이루는 암호기법은 안전한 것으로 알려져 있다. 그러므로 공격자는 비트코인 시스템에서 암호기법에 의해 직접 보호되지 않는 부분인 '트랜잭션 순서'를 공격 목표로 잡을 것이다. 공격자의 전략은 매우 단순하다.

1. 어떤 상품(가급적이면 바로 전달되는 디지털 상품)을 구매하기 위해 판매자에게 100BTC를 지불한다. 상품이 전송되기를 기다린다.
2. 판매자에게 지불한 것과 같은 100BTC를 공격자 자신에게 보내는 트랜잭션을 생성한다(이중지불 시도).
3. 비트코인 네트워크가 공격자 자신에게 보내는 트랜잭션이 판매자에게 내는 트랜잭션보다 먼저 수행된 것으로 인식하도록 한다.

1번 과정이 발생하고 몇 분 후에 몇몇 채굴자가 그 트랜잭션을 블록에 포함할 것이다. 이 블록 번호를 270000이라 하자. 대략 1시간 후에는 이 블록 다음의 체인에 5개의 블록이 추가될 것이다. 이 5개의 블록은 위 1번 트랜잭션을 간접적으로 가리켜 컨펌(Confirming)한다. 이 시점에서 판매자는 지불이 완료된 것으로 판단하고 상품을 전송할 것이다. 디지털 상품으로 가정했으므로 전송은 바로 끝난다. 이제 공격자는 판매자에게 보낸 것과 동일한 100BTC를 공격자 자신에게 보내는 다른 트랜잭션을 생성한다. 만약 공격자가 그냥 단순하게 트랜잭션을 시도한다면, 채굴자들이 'APPLY(S,TX)'를 실행하고 이 TX는 상태에 더는 존재하지 않는 UTXO를 소비하려 한다는 것을 알아차리므로 이 트랜잭션은 진행되지 않는다. 대신 같은 부모 블록 269999을 가리키지만, 판매자에게 보낸 것을 대체하는 새로운 트랜잭션이 포함된 다른 버전의 블록 270000을 채굴함으로써 블록체인 분기점(Fork)을 생성한다. 이 블록 정보는 원래 것과 다르므로 작업증명이 수행되어야 한다.

그리고 공격자의 새 버전 블록 270000은 기존 270000과 다른 해시를 가지므로 원래 블록 270001부터 270005는 7공격자의 블록을 가리키지 않는다. 그러므로 원래 체인과 공격자의 새로운 체인은 완전히 분리된다. 이러한 분기점에서 비트코인 네트워크의 규칙은 가장 긴 블록체인을 참으로 인식하는 것이다. 공격자가 자신의 체인에서 혼자 작업을 하는 동안 정당한 채굴자들은 원래의 270005 체인에서 작업할 것이기 때문에 공격자 자신의 체인을 가장 길게 만들기 위해서는 네트워크의 다른 노드들의 계산능력 조합보다 더 큰 계산 능력을 가져야 한다(이를 51% 공격이라 한다).

머클트리

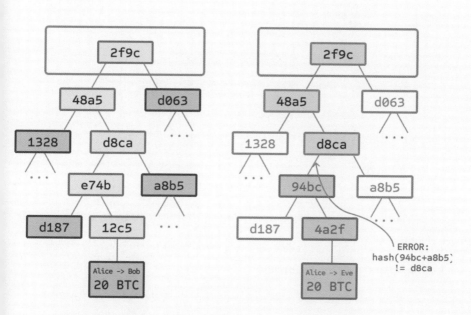

왼쪽: 머클트리의 몇몇 노드만 보아도 곁가지(Branch)의 유효성을 입증하기에 충분하다.
오른쪽: 머클트리의 어떤 부분을 바꾸려는 시도는 결국 상위 해시값 어딘가에 일치하지 않는다.

비트코인의 중요한 확장 기능은 블록이 여러 계층 구조에 저장된다는 것이다. 어떤 블록의 해시란 사실 블록헤더의 해시만을 의미한다. 이 블록헤더에는 타임스탬프, 논스, 이전 블록 해시, 그리고 블록에 포함된 모든 트랜잭션 정보에 의해 생성되는 머클트리의 루트 해시가 들어 있는 200바이트 정도의 데이터이다. 머클트리는 이진트리(Binary Tree)의 일종으로서 트리의 최하위에 위치하고 기저 데이터가 들어 있는 수많은 잎노드, 자기 자신 바로 하위에 있는 두 자식 노드의 해시로 구성된 중간 노드, 자기 자신 바로 하위에 있는 두 자식 중간 노드의 해시로 구성된 트리의 최상위(Top)에 있는 하나의 루트 노드의 집합이다. 머클트리의 목적은 어떤 블록의 데이터가 분리돼서 전달될 수 있도록 하는 것이다. 만약에 비트코인의 어떤 노드가 한 소스로부터 블록헤더만을 내려받고, 이 블록헤더와 관계된 트랜잭션 정보는 다른 소스로부터 내려받아도 이 데이터들이 여전히 정확하다는 것이 보장된다. 이것이 가능한 이유는 머클트리에서 하위 노드들의 해시값이 상위 노드에 영향을 주기 때문에 어떤 악의적인 사용자가 머클 트리 최하위에 있는 트랜잭션 정보를 가짜로 바꿔치기하면 상위 부모들의 해시값들이 변해서 결국 트리의 루트 값이 바뀌므로, 결과적으로 이 블록의 해시가 달라지기 때문이다. 이렇게 되면 이 블록은 완전히 다른 블록으로 인식되게 되며, 이것은 유효하지 않은 작업증명을 가지고 있게 될 것이다.

머클트리 프로토콜은 비트코인 네트워크를 장기간 지속 가능하게 만드는 기초가 된다. 비트코인 네트워크에서 각 블록의 모든 정보를 저장하고 처리하는 '완전노드(Full Node)'는 2014년 4월 기준으로 거의 15GB의 디스크 공간을 필요로 하며 매달 1GB 넘게 증가하고 있다. 현재 데스크

톱 컴퓨터 정도에서는 수용할 수 있지만 스마트폰에서는 불가능하다. 그리고 나중에는 소수의 사업체나 풀 노드를 유지할 수 있을 것이다. 반면 '단순화된 지불확인(Simplified Payment Verification, SPV)'으로 알려진 프로토콜은 '가벼운 노드(Light Node)'라고 불리는 또 다른 형태의 노드를 가능하게 해준다. 가벼운 노드는 블록헤더를 내려받고 그 블록헤더에서 작업증명을 검증한다. 그리고 관련 트랜잭션들에 대한 '곁가지들(Branches)'만을 내려받는다. 이렇게 전체 블록체인의 매우 작은 비율만을 내려받음에도 불구하고 강한 안전성을 보장하면서도, 임의의 트랜잭션의 상태 및 잔고 상태를 알아낼 수 있게 한다.

블록체인 기술을 이용한 다른 사례

블록체인의 근본 아이디어를 확장해 다른 개념으로 응용하려는 아이디어 역시 오랜 역사가 있다. 2005년 닉 자보는 「소유주 권한을 통한 재산권 보장」이라는 글을 발표했다. 그는 정주(Homesteading, 도시의 황폐화를 막기 위한 정책), 불법점유, 지공주의(Georgism, 토지공개념) 등의 개념을 포함한 정교한 틀을 설계해 누가 어떤 땅을 가지고 있느냐라는 등기 문제를 블록체인 기반 시스템으로 처리할 수 있음을 보였다. 그는 이것이 '데이터베이스 복제 기술의 새로운 발전' 덕분에 가능해졌다고 말했다. 하지만 불행히도 그 당시에는 쓸 만한 효과적인 파일 복제 시스템이 없었다. 그래서 닉 자보의 프로토콜은 실현되지 못했다. 하지만 2009년 이후, 비트코인 분권 합의 시스템이 발전하면서, 수많은 대안 응용 사례가 빠르게 드러나기 시작했다.

- **네임코인**: 2010년에 만들어진 네임코인은 '탈중앙화된 명칭 등록 데이터베이스'라고 부르는 것이 가장 좋을 것이다. 토르, 비트코인, 비트메시지와 같은 탈중앙화된 자율조직 프로토콜을 이용할 때, 사용자는 타인과 서로 교류하기 위해 계정을 구분해내야 한다. 구별 방법은 1LW79wp5ZBqaHW1jL5TCiBCrhQYtHagUWy와 같은 식의 의사난수 해시를 이용하는 방식이었다. 이상적으로는, 사용자가 조지(George)와 같은 일상적인 이름을 계정 이름으로 갖는 것이 좋다. 하지만 어떤 사용자가 조지라는 이름을 계정을 만들 수 있다면, 다른 누구도 똑같이 조지의 계정을 등록해 흉내 낼 수 있다는 점이다. 유일한 해답은 선출원주의로, 먼저 등록한 사람이 성공하고 두 번째 등록한 사람은 실패하도록 하는 것이다. 이는 이미 비트코인 합의 규약에 완벽히 적용된 문제이기도 하다. 네임코인은 이런 아이디어를 응용한 가장 오래되고 가장 성공적인 명칭 등록 시스템이다.

- **컬러드코인**: 컬러드코인의 목적은 누구나 비트코인 블록체인 위에서 자신만의 고유한 디지털 화폐를 발행할 수 있는 프로토콜 역할을 하는 것이다. 또는(그 디지털 화폐의 발행량이 한 단위밖에 없는 단순한 경우로 볼 수 있는) 자기 자신만의 디지털 토큰을 발행하는 프로토콜 역할을 하는 것이다. 컬러드코인 프로토콜에서, 사용자는 특정 비트코인 UTXO에 공개적으로 색깔을 부여함으로써 새 화폐를 발행할 수 있다. 다른 UTXO의 색깔은 이미 소비된(혼합 색깔 입력의 경우에는 몇몇 특별한 규칙이 적용된다) 것으로 간주하는 거래의 입력과 같은 색깔이 되도록 재귀적으로 정의한다. 이 프로토콜은 블록체인을 처음부터 끝까지 역추적해 그들이 받은 UTXO의 색깔을 정함으로써, 사용자가 특정 색깔을 가

진 UTXO만 지갑에 간직하고 그 코인을 보통 비트코인처럼 여기저기 보낼 수 있게 한다.

- **메타코인**: 메타코인이 품고 있는 아이디어는 비트코인 거래를 메타코인 거래 저장에 이용하되, 상태 이동 함수(APPLY)를 다르게 가짐으로써, 비트코인 시스템 위에서 운영되는 프로토콜을 갖는 것이다. 메타코인 프로토콜만으로는 비트코인 블록체인 속에 무효 메타코인 거래가 나타나는 현상을 예방할 수 없으므로, 규칙이 하나 더해진다. 즉 만약 APPLY'(S, TX)가 에러를 리턴하면, 프로토콜은 APPLY'(S,TX)=S로 정해진다. 비트코인 스스로는 내부 실행이 불가능한, 잠재적으로 더 발전된 성질을 가진 무작위 암호화폐 프로토콜을 만드는 쉬운 메커니즘이라고 할 수 있다. 반면 이 프로토콜의 개발비용은 적은데 채굴과 네트워킹의 복잡성 문제가 이미 비트코인 프로토콜에 의해 처리되고 있기 때문이다.

일반적으로 합의 프로토콜을 건설하는 데 두 가지 접근방법이 있다. 하나는 독립적인 네트워크를 세우는 것이고 다른 하나는 비트코인 시스템과 연동되는 프로토콜을 세우는 것이다. 전자의 접근방법은, 네임코인 같은 응용 사례에서는 상당히 성공적이었지만, 실제 실행하는 데 어려움이 있다. 개별 실행 주체가 모든 필요한 상태변환과 네트워킹 코드를 건설하고 점검해야 할 뿐만 아니라 독립적인 블록체인을 구동시켜야 한다. 나아가, 분권 합의 기술에 관한 애플리케이션의 집합이 멱함수분포를 따를 것으로 예상한다. 즉, 대다수 애플리케이션은 자기 자신의 블록체인을 보장하기에는 너무 작을 것이다. 그리고 또 거대한 클래스의 분권화된 애플리케이션, 즉 서로 교류를 하기 위한 탈중앙화된 자율 기구(DAO)가 생겨날 것이라고 예상한다.

후자의 접근방법, 즉 비트코인에 기반한 접근 방법은 비트코인의 단순지불검증을 물려받지 못한다는 단점이 있다. 단순지불검증은 비트코인에서는 작동한다. 비트코인은 블록체인 깊이(Depth)를 검증 대리 수단으로 이용할 수 있기 때문이다. 한 거래의 근원을 찾아 충분히 뒤로 돌아가 보면, 그 상태의 정합성을 증명하는 부분이 있었다고 말해도 무방하다. 반면, 블록체인에 기반한 메타-프로토콜은 무효 거래가 블록체인에 포함되지 않도록 막을 방법이 자기 자신의 프로토콜 자체에는 없다. 그렇기 때문에 완전히 안전보장이 된 단순지불검증 메타프로토콜이라면 어떤 거래가 유효한지 아닌지를 결정하기 위해 항상 비트코인 블록체인의 원점까지 돌아가 훑어보는 작업이 필요하다. 현재까지 비트코인에 기반한 메타-프로토콜의 모든 간단한(Light) 클라이언트 구현은 자료를 제공하는 믿을만한 서버에 의지하고 있는 형편이다. 우리가 암호화폐를 만든 가장 중요한 목적이 제3의 신용기구의 필요성을 없애는 것이었다는 걸 되새겨본다면, 이는 분명하게 차선의 결과가 될 뿐이다.

스크립팅

별도의 확장 없이도 비트코인 프로토콜은 낮은 수준의 '스마트 컨트랙트'를 가능하게 할 수 있다. 비트코인의 UTXO는 공개 키만으로 획득할 수 있을 뿐만 아니라, 단순 스택-기반 프로그래밍 언어로 표현되는 더 복잡한 스크립트로도 획득할 수 있다. 이런 경우에는 UTXO를 지출하는 거래는 그 스크립트를 만족하는 데이터를 제공해야만 한다. 사실 기초적인 공개 키 소유권 메커니즘도 스크립트를 통해 실행된다. 그 스크립트는 타원곡선서명을 '입력'으로 받아 그 거래와 UTXO를 가진 주소에 대해 검증을 하고 만약 검증이 성공하면 1을, 실패하면 0을 '출력'한다. 여러 다른 다양한 사용 사례에 대해 좀 더 복잡한 여러 스크립트가 있을 수 있다.

예를 들어, 주어진 세 개의 개인 키 가운데 두 개로부터 서명을 받아야만 승인이 되도록 스크립트를 짤 수 있다. 이런 스크립트는 회사 계정, 보안 저축 계정, 상업 공탁 상황 등에 유용하게 쓰일 수 있다. 스크립트는 또한 어떤 계산 문제의 답에 대한 포상금을 지불하는 데 쓰일 수 있다. '만약 당신이 이 액면가의 도지코인 거래를 나에게 보냈다는 SPV 증명을 제공한다면, 이 비트코인 UTXO는 당신 것이다'라는 식으로 말하는 스크립트를 짤 수도 있다. 즉 근본적으로 탈중앙화된 상호-암호화폐 교환을 가능하게 한다.

하지만 비트코인에 구현된 스크립트 언어는 몇 가지 중요한 한계가 있다.

- **튜링 불완전성**: 비트코인 스크립트 언어로 할 수 있는 작업이 많긴 하지만, 모든 경우의 프로그래밍을 다 지원하지는 않는다. 특히 〈while〉이나 〈for〉와 같은 순환(Loop) 명령 카테고리가 빠져 있다. 순환 명령어를 없앤 이유는 거래 증명을 할 때 무한 순환에 빠지는 것을 막기 위해서였다. 이론적으로는 이는 스크립트 프로그래머가 극복할 수 있는 장애물이기는 하다. 어떤 순환 명령이든 단순히 하위 코드를 여러 10차례 〈if〉 구문과 함께 반복함으로써 구현할 수 있기 때문이다. 하지만 이것은 공간 비효율적인 프로그램이 된다. 예를 들어 대안 타원곡선

서명 알고리즘을 실행하려면 코드 안에 있는 곱셈을 모두 개별적으로 256번 반복하는 것이 필요하다.

- **가치 무지**: UTXO 스크립트만으로는 인출 액수를 세밀하게 통제할 방법이 없다. 예를 들어 신탁 계약의 강력한 실용 사례라 할 수 있는 헷지 계약을 살펴보자. A와 B가 1,000달러어치의 BTC를 공동계좌에 입금했다고 가정해보자. 시간이 지나면 비트코인의 가격이 오를 수가 있다. 두 사람은 30일 후 자동으로 A가 1,000달러어치 BTC를 받고 B는 공동계좌의 나머지 잔액을 받는 계약을 맺고 싶다. 하지만 이 계약은 1BTC가 미국 달러로 얼마인지 정해줄 제3자를 필요로 한다. 만약 이런 계약이 실현 가능하다면 지금 현존하는 완전 중앙집권적인 금융 시스템 아래에서도 고도로 발전된 계약 형태라고 볼 수 있다. 하지만 UTXO는 인출액 전부가 송금되거나 송금되지 않는 것밖에 선택할 수가 없다. 즉, 세부 작은 단위로 나눠질 가능성을 포함할 수 없는 것이다. 위에 예를 든 계약 거래를 실행할 유일한 방법은 변하는 UTXO의 액면가 단위를 아주 다양하게 양산하고(예를 들어 1부터 30까지의 모든 자연수 k에 대해 2의 k승의 1 UTXO를 만듦) A가 B에게 이 중에서 필요한 금액에 맞는 것을 선택해서 보내게 하는 방식과 같이 매우 비효율적인 편법을 사용하는 길뿐이다.

- **상태표현 제한**: UTXO가 표현할 수 있는 상태는 사용되었거나 안 되는 상태뿐이다. 그러므로 이 두 가지 상태 이외에 다른 어떤 내부적 상태를 가지는 다중 단계 계약이나 스크립트를 만들 수 없다. 이 점이 분산 환전 거래나 이중 암호 실행 프로토콜(계산 보상금을 보장하기 위해 필요하다)과 같은 다중 조건 계약을 어렵게 한다. 즉 UTXO는 단순하

고 1회적인 계약에만 이용될 수 있을 뿐, 분산조직과 같은 더 복잡한 상태적(Stateful) 계약에는 이용될 수 없고 메타프로토콜을 적용하기 어렵게 만든다.

- **블록체인 무지**: UTXO는 논스, 타임스탬프, 이전 블록해시 같은 블록체인 자료를 해독하지 못한다. 이 단점으로 인해 스크립트 언어 속에 잠재적으로 가치 있을 무작위성이 빠지게 된다. 그래서 도박이나 여러 다른 분야의 애플리케이션을 만드는 데 한계를 보인다.

발전된 애플리케이션을 만드는 데 세 가지 접근법이 있다. 첫 번째는 독립적인 블록체인을 만드는 것이고 두 번째는 비트코인에 이미 내재한 스크립트를 이용하는 것이며, 세 번째는 비트코인상에서 작동되는 메타-규약을 건설하는 것이다. 독립적인 블록체인을 쓰면 무한히 자유로운 프로그램을 짤 수 있지만 개발 기간, 초기 셋업 작업, 보안 등의 비용을 내야 한다. 비트코인에 내재된 스크립트를 이용하면 실행이 간단하고 표준화된다는 장점이 있지만 이용범위가 제한적이다. 메타규약을 쓰는 것은 간단하긴 하지만, 확장성의 결함을 감수해야 한다.

이더리움을 통해 우리는 개발하기도 쉽고 더 강력한 라이트 클라이언트 기능을 가지는 동시에 경제적인 개발 환경과 블록체인 보안을 공유하는 애플리케이션을 만들 수 있는, 대안 프레임워크(Alternative Framework)를 건설하려고 한다.

이더리움

이더리움의 목적은 분산 애플리케이션 제작을 위한 대체 프로토콜을 만드는 것이다. 대규모 분산 애플리케이션에 유용하리라 생각되는 다른 제작기법을 제공하며, 빠른 개발 시간, 작고 드물게 사용되는 애플리케이션을 위한 보안, 다른 애플리케이션과의 효율적인 상호작용이 중요한 상황에 특히 주안점을 두고 있다. 이더리움은 튜링 완전 언어를 내장하고 있는 블록체인이라는 필수적이고 근본적인 기반을 제공함으로써 이 목적을 이루고자 한다. 누구든지 이 언어를 사용해 스마트 컨트랙트, 분산 애플리케이션을 작성해 소유권에 대한 임의의 규칙, 트랜잭션 형식(Transaction Format), 상태변환함수(State Transition Function) 등을 생성할 수 있다. 네임코인의 기본적인 형태는 두 줄 정도의 코드로 작성할 수 있고, 통화나 평판 시스템 관련 프로토콜은 스무 줄 내외의 코드로 만들 수 있다. 어떤 값을 저장하고, 특정한 조건들을 만족했을 때만 그 값을 얻을 수 있게 하는 일종의 암호 상자인 스마트 컨트랙트 또한 이 플랫폼 위에 만들 수 있다. 이것은 비트코인의 스크립팅(Scripting)이 제공하는 것보다 훨씬 강력한 기능이 제공되기 때문에 가능한 것으로, 튜링 완전(Turing-completeness), 가치 인지능력(Value-awareness), 블록체인 인지능력(Blockchain-awareness), 상태 개념 등이 포함된다.

이더리움 어카운트

이더리움에서, 상태는 어카운트(Account)라고 하는 오브젝트(Object)로 구성되어 있다. 각각의 어카운트는 20바이트의 주소와 어카운트 간 값과 정보를 직접적으로 전달해주는 상태변환(State Transition)을 가지고 있다.

이더리움 어카운트는 다음 네 개의 필드를 가지고 있다.

- 논스: 각 트랜잭션이 오직 한 번만 처리되게 하는 일종의 카운터
- 어카운트의 현재 이더(ETH) 잔고
- 어카운트의 계약 코드(존재하는 경우에만)
- 어카운트의 저장 공간(초기 설정인 디폴트에서는 비어 있음)

이더는 이더리움의 기본 내부 암호-연료(Crypto-fuel)이고, 트랜잭션 수수료를 지불하는 데 사용된다. 보통 두 가지 종류의 어카운트가 존재하는데, **프라이빗 키에 의해 통제되는 외부 소유 어카운트(Externally Owned Accounts)와 컨트랙트 코드에 의해 통제되는 컨트랙트 어카운트(Contract Accounts)가 있다.** 외부 소유 어카운트는 아무런 코드도 가지고 있지 않으며, 이 어카운트에서 메시지를 보내기 위해서는 새로운 트랜잭션을 하나 만들고, 서명을 해야 한다. 컨트랙트 어카운트는 메시지를 받을 때마다, 자신의 코드를 활성화하고, 이에 따라 메시지를 읽거나 내부 저장 공간에 기록하고, 다른 메시지를 보내거나, 컨트랙트를 차례로 생성하게 된다.

이더리움에서 컨트랙트는, 수행되거나 컴파일되어야 하기보다는, 이더리움의 실행 환경 안에 살아 있는 일종의 자율 에이전트(Autonomous Agents)로서 메시지나 트랜잭션이 도착하면 항상 특정한 코드를 실행하고, 자신의 이더 잔고와 영속적인 변수들을 추적하기 위해 자신의 키/값 저장소를 직접 통제한다.

메시지와 트랜잭션

이더리움에서 사용되는 트랜잭션이란 용어는 외부 소유 어카운트가 보낼 메시지를 가지고 있는 서명된 데이터 패키지를 말한다. 이 트랜잭션은 다음을 포함하고 있다.

- 메시지 수신처
- 발신처를 확인할 수 있는 서명
- 발신처가 수신처로 보내는 이더의 양
- 선택적(Optional) 데이터 필드
- **스타트가스(STARTGAS)** 값, 트랜잭션 실행이 수행되도록 허용된 최대 계산 단계 수
- **가스(GASPRICE)** 값, 계산 단계마다 발신처가 내는 수수료

처음 세 항목은 암호화폐에서는 거의 표준처럼 사용되는 값이다. 데이터 필드는 초기값으로 설정된 기능(Function)은 가지고 있지 않지만, 가상 머신(Virtual Machine)은 컨트랙트가 이 데이터에 접근할 때 사용할 수행코드(Opcode)를 가지고 있다. 예를 들어, 블록체인 위에 도메인 등록 서비스로 기능하고 있는 컨트랙트가 있을 경우, 이 컨트랙트로 보내지는 데이터는 두 개의 필드를 가지고 있는 것으로 해석할 수 있다. 첫 번째 필드는 등록하고자 하는 도메인이고, 두 번째 필드는 IP 주소이다. 컨트랙트는 메시지 데이터로부터 이 값들을 읽어서 저장소 내 적당한 위치에 저장한다.

스타트가스(STARTGAS)와 가스비용(GASPRICE) 필드는 이더리움의 앤티-서비스거부(anti-DoS) 모델에 있어서 매우 중요한 역할을 한다. 코드내

의 우연적이거나 악의적인 무한루프, 또는 계산 낭비를 방지하기 위해 각각의 트랜잭션은 사용할 수 있는 코드 실행의 계산 단계 수를 제한하도록 설정되어야 한다. 계산의 기본 단위는 가스(Gas)이고 보통, 계산 단계는 1gas의 비용이 소요되나, 어떤 연산은 더 비싼 계산 비용을 치르거나, 상태의 일부분으로 저장되어야 하는 데이터의 양이 많을 경우 더 많은 수의 gas 비용이 필요하게 된다. 또한 트랜잭션 데이터에 있는 모든 바이트는 바이트당 5gas의 수수료가 든다. 이러한 수수료 시스템의 의도는 어떤 공격자가 계산, 밴드위스, 저장소 등을 포함해 그들이 소비하는 모든 리소스에 비례해 강제로 수수료를 지불하게 하는 데 있다. 따라서 이런 리소스 중 어떤 것이라도 상당량을 소비하는 네트워크와 연관된 트랜잭션은 대략 증가분에 비례한 가스수수료를 가지고 있어야 한다.

메시지

컨트랙트는 다른 컨트랙트에 '메시지'를 전달할 수 있다. 메시지는 따로 저장될 필요가 없는 이더리움의 실행 환경에서만 존재하는 가상의 오브젝트다. 메시지는 다음을 포함하고 있다.

- (암묵적으로) 메시지 발신처
- 메시지 수신처
- 메시지와 함께 전달되는 이더
- 선택적 데이터 필드
- **스타트가스 값**

본질적으로 메시지는 외부 실행자가 아닌 컨트랙트에 의해 생성된다는 것을 제외하면 트랜잭션과 유사하다. 현재 코드 수행을 하는 컨트랙트가 메시지를 생성하고 실행하라는 코드(CALL Opcode)를 만나게 되면 메시지를 생성한다. 트랜잭션과 마찬가지로, 메시지는 해당 코드를 실행하는 수신자 어카운트에 도달하게 된다. 따라서 컨트랙트는 외부 실행자가 하는 것과 정확히 같은 방식으로 다른 컨트랙트와 관계를 맺을 수 있다.

트랜잭션이나 컨트랙트에 의해 할당된 가스 허용치는 그 트랜잭션과 모든 하위 실행에 의해 소모된 총 가스에 적용된다. 예를 들어, 외부 실행자 A가 B에게 1000gas와 함께 트랜잭션을 보내고, B는 600gas를 소모한 뒤 C에게 메시지를 보내고, C의 내부 실행에 300gas를 소모한 후 반환하면, B는 gas가 모두 소모되기 전에 100gas를 더 사용할 수 있다.

이더리움 상태 변환 함수

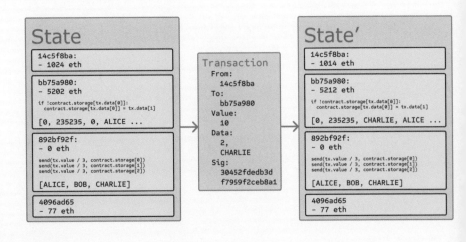

비탈릭 부테린 지분증명

이더리움 상태 전이 함수 APPLY(S, TX) -→ S'는 다음과 같이 정의할 수 있다.

1. 트랜잭션이 형식에 맞는지(즉, 올바른 개수의 값을 가졌는지) 체크하고, 서명이 유효한지, 논스가 발신처 어카운트의 논스와 일치하는지를 확인한다. 그렇지 않다면 오류를 반환(리턴)한다.

2. '스타트가스×가스값'으로 트랜잭션 수수료를 계산하고, 서명으로부터 발신처 주소를 결정한다. 발신처 어카운트 잔고에서 이 수수료를 빼고 발신자 논스를 증가시킨다. 발신처 잔고가 충분하지 않으면 오류를 반환한다.

3. '가스=스타트가스'로 초기화한 후, 트랜잭션에서 사용된 바이트에 대한 값을 지급하기 위해 바이트당 가스의 특정 양을 차감한다.

4. 발신처 어카운트에서 수신처 어카운트로 트랜잭션 값을 보낸다. 수신처 어카운트가 존재하지 않으면 새로 생성한다. 수신처 어카운트가 컨트랙트면, 컨트랙트 코드를 끝까지 또는 가스가 모두 소모될 때까지 수행한다.

5. 발신처가 충분한 '돈'을 가지고 있지 못해서 값 전송이 실패하거나, 코드 수행 시 가스가 부족하면 모든 상태 변경을 원 상태로 돌려놓는다. 단, 수수료 지급은 제외되고 이 수수료는 채굴자 어카운트에 더해진다.

6. 그 외에는 남아 있는 모든 가스에 대한 수수료를 발신처에 돌려주고, 소모된 가스에 지불된 수수료를 채굴자에게 보낸다.

예를 들어, 다음과 같은 컨트랙트 코드를 가정해보자.

```
if !self.storage[calldataload(0)]:
    self.storage[calldataload(0)] = calldataload(32)
```

실제로 컨트랙트 코드는 '로-레벨 EVM' 코드로 작성되나 여기서는 이해를 돕기 위해 이더리움 하이-레벨 언어 중 하나인 서펀트(Serpent)로 작성했다. 이 코드는 EVM코드로 컴파일될 수 있다. 컨트랙트의 스토리지는 비어 있다고 가정하고, 트랜잭션이 10ETH, 2,000gas, 0.001ETH 가스값, 64바이트의 데이터(0-31 바이트까지는 숫자 2를 나타내고, 32-63바이트는 찰리[CHARLIE라는 문자열]를 보낸다고 가정하자.[3] 이 경우 상태 변환 함수의 프로세스는 다음과 같다.

1. 트랜잭션이 유효하고 형식에 맞는지 확인한다.
2. 트랜잭션 발송처가 최소 2,000×0.001=2ETH를 가졌는지 확인한 뒤 발송처의 어카운트에서 2ETH를 뺀다.
3. '가스=2,000'으로 초기화한 후, 트랜잭션은 170바이트 길이를 가지고, 바이트당 수수료는 5라고 가정하면, 850을 빼야 하므로 결국 1,150gas가 남게 된다.
4. 송신처 어카운트에서 추가 10ETH를 빼고 이를 컨트랙트 어카운트에 더한다.

---

3 내부적으로는 2와 CHARLIE 모두 숫자다. 다만 CHARLIE는 빅 엔디언(Big-endian) 기반의 256바이트로 표시한 것이다. 숫자는 0부터 2256-1까지 사용한다.

5. 코드를 실행시킨다. 이 경우는 간단한데, 컨트랙트의 인덱스(Index) 2에 해당하는 스토리지가 사용되었는지 확인하고(이 경우, 사용되지 않았다). 인덱스 2에 해당하는 스토리지 값을 찰리(CHARLIE)로 설정한다. 이 작업에 187gas가 소비됐다고 가정하면, 남은 가스 양은 '1150-187=963'이 된다.

6. 963×0.001=0.963ETH를 송신처의 어카운트에 되돌려주고, 결과 상태를 반환한다.

트랜잭션의 수신처에 컨트랙트가 없으면, 총 트랜잭션 수수료는 제공된 가스값과 트랜잭션의 바이트 수를 곱한 값과 같아지고, 트랜잭션과 함께 보내진 데이터는 관련이 없어지게 된다.

메시지는 트랜잭션과 마찬가지로 상태를 원래 상태로 되돌린다는 것에 주목하자. 메시지 실행 시 가스가 부족하게 되면, 그 메시지 실행과 그 실행으로 촉발된 다른 모든 실행은 되돌아가지만 그 부모 실행은 되돌려질 필요가 없다. 이것은 컨트랙트가 다른 컨트랙트를 호출하는 것은 안전하다는 것을 의미한다. A가 Ggas를 가지고 B를 호출하면, A의 실행은 최대 Ggas만을 잃는다는 것을 보장받게 된다. 컨트랙트를 생성하는 생성(CREATE) 이라는 코드(Opcode)를 보면, 실행 방식은 대체로 'CALL'과 유사하나, 실행 결과는 새로 생성된 컨트랙트의 코드를 결정한다는 차이가 있다.

코드 실행

이더리움 컨트랙트를 구성하는 코드는 '이더리움 버추얼 머신 코드' 또는 'EVM 코드'로 불리는 로-레벨이자 스택 기반의 바이트코드 언어로 작성된다. 이 코드는 연속된 바이트로 구성되어 있고 각각의 바이트는 연산 (Operation)을 나타낸다. 보통 코드 실행은 0부터 시작하는 현재 프로그램 카운터를 하나씩 증가시키면서 반복적으로 연산을 수행하도록 구성된 무한루프고 코드 마지막에 도달하거나 오류, 멈춤(STOP), 리턴(RETURN) 명령을 만나면 실행을 멈추게 된다. 연산을 수행하기 위해서는 데이터를 저장하는 세 가지 타입의 공간에 접근할 수 있어야 한다.

- **스택**: 후입선출(Last-in-first-out) 컨테이너로 여기에 값들을 밀어 넣거나 (Push) 뺄(Pop) 수 있다.
- **메모리**: 무한대로 확장 가능한 바이트 배열
- **컨트랙트의 영속적인(Long-term) 저장소(Storage)**: 키/값 저장소. 계산 이 끝나면 복귀되는 스택이나 메모리와는 달리 저장소는 영속적으로 유지된다.

코드는 또한 블록 헤더 데이터뿐만 아니라 특정 값이나 발송자 및 수신되는 메시지의 데이터에 접근할 수 있고, 결괏값으로 데이터의 바이트 배열을 반환할 수도 있다.

EVM 코드의 공식 실행 모델은 놀랍도록 단순하다. 이더리움 버추얼 머신이 실행되는 동안 모든 계산 상태(block_state, transaction, message, code, memory, stack, pc, gas)는 튜플(Tuple)로 정의될 수 있고, 블록 스테이트는 모든 어카운트를 포함하는 전역 상태(Global State)로서 잔고와 저장소(Storage)를 포함한다. 반복되는 코드 실행 순간마다 코드(Code)의 프로그램 카운터의 바이트의 현재 명령이 실행되고 (프로그램 카운터가 코드의 길

비탈릭 부테린 지분증명

이보다 크면 (pc →= len(code)) pc는 0), 각각의 명령은 튜플을 어떻게 변화시킬지 대한 그 자신의 정의를 알고 있다. 예를 들어 ADD는 스택에서 두 개의 아이템을 꺼내(Pop), 그 합을 구한 후 다시 스택에 넣고(push), 가스를 1만큼 감소시키고, 프로그램 카운터는 1 증가시킨다. S스토어(SSTORE)는 스택에서 두 개의 아이템을 꺼내 이 아이템의 첫 번째 값이 가리키는 컨트랙트 저장소 인덱스에 두 번째 아이템을 넣는다. 이더리움 버추얼 머신 환경을 JIT 컴파일을 통해 최적화하는 방법은 많지만 기본적인 이더리움은 수백 줄의 코드로 구현될 수 있다.

블록체인과 채굴

이더리움 블록체인은 여러 면에서 비트코인 블록체인과 유사하나, 어느 정도 차이점도 있다. 비트코인과는 달리 이더리움 블록은 트랜잭션 리스트와 가장 최근의 상태 복사본을 가지고 있다는 것이다. 그것 외에도 두 개의 다른 값(블록 넘버와 디피컬티[difficulty])이 또한 블록 내에 저장된다. 기본적인 이더리움 블록 검증 알고리즘은 다음과 같다.

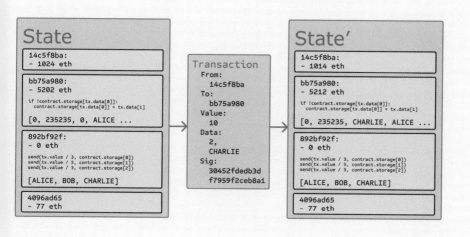

1. 참조하고 있는 이전 블록이 존재하는지 그리고, 유효한지 확인한다.

2. 현재 블록의 타임스탬프가 참조하고 있는 이전 블록보다 크면서, 동시에 현시점을 기준으로 15분 후보다 작은 값인지 확인한다.

3. 블록 넘버, 디피컬티(difficulty), 트랜잭션 루트, 삼촌 루트, 가스 리미트 등(기타 다양한 이더리움 로 레벨 개념)이 유효한지 확인한다.

4. 블록에 포함된 작업증명이 유효한지 확인한다.

5. S[0]이 이전 블록의 마지막 상태라고 가정하자.

6. TX를 현재 블록의 n개의 트랜잭션 리스트라고 하자. 0부터 n-1에 대해, S[i+1] = APPLY(S[i], TX[i])로 설정하자. 애플리케이션이 오류를 반환하거나 이 시점까지 블록에서 소모된 총 가스가 가스 한계(GASLIMIT)를 초과하면 오류를 반환한다.

7. 채굴자에게 지급된 보상 블록을 S[n]만큼 덧붙인 후 이것을 S_FINAL이라 하자.

8. 상태 S_FINAL의 머클 트리 루트가 블록 헤더가 가지고 있는 최종 상태 루트와 같은지 검증한다. 이 값이 같으면 그 블록은 유효한 블록이며, 다르면 유효하지 않은 것으로 판단한다.

이러한 접근은 언뜻 모든 상태를 각 블록에 저장할 필요성 때문에 매우 비효율적인 것처럼 보이지만, 실제로는 효율성의 측면에서는 비트코인과 비교할 만하다. 상태가 트리 구조로 저장되고 모든 블록 후에 단지 트리의 작은 부분만이 변경되기 때문이다. 보통 인접한 두 개의 블록 간에는 트리 내용 대부분이 같고, 따라서 한번 데이터가 저장되면 포인터(서브트리의 해시)를 사용해 참조될 수 있다. 퍼트리샤 트리(Patricia Tree)로 알려진 이러한 종류의 특별한 트리는 머클 트리 개념을 수정해 노드를 수정할 뿐만 아니라, 효율적으로 삽입되거나 삭제해 이러한 작업을 수행할 수 있도록 해준다. 또한 모든 상태 정보가 마지막 블록에 포함되어 있으므로 전체 블록체인 기록을 모두 저장할 필요가 없다. 이 방법을 비트코인에 적용한다면 5배에서 20배의 저장 공간 절약의 효과가 생길 것이다.

물리적인 하드웨어 관점에서 볼 때, 컨트랙트 코드는 '어디에서' 실행되는가 하는 의문이 들 수 있다. 간단한 해답은 다음과 같다. 컨트랙트 코드를 실행하는 프로세스는 상태 전환 함수 정의의 한 부분이고, 이것은 블록 검증 알고리즘의 부분이다. 따라서 트랜잭션이 블록 B에 포함되면 그 트랜잭션에 의해 발생할 코드의 실행은 현재 또는 후에 블록 B를 내려받고 검증하는 모든 노드에 의해 실행될 것이다.

애플리케이션

기본적으로 이더리움을 이용해 총 세 가지 카테고리의 애플리케이션을 제작할 수 있다. 첫 번째 카테고리는 돈과 직접 연관된 컨트랙트를 계약 참여자들로 만들게 해 강력하게 설정하고 관리하게끔 하는 금융 애플리케이션이다. 이는 하위화폐(유로나 달러 등의 상위화폐와 환율이 연동된 화폐), 파생상품, 헷지 컨트랙트, 예금용 전자지갑, 유언장, 그리고 최종적으로는 전면적인 고용계약까지 포함한다. 두 번째 카테고리는 준(Semi) 금융 애플리케이션이다. 금전적으로 관여되어 있지만, 상당 부분 비화폐적인 면이 존재하는 계약을 위한 애플리케이션이 이에 해당한다. 좋은 예로는 어려운 연산 문제의 솔루션을 제공할 시 자동으로 포상금이 지급되는 계약이다. 마지막으로 온라인 투표와 분권형 거버넌스와 같이 금융과 관련이 아예 없는 애플리케이션이 있다.

토큰 시스템

블록체인토큰시스템(On-blockchain Token System)은 미국 달러나 금 등과 연동된 하위화폐, 주식과 스마트자산, 위조 불가능한(Secure Unforgeable) 쿠폰, 그리고 통상적인 가치와 연결되어 있지 않은 기타 토큰 시스템(인센티브 부여를 위한 포인트 제도) 등에 이르기까지 다양한 형태의 거래 시스템을 네트워크상에서 구현하게끔 해주는 애플리케이션들을 갖고 있다. 이더리움에서 토큰 시스템은 놀랍도록 쉽게 구현할 수 있다. 토큰 시스템의 핵심은 다음과 같다.

모든 화폐 혹은 토큰시스템은 근본은 결국 한 가지 오퍼레이션만을 수행하는 데이터베이스이다. A라는 주체로부터 X단위의 화폐나 토큰을 차감하고, 차감한 X단위의 화폐나 토큰을 B에게 지급한다. 단, 다음과 같은 조건이 따른다.

1. 거래 전 A는 최소 X단위를 보유하고 있었음
2. A가 이 거래를 승인함

이더리움에서 유저는 바로 위의 로직을 컨트랙트에 반영하기만 하면 된다. 서펀트(Serpent)에서 토큰 시스템을 실행하는 기본적인 코드는 다음과 같다.

```
def send(to, value):
```

비탈릭 부테린 지분증명

```
if self.storage[msg.sender] →= value:
self.storage[msg.sender] = self.storage[msg.sender] - value
self.storage[to] = self.storage[to] + value
```

이는 기본적으로 본 백서에서 설명한 은행 시스템의 상태변환함수를 가공 없이 그대로 적용시킨 것이다. 통화의 단위를 정의하고 배급하기 위한 최초 작업을 위해서 또는 더 나아가 여타 컨트랙트가 계좌의 잔금에 대한 정보요청을 처리하기 위한 몇 줄의 코드가 더 쓰여야 할 수도 있다. 하지만 그 정도가 토큰 시스템을 만드는 데 필요한 전부다.

이론적으로 이더리움에 기반한 하위화폐 체계로서의 토큰 시스템은 비트코인에 기반한 메타화폐(비트코인 블록체인 연동된 화폐)가 갖고 있지 않은 중요한 특성을 보이고 있다. 거래비용을 거래 시 사용한 화폐로 직접 낼 수 있다는 점이 그것이다. 다음과 같은 과정을 통해 이 특성은 발현될 수 있다. 컨트랙트를 집행하기 위해서는 발송인에게 내야 하는 비용만큼의 이더 잔고를 유지해야 한다. 그리고 컨트랙트 집행 시 수수료로 받는 내부화폐(하위화폐)를 상시 돌아가고 있는 내부 화폐이자 이더 거래소에서 즉각 환전해 이더 잔고로 충전할 수 있다. 사용자들은 이더로 자신의 계좌를 '활성화해야' 하지만 각 컨트랙트를 통해 얻어지는 만큼의 금액을 이더로 매번 환전해주기에 한번 충전된 이더는 재사용이 가능하다.

금융파생상품

파생상품은 스마트 컨트랙트의 가장 일반적인 애플리케이션이며 코드로 실행할 수 있는 가장 간단한 형태의 애플리케이션 중 하나다. 금융 컨트랙트를 실행하는 데 가장 주된 어려움은 대부분 계약에서 규정하는 자산에 대한 시세를 외부에서 참조해야 한다는 것이다. 예를 들어 금융 컨트랙트에 필요한 것은 이더(또는 기타 가상화폐)와 USD 변동성에 대해 헷지하는 애플리케이션인데 이 헷지 컨트랙트를 실행하기 위해서는 ETH/USD의 환율을 제공할 수 있는 컨트랙트가 필요하다. 환율을 알기 위한 가장 쉬운 방법은 나스닥과 같은 제3자가 실시간으로 제공하는 '데이터 피드' 컨트랙트를 통해서고, 관여 주체는 필요할 때마다 환율을 업데이트할 수 있어야 하며, 여타 컨트랙트와 환율에 대한 메시지를 주고받을 수 있는 인터페이스를 제공할 수 있어야 한다.

상기 핵심 요건들을 가정하면 헷지 컨트랙트는 다음과 같은 구조를 띤다.

1. A가 1,000ETH를 입금할 때까지 기다린다.

2. B가 1,000ETH를 입금할 때까지 기다린다.

3. 입금된 이더의 달러 가치를 기록하며(환율은 데이터 피드 컨트랙트로 쿼리를 보냄으로써 계산한다), 이를 X달러라 한다.

4. 30일 이후, 당시의 환율을 적용한 금액을 계산해 A에게는 X달러를 송금하고 당시 총금액에 대해 나머지를 B에게 송금하도록 A 또는 B가 컨트랙트를 다시 활성화할 수 있게끔 한다.

위와 같은 컨트랙트는 가상통화를 이용한 상거래의 향후 발전 가능성을 제시한다. 가상화폐 상거래 활성화의 장애물 중 하나는 가상화폐의 높은 변동성이다. 다수의 사용자들과 상인들은 가상화폐 혹은 블록체인 자산이 제공하는 보안성과 편의성을 이용하고 싶어하지만 단 하루만에 그들의 자산가치가 23% 하락할지도 모른다는 리스크는 피하고 싶어한다. 이 문제에 대한 보편적인 솔루션은 자산 발행자가 자산에 대한 보증을 서는 것이었다. 이는 발행자가 하위화폐를 만든 다음 이를 통해서 통화량을 조절할 수 있는 권한을 갖고, 누군가가 일정 단위의 하위화폐를 냈을 때 그에 상응하는 특정한 베이스 자산(미국 달러나 금)으로 교환해주는 방식을 뜻한다. 이 방식을 본 사례에 적용한다면 가상화폐 발행자는 가상화폐를 내는 자에게 그에 상응하는 베이스 자산을 제공할 것이라고 공개적인 약속을 하는 것이다. 이 메커니즘은 비가상화폐 혹은 비디지털 자산을 블록체인 자산화시키는 결과를 낳는다. 물론 가상화폐 발행자를 신뢰할 수 있다면 말이다.

다만 현실적으로는 자산 발행인을 언제나 신뢰할 수 없다. 몇몇 사례에서 확인할 수 있듯 우리의 금융 인프라는 자산보증 서비스가 존재하기에는 너무 취약하거나 때로는 적대적이기도 하다. 파생상품은 이에 대한 대안을 제공해준다. 여기서 자산을 보증하기 위한 펀드를 제공하는 역할을 하나의 자산 발행자가 하는 것이 아니라 암호화 담보자산(Cryptographic Reference Asset)의 가격이 올라갈 것이라는 데에 베팅하는 투자자들(Speculators)의 탈중앙화된 시장이 그 역할을 담당한다.

파생상품을 통한 보증 또한 완전하게 탈중앙화된 방법론은 아니라는 것을 주의하기 바란다. 비록 자산 발행자를 통한 방법보다 진입장벽(영업

허가증 등이 필요 없음)이 없고 사기나 조작 가능성이 줄어들기는 하지만, 신뢰성 있는 제3기관이 USD/ETH 시세 또는 환율을 제공해야 하기 때문이다.

신원조회 및 평판 시스템

최초의 알트코인(비트코인 이후에 생겨난 가상화폐)인 네임코인은 비트코인과 유사한 블록체인을 이용해 사용자가 공공 데이터베이스에 다른 데이터와 함께 본인의 이름을 등록하는 명의등록 시스템을 만들어냈다. 이의 주된 사용례는 비트코인 사이트(bitcoin.org, 네임코인의 경우에는 비트코인빗 [bitcoin.bit]), 도메인명을 매핑하는 도메인 주소 시스템이다. 다른 사용 예로는 이메일 인증이나 평판 시스템 등이 있다. 이더리움에서 네임코인과 같은 명의등록 시스템의 기본적인 컨트랙트는 아래와 같은 형태를 보인다.

```
def register(name, value):
if !self.storage[name]:
self.storage[name] = value
```

이 컨트랙트는 매우 단순하게도 이더리움 네트워크 안에 저장된, 추가할 수는 있지만 수정하거나 지울 수 없는 데이터베이스일 뿐이다. 누구든지 소량의 이더를 이용해 본인의 명의를 등록할 수 있으며 한번 등록하면 영구적으로 보존된다. 보다 정교한 명의등록 컨트랙트는 다른 컨트랙트가 보내는 쿼리에 반응할 수 있는 함수조건이 걸려 있을 것이며 명의 소유자(최초 등록자)가 데이터를 변경하거나 명의 소유권을 이전할 수 있는 메커니즘이 장착되어 있을 것이다. 아예 평판이나 인터넷 신용도 기능을 추가할 수도 있다.

분산형 파일 저장소

지난 몇 년 동안, 드롭박스와 같이 웹에 파일을 저장시켜주는 스타트업이 다수 생겨났다(월 정액제로 이용하면서 사용자들이 하드드라이브를 백업시켜 놓고 백업파일에 접근할 수 있는 비즈니스 모델). 그러나 현시점에서 파일저장 시장은 종종 상대적으로 비효율적일 때가 많다. 현재 존재하는 솔루션들의 월정액 가격을 보면(특히 무료 할당량도 기업 할인도 없는 20GB에서 200GB을 사용하는 월정액), 한 달만 써도 전체 하드드라이브의 비용보다 더 비쌀 정도다. 이더리움 컨트랙트는 분산형 파일 저장소 생태계를 발전할 수 있게 한다. 이 생태계에서 사용자 개개인은 본인의 하드드라이브를 대여해주는 대가로 소액의 돈을 받을 수 있으며 남는 하드디스크 공간은 파일저장의 비용을 더욱 낮추는 결과를 낳을 것이다.

분산형 파일 저장소의 핵심 기반은 분산형 드롭박스 컨트랙트가 될 것이다. 이 컨트랙트는 다음과 같이 작동한다. 1. 유저가 업로드하려는 데이터를 블록으로 잘라내고 2. 프라이버시를 위해 해당 데이터를 암호화한 후 3. 그 데이터로 머클 트리를 만든다. 위 데이터에 대한 컨트랙트는 다음의 규칙을 따른다.

N개의 블록마다 무작위 방식으로(컨트랙트 코드로 접근 가능한 전 블록의 해시에 기반한 무작위 방식) 머클트리의 인덱스를 뽑는다. 사용자가 올린 파일에 해당하는 트리의 특정 인덱스에 대해 해당 데이터를 저장해주겠다는 첫 주체에게(간소화된 지불증명이자 소유권증명의 의미를 띠는) XETH를 지불한

다. 파일을 올린 사용자가 다시 자신의 파일을 내려받고 싶다면 소액결제 채널 프로토콜(예를 들어 32킬로바이트에 1szabo를 지불한다)을 사용해서 파일을 복원할 수 있다. 수수료 측면에서 가장 효율적인 접근 방법은 파일을 업로드한 유저가 저장이 끝나는 마지막까지 파일에 대한 트랜스액션을 공표하지 않고 32킬로바이트마다 같은 논스를 가진 수익성이 있는 트랜스 액션으로 바꿔주는 방법이 있다.

비록 이 방식은 파일을 업로드한 사용자가 다수의 랜덤한 노드가 자신의 파일을 계속 저장하고 있을 것이라고 믿어야 한다는 것을 전제하는 것처럼 보이지만 실제로 사용자는 업로드한 파일을 수많은 암호화된 조각으로 잘라내서 여러 노드와 공유하고 또 컨트랙트를 통해서 외부 노드가 자신이 올린 파일을 저장하고 있다는 것을 모니터링해 자신이 올린 파일에 대한 분실 혹은 제3자에 의한 도용이라는 위험 요소를 거의 0에 가깝게 줄일 수 있다. 이것이 분산형 드롭박스 컨트랙트의 중요한 특징이다. 컨트랙트가 계속 돈을 내고 있다는 것은 곧 네트워크상에서 누군가는 파일을 저장하고 있다는 것을 증명한다.

탈중앙화된 자율 조직

'탈중앙화된 자율 조직'의 기본적인 개념은 특정한 집합의 구성원 또는 주주들을 가진 가상 독립체(Virtual Entity)가 필요한 수만큼의 구성원의 동의하에(예, 67% 다수) 조직 자금 운용 권한 및 코드 변경 권한을 갖는다는 것이다. 구성원들은 그 조직이 어떻게 운영자금을 배분할지를 공동으로 결정한다. 다오의 자금을 배분하는 방식은 포상, 급여에서부터 보다 색다른 내부화폐로 보상하는 형식까지 다양하다. 이는 본질적으로 통상적인 기업이나 비영리재단에서 사용하는 법적인 장치를 그대로 따랐지만 집행의 강제(Enforcement)를 위해 암호화 블록체인 기술을 사용한다는 점에서 다르다.

지금까지의 다오에 대한 논의는 주로 자본주의적(Capitalist) 모델인 탈중앙화된 자율 기업(Decentralized Autonomous Corporation, DAC)에 관한 것이었는데, 이 DAC는 배당을 받는 주주들과 매매 가능한 지분을 가지고 있다. 이에 대한 대안적인 형태로 탈중앙화된 자율 커뮤니티 (Decentralized Autonomous Community) 같은 개념도 생각해볼 수 있는데 이 안에서 구성원들은 의사결정에 있어서 모두 같은 지분을 갖고 있으며 기존 구성원의 67%의 표결을 통한 동의가 있을 때 구성원을 충원하거나 탈퇴시킬 수 있다. 그렇다면 한 사람이 오직 하나의 멤버십만을 가져야 한다는 요건이 그 그룹에 의해 공동으로 시행될 필요가 있다.

다오 코딩에 관한 일반적인 개요는 다음과 같다. 가장 간단한 디자인은 구성원 3분의 2가 동의하거나 거부할 경우 저절로 코드가 변경된다는 것이다. 이론적으로 한 번 세팅된 코드는 바꿀 수 없어도 별도의 코드들을 각각 다른 컨트랙트로 분리해서 변경 가능한 저장 공간에 각각 넣어둔 다음 이 코드들을 불러낼 수 있는 주소들을 제공해 실질적으로 코드가 변경된 것과 같은 효과를 만들 수 있다. 아주 간단한 다오 컨트랙트에는 세 가지 종류의 트랜잭션이 있는데 그 구분은 그 트랜잭션이 제공하는 데이터의 종류에 따른다.

- [0,i,K,V]는 저장공간 인덱스 k에 있는 주소를 v값으로 바꾸라는 인덱스 i를 가진 제안을 등록

- [0,i]는 제안 i에 찬성하는 투표를 등록
- [2,i]는 충분한 투표가 이루어졌을 때 제안 i를 완결

컨트랙트는 앞의 항목 각각에 대한 '조건'을 가지고 있다. 컨트랙트는 모든 오픈 스토리지에 일어난 변화와 '누가 그 변화들에 대해 투표했는가'에 대한 리스트를 보관하고 유지하게 될 것이다. 컨트랙트는 또한 전체 구성원 리스트도 보관한다. 어떤 식으로 스토리지가 변경되든 구성원의 3분의 2 이상의 투표를 받으면 마지막으로 확정시키는 트랜잭션이 그 변경을 집행할 수 있게 된다. 이보다 좀 더 발전된 형태로는 내장 투표 기능을 이용해서 트랜잭션을 송신하거나 구성원을 충원하거나 탈퇴시킬 수 있고 위임 민주주의(Liquid Democracy, Delegative Democracy)의 투표위임 등의 기능도 추가할 수 있다. 투표위임을 통해 누구에게나 자신을 위해 투표할 수 있도록 위임할 수 있고, 또 이 권한은 다른 사람에게 다시 전가할 수도 있다. A가 B에게 위임하고, B는 C에게 위임하면 C가 A의 투표를 결정한다. 이러한 설계를 통해 다오는 탈중앙화된 커뮤니티로 유기적으로 성장할 수 있으며, 더 나아가 누가 구성원인지 아닌지를 판단하는 기능을 전문가들에게 위임할 수도 있도록 해줄 것이다(물론 현행 시스템과 달리 각 커뮤니티 구성원들의 의견이 바뀜에 따라, 그러한 전문가들은 있을 수도 또는 없을 수도 있게 된다).

이것과 비교되는 다른 모델은 탈중앙화된 기업이라고 할 수 있는데 여기에서 각 어카운트는 0 또는 그 이상의 지분을 가질 수 있고 어떤 결정을 내리기 위해서는 지분의 3분의 2가 필요하다. 가장 단순화된 핵심 골격은 자산 관리 기능, 지분을 매매할 수 있는 오퍼를 낼 수 있는 능력, 그

리고 다른 오퍼를 수락할 수 있는(아마도 컨트랙트 내에 있는 주문 매칭 메커니즘을 통해) 능력들을 포함하게 될 것이다. '이사회' 개념을 일반화하는 유동식 민주주의(Liquid Democracy) 스타일의 위임제도 또한 가능하다.

추가 애플리케이션

1. 예금용 전자지갑

펀드를 안전하게 보관하고 싶은 A가 펀드를 잃어버리거나 누군가에게 그녀의 개인 키를 해킹당할 것을 걱정한다고 가정해보자. 그녀는 이더를 B라는 은행과의 컨트랙트에 다음과 같은 방식으로 집어넣을 것이다.

- A는 하루에 자신이 가진 펀드의 최대 1%를 출금할 수 있다.
- B 또한 하루에 A가 소유하는 펀드의 최대 1%를 출금할 수 있지만, A는 그녀의 공개 키를 통해 트랜스액션을 발송함으로써 B의 출금 권한을 없애버릴 수 있다.
- A와 B는 함께 얼마든 출금할 수 있다. 일반적으로 하루의 1%라는 상한선은 A에게 충분하며, 그 이상의 금액을 출금하고 싶다면 A는 B에게 상한 조정 허가를 요청할 수 있다. 개인 키가 해킹을 당했을 경우 B에게 펀드를 새로운 컨트랙트로 이체 요청을 할 수 있다. A가 본인의 개인 키를 분실하는 경우, B는 오랜 시간에 걸쳐서라도 펀드의 금액을 출금할 수 있다. B가 나쁜 짓을 한 경우에는 A는 B의 출금 권한을 정지시킬 수 있다.

2. 작물보험

시세가 아닌 날씨 데이터 피드를 이용해 파생상품을 손쉽게 만들 수 있다. 아이오와주에 있는 농부가 강수량 데이터와 역비례하게 지불금이 산출되는 파생상품을 산다면, 가뭄이 있을 시 농부는 자동으로 보상을 받을 수 있다. 이러한 애플리케이션은 자연재해 일반에 대한 보험상품으로 확대될 수 있을 것이다.

3. 탈중앙화된 데이터피드

셸링코인(SchellingCoin)이라는 프로토콜을 사용해 변량(Difference)을 다루는 금융계약(예를 들어 로또와 같은 방식)을 탈중앙화된 방식으로 운용할 수 있다. 셸링코인은 다음과 같이 작동한다. 하나의 주어진 기준치(예를 들어 ETH/USD 시세 등)에 대해 N명의 참여자가 각각 자신이 좋다고 생각하는 값을 시스템에 제공한다. 이러한 값들은 그 값의 크기에 따라 순위가 매겨지며 이때 25번째 퍼센타일과 75번째 퍼센타일 사이에 있는 값을 제시한 사람은 토큰 1개를 보상으로 받는다. 보상을 받기 위해서 모든 참가자는 다른 사람들이 제시했을 똑같은 값을 제시하고자 할 것이고 많은 다수의 참여자가 현실적으로 동의할 수 있는 유일한 값은 결국 명백한 기본값인 참값(Truth)이 될 것이다. 이것은 ETH/USD 가격, 베를린의 온도, 심지어는 어려운 연산 문제의 결괏값까지도 포함하며 이론적으로 제공해줄 수 있는 탈중앙화된 프로토콜을 만들 수 있게 돕는다.

4. 스마트 멀티시그 공탁 계좌

비트코인은 멀티시그 트랜잭션을 만들 수 있게 해주는데 이는 5개의 키 중 3개를 갖고 서명해야 출금을 허용하는 방식의 트랜잭션을 지칭한다. 이더리움은 이보다 더욱 세밀한 프로그램을 제공한다. 예를 들어 5개 중 4개가 있으면 기금은 전체를 사용할 수 있고, 5개 중 3개가 있으면 하루에 기금의 10%를 사용할 수 있고, 2개가 있으면 하루에 0.5%를 사용할 수 있다. 게다가 이더리움의 멀티시그는 동시에 집행해야 할 필요가 없다. 즉, 두 주체는 다른 시기에 블록체인에 본인의 전자 서명을 등록할 수 있고 최종의 전자 서명이 이루어졌을 시 자동으로 트랜잭션이 네트워크로 보내진다.

5. 클라우드 컴퓨팅

EVM기술을 사용해 입증 가능한 컴퓨팅 환경을 만들 수 있다. 입증 가능한 컴퓨팅 환경의 예시는 다음과 같다. 한 사용자가 다른 사용자에게 연산을 수행하게 한 후 아무 때나 연산을 수행한 주체에게 미리 설정된 연산 체크 포인트가 올바른지에 대한 증명을 요구할 수 있다. 이 기술은 누구든지 자신의 데스크톱, 노트북, 또는 전문화된 서버를 갖고 참여할 수 있는 클라우드 컴퓨팅 시장을 창조할 것이며 무작위 추출검사를 함으로써 연산의 정확성을 높일 것이므로 시스템의 신뢰성이 더욱 강화될 것이다(즉, 노드가 이익을 내기 위해서는 사용자를 속일 수 없다). 물론 그러한 시스템은 모든 작업에 적합한 것은 아니다. 예를 들어, 높은 수준의 프로세스 간 커뮤니케이션이 필요한 작업 같은 경우, 여러 개의 클라우드 노드들로 수행하기에는 적합하지 않다. 하지만 그 외 작업은 보다 수월하게 병렬진행이 가능하다(예를 들어 SETI@home, folding@home), 유전자 알고리즘 같은 경우도 분산화된 클라우드 컴퓨팅 플랫폼에서 쉽게 작업할 수 있는 프로젝트들이다.

6. P2P 도박

프랭크 스타야노(Frank Stajano)나 리처드 클레이튼(Richard Clayton)의 사이버다이스(Cyberdice) 같은 P2P 도박 프로토콜들은 모두 이더리움의 블록체인 위에 구현될 수 있다. 가장 단순한 도박 프로토콜은 다음 블록의 해시값의 차이에 대한 컨트랙트이며 0에 가까운 수수료와 그 누구도 사기를 칠 수 없는 보다 발전된 프로토콜이 그 위에 얹혀질 수 있다.

7. 예측 시장

오라클(Oracle) 또는 셸링코인이 제공되면, 예측 시장도 쉽게 구현할 수 있다. 셸링코인과 함께 예측시장은 탈중앙화된 조직들에 대한 거버넌스 프로토콜로서 퓨타키의 첫 번째 주류 어플리케이션이 될 수 있다.

8. 온체인 마켓플레이스

신원조회 및 평판 시스템을 기반으로 원활하게 돌아가는 P2P 장터를 구축할 수 있다.

그 밖의 이슈

수정된 고스트 도입

고스트(Greedy Heaviest Observed Subtree, GHOST) 프로토콜은 요나탄 솜폴린스키(Yonatan Sompolinsky)와 아비브 조하르(Aviv Zohar)에 의해

2013년 12월에 처음 소개된 기술적 혁신이다. 고스트 프로토콜은 현재 빠른 확인시간(Confirmation Times)을 가지고 있는 블록체인들이 높은 스테일(Stale) 비율로 인해 보안성 저하라는 문제를 겪고 있다는 데서 출발했다. 이는 블록들이 네트워크를 통해 전파되는 데 일정한 시간이 걸리기 때문이라는 것이다. 만일 채굴자 A가 하나의 블록을 채굴했는데 이 블록이 채굴자 B에게 전파되기 전에 채굴자 B가 다른 또 하나의 블록을 채굴했다고 하면 채굴자 B의 블록은 결국 낭비될 것이고 결국 네트워크 보안에 기여하지 못하게 될 것이다.

또한 중앙집중화(Centralization) 문제도 있다. 만일 채굴자 A가 30%의 해시파워를, 그리고 B가 10%의 해시파워를 가지고 있다면, A가 스테일블록(Staleblock)을 생산할 위험성은 매번 70%가 될 것이고(왜냐하면 다른 30%의 경우에는 A가 마지막 블록을 만들게 되었고 따라서 즉각적으로 채굴데이터를 가지게 되기 때문이다), 반면 B는 매번 90%의 경우에 스테일 블록을 생산하게 될 위험성을 가지고 있다. 따라서 만일 블록 주기가 스테일 비율이 높은 만큼 충분히 짧다면 A는 단순히 크기가 크다는 사실 자체만으로 훨씬 더 높은 효율성을 가지게 된다. 이러한 두 가지 효과가 결합해 블록 주기가 짧은 블록체인에서는 높은 해시파워 점유율을 가진 단일한 풀이 채굴과정에 대한 사실상의 통제권을 가지게 될 가능성이 매우 높다.

솝폴린스키와 조하르가 설명했듯 고스트 프로토콜은 어느 체인이 가장 긴 것인지 계산할 때 스테일블록도 포함함으로써 위에서 제기한 첫 번째 이슈, 즉 네트워크 보안 손실이라는 문제를 해결한다. 어느 블록이 가장 큰 전체 작업증명을 가지고 있는지 계산하면서 그 블록의 모블록(Parent)과 그 조상(Ancestors)뿐만 아니라, 그 블록의 스테일 자손(Stale

Descendants, 이더리움의 용어로는 '삼촌')까지도 더한다. 중앙화라는 두 번째 문제를 해결하기 위해서 우리는 이 프로토콜을 넘어서서, 스테일 블록에 대해서도 블록 보상을 제공한다. 스테일 블록도 기본 보상의 87.5%를 받게 되며, 그 스테일 블록을 포함하고 있는 사촌이 나머지 12.5%를 받는다. 하지만 수수료는 삼촌들에게는 주어지지 않는다. 이더리움은 7단계 레벨만 포함하는 단순화된 고스트 버전을 구현한다. 그것은 다음과 같이 정의할 수 있다.

- 하나의 블록은 반드시 하나의 모블록을 지정해야 하며 0 또는 그 이상의 삼촌을 지정해야 한다.
- 블록 B에 포함된 삼촌은 다음과 같은 속성들을 가지고 있어야 한다.
  1. B의 k번째 조상의 직접적인 자손이어야 한다. 여기서 '2 <= k <= 7'. B 의 조상이어서는 안 된다.
  2. 유효한 블록 헤더여야 하지만 이전에 확인되었을 필요도, 또는 심지어 유효한 블록일 필요도 없다.
  3. 이전 블록들에 포함된 모든 삼촌, 같은 블록에 포함된 모든 다른 삼촌과는 달라야 한다(중복 포함 방지)
  4. 블록 B에 있는 삼촌 U에 대해, B의 채굴자는 코인베이스 보상에 더해 추가로 3.125%를 더 받고, U의 채굴자는 기본 코인베이스 보상의 93.75%를 받는다.

단지 최대 7세대만 삼촌을 포함할 수 있는 제한된 고스트 버전을 사용하는 이유는 두 가지이다. 첫째, 무제한 고스트는 하나의 블록에 대해 어

비탈릭 부테린 지분증명

떤 삼촌이 유효한지에 대한 계산을 매우 복잡하게 만든다. 둘째, 만일 이더리움과 같은 방식의 보상을 하면서도 무제한 고스트를 적용하게 되면 채굴자들이 공격자의 체인이 아니라 주체인(Mainchain)에서 채굴을 할 동기를 잃게 될 것이다.

수수료

블록체인에 올라가는 각 트랜잭션은 그것을 내려받고 검증하기 위한 비용을 네트워크에 부과하기 때문에 남용을 방지하는 어떠한 규제 메커니즘, 일반적으로는 트랜잭션 수수료가 필요하다. 비트코인에서 사용되는 기본적인 접근방법은 순수하게 자발적인 수수료를 징수하면서 채굴자들이 게이트키퍼(Gatekeeper)로서의 역할을 하고 유동적으로 최저액을 설정하도록 하는 것이다. 이런 접근방법은 비트코인 커뮤니티에서 매우 환영받아왔는데, 그것이 '시장-기반'이기 때문에 채굴자와 트랜잭션 송신자 간의 수요와 공급이 그 가격을 결정한다는 이유에서였다.

하지만 이런 식의 사고방식에는 문제가 있다. 트랜잭션 처리는 시장에서 일어나는 것이 아니라는 점이다. 트랜잭션 처리를 채굴자가 송신자에 제공하는 하나의 서비스로 해석하는 것이 직관적으로 솔깃해 보이기는 하지만, 실제적으로는 채굴자가 포함하는 모든 트랜잭션은 네트워크의 모든 노드에 의해 처리되어야 하고, 따라서 트랜잭션 처리에 필요한 비용 대부분은 제3자가 부담하는 것이지 그 트랜잭션을 포함할지 말지를 결정하는 채굴자들이 아니라는 것이다. 그러므로 공유지의 비극이 매우 일어나기 쉽다.

하지만 이러한 시장기반 메커니즘의 결함은 어떤 부정확한 단순화 전제들이 주어졌을 때, 마술처럼 그 결함 자체를 상쇄하게 된다. 그 주장은 다음과 같다. 다음과 같은 상황을 가정해보자.

1. 하나의 트랜잭션이 k개의 작업(Operations)을 초래하는데 이 트랜잭션을 포함하는 채굴자에게 kR만큼의 보상을 제공하게 된다. 여기서 R은 송신자에 의해서 설정되고, k와 R은(대략적으로) 채굴자에게 사전에 노출된다.
2. 하나의 작업은 어떤 노드에 대해서든 C만큼의 처리비용이 든다(즉, 모든 노드는 효율성이 똑같다).
3. N개의 채굴 노드가 있고, 각각은 정확히 똑같은 처리 파워(전체의 1/N)를 가지고 있다.
4. 채굴을 하지 않는 완전노드(full nodes)는 없다.

채굴자는 어떠한 트랜잭션이 그 비용보다 기대보상이 클 경우 처리하려고 할 것이다. 따라서 기대보상은 kR/N인데, 채굴자는 다음번 블록을 처리할 1/N 확률을 가지고 있으며 이 채굴자에게 처리비용은 단순히 kC이기 때문이다. 채굴자들은 kR/N 〉 kC거나 R 〉 NC일 때 트랜잭션들을 포함하려 할 것이다. 여기서 R은 송신자에 의해 제공된 단위작업(Pre-operation)당 수수료이고, 따라서 이는 송신자가 그 트랜잭션에서 보게 될 혜택에 대한 하한값이 되고, NC는 하나의 작업을 처리하기 위해 전체 네트워크에 부과된 비용임을 주목하자. 따라서 채굴자들은 비용보다 전체 공리적인 혜택이 큰 트랜잭션들만 포함하려는 인센티브를 갖게 된다. 하지만 현실에서는 이러한 가정들이 맞지 않는 몇 가지 중요한 차이가 있다.

1. 채굴자는 다른 검증 노드들보다 트랜잭션을 처리하는 데 더 많은 비용을 지불하게 되는데, 왜냐하면, 추가적인 검증시간은 블록 전파를 지연시키고, 따라서 블록이 스테일되는 확률을 증가시키기 때문이다.
2. 비채굴 완전노드가 존재한다.
3. 채굴 파워의 분포는 실제로 심각하게 불평등해질 수 있다.
4. 네트워크에 피해를 주는 이해관계를 가진 투기자들, 정치적 적, 그리고 일탈자들이 존재하고, 그들은 다른 검증노드가 지급하는 비용보다 훨씬 적은 비용이 들게 될 그런 컨트랙트를 교묘하게 만들 수 있다.

1번은 채굴자가 더 적은 수의 트랜잭션들을 포함하게 되고, 2번은 비채굴 완전모드를 증가시키므로 두 가지의 효과들은 부분적으로는 서로를 상쇄한다. 따라서 3번과 4번이 실질적으로 주요한 문제인데 이 문제를 해결하기 위해 플로팅 상한값(Floating Cap)을 도입한다. 어떤 블록이든 BLK_LIMIT_FACTOR에 장기 지수 이동평균(The Long-term Exponential Moving Average)을 곱한 것보다 더 많은 오퍼레이션을 가질 수 없다. 정확히는 다음과 같다.

```
blk.oplimit = floor((blk.parent.oplimit *(EMAFACTOR - 1) +
floor(parent.opcount * BLK_LIMIT_FACTOR)) / EMA_FACTOR)
```

'BLK_LIMIT_FACTOR'와 'EMA_FACTOR'은 상수이며 각각 잠정적으로 65536와 1.5로 정해지겠지만 추후 분석 후에는 바뀔 가능성이 크다. 비트코인에 있어서 큰 블록 크기를 막는 또 다른 요인도 있다. 큰 블록이 전파되는 데에 더 오래 걸리기 때문에 스테일될 가능성이 크다. 이더리움에서도 높은 가스 사용 블록은 전파되는 데 더 오래 걸리는데 크기가 물리적으로 크기도 하고 트랜잭션 상태변환을 검증하고 처리하는 데 더 오래 걸린다는 점 때문이다. 이러한 지연 불이익(Delay Disincentive)은 비트코인의 경우에는 중요한 고려사항이지만 이더리움의 경우에는 고스트 프로토콜 덕분에 중요도가 낮아진다. 따라서 조정된 블록리미트(Block Limit)로 인해 보다 안정적인 기준(Baseline)을 얻을 수 있다.

연산과 튜링 완전성

중요한 점은 이더리움 가상 머신(EVM)이 튜링-완전하다는 것이다. 즉 EVM은 무한 순환을 포함한 상상 가능한 모든 계산 수행을 코딩할 수 있다. EVM코드는 순환 계산을 다음 두 가지 방법으로 수행한다.

첫 번째는 JUMP 명령어로 코드의 이전 장소로 되돌아가고, JUMPI 명령어로 'while x ← 27: x = x × 2' 같은 문장처럼 조건에 따라 건너뛰게 하는 것이다. 두 번째는 한 계약이 재귀 반복을 통해 순환을 일으킬 가능성이 있는 다른 계약을 호출하는 것이다. 이것은 자연스럽게 어떤 문제를 야기한다. 악의적인 사용자가 계산을 무한 순환에 빠뜨리는 방법으로 채굴자와 풀 노드를 마비시켜버릴 수 있을까? 컴퓨터 학계에서 정지문제(Halting Problem)라고 알려진 유명한 문제를 통해 이 문제를 피할 수 없음을 알게 됐다. 일반적으로 어떤 주어진 문제가 궁극적으로 멈추는지 아닌지를 미리 판별할 방법은 없다. 상태변환 과정에서 설명했듯 한 거래에 최대로 계산할 수 있는 단계 수를 설정함으로써 우리는 해답을 얻을 수 있

비탈릭 부테린 지분증명

다. 만약 계산단계가 그 최대 수보다 많으면 계산은 원점으로 돌아가지만 수수료는 그대로 지급된다. 메시지도 같은 방법으로 작동한다. 우리가 제시한 해답의 의미를 더 잘 이해하기 위해, 아래와 같은 몇 가지 예를 생각해보자.

- 한 악의적 공격자가 무한 순환을 실행하는 계약을 만들어 채굴자로 하여금 무한 순환을 실행하도록 거래를 보냈다고 하자. 채굴자는 거래를 진행하고 무한 순환을 실행해 가스를 다 소모해서 실행 도중에 멈춘다고 하더라도, 거래는 여전히 유효하고 채굴자는 여전히 공격자에게 이미 실행된 계산 단계마다 수수료를 요구할 수 있다. 한 악의적 공격자가 채굴자에게 계산을 오랫동안 계속하게 할 목적으로 아주 긴 무한 순환 프로그램을 짰다고 하자. 계산이 끝났을 때 아주 조금의 블록만이 생성되어 채굴자가 수수료를 요구하기 위해 그 거래를 포함하는 것이 불가능하게 하는 게 악의적 공격자의 목적이다. 하지만 그 공격자는 실제 실행되는 계산 단계의 상한선을 규정하는 스타트가스 명령어에 대한 값을 제출해야만 하므로 채굴자는 해당 계산이 과도하게 많은 단계의 수를 필요로 한다는 것을 계산 전에 미리 알게 된다.
- 예를 들어 'send(A,contract.storage[A]); contract.storage[A] = 0' 같은 명령이 들어간 계약이 있다고 하자. 한 악의적 공격자가 이 계약을 본 후 첫 번째 계산단계만 실행시키고 두 번째 단계는 실행할 수 없을 만큼의(예를 들어 예금 인출만 한 다음 장부에 기록되지 않게) 가스만 넣고 거래를 진행시켰다고 하자. 계약 작성자는 이런 공격에 대해 방어를 걱정할 필요가 없다. 계산 실행이 도중에 멈추면, 해당 변화도 원상

복구되기 때문이다.

* 특정 금융 계약이 9개의 금융상품 자료 값의 평균을 취해 위험을 최소화하도록 작동하고 있다고 하자. 그중 다오 섹션에서 설명된 것 같은 가변주소요청 메커니즘을 통해 변경할 수 있도록 디자인된 하나의 자료 값을 악의적 공격자가 취한다고 하자. 이 금융 계약으로부터 펀드를 찾으려는 모든 시도에 대해 가스가 다 소모되도록 시도하게 된다. 하지만 금융 계약은 이 문제를 막기 위해 메시지 위에 가스 한도를 설정해두는 방식으로 공격을 방어할 수 있다.

튜링-완전에 대한 대칭적인 개념은 튜링-불완전이다. 즉 JUMP 명령어나 JUMPI 명령어가 존재하지 않으며 그 어떤 주어진 시간에도 오직 각각의 계약의 복사본 하나만이 허용된다. 이런 시스템 아래에서는 위에 서술된 수수료 시스템이라든지 우리가 제시한 해답의 효율성을 둘러싼 불확실성에 관한 논쟁은 불필요할 것이다. 한 계약을 실행하는 데 드는 비용은 프로그램의 크기에 따라 상한선이 정해질 것이기 때문이다. 나아가 튜링-비완전성은 그리 큰 제한도 아니다. 우리가 현재까지 상상했던 계약 가운데 순환 명령이 필요한 경우는 단 하나뿐이었다. 그리고 그 순환 명령조차도 프로그램 코딩에서 한 문장을 26번 반복함으로써 없앨 수 있었다. 튜링-완전이 함의하고 있는 심각성과 그 제한적인 이점을 생각해볼 때, 왜 튜링-불완전 언어를 쓰면 안 되는 걸까? 현실적으로, 튜링-불완전성은 순환 문제와 악성 공격에 대한 깔끔한 해답이 아니다. 왜 그런지를 알기 위해 아래와 같은 계약을 보자.

비탈릭 부테린 지분증명

```
C0: call(C1); call(C1);

C1: call(C2); call(C2);

C2: call(C3); call(C3);

...

C49: call(C50); call(C50);

C50:(프로그램의 한 단계를 실행한 후 그 변화를 저장소에 기록한다.)
```

이제 A에게 거래를 보내자. 51번의 거래에서 우리는 2의 50승의 계산단계를 계속하는 계약을 보낸다. 채굴자는 각 계약에 따른 계산단계의 최대수와 다른 계약을 재귀적으로 호출하는 계약에 대한 계산 단계 수를 모두 확보함으로써, 이런 논리 폭탄을 사전에 감지하려고 시도할 수 있을지도 모른다. 하지만 이런 시도는 채굴자들이 다른 계약을 호출하는 계약은 다루지 못하게 만든다(위의 모든 26개 계약의 작성과 실행은 한 줄의 계약으로 쉽게 합쳐질 수 있기 때문이다). 다른 지점은 메시지의 주소 필드는 변수라는 점이다. 일반적으로 주어진 계약이 미리 호출하는 다른 계약이 뭔지를 판별하는 것조차 불가능할지도 모른다.

그래서 결국 우리는 놀라운 결론에 도달한다. 튜링-완전은 놀랍도록 다루기 쉬우며 만약 튜링 완전성이 없으면 정확히 같은 계약으로 대체할 수 없는 한 다루기가 놀랍도록 어렵다는 점이다. 그렇다면 그냥 그 프로토콜을 튜링-완전하게 놔두는 것이 좋을 것이다.

통화 및 발행

이더리움 네트워크는 그 안에서 자체적으로 통용되는 이더라는 화폐를 가지고 있다. 이더는 여러 가상자산 간의 효율적인 교환을 가능하게 하는 매개물의 역할을 하며 트랜잭션 수수료(Transaction Fee)를 지불하기 위한 방법을 제공한다. 사용자의 편의와 향후 있을지 모르는 논쟁을 예방하는 차원에서 이더의 각 단위에 대한 명칭은 다음과 같이 미리 정해졌다.

- 1: wei(웨이)
- 10^{12}: szabo(자보)
- 10^{15}: finney(피니)
- 10^{18}: ether(이더)

이런 명칭은 미화 명칭인 달러와 센트 또는 비트코인의 BTC와 사토시 등의 확장개념으로 생각하면 이해하는 데 도움이 될 것이다. 앞으로 이더는 일반 거래(Transaction)를 위해, 피니는 소액결제를 위해, 자보와 웨이는 수수료나 프로토콜도입 등과 관련된 기술적 논의를 위해 사용될 것으로 기대된다. 나머지 명칭들은 지금 당장은 클라이언트에 포함시키지 않는다. 화폐 발행 모델은 다음과 같다.

- 이더는 이더리움 조직에 필요한 자금과 개발 비용을 지원하기 위한 방법으로, 비트코인 1개당 1,000이더에서 2,000이더 가격에 화폐 판매로 발행된다.
- 이 방법은 마스터코인(Mstercoin)이나 엔엑스티(NXT)와 같은 다른 암호

비탈릭 부테린 지분증명

화폐 플랫폼에서 성공적으로 사용됐다. 초기 구매자들은 이더를 크게 할인된 가격으로 얻는 혜택을 받는다. 이더 판매로 받은 비트코인은 모두 개발자를 위한 급여와 보상 및 다양한 이더리움 및 암호화폐 생태계 내 영리, 비영리 프로젝트 투자에 사용된다.

- 총 판매금액(60,102,216 ETH)의 0.099배만큼 신규 발행된 이더는 제네시스 블록(Genesis Block) 전의 초기 기여자들과 ETH로 표시된 비용을 지급하기 위해 이더리움 조직에 할당된다.
- 총 판매금액 0.099배만큼 신규 발행된 이더는 장기보유금으로 적립된다.
- 총 판매금액 0.26배만큼 신규 발행된 이더는 채굴자에게 채굴 시부터 영원히 매년 할당된다.

그룹	출시한 당시	1년이 지난 후	5년이 지난 후
화폐 단위	1.198×	1.458×	2.498×
구매자 비율	83.5%	68.6%	40.0%
판매 전 예비량 사용률	8.26%	6.79%	3.96%
판매 후 예비량 사용률	8.26%	6.79%	3.96%
채굴자 비율	0%	17.8%	52.0%

이더 장기 공급 성장률(%)

장기 공급 성장률(%)

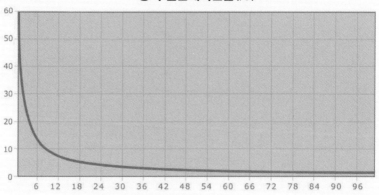

장기 인플레이션률(%)

매년 신규 발행량이 일정해도 비트코인처럼 발행된 총 이더에 대한
신규 이더의 발행률은 그 비중이 0을 향해 계속 줄어들게 된다.

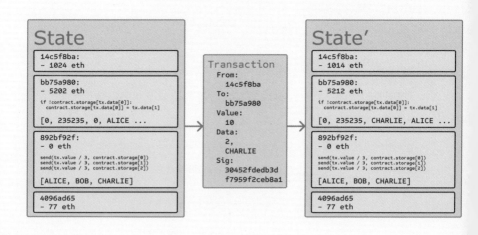

모델에서 결정되어야 할 두 가지 선택은 1. 재단보유금(Endowment Pool)의 존재 유무와 2. 규모와 총 발행코인량이 정해져 있는 비트코인과는 달리, 신규코인을 끊임없이 발행해야 하는지 여부다.

재단보유금의 정당성에 대해서는 다음과 같이 설명할 수 있다. 만일 이러한 보유금이 없는 상황이라면 같은 인플레이션율을 유지하기 위해서는 연간 발행량이 26%가 아닌, 21.7%로 줄어들어야 한다. 이 경우 이더의 총량은 16.5% 줄어들게 되며, 각 이더의 가치는 19.8% 증가하게 된다. 이 경우 균형을 위해서는 19.8%의 이더가 프리세일에서 더 판매되어야 한다. 프리세일을 통하면 이더 가치는 서로 정확히 같아진다. 이 경우 이더리움 재단이 1.198배의 BTC를 가지게 되는데, 이를 처음 BTC 액수(1배수)와 추가된 0.198배수의 BTC로 나누어보면 결국 상황이 같아진다는 점을 알수 있다. 그러나 한 가지 차이점은 이 경우 조직이 가진 것은 이더가 아닌 BTC이므로, 이더의 가치를 높이기 위한 인센티브를 얻지 못한다는 점이다.

정해진 양의 이더를 영구적으로 신규 발행하는 모델(Permanent Linear Supply Growth Model)은 비트코인이 겪고 있는 '부의 집중현상'을 완화시킬 수 있다. 또한 참여자들이 계속해서 이더를 시장이 아닌 채굴을 통해 얻을 기회를 제공한다. 동시에 공급성장률(Supply Growth Rate)은 계속 줄어들게 된다. 이론적으로는 다음의 현상을 예상해볼 수 있다. 시간이 흐름에 따라 사용자들의 부주의나 사용자의 사망 등으로 인해 일부의 이더들이 계속해서 시장에서 사라지게 된다. 이렇게 사라지는 이더로 인해 점점 줄어드는 시장유통 가능한 이더 총량(The Total Currency Supply in Circulation)은 매년 신규 발행되는 이더에 의해 균형을 이루게 된다(예를 들어 전체 이더량이 26배수[1,562,657,616ETH]에 달했고, 매년 그중 1%[0.26 배수]에 해당하는 이더가 소실된다면 이는 매년 새로이 발행되는 0.26배수의 이더와 균형을 이루게 된다). 앞으로 공급성장률을 약 0에서 0.05 배수 이내가 되도록 수정하면서 지분증명으로 변경할 계획이 있다.

만일 이더리움재단(Ethereum Organization)이 보유금을 모두 잃거나 아예 사라지게 되면, 사회적 계약(Social Contract)을 열어둘 것이다. 이를 통해, 이더 발행량을 최대 '60102216 × (1.198 + 0.26 × n)'를 넘지 않도록 (n은 첫 블록 생성 이후의 총 연수) 지킨다면, 누구든지 이더리움의 후속 버전을 만들 수 있다. 이 후속 버전의 창시자는 개발 및 관리에 필요한 비용을 충당하기 위해서 공개판매(Crowd-sell)를 하거나 총 가능 이더 발행량과 지분증명을 통한 공급량 간의 차액 중 일부나 전부를 이용할 수 있다. 만일 어떠한 창시자가 이러한 사회적 계약에 반하는 내용을 업데이트하게 된다면, 결국 대의에 의해 합당한(Compliant) 버전에서 별개로 포크되어 나와 탈락하게 될 것이다

채굴 중앙집중화

비트코인 채굴 방식은, 목푯값(현재 기준 약 2^{192})보다 낮은 값이 나올 때까지 블록헤더에 대한 SHA256 해싱 작업을 무한정 반복하는 것이다. 하지만 해당 방식에는 두 가지 약점이 존재한다.

첫 번째는 현재 채굴 참여에 대한 장벽이 매우 높아졌다는 것이다. 현재 채굴 생태계는 ASIC(특수 목적을 위해 전용으로 설계된 반도체로, 범용 반도체에 비해 성능이 뛰어남)에 의해 완전히 잠식되었다. 이러한 ASIC 채굴기는 일반 GPU 채굴기 등에 비해 수천 배 이상의 효율을 지니다 보니 ASIC이

아닌 일반 컴퓨터를 통한 일반 사용자들의 채굴 행위는 경쟁력에서 밀려 효용을 잃었다. 과거의 채굴 행위가 분권화되고 이타적인 참여자 중심의 생태계였다면, 현재는 수십억 원 이상 투자해야만 참여할 수 있는 재력가들의 사업으로 변질되고 말았다.

두 번째는 채굴 방식이다. 이전처럼 여러 지역에서 여러 참여자가 블록 생성에 참여하는 것이 아니라 중앙집중화된 채굴 풀(Mining Pool)이 제공하는 블록헤더에 의존해 채굴에 참여한다는 점이다. 이로 인한 부작용이 상당한데 현재 기준으로는 3개 채굴풀이 개인의 컴퓨팅파워를 인계받아 무려 50%에 육박하는 해시를 간접적으로 통제하고 있다. 물론 해당 풀의 점유율이 50%를 넘어가기 전에 개인들이 다른 소규모 풀들로 이동을 할 수 있으므로 각 풀에서 마음대로 자원을 남용할 수는 없겠지만 이는 여전히 큰 문제이다.

이더리움의 채굴 방식은 조금 다르다. 각 채굴자가 상태 정보에서 무작위로 정보를 가져와 무작위로 선택된 최근 몇 개의 블록 내역을 해싱 작업하고 결괏값을 내놓는 것이다. 이렇게 하게 되면 두 가지 이점이 있다. 첫 번째는 이더리움 계약이 모든 종류의 컴퓨터 계산방식을 포괄할 수 있다는 점이다. 따라서 자연히 ASIC도 모든 계산방식에 적합하게 설계되어야 하는데 결국 ASIC이라기보다는 일종의 고성능 CPU가 되는 셈이다. 즉 현실적으로 ASIC 자체가 무용지물이 된다. 두 번째로 채굴자들은 작업 시 전체 블록체인을 내려받아 모든 이체내역을 검증해야 한다는 점이다. 이렇게 되면 중앙집중화된 대형 풀이 필요 없다. 물론 대형풀 자체는 신규 블록 생성 보상을 균일하게 참여자들에게 배분해 주는 효과가 있긴 하지만, 그러한 효과는 P2P 형식의 풀(Pool)을 통해서도 충분히 구현할 수 있다. 굳이 중앙집중형 풀(Centralized Pool) 방식을 사용할 필요가 없다.

물론 앞에서 설명한 채굴 모델이 아직 검증된 것은 아니다. 또한 ASIC 장비에 대한 저항성을 높이는 작업 역시 이론처럼 현실에서 적용할 수 있을지는 모른다. 하지만 한 가지 확실한 것은, 여러 계약이 적용되면, 이를 모두 포괄하는 ASIC을 예전처럼 만들어내기는 어렵다는 점이다. 또한 어떠한 종류의 작업에 특화된 ASIC이 존재한다면, 이에 반하는 작업이 필요한 계약이 생성되는 것을 원치 않을 것이다. 그러면 해당 ASIC 채굴자의 경쟁자는 그에 적대적인, 즉 비효율적인 작업이 필요한 계약을 생성해 공격할 것이다. 즉, 각 부분에 특화된 ASIC을 소유한 채굴자들은 서로에게 불리한 작업을 하게 하는 계약을 만들어내 서로를 공격할 것이다. 물론 이러한 방법은 '기술적'인 접근이라기보다는 '경제학적 인간행동론'에 근거한 접근에 가깝다.

확장성

이더리움에 대한 한 가지 공통된 의문점은 확장성이다. 비트코인과 마찬가지로 이더리움도 모든 이체 작업이 네크워크상의 전체 노드에 의해서 일일이 검증 및 작업이 되어야 한다. 비트코인의 경우 현재 전체 블록체인의 크기가 약 15GB에 이르며, 그 크기는 매시간 1MB씩 꾸준히 늘어나고 있다. 비자(VISA)의 경우 초당 2,000여 건의 이체작업을 처리하는데 이는 3초당 1MB씩의 확장(시간당 1GB, 매년 8TB)을 의미한다. 이더리움도 비슷한 문제를 겪을 것이고, 단순히 화폐로서의 역할만 하는 비트코인에 비한다면 온갖 종류의 탈중앙화된 애플리케이션을 포괄하는 이더리움은 이 부분에서 훨씬 더 많은 문제를 겪을 수도 있다. 하지만 한 가지 다른 점은, 이더리움은 '전체 블록체인 히스토리'가 아니라 상태 정보만 가지고 있으면 된다는 점이다.

만일 개개의 모든 노드가 전체 블록체인을 보관해야 한다면 다음과 같은 문제가 생길 수 있다. 블록체인의 크기가 점점 커져 100TB에 육박하게 되었다고 생각해보자. 이 정도 수준으로 보관해야 하는 블록체인의 크기가 커지면, 오직 소수의 사업가나 기업 형태의 참여자만이 이를 감당할 수 있게 된다. 다수의 일반 사용자들은 라이트 SPV 노드만을 사용하게 될 것이다. 이렇게 되면 전체 블록체인 내역을 가진 소수의 참여자끼리 결탁해, 장부 내역을 수정하거나 블록 보상량을 바꿔치기하는 등의 조작행위가 일어날 수 있을 것이다. 단순한 라이트 노드는 이러한 조작을 감지할 방법이 없다. 물론 전체 블록체인을 소유한 노드 중에서도 선의의 참가자가 있을지 모른다. 그러나 다수의 완전 노드가 작심하고 블록체인 조작을 시도한다면 발견하는 시점에서는 이미 늦었다고 봐야 할 것이다. 실제로 비트코인이 현재 이와 비슷한 문제에 처할 위험이 있다고 경고받고 있으며, 해당 문제를 완화시키는 방법에 대해서는 피터 토드(Peter Todd)에 의해 논의된 바 있다.

이 문제를 해결하기 위해 가까운 시일 안에 두 가지의 전략을 추가로 도입할 예정이다. 첫 번째로 이더리움도 기본적으로 블록체인 기술을 바탕으로 한 채굴 알고리즘을 사용하고 있기 때문에, 모든 채굴자들은 완전 노드가 되어야 할 것이며 필요한 최소한의 완전 노드 숫자를 확보할 수 있도록 해줄 것이다. 두 번째로, 이체내역 검증 작업 이후 블록체인에 중간상태 트리루트(An Intermediate State Tree Root)를 도입하는 것이다. 이렇게 되면, 아무리 블록생성 작업이 소수의 노드에 집중되더라도, 단 하나의 선의의 노드(Honest Node)만 존재한다면 검증 프로토콜(Verification Protocol)을 통해 이 문제를 해결할 수 있다.

만일 어떠한 채굴 노드가 전파한 블록이 검증오류(Invalid)가 나왔다면, 해당 블록의 구성(Format)이 맞지 않거나 '상태내역 S[n]'이 틀린 경우일 것이다. 'S[0]' 상태가 옳은 것으로 간주되기 때문에, 'S[i-1]'이 맞다면, 'S[i]'에 오류가 있는 것이다. 검증작업에 참여하는 노드는 'APPLY(S[i-1],TX[i]) --> S[i]' 작업(Processing)을 하는 페트리샤 트리 노드의 부분집합(The Subset of Patricia Tree)을 통해 검증오류증명(Proof of Invalidity)과 인덱스 i를 제공한다. 노드들은 앞의 노드를 이용해 해당 작업을 수행하며, 생성한 'S[i]'가 제공받은 'S[i]'와 일치하지 않는다는 것을 발견하게 된다.

또한 불완전한 블록(Incomplete Block)을 전파하려는 악의의 채굴 노드와 관련된 더욱 정교한 공격이 이루어질 수 있다. 블록을 검증하는 데 필요한 정보가 온전히 존재하지 않을 수도 있다. 이 경우, 질의-응답 프로토콜(Challengeresponse Protocol) 기법이 사용될 수 있다. 검증 노드가 목표 블록의 인덱스 형태(Target Transaction Indices)로 질문(Challenge)을 생성하고, 노드를 수신하는 라이트노드는 해당 블록을 일단 검증오류 블록으로 취급한다. 이후, 다른 노드(채굴 노드든 검증 노드든)가 페트리샤 트리 노드의 부분집합을 검증증명(Proof of Validity)으로 제공한다면, 그때야 이 블록은 검증된(유효한) 것으로 취급된다.

결론

이더리움 프로토콜은 매우 범용적인 프로그래밍 언어를 통해 블록체인상 에스크로나 인출한도 설정, 금전 계약, 도박 시장 등의 고급 기능을 제공하는 가상화폐의 업그레이드 버전으로 구성되었다. 이더리움 프로토콜은 이러한 애플리케이션들을 직접 제공하는 것이 아니라 튜링 완전 언어를 통해 이론적으로 거의 모든 형태의 이체방식이나 애플리케이션을 만들어낼 수 있도록 지원한다.

이더리움은 단순한 화폐 차원을 훨씬 뛰어넘을 것이다. 분산저장공간이 분산컴퓨팅, 분산예측시장(Decentralized Prediction Market) 프로토콜 등은 사실 수많은 응용개념 중 일부에 불과하다. 이러한 새로운 개념은 컴퓨팅 산업의 효율성을 폭발적으로 높일 수 있을 뿐 아니라 P2P 프로토콜에 처음으로 경제적인 차원(Economic Layer)을 적용해 엄청난 혁신을 가져올 것이다. 컴퓨팅이나 금융과 관련이 없는 분야에서도 다양한 애플리케이션이 나올 것이다.

이더리움 프로토콜이 제공하는 임의상태변환(Arbitrary State Transition Function)이라는 개념은 고유의 잠재력을 지닌 플랫폼을 탄생시킬 것이다. 기존의 저장공간이나 도박, 금융과 같이 하나의 목적에 특화된 폐쇄형 구조(Close-ended)와는 달리 이더리움은 자유롭게 조정이 가능한 구조(Open-ended)다. 우리는 이것이 몇 년 이내에 금융 부문이든 비금융 부문이든 엄청나게 많은 종류의 서비스를 설계할 수 있도록 도울 것이라고 믿는다.

용어 해설

* 용어 해설은 영문 순서대로 적혀 있습니다.

블록체인(BLOKCHAIN)

비트코인, 이더리움, 이와 유사한 프로토콜들의 기반 기술을 말한다. 블록체인은 참여하는 컴퓨터들이 동의하는 내용을 가진 공유 데이터베이스이며 데이터 블록으로 구성되어 있다. 그리고 이 블록들은 서로 연속된 한 줄짜리 체인 형태로 연결된다. 데이터 블록은 트랜잭션, 소프트웨어 코드 또는 기타 자료를 포함한다. 일단 데이터가 입력되면 데이터는 삭제하거나 수정할 수 없다. 일반적으로 최초의 블록체인은 2009년 1월 3일 제네시스 블록(Genesis Block)이 생성된 비트코인이라고 여겨진다.

암호화폐(CRYPTOCURRENCY)

가치 저장이나 교환의 매개체 역할을 하는 등 전통 화폐의 적어도 일부(대개 전부는 아니지만) 특성을 나타내는 블록체인 기반 토큰을 총칭하는 용어다. 암호화폐는 정부의 지원을 받기보다는 일반적으로 보안성, 개인정보 보호, 사용성 또는 장기적 시장 가치에 대한 사용자의 인식에 의해 채택된다.

암호경제학(CRYPTOECONOMICS)

게임이론, 경제적 인센티브, 암호화 보안 등을 결합해 만든 일종의 패러다임을 말한다. 블록체인 기반 시스템 설계에 자주 사용된다. 암호경제학은 참여자들이 서로 신뢰할 이유가 거의 없음에도 공통의 목표와 제품을 중심으로 협업하기 위해 사용된다.

암호학(CRYPTOGRAPHY)

수학과 컴퓨터 과학의 한 분야로 허가된 사용자만 접근할 수 있도록 데이터를 암호화해 안전한 통신과 저장을 설계하는 것을 추구한다. 암호화 기술은 블록체인 기술이 가능하도록 돕는다.

사이퍼펑크(CYPBERPUNK)

정부의 감시와 검열 권한을 줄이면서 개인의 사생활과 자유를 증가시키기 위해 암호학을 사용하는 것을 중심으로 한 이념과 정치 운동을 말한다. 사이퍼펑크 커뮤니티는 블록체인 기술의 기반이 된 아이디어를 수십 년간 실험했다.

다오(DAO)

블록체인의 스마트 컨트랙트에 의해 어느 정도 정의된 조직을 가리키는 용어인 분산화된 자율 조직을 뜻한다. 최초의 다오 중 하나는 2016년 6월 해킹으로 이더리움 블록체인의 하드 포크로 이어진 초기 이더리움 프로젝트인 더 다오(The DAO)였다.

디앱(DAPP)

탈중앙화 어플리케이션(Decentralized App)의 줄임말이다. 디앱은 블록체인상 스마트 컨트랙트로 상호작용하며 의존하는 사용자 대면(User-facing) 소프트웨어이다.

탈중앙화(DECENTRALIZATION)

블록체인에서 널리 사용되는 개념이다. 여러 가지 의미가 있지만, 일반적으로 단일 주체의 통제하에 있는 시스템을 참여자들끼리 통제권을 분배하는 시스템으로 대체하는 것을 말한다.

디파이(DEFI)

블록체인의 스마트 컨트랙트를 이용해 금융상품과 소프트웨어를 만드는 현상인 탈중앙화 금융의 줄임말이다. 여기에는 대출, 이자 수익, 안정적인 통화, 가치 이전 등을 위한 상품들이 포함된다.

ENS(ETHEREUM NAME SERVICE)

이더리움 네임 서비스. 이더리움 블록체인에 고유한 도메인 네임을 등록하는 서비스다. ENS는 '지갑 주소'를 의미할 수 있다. 예를 들어 비탈릭.이더리움(vitalik.eth)은 저자의 이더리움 주소 중 하나와 연결된 ENS 도메인이다.

포킹(FORKING)

오픈소스 소프트웨어 코드나 데이터를 수정하기 위해 복제를 실행하는 것을 말한다. 블록체인에서 포킹은 병렬 버전을 출시하거나 기존 버전을 개선하기 위한 목적으로 사용한다. 초기 알트코인 암호화폐는 비트코인 소프트웨어의 포크이다. 포킹은 블록체인을 위한 소프트웨어에서 업데이트를 의미하기도 하며, 일부 사용자가 업데이트를 채택하고 다른 사용자가 업데이트를 채택하지 않을 경우 단일 블록체인이 둘로 쪼개지는 것을 의미한다.

퓨타키(FUTARCHY)

경제학자 로빈 핸슨이 제안한 거버넌스 시스템으로 예측시장(Prediction Markets)에서 공통적으로 합의된 목표를 달성하기 위한 가장 효과적인 정책을 결정하는 것이다.

제네시스 블록(GENESIS BLOCK)

블록체인의 첫 번째 블록을 의미한다. 이 용어는 비트코인에서 처음 사용되었으며 이더리움과 다른 블록체인에도 사용되었다.

레이어 1 및 레이어 2(LAYERS 1 AND 2)

블록체인에서 두 가지 유형의 네트워크 인프라스트럭처(기반 구조)를 지칭한다.

채굴(MINING)

작업증명을 사용하는 블록체인 시스템의 맥락에서 계산능력을 사용해 새로운 데이터 블록을 확인하고 그 대가로 토큰 보상을 받는 실행이다. 채굴은 개인 사용자가 할 수 있지만, 많은 네트워크에서 채굴은 대량의 전문 컴퓨터와 상당한 전기를 소비하는 산업 운영에 의해 지배되고 있다.

NFT(NON-FUNGIBLE TOKEN)

대체 불가 토큰이라고도 불린다. 모든 토큰이 교환 가능한 암호화폐와 달리 유일한 것을 의도한 블록체인 기반 토큰 종류를 의미한다. NFT들은 종종 예술품, 디지털 자산 및 커뮤니티 멤버십의 소유권을 증명하는 데 사용된다.

온체인(ON-CHAIN)

스마트 컨트랙트를 이용한 투표 등 블록체인과 직접적인 상호작용으로 발생하는 활동을 의미한다. 반대인 오프 체인(Off-chain) 활동은 소셜미디어에서의 투표에 대한 심의 또는 회사의 토큰으로 투표하는 방법을 결정하기 위한 기업 이사회가 포함된다.

오라클(ORACLES)

스마트 컨트랙트가 블록체인 외부의 세상(오프체인)과 상호작용할 수 있게 해주는 시스템이다. 가령 일정 수준 이상 비가 오면 보험금을 지급하는 블록체인 서비스를 운용한다고 가정했을 때 스마트 컨트랙트로는 보험금을 지급할 수는 있지만 일정 수준 이상의 비가 온다는 사실을 틀림없이 보증하기는 어렵다. 이는 블록체인으로 해결할 수 있는 문제가 아니기 때문이다. 이 경우 실제 비가 내렸다는 사실을 해당 지역을 관장하는 국가기관의 기상청을 오라클로 삼아 강우 데이터를 받아 문제를 해결할 수 있다. 오라클은 이런 식으로 오프체인이나 다른 블록체인에 대한 특정 트랜잭션이 완료되었음을 확인해줄 수 있다.

피어 투 피어(PEER-TO-PEER)

같은 노드끼리 1 대 1로 연결될 수 있도록 디자인된 네트워크 유형을 말한다. 이는 대부분의 웹사이트와 중앙집중화 플랫폼에 사용되는 클라이언트–서버 구조와는 대조적이다. 중앙집중화 플랫폼과 웹사이트에서는 서버가 클라이언트 사용자에겐 없는 권한을 가진다. 이더리움 네트워크와 같은 퍼블릭 블록체인은 모든 사용자가 클라이언트와 서버 역할을 할 수 있다. 허용된(Permissioned)다고 알려진 다른 블록체인들은 특정 사용자들에게만 피어 역할이 허용된다.

예측 시장(PREDICTION MARKETS)

참여자들이 현실 사건들의 결과를 예측하고, 예측이 정확하다고 입증되면 보상을 받을 수 있는 시스템을 말한다. 그것들은 종종 다른 형태의 크라우드 소싱 및 예측보다 더 정확하다.

지분증명(PROOF OF STAKE)

블록체인에 데이터를 추가하는 방법으로, 네트워크의 검증자(Validator) 컴퓨터에게 어떤 새로운 데이터를 어떤 순서로 받아들일지 합의하기 위해 토큰을 예치(Stake)할 것을 요구한다. 검증자는 참여에 대한 토큰 보상을 받는다. 예치된 토큰이 손실될 위험은 잠재적인 공격자들이 데이터를 손상하려는 시도를 단념하게 만든다.

작업증명(PROOF OF WORK)

블록체인에 데이터를 추가하는 방법으로, 컴퓨터가 복잡한 암호학적 계산을 수행할 것을 요구한다. 처리 능력이 향상될수록 블록 채굴에 대한 보상을 받을 가능성이 커진다. 채굴하는 데 드는 에너지 비용은 잠재적인 공격자들이 데이터를 손상하려는 시도를 단념하게 만든다.

프로토콜(PROTOCOLS)

공유 네트워크에서 컴퓨터가 어떻게 상호 작용할지 정한 규칙들의 집합을 말한다. 프로토콜은 인터넷 (TCP/IP) 및 웹(HTTP)이 작동하도록 한다. 또한 비트코인과 이더리움 같은 블록체인 네트워크도 프로토콜에 의해 정의된다.

공용 키와 개인 키(PUBLIC AND PRIVATE KEYS)

암호화 시스템의 기초를 형성하는 문자열을 말한다. 블록체인상 주어진 어느 주소(계정과 유사하다)든 공용 키(사용자명과 유사하다)와 개인 키(비밀번호와 유사하다)를 모두 사용해야 접근할 수 있다.

공공재(PUBLIC GOODS)

경제학에서 누구나 사용할 수 있고 한 사람이 다른 사람을 위한 접근을 배제하지 않는 것을 말하는 개념이다. 공공재의 예로는 언어, 가로등, 공기, 오픈소스 소프트웨어가 있다. 블록체인 문화의 맥락에서 공공재는 일반적으로 많은 당사자가 의존하지만 누구도 소유하지 않거나 개발할 동기가 충분하지 않은 소프트웨어 인프라를 말한다.

제곱 투표(QUADRATIC VOTING)

사용자가 자신의 재산이나 선호도에 따라 투표에 영향을 미치기 위해 더 많은 토큰을 할당할 수 있는 의사 결정 방법이다. 그러나 주어진 사용자를 위한 각각의 추가 토큰은 소수가 가진 능력이 다수에게 쉽게 압도당하는 것을 줄이기 위해 비용이 더욱 비싸진다. 제곱투표가 제대로 작동하기 위해서는 사용자 신원을 확인하는 강력한 시스템이 필요하다.

롤업(ROLLUPS)

레이어 2 생태계 일부로서 사용자와 기본 블록체인 사이에 위치하는 중간 시스템을 말한다. 롤업은 레이어 1의 보안성을 이어받으면서 레이어 1 블록체인보다 빠른 트랜잭션과 낮은 비용 등의 기능을 제공한다. 롤업은 이더리움이 원래 설계된 용량을 넘어 확장할 수 있도록 해주는 중요한 전략이 되었다.

셸링포인트(SCHELLING POINT)

포컬포인트(Focal Point)라고도 불린다. 에이전트가 서로 소통할 수 없을 때 종종 상대방이 어떻게 행동할지 예측한 것에 근거해 모이는 경향이 있다는 결론을 말한다. 셸링포인트는 종종 진실에 부합하기 때문에, 이 개념은 블록체인의 맥락에서 오라클 및 예측시장의 설계에서 자주 사용됐다. 셸링 포인트는 냉전 게임 이론가인 토머스 셸링의 이름에서 따왔다.

스마트 컨트랙트(SMART CONTRACTS)

이더리움과 같은 컴퓨터 블록체인에서 실행되도록 설계된 소프트웨어 종류다. 컨트랙트(계약)는 토큰 발행, 복잡한 트랜잭션을 가능하게 하고 거버넌스 시스템을 규정하는 작업을 수행할 수 있다.

토큰(TOKENS)

주어진 프로토콜 또는 블록체인의 스마트 컨트랙트에 따라 정의될 수 있는 가치 단위를 말한다. 일부 토큰은 설계 방식에 따라 화폐, 주식 또는 소유권 증서처럼 사용할 수 있다.

검증자(VALIDATORS)

거래를 검증하고 블록체인에 블록을 추가하면 토큰 보상을 받을 수 있는 지분증명 네트워크의 사용자를 말한다. 검증자들은 토큰을 네트워크에 스테이크할 것이 요구되는데, 만약 역할을 제대로 수행하지 않으면 토큰을 잃을 수 있다.

영지식 증명(ZERO-KNOWLEDGE PROOFS)

사용자가 특정 정보를 제공하지 않고도 그 정보를 가지고 있음을 증명할 수 있도록 해주는 암호 기술의 일종으로, 사용자의 개인정보를 보호한다.

비탈릭 부테린
지분증명

초판 1쇄 인쇄 2022년 9월 20일
초판 2쇄 발행 2023년 7월 21일

지은이 비탈릭 부테린
옮긴이 블리츠랩스
감수자 정우현

발행인 장지웅
편집 선우지운
마케팅 이상혁
진행 이승희
교정교열 채정화

펴낸곳 여의도책방
인쇄 (주)예인미술
출판등록 2018년 10월 23일(제2018-000139호)
주소 서울시 영등포구 여의나루로 60 여의도우체국 여의도포스트타워 13층
전화 02-6952-2431
팩스 02-6952-4213
이메일 esangbook@lsinvest.co.kr

ISBN 979-11-91904-19-2 (03320)